配二维码视频资源　配套课件

通识教育系列教材

【活页教材】

中华优秀传统文化读本

主　编　易志军

副主编　李永红　李卫东　周葆青

重庆大学出版社

图书在版编目（CIP）数据

中华优秀传统文化读本／易志军主编. -- 重庆：
重庆大学出版社，2020.6（2024.1重印）
ISBN 978-7-5689-2144-2

Ⅰ. ①中…　Ⅱ. ①易…　Ⅲ. ①中华文化—高等职业教
育—教学参考资料　Ⅳ. ①K203

中国版本图书馆 CIP 数据核字（2020）第082608号

中华优秀传统文化读本
ZHONGHUA YOUXIU CHUANTONG WENHUA DUBEN

主　编　易志军
副主编　李永红　李卫东　周葆青
策划编辑：鲁　黎
责任编辑：夏　宇　　版式设计：鲁　黎
责任校对：王　倩　　责任印制：张　策

*

重庆大学出版社出版发行
出版人：陈晓阳
社址：重庆市沙坪坝区大学城西路 21 号
邮编：401331
电话：(023)88617190　88617185(中小学)
传真：(023)88617186　88617166
网址：http://www.cqup.com.cn
邮箱：fxk@ cqup.com.cn（营销中心）
全国新华书店经销
重庆市国丰印务有限责任公司印刷

*

开本：787mm×1092mm　1/16　印张：21.5　字数：485千
2020 年 6 月第 1 版　　2024 年 1 月第 6 次印刷
印数：18 701—22 800
ISBN 978-7-5689-2144-2　定价：48.00 元

前　言

在中华民族发展史上，涌现出了众多灿若星辰的思想家、政治家、科学家、发明家、文学家和艺术家，为我们留下了丰富的、独具特色的诗词歌赋、哲学思想、道德伦理、文化典籍、科技工艺、文物古迹和生活习俗。中华民族深厚的文化传统，富有特色的思想体系，体现了中国人几千年来积累的知识智慧和理性思辨。源远流长的中华文化，是中华民族的"根"和"魂"，其蕴含的思想观念、人文精神、道德规范，不仅是中国人思想和精神的内核，而且对解决人类众多问题也有重要价值。

习近平总书记指出，中华优秀传统文化是中华民族的精神命脉，是涵养社会主义核心价值观的重要源泉，也是我们在世界文化激荡中站稳脚跟的坚实根基。中华文化积淀着中华民族最深沉的精神追求，是中华民族生生不息、发展壮大的丰厚滋养；中华优秀传统文化是中华民族的突出优势，是我们最深厚的文化软实力。中国特色社会主义植根于中华文化沃土，反映了中国人民的意愿，适应中国和时代发展进步的要求，有着深厚的历史渊源和广泛的现实基础。在实现中华民族伟大复兴中国梦的征程中，中华优秀传统文化能够助力我们坚定文化自信。我们要从中华优秀传统文化的宝库中萃取精华，汲取能量。

中华文明延续着我们国家和民族的精神血脉，它既需要薪火相传、代代守护，也需要与时俱进、开拓创新。历史如江河一般奔腾向前，中华优秀的传统文化也会伴随时代前进的步伐，不断得到继承和发扬光大。中共中央办公厅、国务院办公厅印发了《关于实施中华优秀传统文化传承发展工程的意见》，要求把中华优秀传统文化进校园作为固本工程、铸魂工程和打底色工程，把优秀传统文化融入学生的血脉里，成为中华民族的文化基因。高等职业院校必须全面深入地做好中华优秀文化"三进"（进教材、进课堂、进头脑）工作，让青年学子打下深厚的文化根底，增强其文化自觉和文化自信，让民族优秀传统文化在青年一代得以更好地传承和发扬。

为了开展好高等职业院校中华优秀传统文化"三进"工作，我们将多年讲授课程和学习研究的成果进行梳理总结，采用文献研究、比较研究、分析归纳等方法，在对大量的文献资料进行收集整理的基础上，最终形成《中华优秀传统文化读本》一书。本书共设十五个专题，涉及中华传统文化的语言文字、古代文学、哲学思想、传统教育、古代科学、中医文化、建筑艺术、民间手工艺、舞蹈、雕塑、武术、戏曲、琴棋书画、礼仪、民俗等文化载体。每个专题将传统文化的具体形态与深层的观念形态、价值取向、审美趣味、价值信仰阐发相结合，弘扬传统文化讲仁义、崇正义、尚和合、求大同的风骨和精神，便于学习者了解中国悠久而丰富的文化内容，扩展知识，厚植爱国主义的文化根基，建立起高度的民族认同感和自豪感，建立起学生强烈的爱国意识和民族意识。同时，将经典的思想与智慧回归到对学习者学习、生活的指导中去，帮助学生树立起自强不息的精神和刚健有为的人生态度，树立刻苦学习、报效国家的远大志向，实现学习传统文化以丰富知识、践行理念、人格修养和社会担当的功能，较好地落实了以文化人，突出课程思政的功能，使学生更加有中国心，饱含中国情，充满中国味。

本书由易志军担任主编，李永红、李卫东、周葆青担任副主编。其中专题一、二、八、十一由李永红编写；专题三、四、五、七由李卫东编写；专题六、九、十二由易志军编写；专题十四、十五由周葆青编写；专题十的第一、二节由易志军编写，第三节由李永红编写；专题十三的第一、二节由易志军编写，第三、四节由周葆青编写；全书由易志军统稿。为满足日新月异的教与学的需求，本书作为一本可拆解和可组合的新形态活页式教材，可将教材内页抽出进行组合或加入反映学科发展最新成果的新书页，灵活便捷。另外，本书配有丰富的教学资源，可扫描二维码获取，有效弥补了纸质教材不能承载的内容，既有利于学生实时学习，也有利于教师个性化教学和应用型人才培养。本书在实施中华优秀传统文化教育课程教学、培育和践行社会主义核心价值观、落实立德树人根本任务等方面作了有益探索。

面对浩若繁星、博大精深的中华优秀传统文化，一本教材无法囊括其全貌。但我们仍然希望本书能够展示出中华优秀传统文化的脉络、特征和精华，希望通过它为广大学生探究传统文化打开一扇窗，能够激发广大学生学习、实践传统文化的兴趣。就此而言，我们主编的这本《中华优秀传统文化读本》，用专题的方式进行了内容设置、案例选取和资源推荐，只是为学习提供了一个基本框架和指引。我们期待授课老师和广大学生能够结合自身实际灵活使用本书，并在教学中进一步拓展、补充，加强互动和实践环节，使得这门课程更加丰满、更加富有趣味。《中华优秀传统文化读本》既可作为高等职业院校在校学生传统文化教育的教材，也可作为其他读者了解和学习中华优秀传统文化的辅助读物。

本书在编写过程中吸收和借鉴了国内多篇学术文献和多本著作，在此表示感谢。由于编者水平有限，疏漏和不足之处敬请广大读者批评指正。

编　者

2020 年 1 月

目　录

专题一 ▎**汉语、汉字：神奇悠久的文化密码**

【导学】

　　汉语、汉字保存了人类历史上最为丰富的文明，是中华文化之母，是我们的灵魂、我们的根基。汉语、汉字是世界上使用时间最久、空间最广、人数最多的语言文字，其创制和应用不仅推进了中华文化的发展，还对世界文化的发展产生了深远的影响。它造就了中华文化的核心，成为中国精神文明的旗帜；它延续着中华民族的传统，不仅丰富地蕴含着中华文化的密码，而且处处保留着中华民族岁月的痕迹。

【知识储备】

第一节　汉语概述

一、语言及其功能

　　广义而言，语言是一种特殊的社会现象，是人类的思维工具和最重要的交际工具，是一种音义结合的符号系统。它是表达思想的符号体系，是言语能力的社会产物。

　　语言是随着人类的产生而产生的。人类从动物界分化出来后，就采用集体的活动方式。集体生活，集体劳动，彼此协作，交流感情，交流思想，迫使人类必须产生适应交往的普遍媒介——语言。语言作为一种特殊的社会现象，不仅随着社会的产生而产生，而且还随着社会的发展而发展。语言和社会不可分离，语言是特殊的社会现象，因而社会性是语言的本质。

语言是人类最重要的交际工具，是人们进行沟通的主要表达方式。语言是人类经过千百万年的共同努力创造出来的，它的创造者是人类的全体成员，服务对象是社会各个成员，因而语言具有全民性。正是因为语言具有全民性，它是全民的交际工具，社会成员之间才能交流思想，进行社会生产和组织社会生活，才能把社会联系为一个整体。社会分为不同的阶级、阶层、行业和社会集团，就其交流内容来说可以有阶级性和行业特点，但不论王公贵族还是奴隶百姓，都必须遵守该社会的语言习惯，所使用的语音、词汇、语法，都是该社会共同的，语言一视同仁地为各个阶级服务。正是凭借语言是全社会成员共有的交际工具，各个不同职业、各年龄段的人才能进行对话，各个不同时代的人才能继承和发扬前人遗留下来的东西。与此同时，阶级对语言确实存在着影响，像皇帝自称"朕""寡人"，称平民"黔首"等阶级习惯语。随着时代的更替，阶级习惯语也逐渐消失。

语言是思维的工具，是认识世界的工具。没有词和句子，人类的思维，尤其是抽象思维就不可能进行。因为人们对客观现实的本质特征和规律的认识，都表现在概念、判断和推理之中，而概念、判断和推理必须依赖语言中的词和句子形成。思想要靠语言记录和巩固下来，用语言表达出来，才使思想交流成为可能。

语言是人类特有的一种音义结合的符号系统，作用于文化时，是文化信息的载体。人们借助语言保存和传递人类文明的成果，前人的经验和认识可以通过语言留存下来传给后代，后人借助语言，将前人的认识成果作为认识的对象，进而创造出新的文明成果，从而丰富人类知识的宝库。

语言也是民族的重要特征之一。一般来说，各个民族都有自己的语言。民族文化是语言的土壤，成为语言的表现内容和内涵。语言是文化的载体，是反映文化的一面镜子。由于受到地域环境、社会习俗、价值观念、宗教信仰等因素的影响，语言所反映的文化内涵是不同的。比如，黄色。在中国古代的五行论中，黄色与土相配；又因为汉民族古时有"敬土"思想，这就使得君权与土关联，从而使黄色与君权相联系。隋代以后皇帝穿黄龙袍，黄色就此成为君主独占之色，代表着尊贵与神圣。在传统汉文化中，黄色又有"吉利""好"之义，比如把适合举行重大仪式的日子称为"黄道吉日"。而在现代汉语中，黄色又有色情之义。黄色象征含义转换的背后起作用的是西方文化。在西方文化中，"yellow"除表示色彩外，还有怯懦破坏之义，如美国俚语"yellow belly"意为胆小鬼，"yellow journalism"意指恣意煽情的传媒。19世纪中叶流行的"yellowback"（黄皮封面小说）被认为是廉价的、不登大雅之堂的，进而使黄色与性、色情、恶俗发生了关联。这种文化观念传入中国后，使黄色的含义变得极端矛盾。在佛教中，黄色也是被推崇的尊贵色。神与佛头上的光圈为黄色，和尚、喇嘛袈裟上也有黄色。《释名·释采帛》释："黄，晃也，犹晃晃，象日光色也。"因而，黄色象征着光明，代表着超凡脱俗。在基督教中，由于犹大的衣服颜色是黄色的，因此黄色被视为庸俗低劣的最下等色，含有背叛的象征义。

二、汉语及其类型

汉语即汉民族的语言，是中国通用语言，属汉藏语系。按照历史发展过程，汉语可分为古代汉语和现代汉语。古代汉语就是古代汉民族使用的语言，一般是指以先秦口语为基础而形成的上古汉语书面语言，以及后代作家仿古作品中的语言。现代汉语指现代汉民族共同语，即以北京语音为标准音，以北方话为基础方言，以典范的现代白话文著作为语法规范的普通话。广义的现代汉语还包括现代汉语方言。

按照汉语存在形式的不同，可将汉语分为口语和书面语。口语是口头交际使用的语言，通常是通过声音传播的，是最早被人类普遍应用的语言形式。口语灵活多变，多因场合与发言者不同而被自由使用。书面语是指用文字记载下来供"看"的语言符号系统，它在口语的基础上形成。由于书面语是人们在文本上交流所使用的语言，相对于口语，有其内在的稳定性，语法更严谨，有利于准确地流传。从语言学的观点看，口语是书面语的基础，书面语是口语的记录和加工形式。

自古以来汉语就有文言和白话之分。文言指中国古代的书面语言，是官方的表达形式，是公卿文人的语言和文体形式，一般称为雅言。文言从周秦时代一直使用到"五四运动"时期。文言最初产生时，与当时的口语是比较接近的，但是在发展过程中，出现了书面语远离口语的现象。白话是相对于文言而言的，本指口头会话交流的语言表达形式，也是平常老百姓会话所用的语言。到了汉魏时期，一种接近当时口语的新的书面语出现了，这就是古白话（即近代汉语），文言和古白话都是书面语言。1917 年，胡适、陈独秀、鲁迅等人在"文学革命"的口号下，发起了白话文运动，逐步形成了以白话文替代文言文的趋势。从本质上看，"五四运动"之前的古代白话和"五四运动"之后的现代白话虽然都是白话，但实际是两套语言系统。古代白话是孕育在中华传统文化母体中的，而现代白话则是在中西文化交合的背景下，在古白话的基础上，汲取方言中大量有生命的语言成分，在发展中逐渐形成的一种严谨、缜密、灵活、富有表现力的新语体，即现代汉语。

三、现代汉民族共同语和方言

现代汉民族共同语就是现代汉民族全体成员通用的语言。方言是民族语言的地方分支，是局部地区的人们使用的语言，是共同语的分支和变体。作为民族共同语基础的方言叫作基础方言。

某一方言形成共同语是与这一方言所属地域的政治、经济、文化影响密切相关的。现代汉民族共同语的基础方言是北方方言，以北京语音为标准音，是我国历史发展的必然结果。北方话分布区域最广，使用人数最多，影响最大。宋代话本、元朝戏曲杂剧、明清小说（如《水浒传》《西游记》《三国演义》《红楼梦》等），都用北方话写成，这些作品长期以来在人民群众中产生了深远的影响，北方话也通过这些作品得以广泛传播。"五四运动"以后众多的白话作品也多由北方话写成，这些作品的流传更加扩大了北方话的影响力，北方话成为普通话的基础方言是历史的必然。辽、金、元、明、清以来的800多年，大多以北京作为都城，北京成为我国政治、经济和文化的中心，因此，北京话的影响逐渐显著，地位日益重要，北京话作为官府的通用语言即"官话"传播到了全国各地。"五四运动"以后的"国语""国音"也都以北京语音作为标准音。

我国幅员辽阔，各地方言有很大差别，其中语音差别最大，其次是词汇和语法，因此划分方言区主要依据的是语音标准。目前汉语方言可分为七大方言区，即北方方言、吴方言、湘方言、赣方言、客家方言、闽方言和粤方言。

（一）北方方言

也称官话或北方话，代表话是北京话。北方方言是现代汉民族共同语的基础方言，分布区域最广，使用人口最多。

北方方言可根据其内部的差异分为四个次方言：①华北—东北方言，分布在北京、天津两市，河北、河南、山东、辽宁、吉林、黑龙江，以及内蒙古的一部分地区。②西北方言，分布在山西、陕西、甘肃等省和青海、宁夏、内蒙古的一部分地区，以及新疆汉民族居住地区。③西南方言，分布在四川、云南、贵州等省及湖北大部分地区（东南角咸宁地区除外），广西西北部，湖南西北角等。④江淮方言，分布在安徽、江苏长江以北地区（徐州、蚌埠一带属华北—东北方言）、镇江和镇江以西九江以东的长江南岸沿江一带。

（二）吴方言

也称吴语，代表话早期是苏州话，现为上海话和苏州话。分布在上海、江苏长江以南镇江以东地区（不包括镇江）、南通的小部分地区、浙江的大部分地区。

（三）湘方言

也称湘语，代表话是长沙话。分布在湖南省大部分地区（西北角除外）。

（四）赣方言

也称赣语，代表话是南昌话。分布在江西省大部分地区（东北沿长江地区和南部除外）。

（五）客家方言

也称客家话，代表话是广东梅县话。客家方言是因古时客家人从中原迁徙到南方而形成的，分布较为零散，主要分布在广东、福建、台湾、江西、广西、湖南、四川等省。其中以广东东部和北部、福建西部、江西南部和广西东南部为主，海外华人社区也有客家话分布。

（六）闽方言

也称闽语，主要分布在福建和海南的大部分地区、广东东部潮汕地区、雷州半岛部分地区、浙江南部温州地区的一部分、广西的少数地区及台湾的大多数汉人居住地，东南亚一带华人社区分布也较为广泛。闽方言是各方言中内部差异最大、语音现象最复杂的一个方言，又可分为闽东、闽南、闽北、闽中、莆仙五个次方言。

（七）粤方言

也称粤语，代表话是广州话。分布在广东中部、西南部和广西东部、南部的约一百来个县以及香港、澳门特别行政区，美洲、澳大利亚华人社区也有广泛分布。

方言通常与地域密切相关，既是多元地域文化承载者，也是负载情感文化的纽带，它保留了大量的历史与文化信息，具有语言化石的价值。在社会统一、交通发达、文化交融日益频繁的今天，方言之间的差异日趋缩小，并迅速向普通话靠拢。

四、现代汉语的特点

汉语是世界上最古老的语言之一，也是使用人口最多的语言之一。从语言谱系分类来看，汉语属于汉藏语系。与其他国际通用语言相比较，现代汉语在语音、词汇、语法三要素上均表现出独特性。

（一）语音方面

现代汉语的音节一般由声母、韵母和声调构成，乐音较多，加上声调高低变化和语调的抑扬顿挫，因而现代汉语语音具有音乐性强的特点。

1. 没有复辅音

在一个汉语音节内，声母在前，韵母在后，无论开头或是结尾，都没有两个或三个辅音联结在一起的现象。辅音出现在音节的开头，除了 n 和 ng 以外，都不能在音节末尾出现。因此，音节的界限比较分明，结构形式比较整齐。

2. 元音占优势

从汉语音节组合的情况看，汉语音节中可以没有辅音，但不能没有元音。一个音节可以只由一个单元音或一个复元音构成，由复元音构成的音节也比较多。乐音成分比例大，韵多而声少，听起来响亮悦耳。

3. 有声调

在现代汉语语音学中，声调又称字调，是指汉语音节中所固有的、可以区别意义的声音的高低和升降。像"bā"（八）、"bá"（拔）、"bǎ"（靶）、"bà"（爸）声调不同，意义也不一样。在普通话里，有阴平、阳平、上声、去声四个基本声调。声调和音长、音强都有关系，但是，它的性质主要决定于音高。普通话四种基本声调的调型可以简单归结为一平、二升、三曲、四降。阴平、阳平为平声，上声、去声为仄声。

（二）词汇方面

（1）汉语语素以单音节为基本形式，单独使用时就是词，不单独使用时就是构词成分。如"光"和"明"既是两个语素，又是两个词，二者合起来是一个词。汉语中经常有若干个字共为一个音节的同音词，如在《现代汉语词典》（第 7 版）里，"xī"这个音节就有"西、希、夕、昔"等 81 个字。

（2）在现代汉语词汇里双音节词数量占优势。单音节词常常扩充为双音节，多音节词语往往被压缩成双音节，如"车—车子""月—月亮""窗—窗户""高级中学—高中""对外贸易—外贸"等。三音节词和四音节词数量较少，如"图书馆""研究生院"等。

汉语里的双音节词绝大部分是合成词，但有一部分双音节词为单纯词，如"橄榄""姥姥"等，实质是由一个语素单独构成的词，单个的音节都不表示意义，只有几个音节组合起来才能表示意义。双音节的单纯词主要包括叠音词和连绵词。叠音词是同一个音节重叠而成的词，如"翩翩""潺潺"等。连绵词是由两个不同音节连缀成义的单纯词，包括双声连绵词、叠韵连绵词、非双声叠韵连绵词。双声连绵词指构成词的两个音节的声母相同的连绵词，如"仿佛""鸳鸯"等。叠韵连绵词指构成词的两个音节的韵母相同的连绵词，如"骆驼""徘徊"等。非双声叠韵连绵词指构成词的两个音节既非双声又非叠韵的连绵词，如"葡萄""蝴蝶"等。

非单音节的单纯词还包括拟声词和音译词。拟声词是模拟客观事物、现象的声音而形成的词，如"嘎吱""劈里啪啦"等。音译词是指模拟外语词（包括少数民族词语）的声音形式而形成的词。汉语中的外来词主要有两种情况：纯粹音译，如"雪茄"（cigar）、"咖啡"（coffee）等；半译音半译义，如"吉普车"（jeep）、"啤酒"（beer）等。

上述单纯词中的单个音节无论有几个，均不表示任何意义，只起记录音节的作用，只有几个音节组合起来才能表示具体词义。

（3）广泛运用词根复合法构成新词。现代汉语构词方法非常灵活多样，除单纯词外，词根复合是新词产生的主要方法。复合式构词法是由两个不相同的词根结合在一起组成新词的构词法，分五种类型：联合型、偏正型、补充型、动宾型和主谓型。附加式构词法指由表示基本意义的词根和表示附加意义的词缀构成新词的构词法，如"老虎、老乡、小王、小张、瓶子、板子、花儿、鸟儿、作者、读者、现代化、自动化"等。重叠式构词法就是词根通过重叠形式而构成一个新词，这样得到的合成词叫重叠式合成词，即重叠词，如"爷爷、星星、花花绿绿、摇摇摆摆"等。

（三）语法方面

（1）汉语是非形态语。同印欧语相比，汉语缺乏表示语法意义的词形变化，属于非形态语。比如英语属于形态语，它是通过词的形态变化来表现语法意义的，它的名词有数的变化（如 table—tables），人称代词有格的变化（如主格 I—宾格 me），形容词有比较级的变化（如 good—better—best），数词有基数词和序数词的变化（如 one—first），动词有时态的变化（如 do—did—done—doing）。在很多情况下，汉语的句子中谓语动词没有什么变动，句子的结构简明，避免了语法意义的重复表达和句子中的多余成分。

（2）语序和虚词是汉语表达语法意义的主要手段。人类语言中常使用的语法手段有三种：语序或词序、虚词、形态。汉语里的"她爱我"和"我爱她"，里面的代词"她"和"我"，不管是做主语还是做宾语，词形都不变化；动词"爱"，不管做主语的是第一人称还是第三人称，都没有相应的形态变化。因而，语序在语言单位组合中就十分重要。"狗咬人"和"人咬狗"语序不一样，意思是完全不一样的。"不很好"与"很不好"，副词"很"的位置调了一下，所表达的意思就有天壤之别了。

现代汉语虚词包括介词、连词、助词、语气词等，有 800 多个，它们在汉语中使用的频率相当高。虚词主要以其语法意义左右着句子结构，影响着人们的思想表达。如"我和弟弟""我的弟弟"，"和"表示并列关系，"的"表示偏正关系。又如"吃着饭""吃过饭""吃了饭"，虽然语法结构相同，但语法意义不同。由此可见，语序不同，虚词的有无，往往决定着汉语语法意义、语法关系的不同。

（3）词、短语和句子的结构原则基本一致。现代汉语中的语法单位可以分为四级：语素、词、短语、句子。在现代汉语中，语素构成词、词构成短语、词或短语构成句子的基本构造方式是一样的，有主谓、动宾、补充、偏正以及联合等五种基本类型。由两个语素构成的合成词"动静"、由三个词组成的短语"今天和明天"和由三个词构成的句子"鲁迅、巴金和郭沫若"，这三者分别属于不同的语法单位，但都属于"联合"这一种基本构造类型。再如，"年轻""意气风发""天气不太好"，从词到短语再到句子，三者结构关系皆为主谓型。这种词、短语和句子的结构一致性原则是汉语的一个特点，但也为词和短语的区分带来一定困难，有时候一些相同相近的结构可能属于不同的语法单位。如"新房—新车、黑板—黑墙、马路—近路"，这三组词语中的前一个单位"新房、黑板、马路"是词，后一个单位"新车、黑墙、近路"是短语。

（4）汉语的词类和句法成分不是简单的——对应关系。以英语为代表的印欧语言里，不同词类的词对应不同的句子成分，这种对应关系比较整齐。一般来说，英语中的名词充当句子中的主语或宾语，动词充当谓语，形容词充当表语，副词充当状语，动名词充当主语或宾语。在"Learning is a good thing.""He likes learning."这两个英文句子中，learning 这个动名词就在句子中分别充当了主语和宾语。汉语则不是。汉语的名词、动词、形容词都可以充当句子中的主语、谓语、宾语和定语。例如："上海人爱旅游。""他上海人。""他喜欢上海人。""上海人的房子好漂亮。"这四个句子中的"上海人"这一个名词分别充当了句子中的主语、谓语、宾语和定语。

（5）汉语的量词和语气词极为丰富。量词是表示人、事物或动作的数量单位的词，如"一个人、两只猫、三把茶壶"。表示人或事物数量单位的量词叫名量词，如"一只狗""一辆车"中的"只""辆"，名量词也包括表计量的度量衡单位，如"米""克""升"等。表示动作数量单位的词叫动量词，如"看三遍"中的"遍"，"跑两趟"中的"趟"。时量词是表示时间的量，如"天、周、月、季、年"等。现代汉语的量词十分丰富，计数时数词后面一般要用一个量词，不同的名词要配以特定的量词才能与数词组合，如"一条绳子、一匹马、一张桌子、一道彩虹"，这个比较容易误用。

汉语语气词也十分发达，使用频率比较高，常出现在句末，可以表达各种语气和口气，并能表现出其细微的差异，如"你走啊"（表感叹）、"你走吧"（表祈使）、"你走了"（表陈述）。在汉语中，可以用相对应的语气词来表达一定的语气，表示陈述语气的语气词有"的、了、呢、罢了"，表示疑问语气的语气词有"吗、呢、啊"，表示祈使语气的语气词有"吧、了、啊"，表示感叹语气的语气词有"啊"。有的语气词可以表达多种语气，而一种语气也可以由多个语气词表达。口语中，语气词和语调配合使用，可使句子语气更为显著。书面语中，语气词和标点符号配合使用，也会收到很好的效果。

第二节　汉　字

一、汉字的功能

文字是用来记录语言的书写符号系统，是形、音、义三者的结合体。汉字又称中文字、中国字、方块字，是记录汉语的书写符号系统（也被借用于书写日语、韩语、越南语等语言），是汉字文化圈广泛使用的一种文字，也是目前世界上唯一仍被广泛使用的高度发达的表意文字。

汉字具有强大的语言功能和文化功能。

任何文字都是为了满足交流实用之需而创造的。汉字作为一种自源文字体系，千百年来一脉相承，显示了对语言的巨大承载力。有了汉字，中国人就突破了汉语在时间上和空间上的限制，扩大了汉语的交际功能。有了汉字，中国社会才有了用文字记载的历史，世界上最古老的农业专著、医学专著、数学专著、地理学专著、天文学专著，还有许许多多名垂青史的文学作品，以及丰富的哲学著作和宗教经典才能流传至今，才能使人类的知识、经验和技术得以系统流传和传播，从而促进了社会的发展。有了汉字，才能对汉语进行加工和规范，才使得书面语更严密、细致、有条理。汉字促进了汉语的发展，使得汉语更为精密，流传更为广泛。

汉字是一种独特的语言符号系统，是世界上历史最悠久的文字之一，汉字是汉民族文化的基石，是汉语文的微缩景观，是汉民族文化的载体。汉字中包含的丰富的思想文化内涵成为汉语文化的滥觞和源泉，反映了中国人的文化观念、思维方式、审美情趣。《说文解字》称，文字是"经艺之本，王政之始"，是"前人所以垂后，后人所以识古"的凭借，也是统治者"宣教明化于王者朝廷"的工具。以甲骨卜辞、钟鼎铭文为发端，用汉字书写的古代文献展示着中华民族创造的光辉灿烂的古代文化，对人们的思维方式、价值观念产生了深远影响，对民族具有巨大的凝聚力和渗透力。汉字作为汉民族的文化载体，也是人们价值判断的依据。人们常说，"人言为信""田力为男""女在室内为安"，说这话时，就不只是把文字当作语言符号来看，而是把它当作蕴含着某种道德观念的符号，不自觉中已把这些符号当作判定是非的标准。汉字字形中蕴含着丰富的文化信息，造就了一些独特的文化现象。比如"寸土为寺寺旁吟诗诗曰明月送僧归古寺，双木成林林下示禁禁曰斧斤以时入山林"，这类对联是运用拆字法或者利用汉字的部首形成对仗。

猜字谜的时候往往要拆分汉字的字形。宋词《断肠迷》："下楼来，金钱卜落（一）；问苍天，人在何方（二）？恨王孙，一直去了（三）；誓冤家，言去难留（四）。悔当初，吾错失口（五），有上交无下交（六）。皂白何须问（七）？分开不用刀（八），从今莫把仇人靠（九），千种相思一撇销（十）。"谜底为汉字的一到十。

汉字对内能起到教化的功能，对外能起到渗透的作用。历史上某些不同的文化区域在汉字的作用下产生了同化的倾向。法国汉学家莱恩·汪德尔麦什曾提出"汉文化圈"的概念，以此和印度教文化圈、伊斯兰教文化圈、基督教文化圈相区别。他指出，其他文化圈均是因宗教凝结而成的，汉文化圈则主要是在共同的语言文字基础上形成的，汉字充当了内在的精神动力。汉字在促进各民族之间的文化整合中发挥了难以估量的作用，许多民族文字的创立受到了汉字的启发，如契丹文、女真字、西夏文、壮族方块字、彝文等。从表面上看，当它为别的民族借用时，便传播了汉文化的观念，就其深层来说，它还输入了华夏民族特有的文化心理内容，从而对他们的民族思维及民族性格产生了不同程度的影响。

二、汉字的性质

文字是记录语言的符号系统，是全民的书面交际工具和思维工具。但是，各种文字又有它们各自不同的特点。文字的不同特点要联系它所代表的语言系统中的单位和文字本身使用怎样的符号来考察。

首先，从汉字跟汉语的关系看，汉字是语素文字。根据一种语言的文字符号所记录的语言结构系统中的单位来看，记录语素的是语素文字，记录音节的是音节文字，记录音素的是音素文字。汉字主要记录汉语里的语素。例如"学习"这个词，写下来是两个字，这两个字代表了汉语里两个最小的音义结合体，即语素。汉字也记录少量非语素的音节，如"葡""萄""枇""杷"等。这些音只有"pú""táo""pí""pā"等语音，不独立表义，只有在多音节语素中才具有代表音节的作用，否则就失去了存在的价值。字形上往往还有表义的成分，如"葡萄"二字所从的"艹"，"枇杷"二字所从的"木"，标志着"葡萄""枇杷"的种类概念范畴，这种情况是音节文字不可能有的。汉语以单音节语素为主，因此，语素、字、音节往往是一致的。一个字记录一个音节，同时也表示一定的意义，用汉字记录汉语语素很方便。这是汉字生命力强的一个根本原因。

其次，从汉字所用的文字符号本身的性质看，汉字主要是由意符和音符组成的文字系统。与文字所代表的语素在意义上有联系的字符是意符，只在语音上有联系的字符是音符，在语音和意义上都没有联系的是记号。汉字则三类符号都在使用。汉字里的象形字、指事字、会意字以及形声字中的形旁属于意符，汉字里的音符指形声字中的声旁。由于现代汉字以形声字为主，而形声字是意符和音符的结合，虽然音符是借汉字来充当的，但它毕竟是汉字的表音成分，记号在形声字中还起着表意和表音的作用，因此，从使用的字符来看，汉字主要是由意符和音符组成的一种文字系统。

汉语同音现象很多，产生了在书面上区别同音语素的需要。一方面，汉字用不同形体的方块字记录同音语素，使它们在书面上有了区别，便于交际。如"工、公、弓、攻"念起来一样，写下来形体各异，这对区别语素意义很有利。另一方面，汉语方言复杂，同一个语素，用方音来念，可以迥然不同。如"书"，北京念shū，四川念 sū，湖北念 xū，可是用汉字写下来，"书"这个形体各地都能理解。自隶书、楷书产生以后，汉字形体基本没有发生大的变化，统一而稳定，使不同方言区的人可以看懂彼此写的书面语，突破了方言分歧的局限，适应了汉语方言复杂的特点。

从理论上讲，汉字具有以形表意的特点，有形象性、隐喻性、意会性，从而超越了语音的羁绊和时空的局限，成为一种可直接视读的"活化石"文字。每一个汉字都蕴含着丰富的思想文化信息。以最简单的象形字"水"为例，大自然中既有江河湖海之汪洋，又有沟溪塘池之恬静；既有大浪淘沙之雄奇，又有"秋水共长天一色"之明丽，可谓丰富多彩。我们的祖先抓住了水的流动性这一根本特征，把水描写成流动状，凡是表示液体的字，大都有三点水作为偏旁。汉字是两维度平面构形的文字，"水"字的造型还体现了汉民族崇尚对称美和曲线美的审美特征。

三、汉字的起源

汉字起源的旧说法有五种，即结绳说、八卦说、河图洛书说、仓颉造字说和图画说。

（一）结绳说

我国古代文献中关于结绳记事的记载主要见于《周易》《老子》《庄子》《说文解字》等书中。原始部落在文字出现之前，以结绳记事的方法，把战争、猎获、会盟、选举、庆典、联姻、生育、疾病和灾害等大大小小的事件记录下来。从民俗学的大量材料来看，文字产生以前，确实存在着漫长的结绳记事时期。但结绳只是一种辅助记忆的方法，不能用来记录语言，它不是文字。但先民在造字时，有个别地方可能借鉴了此法。

（二）八卦说

《易经·系辞下》、孔安国《尚书·序》认为汉字起源于八卦。《纲鉴易知录·五帝纪·太昊伏羲氏》中还说："太昊德合上下。天应以鸟兽文章，地应以龙马负图，于是仰观象于天，俯观法于地，中观万物之宜，始画八卦。卦有三爻，因而重之为卦六十有四，以通神明之德。作书契，以代结绳之政。书制有六：一曰象形；二曰假借；三曰指事；四曰会意；五曰转注；六曰谐声。使天下义理必归文字，天下文字必归六书。"正如《文心雕龙》所说，"文象列而结绳移，鸟迹明而书契作"。从现有的考古资料和文献来看，我国最早的书契作品有玉雕、陶文、壁画和木刻。这一漫长的阶段，是"文志"的阶段，是朝文字过渡的形态，它仍然是汉字的胚胎期。

（三）河图洛书说

河图、洛书是阴阳五行术数之源。汉代儒士认为，河图就是八卦，而洛书就是《尚书》中的《洪范九畴》。河图、洛书最早记录在《尚书》中，其次在《易传》中，诸子百家也多有记述。《河图玉版》云："仓颉为帝，南巡狩，登阳虚之山，临于玄扈洛汭之水，灵龟负书，丹甲青文以授之。"传说伏羲氏时，有龙马从黄河出现，背负"河图"；有神龟从洛水出现，背负"洛书"。历代皆认为它们是"龙马负之于身，神龟列之于背"，使得此说具有神秘主义色彩。

（四）仓颉造字说

在战国时即已流行。《荀子·解蔽》《吕氏春秋·君守》《淮南子·本经训》都有仓颉造字说法的记载。许慎《说文解字·叙》："黄帝之史仓颉，见鸟兽蹄迒之迹，知分理之可相别异也，初造书契。""仓颉之初作书，盖依类象形，故谓之文。其后形声相益，即谓之字。"传说仓颉是黄帝的史官，颛顼部族人那时制定历法需要文字记载，制定神谕也需要行文，各部落联盟也需共享的交际符号，于是收集及整理共享文字的工作便交于史官仓颉。他"观奎星圜曲之式，察鸟兽蹄爪之迹"，创造出了代表世间万物的各种符号。他给这些符号起了个名字，就叫作字。现代学者认为，成系统的文字工具不可能完全由一个人创造出来，如果确有仓颉其人，应该是文字整理者或颁布者。据此推测，四五千年前，我国的文字就比较成熟了。

（五）图画说

唐兰在《古文字学导论》中，曾提出"文字的起源是图画"的主张。图画作为艺术，它的手段是形象。而图画作为文字，它的手段是图示。甲骨文中独立的图形，也就是独体字，是通过图示的手段产生的字乃至词的标志。独立的图形又可作为结构成分组合成复合图形，也就是合体字。而合体字的图示作用是通过结构成分的图示达到的。以"逐"字为例：在甲骨文中，它的形体是"足"的前方有一头"豕"。把字形与字义联系起来就是：追赶野猪。追逐之意虽然需要依靠构图，但表意的基础是由"足"引申出的追、跑之意，可见"足""豕"的图示作用是其关键。汉字起源于原始图画，现已被多数学者所接受。

一些出土文物上刻划的图形，很可能与文字有渊源关系。史学界普遍认同中国最早的文字是甲骨文，距今 3600 多年。中国考古界先后发布了一系列较殷墟甲骨文更早、与文字起源有关的出土资料。河南舞阳的贾湖刻符经碳 14 物理测定，距今 7700 多年历史。在距今 6000 多年的西安半坡遗址中共发现各种不同的简单符号 113 个。这些符号都是刻在饰有宽带纹或大的垂三角形纹饰的直口钵的外口沿部分。符号笔画简单，形状规则，共 30 多种，竖、横、斜、叉均有。郭沫若曾说："刻划的意义至今虽尚未阐明，但无疑是具有文字性质的符号……可以肯定地说就是中国文字的起源，或者说中国原始文字的孑遗。"在同属于仰韶文化遗存的临潼姜寨遗址发现的刻划符号共 42 种，分别刻在 102 件完整的陶器或陶片上，学界认为这是中国文字的原始形态或原始阶段，是中国文字的起源。

四、汉字的构造

从造字的角度分析汉字结构，古代有"六书"之说，指从古人解说汉字的结构和使用方法归纳出来的六种条例。"六书"之名，最早见于《周礼·地官·保氏》，后世学者定名为象形、指事、会意、形声、转注、假借。一般认为，前四种是造字法，后两种是用字法。

（一）象形

东汉许慎在《说文解字》中说，"象形者，画成其物，随体诘诎，日、月是也"。其意是画成那事物的样子，笔画随着所表事物的外形特征弯弯曲曲。象形是描画事物形状的一种造字方法，也就是用文字的线条或笔画把要表达物体的外形或特征具体地勾画出来。例如，"月"（☽）字像一弯明月的形状，"龟"（龜）字像一只龟的侧面形状，"马"（馬）字像一匹有马鬃、有四腿的马，"鱼"（魚）字像一条有鱼头、鱼身、鱼尾的游鱼，"日"（⊙）字很像我们在直视太阳时所看到的形态。

象形字属于独体造字法，所表示的对象一定是看得见、有一定外形的具体名物，即必须是有形可象的，所用字形与对象在形体上具有同一性。象形字所记录的词最初都是表示具体实物名称的名词，是容易描摹的物体，且是容易辨识的图形表达的事物。它来自图画，但图画的性质减弱，是具有文字读音的形象符号，象征性和概括性大大增强。

象形是一种最原始、最简单的造字方法。它的局限性很大，因为有些事物是画不出来的，抽象的概念又无形可象，客观事物又无限纷繁，不可能一一绘象。但是，它却为指事、会意、形声字的构成创造了条件。

（二）指事

《说文解字》曰："指事者，视而可识，察而见意，上、下是也。"意思是说一眼看上去就可以认识大体，仔细观察就能发现意义所在。用象征性的符号，或是在象形字的相应部位加上提示符号来表示某个词，就是指事。用指事方法造的字就是指事字。"一（一）、二（二）、三（三）、四（三）"就是最典型的指事字。再如"刃"（刃）在刀口上加一个点，表示刀的刃；"本"（本）在木下面加个圆点，后来变成一个短横，指出这儿是树的根。"上""下"就是分别在参照物（以弧线或长横线来表示）的上、下部加上一点（或一短横）来表示"上"和"下"的意义。

指事字也都是独体字，依赖具体的形，再加上指事符号表义，以指示所表示的局部的范围。它比起象形字来，已经带有了语词表达抽象概念的特点。大多数指事字是在象形字的基础上添加、减少笔画或符号,跟象形造字法一样具有很大的局限性,这也是指事字在汉字里数量最少的原因。

单纯指事字:上、下、八、丩。

由象形字加提示性符号而成的指事字:亦、本、末、刃、甘。

由象形字变换形体的方向或位置而成的指事字:交、尸、县(悬)。

现代指事字:卡、乒、乓。

(三)会意

《说文解字》曰:"会意者,比类合谊,以见指㧑,武、信是也。"会意的字面意思是会合成意,就是由两个或几个字组成一个字,把这几个字的意义合成一个意义。会意建立在人们联想和推理的基础上,即由若干符号相互构成一种联系,来表达某种意义,这种意义跟每个字(偏旁)的意义都不相同,通常是动词、形容词,或没有具体形象的名词(如表示时间概念的名词)。这类意义比较抽象,很难用象形的方法来表现。

会意属于合体造字法,会意字由两个或多个独体字组成字形或字义,合并起来表达此字的意思。例如"酒"(酒)字,以酿酒的瓦瓶"酉"和液体"水"合起来,表达字义为发酵制成的含乙醇的饮料。"解"(解)字,用"刀"把"牛"和"角"分开,来表达分开、剖开的字义。"鸣"指鸟的叫声,于是用"口"和"鸟"组成。"休"由"人"和"木"两个字组成,一个人靠着树,表示休息。"采"由"爪"和"木"组成,一只手在树上摘东西,表示采摘。再比如小大为"尖",不正为"歪",也是会意字。有些会意字是相同的字重叠而成,如双"木"为"林",叠"火"为"炎",三"石"为"磊",三"水"为"淼"。用简单的字变换组合方式,也可以造出新的会意字来,如二人相并为"比",二人相背为"北",二人相随为"从"。

分析会意字,通常按照《说文解字》的术语称为:某,从某。如"戍,守边也,从人持戈""挚,握持也,从手从执"。现代楷书形体使得一些会意字已经不容易分辨了。如"即"古汉字写作"即",像一个人跪坐在盛有食物的器皿前面,表示就食(近在眼前)。"既"古汉字写作"既",人跪坐于食器前,吃饱后,转头不看食具之意,本义是食毕,引申为"事情过去了"。

有部分汉字,会同时兼有会意和形声的特点。例如"功"字,既可视为以"力"做"工",而"工"亦有声旁的特点。"返"字,既可视为以"反"和"辵"(解作行走,变形作"辶")会意,而"反"亦有声旁的特点,这类字称为会意兼形声字。

(四)形声

《说文解字》曰:"形声者,以事为名,取譬相成,江、河是也。""形"指形旁,或叫意符,其作用是指出字的意义类属;"声"指声旁,或叫声符,其作用是标明字的读音。由表字义类属的形旁和表读音的声旁组成新字的方法即为形声。例如"樱"字，形旁是"木"，表示它是一种树木，声旁是"婴"，表示它的发音与"婴"字一样。"篮"字形旁是"竹"，表示它是竹制物品，声旁是"监"，表示它的韵母与"监"字一样（古音及部分方言）。"齿"字的下方是形旁，画出了牙齿的形状，上方的"止"是声旁，表示两字韵母相同。形声既表音又表意，兼得二者之妙，具有极高的能产性，甲骨文仅有 20% 的形声字，现代汉字形声字则占 90% 以上。

形声字的形旁大都是由象形字充当，如木字旁（木）、竹字头（竹）、皿字底（皿）等。象形字、会意字、指事字都可以作声旁。一般说来，作了声旁，大都丧失了自身原有的意义。如"锥"的声旁"隹"只用来表示"锥"字的读音，与"隹"的原义"短尾鸟"毫不相干。

形声造字法突破了纯表意造字法的局限，可以大量地造字。如用"氵"作形旁，就可以造出与水相关的"沟、泥、澎、湃、湖、泊、淋、滴、滋、润"等许多字。表示心理活动的词难以用象形、指事和会意的方法造字，但用形声的方法就可以造出"忠、忍、忿、怒、想、惑、愚、慕、恭、惊、惶、懊、恼"等字来。

常见的形旁和声旁的组合方式有以下六种：

左形右声，如哼、娩、犷、爬。

右形左声，如战、功、切、鸠。

上形下声，如草、景、零、崇。

下形上声，如裳、盒、堡、盲。

外形内声，如园、阔、府、衷。

内形外声，如闻、闷、辩、辨。

这六种组合方式，左形右声的占多数，上形下声的也较常见。还有的形声字形旁或声旁偏居一隅，如"旗"从㫃，其声。"恭"从心，共声。"徒"从辵，土声。"疆"从土，畺声，这类字极少。按照方块汉字先左后右、先上后下的书写习惯，多数形声字是"形旁当头"的。

形声造字法从义类和声音两方面记录词，它是表意汉字向表音方向发展的一个极为重要的进步因素。但是，随着时间的推移，形声字也暴露出严重的缺陷。从现代汉字的实际来看，不少形旁由于字义的演变已很难理解，如"楷""骗""骄"等；多数声旁不能准确地表示或根本不能表示形声字的读音，如"韭""靡""俳"等。

分析形声字应该注意以下特殊情况：第一，形符和声符的位置反常。如"视、祁"中"示"是声符，与从"示"的"福""祈""神"不同。第二，形符和声符不能按照自然结构分析。如"條、倏、脩、修"分别从木、犬、肉、彡，攸声，形符在右下角。第三，省形和省声。有少数形声字，其形符或声符已经简省，必须补全才能起表意或表音功能。形声字形符省简的叫省形，形声字声符省简的叫省声。如"晨"从晶省，辰声；"釜"，从金省，父声；"豪"从豕，高省声；"融"从鬲，蟲省声。

形声字形符表示字义，但是只能表示字义类属，也就是该字意义的大致范围，并非确切的意义。声符表音功能也是间接而有限的，随着汉语语音的历史发展，很多造字之初表音的声符已经与本字读音相去甚远。所以，形声字切不可"认字不认字，先认半边字"。

（五）转注

《说文解字》曰："转注者，建类一首，同意相受，考、老是也。"所谓"建类一首"就是指同一个部首，"同意相受"就是指几个部首相同的同义字可以互相解释。如"老"和"考"就是一对转注字，都属"老部"。许慎对"老""考"二字的解释分别是"老，考也""考，老也"。

所谓转注，就是指同一偏旁部首、读音相同或相近，意义有共同点的一组字。转注字有三个条件：两字同一部首，两字声音相近，可以互相解释。文字不是一人、一时、一地所造的，而各种文字的功用都是记录语言，因此，同一意义的语言，甲地造出的字和乙地造出的字可能不同，起初用的字可能和后来用的字也不同。这些在不同时间、空间造出的"语根相同，语义相同，但字形不同"的文字在某时、某地都已经普遍使用，既然很难取消使用，就用转相注释的方法来沟通这些文字。

"转注"不是对单个汉字形体结构的说明，而是字与字之间的形义关系的一种类型。就造字法而言，《说文解字》认为"老"是会意，"考"是形声。因而，转注不是造字法，而是一种用字方法。

（六）假借

《说文解字》曰："假借者，本无其字，依声托事，令、长是也。"段玉裁注："如汉人谓县令曰令、长……令之本义发号也；长之本义久远也。县令、县长本无字，而由发号久远之义，引申展转而为之，是谓假借。"指借用已有的形近、音同的字，表示不同意义的词。例如，表示"没有谁，没有什么"意思的否定性无定代词，原先没有为它专门造字，就借用与之同音的"莫"（本义为昏暮）字来记录它。这样，"莫"也就成了记录否定性无定代词的专用字。为了区别，人们后来又造了"暮"来表示日暮的意思。"莫"和"暮"的关系，属于古今字的关系。再如，借用本义为"燃烧"的"然"，来记录表示"如此，这样"意思的指示代词；借用本义为"畚箕"的"其"，来记录代词和语气词；借用本义为"呼叫"的"乎"，来记录表疑问的句末语气词；借用本义为"捣臼的棒槌"的"午"，来记录十二地支的第七位等。

假借字常常有以下情况：第一，原字表示一个意义，当它被假借表示另一个词义以后，该字便增加了新的意义和用法。如"耳"本义为耳朵，象形字，假借为句末语气词，表示限制语气。"夫"本义为男子，假借为发语词。"果"本义为树上结的果子，象形字，假借为副词果然。第二，一个字被假借表示另一个意义以后，其本义渐渐不用。如"我"本义为一种兵器，会意字，假借为第一人称代词。"豆"本义为古代的一种盛放食物的器皿，象形字，假借为豆类植物。第三，一个字的假借义取代了原义之后，又为本义另造新字，如"求、莫、其、衰、然"等字。假借并没有造出新字，因而也是一种用字方法。

汉字形体的演变

【阅读经典】

1. 可与言而不与之言，失人；不可与言而与之言，失言。

——《论语·卫灵公》

2. 巧言令色，鲜矣仁！

——《论语·学而》

3. 鸟之将死，其鸣也哀；人之将死，其言也善。

——《论语·泰伯》

4. 口者，心之门户，智谋皆从之出。

——《鬼谷子》

5. 人之所以为人者，言也；人而不能言，何以为人。

——《春秋谷梁传·僖公二十二年》

6. 弗知而言为不智，知而不言为不忠。

——《战国策·秦策一》

7. 貌言华也，至言实也，苦言药也，甘言疾也。

——司马迁《史记·商君列传》

8. 篆字若丹蛇，逸势如飞翔。

——李白《上清宝鼎诗》

9. 笔落惊风雨，诗成泣鬼神。

——杜甫《寄李十二白二十韵》

10. 字之八面，唯尚真楷见之，大小各自有分。

——米芾《海岳名言》

【资源推荐】

1. 纪录片《汉字五千年》，中央电视台制作。

2. 大型原创文化类电视节目《中国汉字听写大会》，由中央广播电视总台、国家语言文字工作委员会于 2013 年联合推出。

3. 中央电视台科教频道《百家讲坛》栏目之《探秘中国汉字》。

4. 中央电视台科教频道《百家讲坛》栏目之《解码汉字》。

5. 中国大学慕课课程《魅力汉语》。

【课堂检测】

一、单选题

1. 汉语通过组织句子来表达意义的主要语法手段是借助（　　　）。

　　A. 语序和虚词　　B. 语序　　　　C. 句子成分　　　D. 时态

2. 下列选项中，不属于指事字的是（　　　）。

  A. 刃   B. 本   C. 果   D. 休

3. 对下面的形声字归类不正确的是（ ）。

  A. 左形右声：秋、泪、踩、退   B. 右形左声：战、功、影、鸠

  C. 上形下声：草、景、零、崇   D. 下形上声：裳、盒、堡、盲

4. 汉字形体经过了漫长的逐渐演变，从古到今演变过程的大致顺序正确的是（ ）。

  A. 甲骨文、金文、篆书、隶书、楷书、草书、行书

  B. 隶书、甲骨文、金文、篆书、楷书、草书、行书

  C. 篆书、甲骨文、楷书、草书、行书、金文

  D. 甲骨文、楷书、草书、行书、金文、篆书

5. 按照汉语存在形式的不同，可将汉语分为（ ）。

  A. 古代汉语和现代汉语   B. 口头语和书面语

  C. 普通话和方言   D. 民族共同语和地方话

6. 划分方言区主要依据的是（ ）。

  A. 使用区域 B. 语法规则 C. 词汇   D. 语音标准

7. 从汉字跟汉语的关系看，汉字是（ ）。

  A. 语素文字 B. 音节文字 C. 音素文字 D. 拼音文字

8. 后世学者一般认为"六书"中的（ ）是用字法。

  A. 象形   B. 形声   C. 指事   D. 假借

9. 汉字（笔画数为一画的汉字除外）笔画组合有（ ）种方式。

  A. 一   B. 二   C. 三   D. 四

10. 现代汉字细致的分类法把笔画分为（ ）两大类。

  A. 基本笔画和复合笔画   B. 基本部首和复合笔画

  C. 基本笔画和基本部首   D. 基本部首和复合部首

二、多选题

1. 关于语言的结构和功能，表述正确的是（ ）。

  A. 语言是主要以呼吸器官发声为基础来传递信息的符号系统

  B. 语言是一种特殊的社会现象

  C. 语言是人类的思维工具和最重要的交际工具

  D. 语言是一种音义结合的符号系统

  E. 鹦鹉能言，所以鹦鹉也是有语言的

2. 对"语言的功能"表述正确的是（ ）。

  A. 语言是人类最重要的交际工具 B. 语言是思维的工具

  C. 语言是文化信息的载体   D. 语言是认识世界的工具

  E. 动物发出的声音也是语言

3. 关于对普通话的表述，正确的是（ ）。

  A. 以北京语音为标准音

  B. 以典范的现代白话文著作中的一般用例为语法规范

C. 以北方话为基础方言

D. 是中国通用的语言文字

E. 是改造了各个方言区的方言后形成的

4. 按照汉语的历史发展过程，汉语可分为（　　）。

　　A. 古代汉语　　　　B. 文言文　　　　C. 现代汉语　　　　D. 方言

5. 在普通话里，有（　　）四个基本声调。

　　A. 阴平　　　　　　B. 阳平　　　　　C. 上声　　　　　　D. 去声

6. 汉字（笔画数为一画的汉字除外）笔画组合有（　　）方式。

　　A. 相离　　　　　　B. 相接　　　　　C. 相交　　　　　　D. 复合

7. 汉字发展动力是以求书写之迅速，发展的趋势有两种，即（　　）。

　　A. 稳定与变动　　　　　　　　B. 由繁趋简

　　C. 不停地发展变动　　　　　　D. 由简趋繁

8. 汉字起源的旧说法有五种，即（　　）。

　　A. 结绳说　　　　B. 八卦说　　　　C. 河图洛书说　　　D. 仓颉造字说

　　E. 图画说

9. "六书"中的造字法是指（　　）。

　　A. 象形　　　　　B. 指事　　　　　C. 会意　　　　　　D. 形声

10. 下列词语属于叠韵连绵词的是（　　）。

　　A. 骆驼　　　　　B. 逍遥　　　　　C. 参差　　　　　　D. 蜈蚣

三、判断题

1. 目前把汉语方言分为七大方言区，即北方方言、吴方言、湘方言、赣方言、客家方言、闽方言、粤方言。（　　）

2. 从造字的角度分析汉字结构，古代有"六书"之说，指从古人解说汉字的结构和使用方法归纳出来的六种条例。（　　）

3. 汉字笔顺的基本原则是先横后竖、先撇后捺、从上到下、从左到右、从外到内、从外到内后封口、先中间后两边。（　　）

4. 汉字是目前世界上唯一仍被广泛使用的高度发达的表意文字。（　　）

5. 文化圈是指按照社会群体和组织划分的属于不同组织、民族或群体的文化特征。（　　）

6. 汉字是记录汉语的书写符号系统，只能在中国使用。（　　）

7. 采用部首给汉字归类，始于西汉许慎的《说文解字》。（　　）

8. 从理论上讲，汉字具有以形表意的特点，是一种可直接"视读"的"活化石"文字。（　　）

9. 汉文化圈形成主要是在共同的语言文字基础上形成的，汉字充当了内在的精神动力。（　　）

10. 同印欧语相比，汉语缺乏表示语法意义的词形变化，属于形态语。（　　）

四、思考练习

1. 举例说明现代汉语的特点。

2. 何谓普通话？你打算怎样说好普通话？

3. 举例说明汉字的特点。

4. 简述汉字形体演变的历程。

【**实践体验**】

实践项目一　"语言的功能"讨论会

实践项目二　我的家乡话

専題二 ▎ **中国古代文学：中华民族情感的记忆**

【导学】

　　中国文学可以看作中国人用语言的方式对自身的行为、情感和思想的审美方式的言说，中国文学在汉语这种奇妙的符号组织中创造性地建构了中国人独特而具有可理解性的个体体验，生动地体现着中国文化的基本精神。它是思想的精灵，是情感的依托，是民族历史与心灵之光的折射，蕴含着无尽的智慧和微妙的表现形式。中国古代文学是中华文明的重要组成部分，以其无比辉煌的成就和鲜明的独特风貌，在世界民族文学之林占有重要的地位。《诗经》、楚辞、唐诗宋词、明清小说已成为不可动摇的文学经典。历代的璀璨华章，从文学的视角诠释着真正的中国风格和中国气派。

【知识储备】

第一节　文学的开端

一、原始歌谣和远古神话

（一）原始歌谣

　　原始歌谣在民众日常生活中产生，是集体口头创作的。现在留存的主要有《蜡辞》《击壤歌》《卿云歌》《南风歌》《弹歌》等。这些作品大致可以勾勒出原始歌谣的特点：

内容上是对当时的劳动生活进行描绘和歌颂。如《弹歌》"断竹，续竹。飞土，逐宍"，写出了人们砍削竹子、制造弹弓、射出弹丸、投击野兽的整个劳动过程，是一种质朴简略的原始猎歌。最早的诗歌，往往与原始的祭祀和宗教仪式有关，是一种集诗、乐、舞于一身的综合艺术形式。如《礼记·郊特牲》中保存的相传为伊耆氏的《蜡辞》："土反其宅，水归其壑，昆虫毋作，草木归其泽！"此为年终腊祭百神时的祝词，它喝令水土草木各归其所，昆虫不兴，以保护农作物的生长，实际上歌谣具有咒语的性质，被当作向自然作斗争的武器，语辞坚决而凌厉，表现了先民战胜自然灾害、夺取丰收的愿望，带有浓厚的原始宗教意识。歌谣语言极为简朴，形式上以二言、三言或四言为主，艺术上多为粗线条大笔勾勒。歌谣句式单一，节奏重复，反映了先民们俭朴的生活。

（二）远古神话

由于原始社会生产力水平十分低下，面对难以捉摸和控制的自然界，如地震、洪水、生老病死等，人们幻想出世界存在某种超自然的神灵和魔力，以自身的经历和体验把自然物、自然力和社会力加以神化和人格化，就产生了神话。因而，神话是人类认识发展初始阶段的产物。

现存的中国古代神话，主要保存在《山海经》《淮南子》《楚辞》《庄子》等著作中。中国古代丰富多彩的神话，作为中华民族的文化源头，真实地记录了中华民族童年时代瑰丽的幻想，在很大程度上影响了民族精神的形成。

首先，中国古代神话中蕴含着中华民族伟大的创造精神。比如盘古开天辟地、女娲"抟黄土作人"、燧人氏钻木取火、仓颉造字等故事。这种伟大的创造精神，支撑着中华民族战胜一个又一个强敌和灾难，傲然屹立于世界民族之林。

其次，中国古代神话体现了舍己为人、大公无私的高尚精神。如后羿射日、大禹治水、神农尝百草等神话中的主人公实质是人类的保护神。一方面，他们正视现实的灾难，通过锲而不舍的辛勤劳作和斗争，战胜了自然灾难。另一方面，他们对百姓个体生命爱护尊重，给人们带来了祥瑞和安慰。这些神话说明，自古以来中国人推崇的英雄先贤们都具有明确的厚生爱民意识，具有救民济世、舍己为人的博大情怀。

最后，中国古代神话体现了先民们面对困难的反抗精神。如精卫填海、刑天舞干戚、女娲补天、夸父逐日等，这种顽强的抗争精神是何等的壮烈！它所象征的知其不可而为之的悲剧性格，成了中华民族生生不息顽强抗争精神的象征。

二、《诗经》

《诗经》是我国第一部诗歌总集，原名《诗》，共有305篇，主要收集了西周初期至春秋中叶500余年间的作品，汉代儒者奉为经典，乃称《诗经》。

《诗经》中的诗按音乐性质的不同，分为风、雅、颂三类。"风"即音乐曲调，是带有地方色彩的音乐，十五国风就是15个地方的土风歌谣。《风》共160篇。

"雅"即正，指朝廷正乐，西周王畿的乐调。《雅》共105篇，按音乐的不同分为《大雅》和《小雅》。《大雅》31篇，《小雅》74篇。《大雅》是西周的作品，是用于朝聘、宴享等朝会典礼的乐歌，作者主要是贵族阶层。《小雅》大多是西周后期的作品，用于贵族社会的各种典礼和宴会的场合，还有少数民歌。"颂"是宗庙祭祀之乐，许多都是舞曲，共40篇，其中《周颂》31篇，《商颂》5篇，《鲁颂》4篇。

《诗经》的内容及地位

三、楚辞和屈原

楚辞指战国后期以屈原为代表的诗人在楚国民歌基础上开创的一种新诗体。由于屈原的《离骚》是楚辞的代表作，所以楚辞又被称为"骚"或"骚体"。

楚辞具有浓郁的地域文化色彩，它采用楚国方言，运用楚地声调，记载的是楚国的地理，描写的是楚国的风物，因而富有楚国的地方特色。

屈原（约前340—约前277年），名平，字原，是楚王的同姓贵族。他"博闻强志，明于治乱，娴于辞令"，"入则与王图议国事，以出号令；出则接遇宾客，应对诸侯"。后有上官大夫进谗，楚怀王"怒而疏屈平"，屈原被免去左徒之职，后转任三闾大夫。他两次遭流放，最终投汨罗江而死。

屈原是中国最伟大的浪漫主义诗人之一，也是我国已知最早的爱国诗人，作品有《离骚》《天问》《九章》《九歌》等。

《离骚》

第二节　辉煌的史传文学

中国史传文学是中国历史文学的一部分，它具有历史文学的一般特性，兼有历史科学与文学艺术两种成分。从文学的角度看，它是以历史事件为题材，重在描写历史人物形象的文学作品。从史学的角度看，它是通过运用文学艺术的手段，借对历史事件与历史人物的描述，表达一定历史观的历史著作。由于先秦时代我国文化呈现出文学、史学、哲学不分的综合形态，因而历史著作在材料、语言、情节、形象等方面具有文学的特点，出现了一批史传文学作品，直至东汉《汉书》，标志史学与文学正式分流。

一、《左传》

《左传》是《春秋左氏传》的简称，又名《左氏春秋》，相传作者是左丘明。其记事起于鲁隐公元年（前722年），迄于鲁哀公二十七年（前468年）。全书分60卷，共18万多字，是我国第一部记事详备完整的编年体断代史。

《左传》以详细的史料记叙了春秋时期各国政治、经济、军事、外交、文化的重大事件和各方面历史人物的活动，反映了春秋时期的社会现实，有尊礼重民的思想倾向。

《左传》以《春秋》的记事为纲，增加了大量丰富多彩的历史事件和形形色色的历史人物，标志着我国叙事散文的成熟。《左传》叙事主要是按时间顺序交代事件发生、发展和结果的全过程，采用倒叙、插叙、补叙等手法，很注重叙述事件的完整性和因果关系，采用第三人称视角广阔灵活，几乎不受任何限制。

《左传》的特点

二、《史记》

西汉历史散文出现了里程碑式的杰作，这就是由司马迁（前 145—？）撰写的《史记》，鲁迅称它是"史家之绝唱，无韵之离骚"。

《史记》是我国第一部纪传体通史，上自黄帝，下至西汉武帝共 3000 多年的历史。《史记》共 52 万余字，由十二本纪、十表、八书、三十世家、七十列传组成，开创了以人物为中心的纪传体的历史编纂学方法。

《史记》的内容极为繁杂，从史学的角度，记载了从黄帝到汉武帝时代的历史，内容涉及朝代兴替、政治军事、天文地理、社会经济、学术文化、少数民族、域外风情，是我国第一部规模宏大、贯通古今、内容广博的百科全书式的通史。司马迁发挥我国史学家秉笔直书的传统，忠于历史史实，既不溢美，也不苛求，按照历史的本来面貌撰写历史，展示传主的"真人"面貌。他还提出"以史为镜、鉴往知来"的思想，使《史记》成为我国史学史上的一座丰碑。

《史记》的出现，标志中国古代史传文学的发展已经达到高峰。它对《诗经》和楚辞均有继承，同时借鉴战国散文那种酣畅淋漓的风格，充分体现了大一统王朝中各种文学传统的融汇，是中国古代高品位的文学矿藏。

《史记》的文学成就

第三节　文学的自觉

中国历史进入魏晋南北朝，便开启了一个长期南北分裂、战乱频仍、朝代不断更迭的时代。就思想而言，随着儒家的衰微，新的人生价值观、生活观、社会伦理观不断产生，哲学的本体论、思辨逻辑不断发展，使得魏晋南北朝成为继战国"百家争鸣"之后又一个思想解放的时代。中国文学在这一时期发生了巨大的变化，开始脱离经学的附庸地位，进入了文学的自觉时代。

一、建安风骨

汉建安时期和魏朝前期的文学创作真实地反映了现实的动乱和人民的苦难，抒发了文人们建功立业的壮志，又有忧时伤乱、悲叹壮志难酬的悲凉情绪，意境宏大，笔调明朗，具有鲜明的时代特征和个性特征，形成了雄健深沉、慷慨悲凉的独特风格，后人称之为"建安风骨"，代表作家有"三曹"和"建安七子"。

曹操（155—220 年），字孟德，沛国谯（今安徽亳州）人。他任侠放荡，好权术，汉末大乱中，参与镇压黄巾起义。他曾随袁绍讨伐董卓，后迎汉献帝迁都许昌，自任大将军和丞相，挟天子以令诸侯，成为北方的实际统治者。当时名士许劭称他为"治世之能臣，乱世之奸雄"。

曹操现存 20 余首乐府诗，主要是对生命的感怀，对社会现实的反映，对个人建功立业理想的抒发（如《蒿里行》）。他的《短歌行》有两个主题：一是感叹时光易逝、人生短暂；二是渴慕贤才，实现重建天下的雄心。在"人生几何"的感慨中，激荡着"天下归心"的高昂情绪，格调既悲凉慷慨又深沉雄浑。曹操另一首脍炙人口的抒情之作《步出夏门行·龟虽寿》，则更深切地认识到生命的短暂，他以"烈士暮年，壮心不已"的老当益壮的博大胸怀去面对人生、追求人生，奏出了建安诗歌高昂而激越的生命乐章。

曹丕（187—226 年），字子桓。初为五官中郎将，曹操死后，嗣位为丞相魏王。220 年，迫汉献帝禅位，建立魏王朝，谥文帝。他的诗学习民歌的各种体裁，形式多样，语言明白自然。但作品很少触及当时动乱的社会现实。他的《燕歌行》是现存文人作品中较早的完整七言诗。

曹植（192—232 年），字子建，世称陈思王，是建安时期最负盛名的作家。他把文人的艺术修养与乐府民歌结合起来，改变了民歌单纯朴素的面貌，注入纯属于个人的思想感情。其诗感情充沛，结构上"极工于起调"，形成了"辞采华茂"的风格。代表作有《白马篇》《洛神赋》《赠白马王彪》等。《诗品序》称其为"建安之杰"。

曹丕《典论·论文》称王粲、孔融、刘桢、陈琳、阮瑀、徐干、应玚为"建安七子"。其中以王粲文学成就最高，《七哀诗》是他的代表作，真实地记录了"出门无所见，白骨蔽平原"的汉末史实，表达了对人民生命的关怀与感慨，抒发了自己流落他乡"未知身死处，何能两相完"的悲哀。

二、魏晋风流

风度不仅仅是个人文化素质与精神状态在言谈与仪表上的反映，对于一定的社会阶层来说，风度集中体现了他们的人生观和世界观，集中塑造了他们的社会形象。以"竹林七贤"（阮籍、嵇康、山涛、刘伶、阮咸、向秀、王戎）和"兰亭名士"（谢安、王羲之、王徽之、刘惔、王濛、支遁、孙绰、许询等人）为代表的魏晋名士，以狂放不羁、率真洒脱著称，形成中国历史上绝无仅有的"魏晋风流"。

"魏晋风流"也称"魏晋风度"，原是文化史上品评魏晋时人物的专有词语，其内涵后来扩大为当时名士们的人格精神和生活方式的统一体，具体包括魏晋士人的哲理思辨、人格境界、美学追求、外貌举止等。

冯友兰先生在《南渡集》中曾说过，魏晋的"真名士自风流"中的风流，具有

魏晋风流

四要素，即玄心、洞见、妙赏、深情。具体而言，玄心，可以说是超越感；洞见，就是不借推理，专凭直觉而得来的对真理的知识；妙赏，就是对美的深切的感觉；深情，真正风流的人，有情而无我，对万物都有一种深厚的同情。陆机《文赋》中渲染的"遵四时以叹逝，瞻万物而思纷。悲落叶于劲秋，喜柔条于芳春。心懔懔以怀霜，志眇眇而临云"，正是魏晋士人的情思状态。晋人重情、伤情，生离与死别，国家的前途与个人的遭遇，都可能成为触发点。袁宏做安南将军谢奉的司马，京都人送他至濑乡，分别之际，不觉凄惘，袁宏叹道："江山寥落，居然有万里之势。"这是对东晋偏安江左一隅的感慨，既有对国家的担忧，也寓个人的辛酸，出语虽名隽，却充满了感伤。著名的新亭对泣，也正是在同样的山水之中涌起山河破碎的感伤情绪。魏晋名士有着一颗时代造就的敏感的心灵，对人对物对己充满情感。

晋宋易代之际，出现了魏晋南北朝时期最杰出的文学家陶渊明。

陶渊明（约365—427年），字元亮，或名潜，字渊明，浔阳柴桑（今江西九江）人。405年秋，任彭泽令。在任80天便辞官归隐。《宋书》本传记载："郡遣督邮至，县吏白：'应束带见之。'潜叹曰：'我不能为五斗米折腰向乡里小人！'即日解印绶去职。"从此过着隐居躬耕的生活。

陶渊明现存诗歌120多首，最能代表其思想的是田园诗。其艺术魅力，从深层说来自入世与出世的矛盾张力，表层来自对田园生活的热爱及真实写照。如《归园田居》第一首描写"暧暧远人村，依依墟里烟"的优雅恬静的乡村暮景，生意盎然，给人以无限亲切之感，也表现自己"少无适俗韵，性本爱丘山"的淳真，衬托出诗人离开官场后的恬淡和谐的心境。《饮酒》其五"采菊东篱下，悠然见南山"更是写出了诗人在和谐静谧的田园中悠然自得，体悟自然的乐趣和人生的真谛。《归园田居》第三首"种豆南山下，草盛豆苗稀"写自己亲自躬耕的劳动感受，人与自然构成了自然和谐的美好境界，充满乡村生活气息，体现了陶渊明自食其力的生活方式和人生信念。其咏怀诗和咏史诗都继承了阮籍、左思诗歌的传统，围绕出仕与归隐这一矛盾冲突，抒发了自己不与统治者同流合污、固穷守节的人格与情操。

陶渊明的诗总体上具有自然冲淡的艺术特征。他善用白描的手法创造优美而高远超俗的意境，诱导人用理性与悟性去思考宇宙人生，情、景、事、理浑融一体。他笔下的新苗、春燕、秋菊、孤云、飞鸟，甚至清琴、浊酒、炊烟，既是客观之物，也注满了诗人的主观情志，既是具象的又是理念的，在一片田园生活的生机中天真自具。苏东坡说陶诗"质而实绮，癯而实腴"，元好问说陶诗是"一语天然万古新，豪华落尽见真淳"。

第四节　气象万千的唐诗

唐诗创造了诗歌史上的辉煌，"终唐一代，几乎找不到一个文学沉寂的时期"。诗歌从宫廷台阁走向关山塞漠，从官吏学士到寒门士子，甚或是渔樵妇孺，清刚劲健之气与清新明媚相融合，既有风骨又不乏明丽，诗星璀璨，诗风万端，终获"诗必盛唐"之誉。

一、初唐诗坛

"初唐四杰"的卢照邻、骆宾王、王勃、杨炯官小而名大，年少而才高，锐意变革，使唐诗获得了真正的转机。

他们面向广阔的时代生活，以"开辟翰苑，扫荡文场"的意识改革文学风气，以寒士的不平批判贵族社会，否定了贵族社会的永恒价值。卢照邻的《长安古意》、骆宾王的《帝京篇》以长篇歌行的体式，对帝京的风物以及豪贵们骄奢淫逸的生活方式极尽铺排后，表达了荣华富贵不过如过眼烟云、终归幻灭的思想。王勃《送杜少府之任蜀川》是唐壮别诗之代表作。"海内存知己，天涯若比邻"是慰人，也是自慰，情理交融，别有一种慷慨之气，乃全诗最精警之处。全诗有深情的劝慰，却一洗伤别的悲酸之态，爽朗超脱，诗的格调变得阔大。"初唐四杰"讲求骨气，提倡刚健的文风，诗歌形式力求创新和完善，将六朝的骈俪转化为流丽矫健，为唐代近体诗的定型做出了重要贡献。

初盛唐之际的诗人张若虚的《春江花月夜》，被誉为"孤篇横绝全唐"。全诗从月升写到月落，从春潮着笔而以情溢于海作结，将画意、诗情与对宇宙奥秘和人生哲理的体察融为一体，创造出情景交融、鲜丽华美、玲珑透彻的诗境。闻一多先生称"这是诗中的诗，顶峰上的顶峰"。

二、盛唐气象

盛唐诗歌普遍具有社会政治主题，反映了唐人充沛的活力及富有理想、高度自信、胸怀开朗、热情豪迈的精神风貌，境界博大深远，形成声律风骨兼备、雄壮浑厚的"盛唐气象"。

（一）山水田园诗派

盛唐王维、孟浩然等继承了陶渊明、谢灵运山水田园诗传统，以开阔的胸怀、深沉细腻的审美笔触绘就了充满田园乡趣和淡泊宁静之美的画卷。

孟浩然（689—740 年）是唐代第一个倾力写作山水诗的诗人。其诗将随意点染的景物与清淡的情思水乳交融般地密合，烘托出一种富于生机的恬静，形成平淡清远而意兴无穷的明秀意境，有晶莹剔透之感。如《宿建德江》"移舟泊烟渚，日暮客愁新。野旷天低树，江清月近人"，写日暮泊舟的客愁，因野旷天低，江清月近而越显游子寂寞惆怅的寥远无际。如《临洞庭湖赠张丞相》反映其济时用世的强烈愿望，故能以气势磅礴的"气蒸云梦泽，波撼岳阳城"表达不甘寂寞的昂奋情绪，构筑起完整的意境，表现出很高的艺术功力。

王维（701—761年），字摩诘。前期，他写出了不少意气风发、充满豪情的诗篇，如《少年行》"孰知不向边庭苦，纵死犹闻侠骨香"。声调高朗，气魄宏大。他的边塞诗如《陇西行》《使至塞上》《观猎》等，以豪逸之气贯穿于富有特征的景物描写之中，意境雄浑壮阔。

王维对后世影响最大的是山水田园诗。他移植画艺以丰富和提高诗歌的表现力，创造出"诗中有画，画中有诗"的诗境。他热爱自然，熟悉乡村，田园诗写得恬静闲适，具有一种静态美，如《渭川田家》。其山水诗讲究构图布局、设辞着色，常以彩绘的笔触传达出清丽丰润的美感，如《终南山》通过不同的视角，充分展示山岭的面貌，犹如中国山水画特有的构图方法：不固定视点而力求把握景物整体境界。王维善于通过一些点睛之笔表现景物错落有致的纵深感和立体感，富有空间层次感，如《田园乐》"山下孤烟远村，天边独树高原"。他善于在动态中捕捉自然事物的光和色，善于敷彩，表现出丰富的色彩层次感，如《辋川别业》"雨中草色绿堪染，水上桃花红欲然"，《送邢桂州》"日落江湖白，潮来天地青"，不仅有灵妙的生气，而且富于视觉之美，风神摇曳，迥得天意。

王维深受禅宗的影响，能以无我之心深契山水自然的意志，发掘出自然山水本身所包含的哲意禅理，以"默语无际，不言言也"的表达方式点染山水幽静清远之美趣，如《山居秋暝》静中蕴动，以动写静，空中有色，以色见空，以瞬间感受永恒，表达离尘绝世、物我合一的体悟和禅意，可谓"不著一字，尽得风流"。

（二）边塞诗派

盛唐是边塞诗创作的鼎盛时期，涌现了著名的边塞诗派。该派诗人以高适、岑参、李颀、王昌龄最为知名。这些诗人大都有边塞生活体验，他们的诗不仅描绘了壮阔苍凉、绚丽多彩的边塞风光，而且抒写了请缨投笔的豪情壮志以及征人离妇的思想感情，形成雄浑、磅礴、豪放、浪漫、悲壮、瑰丽等美学风格，体现出一种阳刚之美。

高适（约702—765年）以边塞诗著称，代表作《燕歌行》内容丰富深刻，既有对男儿横行天下的英雄气概的表彰，又流露了将士们在艰苦战争中的思乡之情，表达战争给征人家庭带来的痛苦；既歌颂爱国将士英勇抗敌，又谴责边防失策、将帅无能，讽刺军中将帅骄奢，苦乐不均。举凡出征的军容、军情的紧急、塞漠的荒寒、战争的酷烈、战士的勇武、别离的悲怆、和平的祈愿等，俱熔为一炉，表达了诗人对战争的复杂情感和深刻思考。

岑参（715—770年）的70多首边塞诗多为颂扬和道别之作，既热情歌颂了唐军的勇武和战功，也委婉揭示了战争的残酷和悲惨。他以"好奇"之眼看景，善于写带有异域情调的新鲜事物和边塞风光，如火山云、天山雪、热海蒸腾、瀚海奇寒、狂风卷石、黄沙入天等，以慷慨豪迈的语调和夸张、比喻等浪漫主义表达方式，将边塞风光写得奇丽壮美，如"一川碎石大如斗，随风满地石乱走"，"忽如一夜春风来，千树万树梨花开"等。代表作《白雪歌送武判官归京》是一首咏雪送人之作，充满奇情妙思。作者用敏锐的观察力和感受力捕捉边塞奇观，有大笔挥洒，有细节勾勒，有真实生动的摹写，也有浪漫奇妙的想象，再现了边地瑰丽的自然风光。

（三）唐诗的"双子"星座

唐代最伟大的浪漫主义诗人李白以其饱满的热情、蓬勃的精神、豪放俊逸的创作个性集中地体现了盛唐的时代风貌。

李白（701—762 年），字太白，号青莲居士，素有"诗仙"之称。他经历坎坷，思想复杂，既是一个天才的诗人，又兼有游侠、刺客、隐士、道人、策士等人的气质。

李白一生留给后世 900 多首诗篇。这些熠熠生辉的诗作，表现了他一生的心路历程，是盛唐社会现实和精神生活面貌的艺术写照。诗人终其一生，都在以天真的赤子之心讴歌理想的人生，以高昂亢奋的精神状态表现盛唐诗歌中英雄主义的艺术主题。如《梦游天姥吟留别》上天入地，游心驰神，而末两句"安能摧眉折腰事权贵，使我不得开心颜"，愤激之气溢于言表。李白即使写失路的忧愁，写寂寞和孤独，也没有丝毫寒促塞涩的危苦之词，而是有着壮美的情采，充满热烈的人生之恋，充溢着生命活力。《将进酒》以惊天动地之势抒发满腔不平之气，洋溢着傲岸不羁。

李白游历了全国许多名山大川，写下了大量赞美祖国大好河山的优美诗篇，借以表达出他酷爱自由、渴望解放的情怀。李白的山水诗意境有两大类型：一类是在气势磅礴的高山大川中突出力的美、运动的美，在壮美的意境中抒发豪情壮思，超凡的自然意象和傲岸的英雄性格浑然一体，最著名的有《蜀道难》。另一类则着意追求光明澄澈之美，在秀丽的意境中表现纤尘不染的天真情怀，具有晶莹透剔的优美意境，如《渡荆门送别》"月下飞天镜，云生结海楼"，《古风》"碧荷生幽泉，朝日艳且鲜"。

李白的诗富于自我表现，主观抒情色彩十分浓烈，感情的表达具有一种排山倒海、一泻千里的气势。《上李邕》中"大鹏一日同风起，扶摇直上九万里。假令风歇时下来，犹能簸却沧溟水"所描写的大鹏恰是他豪迈气质和狂放精神的写照。李白喜好雄伟瑰奇之象，在取材设象上善写大自然的伟力神功，如怪石、危崖、飞瀑、惊湍、轰雷、掣电，抒发豪迈气概和激情壮怀，诗歌具有昂扬感和飘逸感。李白的诗浪漫瑰丽，具有天马行空式的想象和幻想，往往奇之又奇，破空而来，造成"惊人"的艺术效果。大跨度的景象扫描，大幅度的时空转换，大反差的情感升降，大起落的结体布局，大胆的夸张、虚构和想象、比喻、拟人等手法综合运用，造成神奇异彩、瑰丽动人的意境，形成"笔落惊风雨，诗成泣鬼神"的艺术魅力。

杜甫（712—770 年）是唐代最伟大的现实主义诗人。杜甫早期作品充满自信，带有英雄主义的倾向，如《房兵曹胡马》《画鹰》《望岳》等。后期诗作主要反映安史之乱前后社会生活、个人经历和人生忧患等，多抒发他"穷年忧黎元""济时肯杀身"的仁民爱物、忧国忧民情怀。最值得称道的是那些具有丰富的社会内容、强烈的时代色彩和鲜明的政治倾向的作品，如《兵车行》，诗歌借征夫对老人的答话，倾诉了人民对战争的痛恨，揭露了唐玄宗长期以来的穷兵黩武、连年征战给人民造成的巨大灾难。

反映天宝后期动乱行将到来的社会风貌的名作，还有《丽人行》《自京赴奉先县咏怀五百字》及安史之乱后写成的"三吏"（《新安吏》《潼关吏》《石壕吏》）、"三别"（《新婚别》《垂老别》《无家别》）、《北征》等。杜甫频繁地以叙事诗的形式描述了亲眼所见的战争苦难和民间疾苦，反映了重要的历史事件，具有历史的真实性、客观性、广阔性，又可以证史，补史之不足，为历史提供了具体生动的生活画面。他以焦虑愤怒的态度，以高度概括的诗歌语言尖锐揭示军阀官僚的横暴腐败，记叙了自己在动乱时代辗转漂泊，历经饥寒困危、备尝忧患的遭遇。可以说，其"诗史"记述自身经历而折射出历史面目，乃乱离时世的悲歌，是他的生命与历史相随而饱经忧患的结晶。

杜甫充分发展了七律这一诗歌形式所蕴含的可能性。他扩大了律诗的表现范围，应酬、咏怀、羁旅、宴游、山水、时事，都融于精严的格律中。对仗精工，出神入化，布局精心，屈曲盘旋，语言精致，含义深邃，极尽变化之能事，合律而又看不出声律的束缚，对仗工整而又看不出对仗的痕迹，如《登高》八句皆对，首联句中也对。七律由此成为一种既工丽严整又开合动荡、具有独特艺术表现力的诗体。

杜甫的诗歌是兼备多种风格的，主要风格为沉郁顿挫。沉郁，指思想感情深厚、沉重、博大、悲壮；顿挫，是感情表达的波浪起伏、反复低回，兼之穷绝工巧，音节豪宕，格律精严而又富有变化。

三、中唐诗歌

以韩愈为领袖的"韩孟诗派"，形成了重神尚骨，以奇险怪异为审美的诗歌主张。文学史上，韩愈与孟郊并称"孟诗韩笔"。

韩愈（768—824年），字退之，河内河阳（今河南孟州）人。其诗意象峥嵘奇特、壮伟瑰怪，力求奇特、新颖，甚至不避突兀怪诞，有些意象由生新奇特转入怪异险恶。韩诗还"以文为诗"，常常把散文、骈赋铺陈排比的手法及章法结构、句法引进诗歌，使诗句可长可短、跌宕跳跃、变化多端。如《南山诗》铺列春夏秋冬四时之景，烘托出一种浓烈的气氛和强大的力度，又连用50多个"或"和"若"，使诗的平稳和谐节奏发生了曲折变化，有新奇之感。散文化的另一表现是以议论入诗，如《山石》和《八月十五日夜赠张功曹》的结尾都是议论，增加了诗歌的思想性。在语言上，遣词用字避熟就生，喜用奇字，令人耳目一新。

孟郊（751—814年），字东野，湖州武康（今浙江德清）人。其诗多写世态炎凉，民间苦难，主旋律是自身的穷愁孤苦和中下层文士对社会的怨怼情绪。有些诗作在一定程度上反映了社会生活，还有一些诗描写了平凡的人伦之爱，如《游子吟》写母子之爱，全诗平易近人，清新流畅，于淳朴素淡中表现了人情的浓厚真淳。孟郊尚古好奇，刻意求工，用过去诗中少见的僻字险韵与生冷意象入深履险。如《秋怀十五首》之二"冷露滴梦破，峭风梳骨寒。席上印病文，肠中转愁盘"，可感受其生活的凄苦和诗风的峭硬。

李贺（790—816 年），字长吉，福昌（今河南宜阳）人。18 岁时以色彩瑰丽而不凝滞、气势悲壮而不衰凉、节奏沉郁而不纷乱的《雁门太守行》获得大诗人韩愈的赞赏。可是贫寒的家境，不幸的命运，使李贺的精神极度抑郁，呈现出早衰的心态。《赠陈商》中说："长安有男儿，二十心已朽。"《开愁歌》："我当二十不得意，一心愁谢如枯兰。"浪漫的理想和困顿的现实之间的冲突，使得李贺吟咏人生短促、光阴易逝别有一种深沉的生命意识。他写怀才不遇的苦痛，写人生的短暂飘忽，情绪忧郁激愤。他写丑恶、黑暗的现实世界天昏地暗，以浪漫主义情怀描摹神仙境界与天国风光，如《天上谣》《梦天》，极尽奇丽谲幻之观；也描绘"秋坟鬼唱鲍家诗，恨血千年土中碧"和"百年老鸮成木魅，笑声碧火巢中起"的鬼魅世界，在虚无缥缈的神鬼世界里表达极度的迷茫苦闷，寄托解脱痛苦的希望。后人称他为"诗鬼"。

刘禹锡（772—842 年），字梦得，洛阳人，诗文俱佳，与柳宗元并称"刘柳"，与白居易合称"刘白"，有"诗豪"之称。他性格刚毅，饶有豪猛之气，在忧患相仍的谪居年月里，吟出了一曲曲孤臣的哀唱，但他始终不曾绝望，诗中倒是常常表现出高扬开朗的精神。如《秋词》"自古逢秋悲寂寥，我言秋日胜春朝。晴空一鹤排云上，便引诗情到碧霄"。诗人一反过去文人悲秋的传统，赋予秋天以生气，写得昂扬高举，格调激越，具有一种振衰起废、催人向上的力量。他的名句如"芳林新叶催陈叶，流水前波让后波""沉舟侧畔千帆过，病树前头万木春"，都是他对历史、人生进行沉思之后的一种感悟。由于有了含蓄深沉的内涵、开阔疏朗的境界和高扬向上的情感，刘禹锡的诗歌显得既清峻又明朗，具有一种空旷开阔的时间感和空间感。

白居易（772—846 年），字乐天，下邽（今陕西渭南）人，晚号香山居士。白居易最为人称道的是以《秦中吟》十首及《新乐府》五十首为代表的新乐府诗。《重赋》《缭绫》等描述了贫富不均和下层百姓在各种剥削勒索下艰难挣扎的悲惨状况。《卖炭翁》则指责宫中黄衣使者盘剥掠夺百姓。白居易的乐府诗切中时弊，暴露了社会的黑暗、动乱、肮脏和不合理，主题明确，意绪流畅，节奏明快，形象生动，常以浅白之句寄托讽喻之意。

后期感伤的《长恨歌》《琵琶行》，代表了白居易诗歌的最高艺术成就。白居易写《长恨歌》揭露"汉皇重色思倾国"必然带来的"绵绵长恨"，谴责唐明皇荒淫导致安史之乱，以垂诫后世君主。但在描述杨、李爱情悲剧时又服从了爱情中人类的向美本能和情感欲望，将二人爱情悲剧写得缠绵悱恻，特别渲染了二人生死相恋、梦魂萦绕的苦恋之情，因而诗具有双重主题，揭露与歌颂统一，讽喻和同情交织，既洒一掬同情泪，又责失政遗恨。以"同是天涯沦落人，相逢何必曾相识"感伤自己生平坎坷的抒情叙事诗《琵琶行》，善于在叙事抒情中采用精致生动的意象来勾勒一个个鲜明的画面，在描绘琵琶女演奏时设喻精巧，善于通过描写音乐节奏的变化来表现情绪的起伏，造成了起伏跌宕的感人效果，烘托出浓重的情绪氛围。

四、晚唐诗歌

晚唐诗人以李商隐、杜牧、温庭筠三人为代表。

李商隐（812—约858年），字义山，号玉谿生，怀州河内（今河南沁阳）人。他最为杰出的是无题诗。无题诗一类是以"无题"为题，一类是借用篇首或句中二字为题，如《锦瑟》。这些诗写得情挚意真，深厚缠绵，但由于他把诸多情绪互相纠缠的心灵世界作为表现对象，其意象又繁复朦胧、含蓄蕴藉，因此其诗具有多义性，可寄托政治的失意、身世的沉沦、年华的消逝、家庭的不幸等，表现出"哀乐循环无端"的悲剧性相思情感。

李商隐着力刻画、烘染爱情的内在心理，重内心深处的开拓。如"相见时难别亦难"一首，由会见的艰阻引出别离的难堪，再从别离转入生死不渝的爱情自誓，进而设想别后的岁月不居和孤独难捱，而结以互通信问的想望与自我宽慰。整个心理过程写得细腻而有层次，既写出了相思的深心专注、缠绵执着，同时也把爱情中期待与焦虑、失望与苦痛、寂寞与忆念、憧憬与烦闷等情绪传达得真切生动。

李商隐诗歌最为显著的艺术特征是意境的朦胧迷幻。其诗有独特的意象群，如玉烟、蓬山、青鸟、彩凤、灵犀、梦雨等，都是非现实的心造意象，借以寄寓某些难以名状的情感境界，富于暗示性和概括性，更能启发人们的情感共鸣。他善于运用典故，内涵高度地浓缩，情感隐蔽得很深，意象组合又缺乏逻辑上的必然联系，更显得扑朔迷离。李诗意象大都色彩秾丽，如"金翡翠""绣芙蓉""红烛残花""凤尾香罗"等，有令人目眩的视觉效果，形成其深情绵邈、绮丽精工的诗歌风格。

杜牧（803—852年），字牧之，号樊川居士，京兆万年（今陕西西安）人。自嘲曰"十年一觉扬州梦，赢得青楼薄幸名"，然而登临咏怀之作，总有一种伤今怀古的忧患意识。如《泊秦淮》讽刺醉生梦死的统治者和世人的居安忘危，历史、现实联为一体，兴衰之感、伤时之痛表达得委婉深沉。他的咏史诗品评历史，求异翻新，好为翻案文章，如《赤壁》"东风不与周郎便，铜雀春深锁二乔"，《题乌江亭》"江东子弟多才俊，卷土重来未可知"，把深沉的历史感慨融化在对具体历史事件的评论之中，豪迈健爽。

温庭筠（约812—约870年），本名岐，字飞卿，太原人，诗人、词人。存诗330首，以乐府为上，多写闺情、宴游，辞藻华丽，秾艳精致。有些佳作对自然景物的观察很细，善于捕捉意象，往往能以清新简洁的语言在尺幅之间表现出情景交融的画面，像《商山早行》"鸡声茅店月，人迹板桥霜"，将鸡声、茅店、月亮、人迹、板桥与霜6个意象平行呈列，自行组合成一个有声有色的境界，突出早行旅人的辛苦孤寂。

第五节　婉约豪放两相宜的宋词

一、宋词概说

王国维在《宋元戏曲考》中说："一代有一代之文学：楚之骚，汉之赋，六代之骈语，唐之诗，宋之词，元之曲，皆所谓一代之文学，而后世莫能继焉者也。"词是宋代最有代表性的文学，宋词的创作蔚为大观，名篇佳作层出不穷，取得了能与诗歌抗衡的独立地位，艺术风格上则婉约与豪放并存，清新与秾丽相竞。

南宋俞文豹所著《吹剑录》记载："东坡在玉堂日，有幕士善歌，因问：'我词何如柳七？'对曰：'柳郎中词，只合十七八女郎，执红牙板，歌'杨柳岸，晓风残月'；学士词，须关西大汉，铜琵琶、铁绰板，唱'大江东去'。东坡为之绝倒。"明人张綖《诗余图谱·凡例》则明确说："词体大略有二：一体婉约，一体豪放。婉约者欲其词情蕴藉，豪放者欲其气象恢宏。"词分两派，由此传开。

婉约是宛转含蓄之意。婉约派继承了晚唐五代花间派词风，主题多写风花雪月、男欢女爱、怀乡恋土的悲欢离愁，风格清丽柔媚、委婉含蓄，结构深细缜密，音律婉转和谐，语言圆润清丽，具有一种阴柔之美，但内容比较窄狭。婉约词的代表人物有晏殊、柳永、秦观、周邦彦、李清照、姜夔等。

所谓"豪放"，主要指文辞的慷慨淋漓，无拘无束，不拘细节。豪放词以气取胜，气势磅礴，气宇昂扬，刚健遒劲，声势宏伟，立意博大，多着眼于江山社稷、国家民族之忧愁，多理想壮志、民生疾苦等社会化意识。其抒情多豪迈直率、激昂粗犷、气势恢宏，具有阳刚之美。豪放词的代表人物有苏轼、辛弃疾、陈亮、刘过、刘克庄、刘辰翁等。

二、柔美清丽的婉约词

（一）白衣卿相柳永

柳永（约987—约1053年），原名三变，字耆卿，崇安（今福建武夷山）人。他是北宋第一位专业词人，传世词作213首。他运用通俗化的语言表现世俗化的市民生活情调，从创作方向上改变了词的审美内涵和审美趣味，变"雅"为"俗"，其《鹤冲天》揭示了宋元之际知识分子人生道路的重大转向。宋元时代随着城市繁荣和物质生活的提高，娱乐审美需求日趋多样化，演唱、说书、杂剧艺术，亟须一些有文化素养的文人参加。因此，与民间艺人的结合就成为不被统治集团认可的文人的出路。柳永第一个在词中提出了"才子词人，自是白衣卿相"，将词人与公卿相提并论，既自豪狂放，也是赤裸裸地对封建科举制度及文人应举出仕道路的反叛，表现出一种傲视公卿、轻蔑名利的思想，也蕴含着自己的无限辛酸和对统治集团的讥讽挪揄。结句，作者直接将功名视为"浮名"，认为不如去"浅斟低唱"，更是以消极颓废的花边享乐来蔑视封建礼法，表现了词人叛逆狂放的性格，可谓封建时代最"狂怪"的言论。因为此词，他被皇帝御批"且去浅斟低唱，何要浮名"，就自称"奉旨填词柳三变"。他也的确为下层歌女填写过许多词，达到了"凡有井水饮处即能歌柳词"的程度。

柳永创作了大量的羁旅行役词，表现人生失意的凄凉苦闷，名篇有《八声甘州》，写羁旅之愁、漂泊之恨，在登高临远引发的归思和怀乡之情中蕴含了难言的复杂情绪，既有对功名利禄的蔑视，透出一种傲岸与狂放，又有不甘寂寞、郁郁不得志的痛苦，也有无可奈何的自我安慰。

柳永对词的发展做出了杰出的贡献。首先，他扩大了词的题材，其描绘都市繁荣景象的词作，如《望海潮》，把词从小庭深院引入市井都会、山程水驿，为词的创作开拓了新领域。其次，柳永发展了词体：一是采用了教坊乐工的新曲调，还首创100多个词调；二是大力创作慢词，共87调125首，改变了小令一统天下的格局，使慢词与小令两种体式平分秋色，齐头并进。在艺术技巧方面，柳永成熟地运用了长调词适于铺叙、层次丰富、变化多端的特点，为后人在词中融抒情、叙事、说理、写景于一体，容纳更复杂的内涵开拓了新路。

（二）婉约词宗李清照

李清照（1084—约1151年），号易安居士，济南人。她是由北宋入南宋的著名女作家，工诗善文，精通金石学，尤以词著称于世。

南渡前她的生活大体上是安宁的，词作书写自己对青春、爱情尤其是离别相思之情的感受，温馨喜悦中有着淡淡的惆怅。如《点绛唇》"见客人来，袜刬金钗溜。和羞走，倚门回首，却把青梅嗅"洋溢着少女的活泼和娇羞；《如梦令》"常记溪亭日暮，沉醉不知归路。兴尽晚回舟，误入藕花深处"的逸兴遄发；"知否？知否？应是绿肥红瘦"，在妙语中流露出年华变迁的怅惘。《醉花阴》"莫道不消魂，帘卷西风，人比黄花瘦"，直接剖白与丈夫分别的孤苦之愁，有着刻骨的相思之苦和对青春易逝的尖锐感受。写闺情的《一剪梅》作于词人与丈夫离别之后，寄寓着作者不忍离别的一腔深情。上阕暗含相思，没有一个离情别绪的字，却句句包孕，极为含蓄。结句写无法排遣的相思之情，"才下""却上"似使人若见其眉头刚舒展又紧蹙的样子，从而领会到她内心的绵绵相思在短暂中的变化起伏，表现得极其真实形象。全词格调清新，浅白易懂，以女性特有的沉挚情感，丝毫"不落俗套"的表现方式，给人以美的享受。

靖康之难后，李清照家破夫亡，受尽劫难和折磨。当年与丈夫收集的金石古卷全部散佚，令她饱受打击。后来她又经历了国破家亡、暮年飘零，其写作转为对现实的忧患，感情基调转为凄怆沉郁，词作充满了物是人非、国破家亡的深愁重哀。如《声声慢·寻寻觅觅》通过描写残秋所见、所闻、所感，着意渲染愁情，如泣如诉，抒发自己因国破家亡、天涯沦落而产生的孤寂落寞悲凉愁苦的心绪，具有浓厚的时代色彩。词人的主观情感和心理活动的每一个波澜起伏，都与客观景物的更迭发生密切的配合，一句扣紧一句，一事粘连一事，在心境与物境的相互作用下，愁绪达到难以遏制的地步，真使人有九曲回肠、愁肠百结之感。《永遇乐·落日熔金》以今夕盛衰的对比写人间的孤独和人生的乏味，隐含着生命衰老的悲哀，词境灰冷凝重，风格深沉凝重，哀婉凄苦，深刻地抒发了她眷念故国、忧患余生的痛苦。晚年的李清照尝尽了颠沛流离的苦痛，词人的沦落悲苦恰恰是一个王朝覆灭后一代人生命境遇的写照，因而这些词既是词人情感历程的真实写照，也是时代苦难的象征，寄寓着难以抑制的家国变故的深切悲痛，委婉曲折地批判了南宋小朝廷苟安享乐，漠视民族危亡，忘记了国家耻辱。

李清照词作在艺术上达到了炉火纯青的境界，在词坛中独树一帜，形成了自己独特的艺术风格——易安体，被誉为"词家一大宗"。她特别善用白描手法，选取日常生活的起居环境、行动、细节来展现自我的情感和心理活动，善于捕捉细小而生动的形象来表达难以言传的感受，表现情感的微妙变化，在起伏回环的结构中层层剖露复杂的心境，真挚细腻、委婉动人。其工于造语，创意出奇，"用浅俗之语，发清新之意"，通俗中见典雅。她写词强调"协律"，善于运用错综变化的声调，高低起伏、抑扬顿挫的节奏，来表达起伏变化的思想感情，具有自然淡雅的艺术风格。

三、激昂雄壮的豪放词

（一）独步天下的苏轼词

11 世纪下半叶，宋代文学最高成就的代表苏轼从根本上改变了词的发展方向。

苏轼（1037—1101 年），字子瞻，号东坡居士，眉山人。苏轼从理论上突破了"词为艳科"的传统观念，认为诗词同源，本属一体。他还提出词"自是一家"的主张，扩大词的表现功能，开拓词境。他将传统的表现男女相思、花间酒下的柔情伤别之词扩展为抒发磊落襟怀、人格个性的豪放之词、性情之词。言情说爱、伤离念远、怀古咏史、说理谈禅、去国怀乡的感慨甚至日常交际、躬耕狩猎、自然山水等都写入词中，使词同诗一样达到"无意不可入，无事不可言"的程度。

苏轼填词追求壮美的风格和阔大的意境，抒发自我的真实性情和独特的人生感受。如《念奴娇·赤壁怀古》首句起笔凌云健举，包举有力，将浩荡江流与千古人事并收笔下，有气吞山河之势。全词通过描写赤壁一带长江的雄奇景色以及怀念历史上的英雄人物，在上下几千年、绵亘数千里的宏大境界和浩渺时空框架中，发出人生短暂、功名虚幻的感叹，表达自己面对自然、感怀今昔之际带有哲理性的人生感受，虽然深切地感到人生如梦、雄浑壮阔的自然之美，又把人生挫折懊丧引向高远之处，表现出一种高逸旷达的精神，可谓意境开阔博大，感慨隐约深沉。

《水调歌头》起句"明月几时有？把酒问青天"破空而来，一问一答尽显因月而生的奇想，而后一气奔放、挥洒自如，展开对天上世界的想象，暗含对自我身世的感慨。结句"但愿人长久，千里共婵娟"把人生挫折、亲人别离的懊丧引向了高远的境界，其奔放的情意和真情的祝愿反映出苏轼不甘沉沦的高傲性格。《定风波》也在"一蓑烟雨任平生"的慨叹中，交杂着悲凉苍劲和旷达坦荡的情致，表现了他处变不惊、忧乐两忘的豁达胸襟和超然自适的人生态度。

苏轼的词以意为主，任情流泻，故其风格也随着情感基调的变化而变化。如《江城子·密州出猎》场面威武宏大，又表建立功勋的雄心壮志，气势豪壮。《念奴娇·赤壁怀古》在壮阔的自然美中注入深沉的历史感慨，笔力雄健，意气纵横，开启了南宋豪放词的先河。而写恋情、伤感的词，则委婉细密，如悼亡之作《江城子·乙卯正月二十日夜记梦》怀念亡妻情感沉痛之极，文笔却萦绕回环、细腻绵密，可谓至情深婉。《水龙吟·次韵章质夫杨花词》构思巧妙，刻画细致，咏物拟人，浑成一片，情丝缠绵，柔肠千结，既描绘出烟雨朦胧的意境，又将一缕惜花深情表现得淋漓尽致，毫不逊于婉约词。王国维评为"咏物之词，自以东坡《水龙吟》为最工"。

苏词逸怀浩气、举首高歌，以高远的气象、开阔的境界、奔放豪迈、倾荡磊落如天风海雨般的新风格，改变了词作原有的柔软情调，开启了南宋辛派词人的先河。

（二）辛弃疾的英雄之词

辛弃疾（1140—1207年），字幼安，号稼轩，历城人。一生以恢复中原为志，以功业自诩，却命运多舛、壮志难酬。他用词来表现自我的行藏出处和精神世界，把自我一生的人生经历、生命体验和精神个性完整地表现在词作中，寄托着对国家兴亡、民族命运的关切忧虑，表现了高昂的爱国主义情感。

辛词在抒发报国之志时，常常显示出军人的勇毅和豪迈自信，字里行间洋溢着一股英雄之气。如《破阵子·为陈同甫赋壮词以寄之》，词作以有声有色酣畅淋漓的点兵场面，刻画了斩将擎旗的英雄战士，烘托为君王的赤胆忠心，也展示了豪情飞扬、气冲斗牛的自我英雄形象。著名的《水龙吟·登建康赏心亭》交织着故国沦陷、国耻未雪的仇恨和焦虑，交融着故乡难归、流落江南的漂泊感，英雄无用的压抑感和壮怀理想无人理解的孤独感，有着深感岁月流逝、人生短暂、壮志成空的悲哀，但在词人的孤独和悲哀、痛苦和眼泪中，英雄的刚强、执着和愤慨依然是其底调，表现出更深广的社会忧患，也表达了以英雄自许、决不沉沦的精神。晚年所作大气磅礴、怀古咏志的《永遇乐·京口北固亭怀古》既有"想当年，金戈铁马，气吞万里如虎"的报国壮志，又援用古事近事影射现实，尖锐地提醒南宋统治者吸取前人的历史教训，表示出不甘衰老、犹有可为的壮烈情怀。全词豪壮悲凉，表现了作者对祖国深沉的爱，对英雄业绩的热烈向往，充满战斗的激情，而对统治者的妥协投降，轻率出兵，又表现了深切的忧虑和愤慨，字字句句都渗透着作者沉痛的感情。

辛弃疾闲居乡野时，贴近自然与日常生活，其描写乡村景物和反映农家生活的作品，如《清平乐·茅檐低小》《西江月·夜行黄沙道中》，展现了丰富多彩的乡村图景和平凡质朴的乡村人物，富有生活气息，给人以清新之感。

辛弃疾在词史上的一个重大贡献，主要在于题材的拓宽。他现存的600多首词作，写政治，写哲理，写朋友之情、恋人之情，写田园风光、民俗人情，写日常生活、读书感受，范围比苏词广泛得多。辛词的艺术风格也是多样的，但主要以雄伟奔放、富有力度为长，与所要表达的悲凉雄壮的情感基调相吻合。他笔下的自然景物，多有一种奔腾耸峙、不可一世的气派。如《水龙吟·过南剑双溪楼》"峡束苍江对起，过危楼，欲飞还敛"、《满江红·题冷泉亭》"闻道天峰飞堕地，傍湖千丈开青壁"。他所写的历史人物，也多奇伟英豪、宕放不羁，是慷慨悲凉的类型，如《八声甘州·故将军饮罢夜归来》"射虎山横一骑，裂石响惊弦"的李广、《南乡子·登京口北固亭有怀》"年少万兜鍪，坐断东南战未休"的孙权等。这种自然和历史素材的选用，都与词中的感情力量成为恰好的配合，令人为之感奋。所以南宋词人刘克庄《辛稼轩集序》说："公所作，大声鞺鞳，小声铿鍧，横绝六合，扫空万古，自有苍生以来所无。"

辛词和苏词都是以境界阔大、感情豪爽开朗著称，不同的是苏轼常以旷达的胸襟与超越的时空观来体验人生，常表现出哲理式的感悟，使情感从冲动归于深沉的平静；而辛弃疾总是以炽热的感情与崇高的理想来拥抱人生，他的英雄的豪壮与绝望交织扭结，大起大落，反差强烈，形成瀑布般的冲击力量，更使人感受到他心中极高的期望破灭成为绝望时无法消磨的痛苦，因此，辛词比苏词主观情感更为浓烈。在语言上，苏轼是以诗为词，辛弃疾是以文为词。苏词偏于潇洒疏朗、旷达超迈，而辛词给人以慷慨悲歌、激情飞扬之感，更显沉郁苍凉。

第六节　四大名著

明清是中国文学史上小说的繁荣期，以《三国演义》《西游记》《水浒传》《红楼梦》四部中国古典章回小说为代表，以其不可忽视的影响力，显示了独特的社会作用和文学价值。

一、《三国演义》

罗贯中整理创作的《三国演义》"依史而演义"，叙述了从东汉灵帝中平元年（184 年）黄巾起义始，至晋武帝太康元年（280 年）三国归晋 97 年间的重大历史事件。故事开始于刘备、关羽、张飞桃园三结义，结束于王浚平吴，以证"话说天下大势，分久必合，合久必分"的历史轮回。全书比较完整地叙述了魏、蜀、吴三国兴起、发展及灭亡的历史，以王业兴废为焦点，概括了这一时代的历史巨变，塑造了一批叱咤风云的英雄人物，表现了老百姓对致天下大乱的昏君奸臣的痛恨、对明君仁政的企盼，以及自我价值认定范畴内的建功立业的理想和自我人格认定范畴内的忠、智、勇、义品格。

二、《水浒传》

施耐庵、罗贯中（学术上未确定）整理加工而成的《水浒传》（又名《忠义水浒传》），叙述了北宋末年以宋江为首的以贩夫走卒、猎人渔夫、官佐胥吏、和尚道士、农夫工匠、绿林好汉组成的108位好汉在官奸逼迫之下聚义梁山，替天行道，嗣后接受招安、报效朝廷，最终又被权奸残害毒死的故事。小说通过梁山众好汉不同的遭遇，深刻地揭示了"乱自上作""官逼民反"的朴素道理，揭示了起义失败的内在历史原因，宣传了忠义的思想。《水浒传》是中国历史上第一部用白话文写成的长篇小说，开创了白话章回体小说的先河，逐步改变了以诗文为正宗的文坛面貌。

三、《西游记》

《西游记》为明代小说家吴承恩所著，取材于《大唐西域记》和民间传说、元杂剧。小说具有"一条线索、三个板块"的叙事构架。一条线索即以孙悟空的行动轨迹贯穿全书百回。第一板块是第一回到第七回，叙述孙悟空出世、拜师学道，自称美猴王后大闹龙宫和地府，三闹天宫，最后被如来佛压在五行山下。第二板块是第八回到第十三回，叙述如来佛造出三藏真经普度东土众生，乃遣观世音菩萨去东土寻觅取经之人，玄奘被选定前往西天取经。第三板块是第十四回到第一百回，叙述玄奘西行取经途中，与孙悟空、白龙马、猪八戒、沙和尚，历尽艰险，擒妖捉怪，经过九九八十一难，取回真经，终成正果。

在中国古典小说中，《西游记》可以说是趣味性和娱乐性最强的一部作品。第一，它寓喜剧性于喜剧人物之中。孙悟空具有豪爽、乐观的喜剧性格，而贪吃好色、自私庸俗、天真愚笨的猪八戒也不乏生动滑稽。他们幽默诙谐、机趣横生的对话使《西游记》充满不少奇趣。第二，它寓喜剧性于游戏精神之中，"以戏言寓诸幻笔"，穿插了大量的游戏笔墨，使全书充满喜剧色彩和诙谐气氛。一些语句看似信笔拈来，却能机锋百出，调侃世情，极幻之中有极真之情和极真之理，让人在忍俊不禁的同时看清世间真相，幽默却不肤浅。

四、《红楼梦》

曹雪芹（约1715—约1763年）的《红楼梦》一致被认定为是具有自叙传性质的小说。作者生前完成前八十回，程伟元、高鹗续写后四十回，其题名也有《石头记》《情僧录》《风月宝鉴》《金陵十二钗》等。《红楼梦》以贾宝玉悲剧人生历程为总线索，交叉隐现着三条线索，展示了意蕴丰富的多重悲剧。第一条是以宝玉与黛玉、宝钗的爱情故事为中心线索，写了他与黛玉知己知心的"木石前盟"的悲剧以及与薛宝钗富贵齐全的"金玉姻缘"的悲剧。第二条是以大观园众多美丽聪慧、活泼动人的女子的悲剧命运为线索，写了一场由女性的光彩所映照着的人生幻梦，表达了对由女性所代表的美的毁灭的哀悼。第三条是以贾家荣、宁二府的败亡为线索，以前所未有的真实性描绘出"钟鸣鼎食之家""诗礼簪缨之族"贵族家庭的末世景象。

《红楼梦》在艺术上取得了辉煌的成就。它的叙述和描写就像生活本身那样丰富、深厚、逼真、自然，拈自然之事，顺自然之理，撷自然之趣，使生活艺术化。小说叙写的无非亲友来往、贺喜吊丧、吟诗品茗、游园斗牌，至多也不过或姒娌摩擦，婆媳斗嘴，或妻妾争宠，嫡庶争权等事。就是这些小事的堆积，细节的连缀，使情节得以演进，人物性格得以突现，一切都浑然天成，一点不见人工斧凿的痕迹，使人称奇道绝，叹为观止。

【阅读经典】

1. 何处招魂，香草还生三户地；当年呵壁，湘流应识九歌心。

——长沙屈原祠

2. 一代君权痛蚕室，千秋史笔溯龙门。

——蒲松龄颂司马迁

3. 陶潜酷似卧龙豪，万古浔阳松菊高；莫信诗人竟平淡，二分梁甫一分骚。

——龚自珍《己亥杂诗·其一百三十》

4. 盛唐诗酒无双士，青莲文苑第一家。

——陈云诰·太白祠楹联

5. 世上疮痍诗中圣哲，民间疾苦笔底波澜。

——郭沫若题成都杜甫草堂

6. 吾爱白乐天，逸才生自然。谁谓辞翰器，乃是经纶贤。欸从浮艳诗，作得典诰篇。立身百行足，为文六艺全。

——皮日休《七爱诗·白太傅》

7. 金石文章空八代，江山姓氏著千秋。

——张联桂·潮州韩愈庙

8. 大明湖畔，趵突泉边，故居在绿杨深处；漱玉集中，金石录里，文采有后主遗风。

——郭沫若题李清照纪念馆

9. 诗界千年靡靡风，兵魂销尽国魂空。集中什九从军乐，亘古男儿一放翁。

——梁启超《读陆放翁集》

【资源推荐】

1. 中国大学慕课课程《中国古代文学》。
2. 中国大学慕课课程《唐诗三百首研究》。
3. 中国大学慕课课程《宋词经典》。
4. 中国大学慕课课程《中华诗词经典吟唱》。
5. 中国大学慕课课程《文学经典导读》。

【课堂检测】

一、单选题

1. 《楚辞·九歌》的体式是（　　　）。

　　A. 论体　　　　　　B. 赋体　　　　　　C. 骚体　　　　　　D. 七体

2. 《洛神赋》的作者是（　　　）。

　　A. 曹操　　　　　　B. 曹丕　　　　　　C. 曹植　　　　　　D. 曹彰

3. 被钟嵘《诗品》称为"古今隐逸诗人之宗"的魏晋南北朝诗人是（　　　）。

　　A. 陶渊明　　　　　B. 支遁　　　　　　C. 慧远　　　　　　D. 谢灵运

4. 《汉书》所属的历史编纂体例是（　　　）。

　　A. 编年史　　　　　B. 纪传体通史　　　C. 断代史　　　　　D. 国别史

5. "田夫荷锄立，相见语依依"是诗人（　　　）的诗句。

　　A. 陶渊明　　　　　B. 王维　　　　　　C. 孟浩然　　　　　D. 杜甫

6. 宋初代表词家当推因写"忍把浮名，换了浅斟低唱"而得罪仁宗皇帝的（　　　）。

　　A. 苏轼　　　　　　B. 秦观　　　　　　C. 柳永　　　　　　D. 辛弃疾

7. "人有悲欢离合，月有阴晴圆缺，此事古难全。但愿人长久，千里共婵娟。"出自苏轼的（　　　）。

　　A. 《水龙吟》　　　B. 《定风波》　　　C. 《蝶恋花》　　　D. 《水调歌头》

8. 下列词句不属于辛弃疾的是（　　　）。

　　A. 明月别枝惊鹊，清风半夜鸣蝉。　　B. 醉里挑灯看剑，梦回吹角连营。

　　C. 西北望长安，可怜无数山。　　　　D. 燕子来时新社，梨花过后清明。

9. （　　　）的问世标志着中国古代现实主义小说达到了辉煌的顶点。

　　A. 《西游记》　　B. 《三国演义》　　C. 《水浒传》　　D. 《红楼梦》

10. 清初（　　　）异峰突起，成为文言小说的又一座丰碑。

　　A. 《聊斋志异》　B. 《封神演义》　　C. 《西游记》　　D. 《水浒传》

二、多选题

1. 现存的中国古代神话，主要保存在（　　　）等典籍中。

　　A. 《山海经》　　B. 《淮南子》　　C. 《楚辞》　　　D. 《庄子》

2. 《诗经》按音乐性质可分为（　　　）。

　　A. 风　　　　　　B. 雅　　　　　　C. 颂　　　　　　D. 赋

3. 文学史上的"三曹"是指（　　　）。

　　A. 曹操　　　　　　B. 曹植　　　　　　C. 曹冲　　　　　　D. 曹丕

4. 唐代诗人众多，诗歌灿若星辰，除了李白、杜甫两位大诗人外，还有边塞诗派的（　　　）。

　　A. 高适　　　　　　B. 岑参　　　　　　C. 王维　　　　　　D. 白居易

5. 下列作品中，不属于李白诗歌的是（　　）。

    A.《兵车行》　　B.《长恨歌》　　C.《将进酒》　　D.《登鹳雀楼》

6. 词依其字数的多少，又有（　　）之分。

    A. 小令　　　　　B. 中调　　　　　C. 长调　　　　　D. 慢词

7. 宋词婉约派的代表词人主要有（　　）。

    A. 秦观　　　　　B. 柳永　　　　　C. 李清照　　　　D. 辛弃疾

8. 宋词豪放派的代表词人主要有（　　）。

    A. 苏轼　　　　　B. 柳永　　　　　C. 张元干　　　　D. 辛弃疾

9. 以下作品是长篇小说的有（　　）。

    A.《聊斋志异》　B.《水浒传》　　C.《西游记》　　D.《金瓶梅》

10.《西游记》是一部以神怪为主角的幻想喜剧，记述（　　）去西天取经，历经八十一难，取回真经，皆成正果的故事。

    A. 孙悟空　　　　B. 猪八戒　　　　C. 沙和尚　　　　D. 唐三藏

三、判断题

1. 我国文学史上向来"风骚"并称。"风"指以"国风"为代表的《诗经》，它是我国最早的一部诗歌总集，也是我国诗歌现实主义的源头；"骚"指《楚辞》，它是以屈原为代表的我国诗歌浪漫主义传统的源头。　　　　　　　　（　　）

2.《资治通鉴》是我国最早的纪传体通史。　　　　　　　　　　　　（　　）

3. 边塞诗派：指以边塞风光或边塞生活为主要题材的诗歌流派。盛唐时期，高适、李贺等诗人在这一题材的创作上取得了前所未有的成就。　　　　（　　）

4. 李白的"长风破浪会有时，直挂云帆济沧海"出自《蜀道难》。　　（　　）

5. 主张"文章合为时而著，歌诗合为事而作"的是晚唐现实主义诗人白居易。

                                               （　　）

6.《雨霖铃》中柳永流传千古的名句："今宵酒醒何处？杨柳岸晓风残月。"

                                               （　　）

7. 辛弃疾，字幼安，别号稼轩，南宋词人。他是婉约派词人、爱国者、军事家和政治家。作品集有《稼轩长短句》。　　　　　　　　　　　　（　　）

8. 明代文人创作的小说主要有白话短篇小说和长篇小说两大类。　　（　　）

9.《西游记》开辟了一条写平凡人和日常生活的道路，通过写平凡人的日常生活，显示了现实主义文学的长足发展。　　　　　　　　　　　　（　　）

10. 明清神魔小说最经典的是《西游记》《封神演义》，而世情小说主要有《红楼梦》等。　　　　　　　　　　　　　　　　　　　　　　　　　　　（　　）

四、思考练习

1.《诗经》的主要内容有哪些？对后世文学有何影响？

2. 以陶渊明的代表作说明其田园诗风格的"平淡"。

3. 阅读柳永、李清照、苏轼、辛弃疾等人的代表作并简要分析其艺术风格。

4. 四大名著各具有怎样的主题？在小说艺术上，又各有怎样的特点和创新？

【实践体验】

实践项目一　"古代文学的价值"专题讨论会

实践项目二　古典诗词朗诵会

专题三 ▎先秦诸子思想：中国智慧的源头活水

【导学】

人们称秦统一中国之前的哲学为先秦哲学，其发展大致经过了中国哲学的萌芽期、诸子前哲学和诸子哲学三个阶段。在这个过程中，哲学思维从原始时代人们对精神和自然界关系问题的两种自发的对立倾向，经过殷周奴隶社会的天命神权论和早期阴阳、五行观念，发展到春秋战国时代，在剧烈的社会变动中逐渐形成的反映各阶级、阶层利益的各种对立的哲学体系和哲学派别，遂成诸子百家之学。先秦哲学探讨了宇宙本原和自然规律、人性善恶、认识论和逻辑学等问题，形成了基本的哲学经典，对中国哲学的发展产生了深远影响。中华民族今日的思想中，试默察之，无不有先秦学术之成分。不知本原，必不能知其支流，欲知后世之学术思想，先秦诸子之学说则不可不知也。

【知识储备】

第一节　儒家思想

一、孔子及其哲学思想

孔子（前551—前479年），名丘，字仲尼，鲁国陬邑（今山东曲阜）人，是中国古代重要的思想家、教育家和政治家，儒家学派的创始人。

孔子

　　孔子去世后，他的弟子把他生前说过的话以及对弟子的教诲之言编辑整理起来，后来又由再传弟子进行增补，最终形成了《论语》一书。《论语》集中体现了孔子的思想，其语言朴实无华，所记录的也都是平常无奇的人伦之事和并不晦涩的治国之道、修身之言，然而其中却蕴含着丰富的人生哲理和思想价值，是我们研究孔子的重要资料。

　　在政治上，孔子主张恢复周礼，并提出正名思想。他认为春秋时代，"礼坏乐崩"，臣杀君，子杀父，"邪说暴行"不断发生，局势混乱。要制止各种"邪说暴行"的流行，就必须恢复周礼的权威，重新肯定宗法等级制度，其要害就是要正名。他说："名不正则言不顺，言不顺则事不成，事不成则礼乐不兴，礼乐不兴则刑罚不中，刑罚不中则民无所措手足。"意思是，只有正名才能挽救秩序的崩溃，促进周礼的复兴；也只有正名，才能恰当地运用刑罚，制止邪说暴行的产生和流行。

　　孔子思想的核心是"仁"，以致后来有人把其思想概括为仁学。在《论语》一书中，"仁"字的出现达 109 次之多，说明"仁"在孔子的思想体系中居于十分重要的地位。围绕"仁"的实践，儒家形成了一系列与做人相关的理念。

　　另外，在中国哲学史上，孔子第一个提出了简单的认识论思想。孔子区别了"生而知之""学而知之"，认为"生而知之"的人高于"学而知之"的人。他说："生而知之者上也，学而知之者次也，困而学之又其次也。"孔子认为有的人可以不学而知，但究竟谁是"生而知之者"，他没有具体提及，而且认为自己不是"生而知之者"，他自称"我非生而知之者，好古，敏以求之者"，认为自己的知识都是由于爱好古代文化，刻苦学习而获得的。

　　孔子在中国文化史上还是一位伟大的教育家。孔子在其教育生涯中，打破了贵族对学术文化的垄断，所收学生没有身份地位的限制，教授内容以《诗》《书》《礼》《乐》《易》《春秋》等为主，这让更多的平民拥有了受教育的机会。他打破了贵族对政治的垄断，对学生进行德行的培养，积极鼓励学生闻道济世，关注政治问题，极大地推动了庶人的参政意识。他还提出了很多真知灼见，如"学而不思则罔，思而不学则殆""温故而知新""三人行，必有我师焉，择其善者而从之，其不善者而改之"等。他施行的因材施教、启发式教学在今天仍具有很强的实

周礼

仁的内涵

中庸思想

践意义。

二、孟子及其哲学思想

孟子（约前372—前289年），名轲，字子舆，战国时邹（今山东邹城）人，是中国古代的思想家、哲学家、政治家，是孔子创立的儒家学派的主要继承人。《孟子》一书是孟子的言论汇编，由孟子及其再传弟子共同编写而成，是记录孟子的语言、政治观点和政治行动的儒家经典著作。

孟子

孟子发展和改造了孔子的"礼治"和"德政"的理论，提出了"仁政"学说。孟子认为统治者如果实行仁政，可以得到民众的衷心拥护，称王于天下。孟子严格地界定了统治者与被统治者的阶级地位，认为"劳心者治人，劳力者治于人"，而且制定了从天子到庶人的完整等级制度；同时，理想化了统治者和被统治者的关系，主张统治者对民众应该像父母对子女，民众对统治者应该像子女对父母。孟子认为，这是一种最理想的政治，如果统治者实行仁政，那么民众会衷心拥护；反之，如果推行暴政，不顾民众疾苦，那么就会失去民心。孟子通过大量历史事例反复论述，得天下与失天下的关键问题是民心的向背。

孟子把伦理和政治紧密结合起来，认为政治清明的根本是提高道德修养。他说："天下之本在国，国之本在家，家之本在身。"后来《大学》提出的"修齐治平"就是根据孟子的这种思想发展而来的。在道德伦理方面，孟子把道德规范概括为仁、义、礼、智四种。同时把人伦关系概括为"父子有亲，君臣有义，夫妇有别，长幼有序，朋友有信"五种。孟子认为，仁、义、礼、智四者之中，仁、义最为重要。仁、义的基础是孝、悌，而孝、悌是处理父子和兄弟血缘关系的基本道德规范。他认为如果每个社会成员都用仁义来处理人与人的各种关系，封建秩序的稳定和天下的统一就有了可靠保证。

孟子"仁政"学说的理论基础，是他的性善论的思想。在中国哲学史上，第一个系统地提出并讨论人性善恶问题的思想家就是孟子，"性善论"在他的思想体系中是一个中心环节。孟子认为："恻隐之心，人皆有之；羞恶之心，人皆有之；恭敬之心，人皆有之；是非之心，人皆有之。恻隐之心，仁也；羞恶之心，义也；恭敬之心，礼也；是非之心，智也。仁、义、礼、智，非由外铄我也，我固有之也。"

仁政学说

孟子强调仁、义、礼、智等道德观念是人之所以为人的标志，也就是"性"的基本内容。"人之所不学而能者，其良能也；所不虑而知者，其良知也。"他认为"仁、义、礼、智"是人们与生俱来的东西，不是从客观存在着的外部世界所取得的。"圣人与我同类""人皆可以为尧舜"，孟子不承认有先天的等级，把统治者和被统治者放在平等的地位，探讨他们所具有的普遍的人性。尽管"性善论"是唯心主义的说法，但孟子以"性善论"作为人们修身养性和行王道仁政的理论根据，有一定程度的积极意义。

《汉书·艺文志》仅仅把《孟子》放在诸子略中，视为子书，没有给予应有的地位。五代十国时，后蜀主孟昶命令人楷书十一经刻石，其中包括了《孟子》，这可能是《孟子》列入经书的开始。南宋孝宗时，朱熹将《孟子》与《论语》《大学》《中庸》合在一起，称之为"四书"，并列为"十三经"之一，《孟子》才得到应有的重视，其地位被推到了高峰。宋代以后，孔子被尊称为"至圣先师"，孟子被尊称为"亚圣公"。

第二节　道家思想

一、老子及其哲学思想

老子，姓李名耳，又称老聃，楚国苦县厉乡曲仁里人。生卒年不详，一般认为与孔子同时而稍早。老子早年做过周朝掌管文献典籍的守藏史，后来隐居不仕。他是道家思想的创始人，是中国古代最有影响的思想家、哲学家之一。

老子

老子晚年看到周王朝逐步衰败，就离开故土，准备出函谷关四处云游。把守函谷关的长官尹喜很敬佩老子，得知他要归隐，恳请他把自己的思想留下来。于是老子写下了后来传世的《老子》。《老子》共 5000 多字，由"道经"和"德经"两部分组成，所以也称《道德经》。

老子哲学体系的核心是"道"。老子第一个提出了道作为哲学的最高范畴。道，本来是人走的道路，有四通八达的意思，引申为方法、途径，也略具规律性、普遍性的意思。老子吸收了当时天道的思想，认为道是事物存在和变化的普遍原则。

在政治思想方面，老子十分注意处理统治者和老百姓的关系，他看到了人民与统治阶级的矛盾，看到了人民贫困和起来反抗的某些原因。他说："民之饥，以其上食税之多，是以饥。""民之轻死，以其上求生之厚，是以轻死。"这是说，人民生活的贫困和不怕死地起来反抗，主要原因是统治者贪得无厌地剥削。他对当时一些统治者骄奢淫逸、贪图享乐、搜括大量财货，根本不管政治腐败、土地荒芜、粮仓空虚的现象进行了批评。他甚至骂他们是强盗头子。他有时借广大人民的口吻，向统治者发出一些反抗和威胁的言论，如"民不畏死，奈何以死惧之?"但由于其局限性，他的政治思想的中心内容是要求实现"无为而治"。

道的内涵

老子的哲学思想，2000 多年来成为唯一可以与孔子哲学抗衡的思想流派，它要求人们应该按照自然规律行事，不凌驾于自然之上；它教导人们如何对待成功，如何把握名利财富，如何正确处理"身"与"心"的关系等，对我们今天生活的各个方面仍产生着深远的影响。

无为而治

二、庄子及其哲学思想

庄子（约前 369—前 286 年），名周，战国时宋国蒙（今河南商丘）人。他是继老子之后道家最主要的代表，也是我国古代著名的哲学家和文学家。

庄子

庄子不仅用他的相对主义怀疑论否定了客观物质世界的存在，也否定了作为客观精神实体的"道"的存在。因为庄子讲的"道"，往往是把它当作一个超越是非界线、泯灭一切差别的主观标准来看待的。如他认为，每一个事物都是从自己的立场去看，才有彼此的差别；如果是从"道"的观点去看，那么一切都是无差别的。因此，他所谓的"以道观之"，实际上就否定了事物的客观实在性，而以事物各自的主观观念为转移。

庄子哲学思想内涵

庄子思想以他独特的魅力，让绝望中的人知道如何在内心深处守护最后的不可剥夺的尊严，消除我们心灵的困惑，它像一朵美丽的奇葩，用醉人的芬芳永远滋润着我们日渐枯萎的灵魂。

第三节　墨家思想

一、墨子生平

墨子（约前468—前376年），名翟，鲁国（今山东曲阜）人。他工匠出身，相传做过宋国大夫，是战国初期个体小生产者的代表，墨家学派的创始人。墨子早年曾"学儒者之业，受孔子之术"，但对儒家重视周礼的做法不满，认为"靡财贫民"，从而提出"背周道而用夏政"，反对孔子复周礼的主张，并创立与孔子思想相对立的思想体系，提出自己的社会理想和认识理论，形成墨家学派。

墨子

墨家与儒家当时都是著名的学派，并称"显学"。在政治主张和哲学思想上，两家针锋相对，展开激烈论争，"列道而议，分徒而讼"，对开启战国一代学术争鸣之风起了重要作用。墨家同时也是一个有着严密组织和严格纪律的团体，最高领袖被称为"巨子"，墨家的成员都称为"墨者"，必须服从巨子的领导，听从指挥，可以"赴汤蹈刃，死不旋踵"。成员大多来自从事生产劳作的社会下层，过着艰苦的生活，严格遵守团体纪律，为宣传和实践墨子的政治主张和社会理想，在各诸侯国之间游走，富有舍身殉道的牺牲精神。墨子去世后，墨家学派分为三派，即相里氏之墨、相夫氏之墨、邓陵氏之墨，统称为后期墨家。他们都传习《墨子》，但有所不同，互相都攻击对方是"别墨"。在今存的《墨子》中，每篇都有上、中、下三篇，大约就是墨家分裂为三派的证据。后期墨家对中国古代几何学、力学、光学的发展及古代形式逻辑体系的建立做出了重要贡献。

《墨子》是阐述墨家思想的著作，原有71篇，现存33篇，一般认为由墨子的弟子及后学记录、整理、编纂而成。

《墨子》分两大部分：一部分记载墨子言行，阐述墨子思想，主要反映了前期墨家的思想；另一部分囊括《经上》《经下》《经说上》《经说下》《大取》《小取》等6篇著作，是战国中后期墨家后学们的作品。

二、墨子的哲学思想

墨子的思想，对人很重视，主张关心天下民众的疾苦。墨子是一位平民思想家，重视实际功利，重视生产，重视天下民众的现实利益。墨子的"仁"重在讲为天下兴利除害，强调"仁人之事者，必务求兴天下之利，除天下之害"。在中国哲学史上，这样的平民思想家是不多见的。墨子注重"十大主张"，分别是"兼爱""非命""尚贤""尚同""天志""明鬼""非攻""非乐""节用""节葬"，而十大主张的核心，就是希望建立一个小生产者渴望的没有阶级对立、没有残酷的战争、人人互敬互爱的社会。

墨子认为，天下混乱、人民困苦的根源在于"交相恶"，因此提倡"兼相爱、交相利"，"有力者疾以助人，有财者勉以分人，有道者劝以教人"，只要人人互爱互助，天下就会太平。与儒家"爱有差等"不同，"兼爱"不分亲疏厚薄，所以被孟子攻击为"无父"。从"兼爱"出发，墨子认为战争对人民危害最大，所以主张"非攻"，反对不义的侵略和兼并，但支持正义的防御和诛伐无道。在行政上他主张"尊贤"，只要能够实行"兼爱"，即使"农工商肆之人"也可以做官，即"官无常贵，民无终贱，有能则举之，无能则下之"。同时，他反对奴隶主贵族世袭制。所谓"尚同"主要是统一思想，统一政令，"上之所是，必皆是之"，"上之所非，必皆非之"。逐级上同，最后使"天下之百姓皆上同于天子"，而天子则必须服从上天的意志。这反映了小手工业者厌恶分裂、要求统一的愿望，且和墨家宗教思想有关。墨家从节约社会财富出发，谴责儒家久丧、厚葬和繁饰礼乐，认为音乐是一种奢侈浪费，对社会无益有害。墨子"非乐"与老庄不同，他是站在小生产者立场对服务于奴隶制的旧文化进行批判，正面主张强本节用，虽属狭隘功利主义，尚有一定意义。墨子的"非乐""节用""节葬"主张，集中反映了小生产者对统治者的奢侈生活和儒家主张的礼乐文化的不满。这种不满的产生是在情理之中的，也具有其合理性，如"节葬"这样的主张在今天仍有其重要意义。

在认识论上，墨子提出三表法。所谓三表法，是主张以三条标准去检验人们的认识是否具有真理性。他说："故言必有三表。何谓三表？子墨子言曰：有本之者，有原之者，有用之者。于何本之？上本之于古者圣王之事；于何原之？下原察百姓耳目之实；于何用之？废以为刑政，观其中国家百姓人民之利，此所谓言有三表也。"在这里，"上本之于古者圣王之事"，即以历史记载中前人的间接经验为依据；"下原察百姓耳目之实"，即以广大群众的直接感觉经验为依据；"废以为刑政，观其中国家百姓人民之利"，即以实际的社会效果为依据，考察各种言论、主张在实施过程中是否符合实际情况，是否给国家、人民带来好处。这也就是墨子所说的"合其志功而观焉"。他强调动机与效果的统一。这三条标准是统一的，强调了间接经验、直接经验与实际效果对检验认识真理性的决定性作用，强调了直接从事生产实践的人民群众在检验认识理性中的重要作用。墨子的三表法，在人类认识史上是一个重要贡献。同时，墨子也是中国哲学史上的第一个经验主义哲学家。

值得一提的是，后期墨家的作品中记述了许多自然科学知识，积极地发展了墨子的唯物主义思想。后期墨家抛弃了墨子哲学中天志、鬼神等宗教意识，在一定程度上克服了墨子的狭隘经验论倾向和错误。特别是后期墨家在批评惠施、公孙龙等名家的某些错误观点中，发展了墨子的唯物主义认识论，建立了一套相当完整的逻辑学理论，这在中国哲学史上有很重要的意义。

第四节　法家思想

一、法家概述

法家是中国历史上提倡以法制为核心思想的重要学派，提出了富国强兵、以法治国的思想。

法家成熟很晚，但成型很早，最早可追溯到夏商时期的理官，成熟于战国时期。战国初期和中期，涌现了一批政治家和思想家。他们在各诸侯国实行社会改革（即所谓的"变法"），主要代表人物有李悝、吴起、商鞅、申不害、慎到等，一般称他们为前期法家。他们在各国相继变法，废除贵族世袭特权，使平民通过开垦荒地、获得军功等渠道成为新的土地所有者，让平民有了做官的机会，瓦解了周朝的等级制度，从根本上动摇了靠血缘纽带维系的贵族政体。

《汉书·艺文志》列法家为"九流"之一。法家不是纯粹的理论家，而是积极入世的行动派，它的思想着眼于法律的实际效用。其思想包括伦理思想、社会发展思想、政治思想以及法治思想等诸多方面，代表著作有《法经》《申子》《商君书》《韩非子》等。

二、韩非子及其哲学思想

韩非（约前280—前233年），战国末期韩国（今河南新郑）的贵族，"喜刑名法术之学"，法家学说集大成者，后世称其为韩非子，著名的政治家和思想家。他和李斯都是荀子的弟子。当时韩国国力很弱，经常受邻国的侵略，他多次向韩王提出富国强兵的计策，但未被韩王采纳。韩非写了《孤愤》《五蠹》等文章，这些作品后来集为《韩非子》一书。秦王嬴政读了韩非的文章，大加赞赏。公元前234年，韩非作为韩国的使臣来到秦国，上书秦王，劝其先伐赵而缓伐韩。李斯妒忌韩非的才能，于是和姚贾一起进谗言加以陷害，韩非被迫服毒自杀。

韩非子

在哲学上，韩非把老子的"道"解释为存在于万物之中的客观规律，"道者，万物之所然也，万理之所稽也"。意思是说，道是万物生成的根本动力，是万理构成形式的总汇。天地、日月、五行、四时等自然现象和社会活动，无不受"道"的支配，肯定了"道"的物质实在性。他还指出，"道"是可以为人所认识的，"今道虽不可得闻见，圣人执其见功以处见其形"。意思是说，如今道路虽然不可以听闻看见，但圣人拿显露出来的功效来显示它的形象。通俗地说，就是道路虽然都不一样，也看不见摸不着，但有人走很好的道路就得到了很好的结果，有人走不好的道路就得到不好的结果，所以，道路是存在的，不能因为道路看不见摸不着就否认道路的存在。这就克服了老子的"道"的神秘性。韩非坚决反对崇拜鬼神和卜筮、占星、择日等迷信活动，认为"龟筮鬼神，不足举胜；左右背乡，不足以专战。然而恃之，愚莫大焉"。意思是说，卜筮鬼神不足以推断战争胜负，星体的方位变化不足以决定战争结果。既然如此，却还要依仗它们，没有什么比这更愚蠢的了，表现出其可贵的无神论精神。

韩非发展了荀子的性恶论，反对孟子的"性善论"，认为人的本质都是自私的，人和人的关系是相互利用。像管子就说过，商人日夜兼程，赶千里路也不觉得远，是因为利益在前边吸引他。打渔的人不怕危险，逆流而航行，百里之远也不在意，也是追求打渔的利益。父子、夫妻、君臣之间，都各有利害关系。君主应该利用人愿意趋利避害的心理，以赏罚来驾驭臣民，治理国家。这样，他就为自己的法治理论找到了人性论上的根据。韩非所揭示的现象是存在的，但那只是剥削阶级属性。韩非把它扩大为普遍的人性，这就不可避免地跌入了唯心主义泥坑。

应该肯定的是，法家思想作为春秋战国时期的主要学派，他们提出了至今仍然影响深远的以法治国的主张和观念，这就足以见得他们对法制的高度重视，以及把法律视为一种有利于社会统治的强制性工具，这些体现法制建设的思想，一直被沿用至今，成为中央集权者稳定社会动荡的主要统治手段。

法制思想

【阅读经典】

1. 君子成人之美，不成人之恶。

——《论语·颜渊》

2. 工欲善其事，必先利其器。

——《论语·卫灵公》

3. 君子和而不同，小人同而不和。

——《论语·子路》

4. 上善若水。水善利万物而不争，处众人之所恶，故几于道。居，善地；心，善渊；与，善仁；言，善信；政，善治；事，善能；动，善时。夫唯不争，故无尤。

——《道德经·上善若水》

5. 君子有三乐，而王天下不与存焉。父母俱存，兄弟无故，一乐也；仰不愧于天，俯不怍于人，二乐也；得天下英才而教育之，三乐也。

——《孟子·尽心章句上》

6. 富贵不能淫，贫贱不能移，威武不能屈，此之谓大丈夫。

——《孟子·滕文公章句下》

7. 故天将降大任于斯人也，必先苦其心志，劳其筋骨，饿其体肤，空乏其身，行拂乱其所为，所以动心忍性，曾益其所不能。

——《孟子·告子下》

8. 丘山积卑而为高，江河合水而为大。

——《庄子·则阳》

9. 若使天下兼相爱，爱人若爱其身，犹有不孝者乎？

——《墨子·兼爱上》

10. 志之难也，不在胜人，在自胜。

——《韩非子·喻老》

【资源推荐】

1. 传记历史片《孔子》，2010 年上映，由胡玫执导，周润发等主演。
2. 中央电视台科教频道《百家讲坛》之《孟子的智慧》，傅佩荣主讲。
3. 中央电视台科教频道《百家讲坛》之《老子与百姓生活》，姚淦铭主讲。
4. 中央电视台科教频道《百家讲坛》之《我读经典》（六）解读《韩非子》，孙立群主讲。
5. 中央电视台科教频道《百家讲坛》之《先秦诸子百家争鸣》，易中天主讲。

【课堂检测】

一、单选题

1. "民为贵，社稷次之，君为轻"体现了孟子的（　　　）。

　　A. 教育思想　　　B. 学术思想　　　C. 等级观念　　　D. 民本思想

2. 下列名言属于孟子说的是（　　　）。

　　A. 志士仁人无求生以害仁，有杀身以成仁

　　B. 百工居肆以成其事，君子学以致其道

　　C. 士不可以不弘毅，任重而道远。仁以为己任，不亦重乎？死而后已，不

亦远乎

    D. 富贵不能淫,贫贱不能移,威武不能屈

3. 孟子认为人皆有恻隐之心、羞恶之心、辞让之心和(　　　)。

    A. 是非之心　　　　B. 进退之心　　　　C. 悲喜之心　　　　D. 善恶之心

4. 以孔孟为代表的儒家,其核心思想是(　　　)。

    A. 义　　　　　　　B. 仁　　　　　　　C. 礼　　　　　　　D. 智

5. 荀子以(　　　)作比喻,说明通过学习,后学可以超过前人,学生可以超过老师。

    A. 青,取之于蓝,而青于蓝;冰,水为之,而寒于水

    B. 吾尝跂而望矣,不如登高之博见也

    C. 不积跬步,无以至千里;不积小流,无以成江海

    D. 锲而舍之,朽木不折;锲而不舍,金石可镂

6. 孟子以(　　　)为教育思想的理论基础。

    A. 人性恶　　　　　B. 人性善　　　　　C. 人性无善恶　　　　D. 人性有善恶

7. "兼相爱,交相利"出自(　　　)。

    A.《墨子》　　　　B.《庄子》　　　　C.《韩非子》　　　　D.《老子》

8. 在对人性的看法上,荀子主张(　　　)。

    A. 人性善　　　　　B. 人性恶　　　　　C. 人性无善恶　　　　D. 人性有善恶

9. 礼是用来(　　　)。

    A. 协和感情　　　　B. 区别等级　　　　C. 使人亲近　　　　D. 相互尊敬

10. 中庸的核心思想是(　　　)。

    A. 中立　　　　　　B. 平庸　　　　　　C. 中和　　　　　　D. 保守

二、多选题

1. 入选四书的儒家经典有(　　　)。

    A.《孟子》　　　　B.《论语》　　　　C.《学记》　　　　D.《荀子》

2. 孟子施教的目标是培养(　　　)的君子。

    A. 明人伦　　　　　B. 修身齐家　　　　C. 治国　　　　　　D. 平天下

3. 以下言论中属于孔子讲学内容的是(　　　)。

    A. 为政以德　　　　B. 以礼治国　　　　C. 有教无类　　　　D. 事异则备变

4. 孔子的教学内容包括(　　　)三个部分。

    A. 生产劳动　　　　B. 道德教育　　　　C. 文化知识　　　　D. 技能技巧培养

5. 下列属于《韩非子》中哲学寓言故事的是(　　　)。

    A. 卞和献玉　　　　B. 一鸣惊人　　　　C. 扁鹊治病　　　　D. 自相矛盾

6. 《大学》强调的是(　　　)的统一。

    A. 知　　　　　　　B. 情　　　　　　　C. 意　　　　　　　D. 行

7. 下列属于《吕氏春秋》哲学寓言故事的是(　　　)。

    A. 刻舟求剑　　　　B. 掩耳盗铃　　　　C. 杞人忧天　　　　D. 塞翁失马

8. 道德是(　　　)。

A. 政治的核心　　B. 教育的根本　　C. 社会的风气　　D. 教育的过程

9. 韩非子的著作有（　　　）。

　　A.《孤愤》　　　B.《五蠹》　　　C.《师说》　　　D.《说林上》

10. 墨子的思想主张有（　　　）。

　　A. 兼爱　　　　B. 非攻　　　　C. 尚贤　　　　D. 节葬

三、判断题

1. 墨子的思想中，对人很重视，关心天下民众的疾苦。　　　　　　（　　）

2. 庄子继承和发展了老子的思想，故历史上老庄并称，道家思想又称老庄思想。

　　　　　　　　　　　　　　　　　　　　　　　　　　　　　　（　　）

3. "因材施教，教亦多术"反映了孟子的教育思想。　　　　　　　（　　）

4. 孟子认为有无先天善良本性是人和禽兽相区别的重要标志。　　　（　　）

5. "夫仁者，己欲立而立人，己欲达而达人。"译为："所谓仁，就是要想自己站得住，也要帮助人家一同站得住；要想自己行得通，也要帮助人家一同行得通。"

　　　　　　　　　　　　　　　　　　　　　　　　　　　　　　（　　）

6. "青，取之于蓝，而青于蓝"和"锲而不舍，金石可镂"是《论语》中的名句。　　　　　　　　　　　　　　　　　　　　　　　　　　　　（　　）

7. 孔子说："十室之邑，必有忠信如丘者焉，不如丘之好学也。"是说只要有十户人家的地方，就一定有像我一样忠诚讲信用的人，但是不一定有如我一样喜欢学习的人。　　　　　　　　　　　　　　　　　　　　　　　　　（　　）

8. 孔子的中心思想是"仁"，重视社会上人们行为的规范。　　　　（　　）

9. "弟子，入则孝，出则悌。谨而信，泛爱众，而亲仁。行有余力，则以学文。"此句中悌，本义敬爱兄长，亦泛指敬重长上。　　　　　　　　（　　）

10.《论语》以"学而"开篇，在书中具有十分重要的统领全篇的地位和作用，一向为学者和读者所重视。　　　　　　　　　　　　　　　　　（　　）

四、思考练习

1. 有人曾将柏拉图与孔子作比较。根据你现有的知识，能否在一个或几个侧面，对两者进行比较？

2. 简论老子与庄子思想的联系与差别。

3. 简论孟子对孔子学说的继承和发展。

4. 简述荀子的"性恶论"与孟子的"性善论"。

【实践体验】

实践项目一　"义和利"专题讨论会

实践项目二　阅读"哲学经典著作"，认识中国传统文化的影响力

专题四 | 中国传统教育：由士而仕的安邦之本

【导学】

中华文明是世界上最古老的文明之一。教育作为人类特有的传承文化的能动性活动，具有选择、传递、创造文化的特定功能，在人类文化传承中起着非常重要的作用。中华民族在长期的劳动和生活过程中，创造了灿烂的中华文化，发展了教育。中国古代教育历史悠久，源远流长，经过历代教育家的不断实践及概括提炼，形成了比较完整、系统的教育机制，构成了中国传统文化不可或缺的重要组成部分。中国教育塑造和形成了中华民族独有的精神品格和民族心理，可以说正是中国古代辉煌的教育成果，使中国古代文化得以不断延续和发展。

【知识储备】

第一节　中国古代家庭教育

家庭是组成社会的基本单位，是社会最基本的细胞。家庭教育的好坏不仅关系到家庭成员自身的发展，而且还会对国家、社会产生重大影响。因而古代无论是豪门贵族，还是庶民百姓，都十分重视家教。从古到今，人类历史上为国家、民族做出杰出贡献的优秀人物，无不得益于良好的家庭教育。中国家庭教育历史悠久，源远流长，沉淀了丰富的家庭教育经验，产生了浩如烟海的家庭教育文献，并在长期的历史发展进程中形成了完整的家庭教育思想体系。

我国传统的教育理论十分重视人的培养，儒家经典之一的《礼记·大学》中说："古之欲明明德于天下者，先治其国；欲治其国者，先齐其家；欲齐其家者，先修其身。""身修而后家齐，家齐而后国治，国治而后天下平。"中国古代教育培养塑造的是"修身齐家治国平天下"的"至善"君子，即将培养完美人格作为教育的重要目标。古代家庭教育思想受其影响，也非常重视教育子女如何做人，重视子女人格的完善，在进行家庭教育时强调品学兼求，把人格的培养放在第一位。古代家庭教育认为学高不是真正的目的，学高是为了品高。学会做人，以修养德行为求学目的，应该说是我国传统家庭教育的一大优良传统。为了培养后代完美的人格，伦理道德教育便成为我国古代家庭教育的重要内容。

一、注重人格教育

古人把"立志"教育放在人格教育的首位，认为人只有立志，才会有奋斗目标，才能有信念和动力取得成绩。如果没有志向，会浑浑噩噩，一事无成。古人在这方面有许多论述，如诸葛亮在《诫子书》中写道："夫学，须静也；才，须学也。非学无以广才，非志无以成学。"宋人张载在《经学理窟·义理》中写道："人若志趣不远，心不在焉，虽学无成。"王守仁在《教条示龙场诸生·立志》中也提到："志不立，天下无可成之事，虽百工技艺，未有不本于志者。"这些论述都说明，立志在一个人成长中的重要性。细探历史，古人要求子女要立圣贤之志，要立志以报其国。诸葛亮在《诸葛亮集·诫外甥书》中说："夫志当存高远，慕先贤，绝情欲，弃疑滞，使庶几之志，揭然有所存，恻然有所感。"意思是，一个人应当有高尚远大的志向，仰慕先贤，戒绝情欲，抛弃阻碍前进的因素，使先贤的志向在自己身上显著地得到存留，在自己内心深深地引起震撼。再如《曾国藩家书》中有对修身养性、为人处世、交友识人、持家教子、治军从政等内容的论述。中国历史上广为流传的"岳母刺字"的故事，是中国古代家庭教育中教子立大志，教子与治国相联系的一个典型例证。重爱国精神、民族气节和个人节操，是我国古代家庭教育的优良传统，这一优良传统对中华民族的发展产生了巨大的影响。

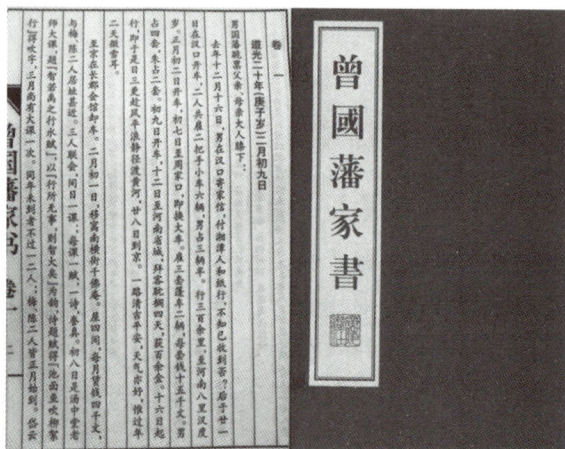

《曾国藩家书》

二、注重待人教育

待人教育的基础首先是教育子女如何对待父母。《孝经》曰："夫孝，德之本也，教之所由生也。"也就是说，孝是德行的根本，是一切教育的出发点。具体如何才能做到孝？《孝经·纪孝行》指出，"孝子之事亲也，居则致其敬，养则致其乐，病则致其忧，丧则致其哀，祭则致其严"。意思是说，孝子对父母亲的侍奉，在日常家居时，要竭尽对父母的恭敬；在饮食生活奉养时，要保持和悦愉快的心情去服侍；父母生了病，要带着忧虑的心情去照料；父母去世了，要竭尽悲哀之情料理后事；对先人的祭祀，要严肃对待，礼法不乱。这是《孝经》对如何侍奉父母所进行的理论上的阐述，而古代的《二十四孝图》则用具体的实例更加生动地展现了孝的内涵，讲述了历代 24 个孝子在不同环境、从不同角度行孝的故事。当下的国人该如何提倡孝道，仍然是值得思索和探讨的问题。

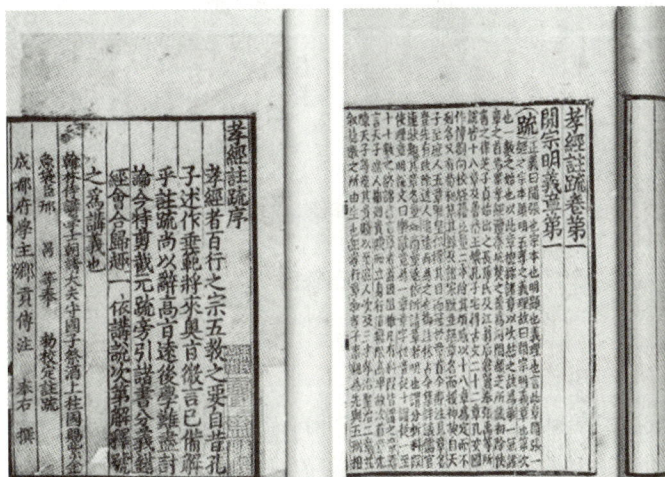

《孝经》

其次，待人教育要教育子女如何对待他人。在对待他人方面，古人重视教育后代谨慎做人，谦让待人，与人为善。《周易》中说："善不积不足以成名，恶不积不足以灭身。""积善之家，必有余庆；积恶之家，必有余殃。"意思是说，不做大量有益的事情就不能成为一个声誉卓著的人，不干坏事就不会成为毁灭自己的人。积累善行的家庭，一定会有多到自己享用不了还能留给子孙享用的福德；不积累善行的人家，则会有多到自己遭受不了还能留给子孙遭受的祸患。这就是教育子女在处理人我关系时要严格要求自己，善待别人。此外，古人很重视诚实守信的教育，将诚信作为正性、养心、成德的基础。《韩非子·外储说左上》中记载的"曾子杀猪"的故事，讲述了曾子为了给儿子树立诚实守信的榜样，不顾妻子的阻拦，为兑现诺言不惜杀猪，用自己的行动教育孩子要言而有信，诚实待人。同时这个故事也教育成人，自己的言行对孩子影响很大，待人要真诚，不能欺骗别人，否则会将自己的子女教育成一个待人不真诚的人。

三、注重勤奋好学的教育

古人认为学习不仅能够增长知识，而且可以使人明白事理，提高人的道德修养，改变人的精神气质。学习必须从点滴学起，由渐次积累而成，必须经历一个由量到质、由感性到理性的艰难过程。学习必须勤奋，勤能补拙，才能取得一定的成就，因此古人在家庭教育方面特别重视对子女勤学的教育。古代关于勤学、励学的故事很多，如西汉匡衡凿壁偷光，晋朝的孙康映雪、车胤囊萤等。宋朝著名的文学家欧阳修，4 岁时父亲便去世了，母亲教他读书，没钱买纸笔，于是就用芦柴棒在地上写字。再如颜之推在《颜氏家训》中，曾国藩在家书中，都教育后人勤学、惜时，不虚度时光，以求有所成就。

欧母画荻图

四、注重勤俭的教育

我国古代家庭教育中非常重视对后代进行勤俭的教育，希望通过这种教育培养后代居安思危的意识和自立的能力，以求更好地立足社会。司马光曾专门写有《训俭示康》，从正反两方面阐述成由俭、败由奢的道理。朱柏庐在《治家格言》中也教导后代"一粥一饭，当思来之不易；半丝半缕，恒念物力维艰"。曾国藩非常崇尚节俭，他不仅在日常生活中常以"勤俭"二字约束自己，而且还经常对家人进行这方面的教育。

五、重视行为习惯的培养

古人非常重视对子女进行行为习惯的培养。《礼记·内则》中提到："子能食食，教以右手。能言，男唯女俞。男鞶革，女鞶丝。六年，教之数与方名。七年，男女不同席，不共食。八年，出入门户及即席饮食，必后长者，始教之让。"意思是，幼儿会自己吃饭了，就要教他们使用右手。幼儿会说话了，就要教他们学习答话，男孩用"唯"，女孩用"俞"。身上带的荷包，男孩的以皮革制成，表示长大将从事勇武之事；女孩的以丝帛制成，表示长大将从事女红之事。到了 6 岁，要教他们识数和辨认东南西北。到了 7 岁，开始教以男女有别，男孩和女孩，坐不同席，吃饭也不同席。到了 8 岁，出门进门，坐桌吃饭，一定要让长者在前，开始让他们懂得敬让长者的道理。也就是培养子女良好的生活卫生习惯、良好的消费习惯、良好的行为习惯、良好的学习习惯、良好的人际交往习惯等。

六、重视早教

我国传统家庭教育特别重视早期教育。汉代贾谊提出"早谕教"的观点。有许多家教论著中都提出施教应从胎教做起，并提出一些胎教主张。如颜之推在《颜氏家训》中就曾指出："古者圣王有胎教之法：怀子三月，出居别宫，目不邪视，耳不妄听，音声滋味，以礼节之。"意思是，古时候的圣王，有胎教的做法，怀孕三个月的时候，出去住到别的好房子里，眼睛不能斜视，耳朵不能乱听，听音乐吃美味，都要按照礼仪加以节制。古人还认为，如果无法进行胎教，也应进行早教。据朱熹《朱子家礼》所记，一般是小孩一出生，就要开始慎择乳母，"必择良家妇人，稍温谨者"；小孩能吃饭时，就教他用右手；小孩能说话时，则教他说一般的问候语等；更大一点，懂些道理时，就教他怎样恭敬长辈，"有不识尊卑长幼者，则严诃禁之"。朱熹制定了一套详细的儿童行为准则。他指出："古者小学，教人以洒扫、应对、进退之节，爱亲、敬长、隆师、亲友之道。皆所以为修身、齐家、治国、平天下之本，而必使其讲而习之于幼稚之时。欲其习与智长，化与心成，而无扞格不胜之患也。"这些都是早期儿童教育的基本原则，符合儿童身心发展的特点，能够促成儿童良好习惯的形成。古人认为如果子女在幼小的时候忽略了教诲，一旦"习惯成自然"，等到孩子懂事后才开始教育，便后悔莫及了。古人提出的早教有益这一思想，现在已经得到科学的证明，早教已受到当今社会的普遍重视。

七、注重环境教育

环境对人的发展有重要影响，对孩子的成长起着潜移默化的作用。孔子有"里仁为美，择不处仁，焉得知"的论断。西汉刘向《列女传》中"孟母三迁"的故事家喻户晓。颜之推《颜氏家训·慕贤篇》中说："与善人居，如入芝兰之室，久而

孟母三迁

自芳也；与恶人居，如入鲍鱼之肆，久而自臭也。"意思是，和善人住在一起，就像进了开满兰花的房间，久而久之自己也满身芳香；和恶人住在一起，就像进了卖渍鱼的商店，久而久之自己也满身臭气了。以此来说明环境可以改变人、同化人，环境及交友对人的影响绝不可等闲视之。

第二节　中国古代学校教育

在奴隶制社会中，体力劳动和脑力劳动分工。政治上，国家治理需要有知识、能力和才干的人，统治阶级开始重视文化教育。文化的发展，尤其是文字的形成，为学校的产生创造了有利条件，促使一部分人从直接的生产劳动中脱离出来，从事社会管理和文化活动，作为广义文化重要组成部分之一的教育逐渐演变为一种专门和固定的职业，最终使得教育脱离生产劳动，成为专门培养人的社会活动，学校教育应运而生。

古代中国视教育为民族生存的命脉，教育形式多样，主要有官学、私学和书院。

一、官学

官学是指由中国历代朝廷直接举办或管辖，以及历代官府按照行政区划在地方所办的学校系统。中国在夏代就已经开始由官府出面兴办学校，后经周、汉、唐、宋、元、明、清历朝，官学获得了巨大的发展。官学分为中央官学和地方官学，它们共同构成中国古代社会最主要的教育形式。官学，特别是中央官学，不仅具有阶级性，而且具有明显的等级性，办学宗旨是培养各级封建官僚体制的统治人才，以供朝廷之用；教育内容以儒家经籍为主，以"四书五经"为主要教材。中央官学在培育朝廷所需人才、维持中国古代吏治、继承中国古代文化遗产等方面，曾经起过十分重要的作用。

（一）西周教育制度

西周的学校教育制度集夏、商之大成，形成了组织比较完备的学制系统，分为国学与乡学两种。

国学是专为上层奴隶主贵族子弟设在天子王城和诸侯国都的学校。《礼记·王制》记载："天子命之教，然后为学，小学在公宫南之左，大学在郊，天子曰辟雍，诸侯曰泮宫。"由此可知西周的国学按儿童年龄和程度分成小学和大学两级，小学设在宫廷附近，大学设在近郊。

天子与诸侯的大学名称各异。天子所设大学，规模较大，有五学之称。诸侯所设大学，规模较小，仅有一学，曰"泮宫"。大学的入学年龄不一，王大子15岁行冠礼，标志着已成人，所以 15 岁可以入大学，其他人则 20 岁入大学。大学的教育目标，服从培养统治者的需求，培养有德有仪、能征善战的统治者，教学内容以礼乐为重，射御次之。小学入学的年龄记载不一，这可能与贵族子弟的家庭地位有关。小学与大学的教学内容不同，因为年龄偏小，故以礼乐书数学习为主。

乡学是按照当时的地方行政区域为一般奴隶主子弟和部分庶民子弟设立的地方学校。具体是在地方行政组织的基础上，设立相应的地方学校，即一曰乡校，二曰州序，三曰党庠，四曰家塾。

西周学校教育内容涉及很多方面，在中国教育史上，一般认为西周的教育内容以六艺（即礼、乐、射、御、书、数）教育为主。

西周教育管理的特点是学在官府。学在官府是指官学机构设于官府之中，即政教一体；奴隶制国家的学术为奴隶主官府所垄断，即官守学业；官学的教师就是官府的官吏，即官师合一。

（二）汉代儒家经学教育

中央集权的封建专制国家秦王朝建立后，政治思想和学术思想要求走向统一，秦始皇采纳了李斯的建议，颁布了"挟书令"，禁止私学，士人求学"以吏为师"，政府统一实施法治教育，实际上是取消学校教育，这是教育发展史上的一次倒退。

汉代国家统一，经济繁荣，特别是帛和纸作为书写工具出现后，教育得到长足的发展。一般认为汉是我国封建教育制度化和定型的时期。

西汉初年经过休养生息，生产力得到进一步发展，为学校教育的发展创造了条件。汉代学校教育的发展尤以官学为盛，官学分为中央官学和地方官学，中央官学包括太学、鸿都门学、宫邸学等，地方官学包括郡国学、庠序等。

太学是汉代中央官学的主要形式。公元前 124 年，汉武帝为了进一步加强中央集权，提高吏治水平，接受了董仲舒和公孙弘的建议，在京都长安创办以传授和研究儒家学说为主要任务的高等学府——太学，成为地主官僚政府下设的一种育才养士的教育机构。太学生以学习儒术为主，所以太学生又称儒生。汉代宦官专权，为了培养自己的势力，与太学对抗，曾创办鸿都门学，学生考试及格做大官，不及格做小官，与太学专门讲授儒家六经有别，鸿都门学专门讲授辞赋、小说、绘画，它是世界上最早的文艺大学。汉代虽然有官学，但名额有限，太学设置在京师，地方的学生很难入学。而汉代做官必须读书，读书必须拜师，因此，汉代私学兴盛，一些官员一面做官一面收录弟子，一些没有机会从政的经师、大儒纷纷转向办私学。

汉代在地方郡、国设立了学习儒家经典的官学。公元 3 年，汉平帝命令天下皆立官学，郡国的官学叫学，县以下包括县、道、邑、侯官学叫校，乡以下官学叫庠序。东汉时郡国学校更发达，边远地区的一些太守也提倡兴学。

汉代地方官学的主要任务，是通过儒家经典的学习，宣传忠信孝悌的封建道德，推广教化，改变民间的道德风尚。地方官学与中央官学没有隶属关系，从严格意义上说，汉代的地方学校还没有形成完整的系统，但在客观上却对后世地方学校的建立、提高地方文化水平、形成中华民族共同的文化心理起到一定的作用。

（三）唐代儒家经学教育

制度完善的
唐代官学

魏晋南北朝时期我国长期处于战乱纷争之中，学校废置，官学数量大大减少。西晋在太学之外另立国子学，规定五品以上官员的子弟进入国子学求学，六品以下官员的子弟入太学求学，这是封建社会特权思想在教育中的具体反映。魏晋南北朝时期私学之风不减，名儒聚徒讲学，宗族和家庭教育得到进一步发展。

隋唐是中国封建社会发展的顶峰时期，已经形成了较完备的学校教育制度。隋文帝提倡办学校，从中央到地方都设置了官学，设立了国子寺，后改称国子监，专管教育部门和教育官员。

唐代经济繁荣，政治稳定，为学校教育的发展奠定了厚实的基础，唐代官学系统达到了相当完备的程度。唐代官学也分为中央官学和地方官学，中央官学按性质又分为三类：专修儒经的学校、学习专门知识的专科学校和各种特殊学校；地方官学有府、州、县设立的儒学和医学。

唐朝中央官学的主干是国子监管辖下的六学二馆。六学是指国子学、太学、四门学、书学、算学和律学。另外，唐还设有崇文馆和弘文馆，二馆是贵族学校，规格高于国子学，但学习的程度却低于太学。唐朝对六学二馆中各类学校的性质、教师和学生的人数、招收对象的资格以及教学内容都做了明确规定。

唐代地方儒学继承隋制，实现州县二级制，州县学生大部分是中小地主子弟和庶民子弟，教师地位和待遇较低，修业年限也没有规定，学习内容与京都儒学相同。地方学校毕业生的出路主要有：凡能通一经者即可毕业求官，或直接参加科举考试，或升入中央四门学。

值得一提的是，唐代教育从中央到地方出现了分科比较细的医学，要比西方早了几百年。

（四）宋元教育制度

宋元官学制度是继承隋唐官学制度发展而来的，属于国子监管理的中央官学有国子学、太学、四门学、辟雍等，属于提举学事司管理的地方官学有府、州、县学和社学。

宋元中央官学有较大的变化。宋代国子学也称国子监，既是教育管理的最高机构，也是当时的最高学府，但作为最高学府则徒具空名。所以，宋代太学成了最重要的高等学校，不仅入学资格放宽，凡八品以下子弟或庶民之俊异者均可成为太学学生，而且还开辟了分校——辟雍，使太学成为宋代兴学育才的重点与核心。太学以学习儒家经典"四书五经"和理学内容为主。

元代中央官学仿宋制，但根据民族划分为不同的学校：汉学国子学是以学习汉儒文化为主的学校，学习内容主要为"四书五经"和《孝经》。蒙古国子学是以学习蒙文儒学为主的学校，学生以蒙古人、色目人为主。这是我国历史上最早、最规范的少数民族学校。

宋代地方官学的发展始于"庆历兴学"，"熙宁兴学"后又有很大发展，形成了三级体系，即路学、府州学、县学。元代按路、府、州、县行政划分，在地方上建立了路学、府学、州学和县学的儒学系统，同时还开办了蒙古字学和社学。元代曾规定，五十家为一社，每社设学校一所，称社学。社学是设在农村地区，利用农闲时间，以农家子弟为对象的初等教育形式。

（五）明清教育制度

明清时期是中国封建社会逐渐走下坡路的时期，也是古代教育逐渐衰败、腐朽，走向没落的时期。

明清官学分为中央官学和地方官学，中央官学分为国子监、宗学和武学，地方官学分为儒学和专门学校，儒学又分为府、州、县学和各部门办的儒学。

明清国子监沿袭前代，又称太学，既是中央教育行政机关，也是全国最高学府。但与宋元不同的是，明清国子监作为高等学府的职能更加突出。明清国子监学生通称监生，国子监教学内容以"四书五经"为主。

明清地方学校按行政区划设立府学、州学、县学，统称儒学。府学设教授，州学设学正，县学设教谕。学生通称生员。同时开办社学，明清社学是设在城镇和乡村地区，以民间子弟为教育对象的一种地方官学。

二、私学

私学是中国古代由著名学者操办或者由民间私人开办的教育形式，其按程度一般分为两级，即相当于大学的经师讲学和相当于中小学的蒙学教育，学生以 15 岁为界限，15 岁以下为蒙学，蒙学校有不同的名称，如书馆、私塾、义学、冬学、社学等；私人所办大学有经馆、书院等名称。

私人讲学之风起于春秋战国时期，盛于两汉，魏晋南北朝时期稍衰，但仍比时兴时废的官学兴旺。隋唐时期，官学繁荣，私学也颇发达，如儒学大师王通、孔颖达、韩愈等都是经师讲学的名家，他们的讲学活动与官学教育促进了唐代文化教育的繁荣。宋代的私人讲学盛过唐代，不仅蒙学教育获得了巨大发展，而且具有大学性质的书院成了当时私学教育的典范，宋元著名理学家都有私人讲学的经历。在整个封建社会，私学一直与官学并举而存，虽因时事多有变化，但私学作为一种重要的教育形式，由于其办学形式不受官府直接领导，因而能以自由讲学、自由择师等独特优势存在，一方面促进了我国古代学术的繁荣，另一方面也为国家培养了众多的人才，为教育的发展积累了许多可资借鉴的经验。

（一）春秋战国私学的形成

春秋战国时期，随着社会生产力的发展，社会内部发生了新的分工，即体力劳动和脑力劳动的进一步分工，产生了单纯的脑力劳动者，生产精神财富。于是就产生了一个新的阶层——士。各诸侯国的执政者从巩固自己统治的需要出发，竞相招贤纳士，于是出现了养士之风，使士成为一种现实上的社会力量。养士使得士的身价很高，不少人以此作为进身之阶——通过读书成为士，然后再学而优则仕。在这样的背景下，私学就应运而生了。

儒家私学的创始人是孔子。孔子弟子3000多人，是当时规模最大的私学。儒家对旧的典章制度和文化知识掌握较多，在教育上持积极态度，他们通过广泛的私学活动，积累了丰富的教育经验，奠定了许多优秀的教育传统。儒家私学在教育实践方面的丰富活动、在教育理论方面的较高造诣，都对中国传统教育产生了巨大影响。春秋后期，先秦诸子私学开始次第崛起，并很快出现了初步繁荣的景象。儒、墨、道、法等诸子百家站在不同的阶级或阶层的立场上，各抒己见，相互辩驳，相互吸收、补充，促使教育思想进一步发展，教育经验进一步丰富，使得这一时期的教育思想呈现出前所未有的广度和深度，构成了中国教育思想史上最为丰富多彩的一页。

私学的地位

孔子讲学图

（二）汉代蒙学教育

在汉代官学体系中，除宫廷学校对皇家子弟进行启蒙教育外，其他学校缺乏初等学校的设置，所以汉代启蒙教育的任务多依靠私学承担。另外，汉代官学中的太学和地方学校接受生源有限，所以私学作为一种重要的补充而得以发展。汉代经师大儒凡得不到从政机会的，一般都从事私人讲学活动，即使从政的也一边做官一边教书，罢官回家后继续聚徒讲学。由于汉代一批学术造诣较深的儒家学者从事私学活动，从而对私学的发展起到了促进作用。

汉代私学按其程度分为书馆和经馆。书馆又称书舍、学馆，是较低程度的私学。经馆是私学的高级形式，又称精舍、精庐。书馆教育一般主要进行识字教育，也传授一些数学常识，在此基础上加深汉字教育，以及进行伦理道德教育。经馆是比书馆高一层次的私学，实际上是一些著名学者聚徒讲学的场所，其程度可与太学相比。

（三）宋元蒙学教育

宋元是我国古代蒙学教育开始获得较大发展的一个重要时期，不仅私人大办蒙学，官府也开始重视除皇家子弟以外的庶族地主子弟的启蒙教育，所以宋代以后，蒙学教育不仅在数量上有很大增长，而且在教学内容、方式方法、教材方面也有很大改革。

宋代以后蒙学教育形式主要有两种：一种是民间私人所办的蒙学，它有不同名称，如"小学""家塾""私塾""蒙馆""义学"等；另一种是官府办设在地方的蒙学，这类蒙学有的还制订了详细的学规和计划，以后逐渐演变为地方官学。蒙学教育的发达，带动了蒙学教材的发展，其中以《三字经》《百家姓》《千字文》流传最广、影响最大。

（四）明清私学

明清私学包括由教师在家设馆授徒的私塾、由官员富商出资聘教师为乡村贫寒子弟授课的义学、富裕人家聘教师上门教授本家子女的专馆。

总之，私学作为官方办学力量的补充，对普及平民教育和开发民智有历史功绩；办学层次较高的私学在教学内容上有一定的独立性，授课较自由，既可不囿于成说，又可开展学术争鸣，教学内容也较官学丰富灵活；学生可以自由择师受业，以接受符合个性需求的教育。

三、书院

书院制度是中国教育特有的教育制度和教育机构，它既是学习的高等学府，又是学术研究机构，在中国古代教育史上占有重要而独特的地位，具有举足轻重的影响。一般认为书院之名起于唐代，书院制度形成于宋代，结束于清王朝，是教育的一种重要组织形式，在政治上和教育上对中国封建社会产生过重要影响。

书院一词最早见于唐代。当时有两种场所被称作书院，一种是由中央设立的主要用作收藏、校刊和整理经籍的地方，如集贤殿书院；另一种是私人读书治学的地方。私人所建书院，如张九宗书院、李宽中秀才书院等，都是读书人自己治学的地方。唐末五代数十年间，"兴干戈，学校废，而礼义衰"，当时的名师大儒学习禅林讲经的做法，利用私人读书治学的地方，或选择山林名胜筑舍聚徒讲学，发展成了正式的书院。

宋朝四海升平，文风渐起，读书人纷纷要求有一块供自己读书之地，而政府尚没有充足的实力兴办学校，也无力顾及教育，书院就在这种背景之下产生了。所以，书院既是教学机构又是学术研究机构，有不同学派的学者莅临讲学，学生也可自由听讲。书院十分注意培养学生的自学能力和学术交流，师生关系融洽，感情深厚。

北宋著名的书院，主要有白鹿洞、石鼓、应天府、岳麓四大书院，另外还有嵩阳书院和茅山书院，合称北宋六大书院。南宋时最著名的有岳麓、白鹿洞、丽泽、象山四大书院。南宋书院和理学家讲学有密切关系。如白鹿洞书院为朱熹讲学之所，岳麓书院为张栻、朱熹讲学之所，丽泽书院是吕祖谦讲学之所，象山书院是陆九渊讲学之所。

元代加强对书院的扶植和对士子的思想控制，书院逐渐官学化。明初书院极不发达，主要是明朝统治者重视官学，读书人也因官学待遇优厚，科举考试前程似锦，书院自然而然就被冷落了。教育空疏，科举腐败，"四书五经"与八股文成为中国教育主流。明末官方四次"禁毁书院"，其中以东林书院被毁最为著名。东林书院

讲令制度

设在江苏无锡，被明朝革职的户部郎中顾宪成与好友一起在此讲学，他们经常"讽议朝政，裁量人物"，抨击当权者，一些不得志的士大夫和官吏与其遥相呼应，形成一股反对朝政的政治势力。以魏忠贤为首的宦官阉党逮捕、屠杀了东林党人，禁毁东林书院。清初国家政局动荡，清朝统治者害怕书院煽动反清复明思想，对书院采取了抑制政策。国家稳定后，政府拨款建立书院，因此，清代书院基本是官办。鸦片战争后，外国资本入侵，破坏了自给自足的自然经济，教育腐败、空疏、无用、无实，书院也基本上名存实亡。

搜集、收藏图书也是书院的一项重要活动内容。书院的藏书既为书院教学和研究准备了充足的资料，又为当地士民、乡绅查阅和咨询提供了方便。不少书院自行将书院主持者或主讲人的讲义和研究成果、书院生徒的听讲笔记、读书日记刊刻成书，既保留了教学科研成果，又扩大了社会影响。

总之，书院曾是千百年前的高等学府与图书馆，它因开放自由的氛围，成为名流学者讲经论道之所，文人学士向往之地。它与官学、私学鼎足并立，共创中国古代教育的新格局；它开启了教学与学术一体化的发展模式，教学之外，学术的积累、研究、创造与传播皆成为分内之事，文化创新变为一种新的传统，体现了与时俱进的精神风貌。

第三节　中国传统教学思想

中国古代教育家们积累和总结了丰富的教学经验，对教学理论、教学原则和方法，以及对教师的要求，提出了许多有价值的思想见解，在今天仍然闪烁着智慧的光芒，富有启迪教育意义，是我国传统教育思想中的精华，也是对世界教育思想宝库的重大贡献。

一、崇尚因材施教，重视启发诱导

因材施教是公认的优秀传统教学思想之一。即根据教学要求，针对教育对象的不同特点，从学生的实际出发进行教育，使学生各尽其才。孔子是最早注意到这一方法并加以实施的教育家。孔子认为学生各有其特点，应该"视其所以，观其所由，察其所安"，意思是，要了解一个人，应看他言行的动机，观察他所走的道路，考察他安心干什么。对于学生不仅要"听其言而观其行"，而且还要"退而省其私"，即考察学生课后私下的言行举止，全面掌握学生的特点和实际情况。从学生的实际出发，进行教育和指导，做到有的放矢，循循善诱，而不是千篇一律地说教。有一次学生子路和冉有同时问孔子："听到道理后是否马上去实行？"孔子回答子路说："你有父兄在前，怎么可以听到就去做呢？"而对冉有则说："听到后应该就去做。"学生公西华不明白这是怎么一回事，就问孔子。孔子解释说："冉有太谨慎，所以要进而加以鼓励；子路急躁好胜，所以要退而制止。"正因如此，孔子培养出来的学生成就也各不相同，这正是孔子平日因材施教的结果。

孟子继承了孔子因材施教的思想，并注意到教学方式的变化。孟子指出："君子之所以教者五：有如时雨化之者，有成德者，有达财者，有答问者，有私淑艾者。此五者，君子之所以教矣。"意思是说，君子教育人的方式有五种：有像及时雨一样滋润化育的，有成全品德的，有培养才能的，有解答疑问的，有以学识风范感化他人使之成为私淑弟子的。这五种，就是君子教育人的方式。这其实是孟子告诉教学者，应该根据学生自身情况的不同，因材施教。后来的教育家如朱熹、王守仁都承继了这一优秀的教学方法。朱熹在《四书集注》中，对孔孟的因材施教思想赞不绝口："圣贤施教，各因其材。"

总之，中国古代教育家认为学生的个性是存在差异的，每个学生的自然禀赋不一样，因此教学方法也应因人而异。他们反对用一个模式去束缚学生，主张通过教育发展每个学生的个性。

中国古代教育家也很重视启发诱导，主张开发每个学生的智力潜能。孔子主张教育学生时，应该做到"不愤不启，不悱不发。举一隅不以三隅反，则不复也"。意思是说，不到他努力想弄明白却不得明白的程度，不要去开导他；不到他心里明白却不能完善表达出来的程度，不要去启发他。如果教给他一个方面，他却不能以此来说明另外三个方面，就不再教他了。孔子并不觉得老师单方面地给学生灌输就能有好的教学效果，关键在于怎样启发学生自己去思考和琢磨。不是让老师替学生举一反三、反复列举，而是启发学生举一反三、触类旁通。要做到这一点，就必须坚持一个原则：不要轻易把答案告诉学生，也不要过多地替学生思考，更不要给学生灌输标准答案。这种教学对后世教育有着深远的影响。《孟子·尽心章句上》曰："君子引而不发，跃如也。中道而立，能者从之。"意思是说，君子拉满了弓却不射出箭，只是跃跃欲试地做示范。君子站立在道的中间，有能力的人便会跟从他学。也就是说，老师如同射手，张满了弓却不发箭，做出跃跃欲试的姿势，以启发和诱导学生，激发学生有进退的学习积极性。

《学记》对孔孟的启发式教学作了进一步发挥："君子之教喻也，道而弗牵，强而弗抑，开而弗达。道而弗牵则和，强而弗抑则易，开而弗达则思。和易以思，可谓善喻矣。"意思是说，优秀的老师要善于启发学生，引导学生而不要牵着学生走，要鼓励学生而不要压抑他们，要指导学生学习门径，而不是代替学生作出结论。这样师生关系才能融洽、亲切，学生学习才会感到容易，学生才会真正开动脑筋思考，做到这些就可以说得上是善于诱导了。这种教学思想注定了双基教学中老师的主导地位和启发性特征。

二、注重温故知新，践行学思并重

古代教育家既重视时习温故，又不忽视探索新知识。《论语》第一句便是"学而时习之，不亦乐乎"。孔子还说"温故而知新，可以为师矣"。宋代朱熹进一步发展了这种思想，认为"故"是"新"的基础，"新"是"故"的发展。"时习"能使其所学融会贯通，转化为技能并应用无穷。温故知新强调学习本身是不断实践的过程，只有反复地学习实践，才能牢固地掌握所学的知识。这种观点在今天仍有启发意义。

学习与思考是学习过程中两个决定性环节。孔子提出学思并重的思想，主张"学而不思则罔，思而不学则殆"。意思是，学习而不知道思考，就会被知识表象所迷惑；只空想而不学习，就会疑惑变得危险。也就是说，一味读书而不思考，就会被书本牵着鼻子走，而失去主见，所谓尽信书不如无书，即指此意。如果一味空想而不去进行实实在在的学习和钻研，则终究是沙上建塔，一无所得。只有把学习和思考结合起来，才能学到切实有用的真知。孔子还说："吾尝终日不食，终夜不寝，以思，无益，不如学也。"意思是，我曾经整天不吃饭，彻夜不睡觉，去左思右想，结果没有什么好处，还不如去学习为好。子夏曰："博学而笃志，切问而近思，仁在其中矣。"意思是，子夏说："博览群书广泛学习，而且能坚定志向，恳切地发问，多考虑当前的事，仁德也就在其中了。"这些都是强调学习与思考相结合的重要性。但学和思不可以偏废，只学不思不行，只思不学也是十分危险的。总之，思与学相结合才能使自己成为有德行、有学问的人。这是孔子教育思想的组成部分。

思孟学派在《中庸》一书中提出了"博学之，审问之，慎思之，明辨之，笃行之"的思想，充分肯定了学、问、思、辨、行相辅相成的关系，发展了孔子的"学思并重"的思想。孟子尤其强调"思"的重要性，甚至说"尽信书不如无书"。朱熹重视读书和思考相结合，他继承孔子的"学而不思则罔，思而不学则殆"学思结合的思想，明确指出"大抵观书须先熟读，使其言皆若出于吾之口。继以精思，使其意皆若出于吾之心，然后可以有得尔"。这就是说读书一定要做到书上说的，就好像出于自己的口，如自己所说。书中的微言大义，亦如自己想的。这是真正地理解，也就是读通了。对此，朱熹又说："读便是学。……学便是读。读了又思，思了又读，自然有意。若读而不思，又不知其意味；思而不读，纵使晓得，终是飘飖不安。一似倩得人来守屋相似，不是自家人，终不属自家使唤。若读得熟，而又思得精，自然心与理一，永远不忘。"要熟读，继要精思，即要使所读之书活起来，还必须发现问题，继而解决问题，这就是有疑和解疑而达到无疑。明末清初的思想家王夫之说："学非有碍于思，而学愈博则思愈远；思正有功于学，而思之困则学必勤。"就是说，学不独不妨碍思考，相反学识广博将有利于思考的深化。思考也有助于学，因为思考时遇到困惑而感到难以深入，就会促使自己进一步勤奋学习。学与思的关系，是互相依赖，互相促进。这些主张都是对学、思辩证关系的精辟总结和深切体验。同时也明确指出，一个人的聪明与坚强是在不断的学思结合的过程中培养出来的，决定的因素是个人顽强的努力而不是他的天资。

三、运用循序渐进，强调由博返约

中国古代教育家普遍重视循序渐进的教学原则。孔子的学生颜渊赞扬孔子"循循然善诱人"，表明孔子善于引导学生由浅入深，有步骤地学习。孟子认为教学是一个自然发展的过程，一方面应自强不息，不可松懈或间断；一方面也不应流于急躁。孟子还以禾苗的自然生长来比喻人受教育的时候，一方面要尽心耕耘，绝不可放任自流，另一方面又切忌拔苗助长，急于求成。荀子也认为，教学一定要遵循一定的计划与步骤，循序渐进。因为知识是一个不断积累的过程，人的道德情操也是不断培养与提高的过程。"积土成山，风雨兴焉；积水成渊，蛟龙生焉；积善成德，而神明自得，圣心备焉。""积"的过程是渐进的过程，教学应根据人的认识规律和知识本身的难易程度、逻辑顺序而逐步深入。朱熹更明确地提出"循序而渐进，熟读而精思"的教学思想。他强调教学要坚持由近及远，由易到难，由浅至深，由具体到抽象，由已知到未知。总之，中国古代的教育家已经认识到，知识的积累，智力的增长，是一个循序渐进的过程，不可能一蹴而就。

由博返约是孔子提出的，出自《论语·雍也篇》："子曰：君子博学于文，约之以礼"，简称由博返约。《孟子·离娄章句下》也说："博学而详说之，将以反说约也。"意思是说，做学问的人从广博出发，继而务精深，最终达到简约。也就是正确处理广博与专精的关系。博是约的基础，在博的基础上求约，即根据一定的原则去归纳、简约或精要各种知识成果，得出简明扼要的结论。这是一种重要的思维方法与学习方法，也是一种教学方法。作为老师，要把一个道理讲清楚明白，如果没有关于这个道理的广博知识并能融会贯通，就很难把这个道理的重点、难点和关键之处向学生讲清楚。

四、重视长善救失，做到教学相长

长善救失的教学思想是《礼记·学记》提出来的。"学者有四失，教者必知之。人之学也，或失则多，或失则寡，或失则易，或失则止。此四者，心之莫同也。知其心，然后能救其失也。教也者，长善而救其失者也。"意思是说，在学习过程中，学生可能有四种过失，当老师的一定要知道。人的学习，可能错在贪多，可能错在求少，可能错在不专注，可能错在不求进取。这四种过失产生的原因，其心理状态是不同的。了解了心理状态，然后才能纠正他们的过失。教育的目的，在于发扬学生的长处，纠正他们的过失。也就是说，老师了解学生的不同心态，然后对症下药，因势利导，既要善于发扬学生的优点，又要善于克服学生的缺点。

《礼记·学记》中还提出了教学相长的思想。"是故学然后知不足，教然后知困。知不足，然后能自反也；知困，然后能自强也，故曰：教学相长也。"意思是说，学了之后才知道自己有不够的地方，教了之后才知道自己有困惑不通的地方。知道自己有不够的地方，然后才能反过来要求自己；知道自己有困惑不通的地方，然后自己才能努力向上。所以说，教和学互相促进。从老师方面说，教的过程也是学的过程，教也要学，教即是学，教与学互相促进，才能提高教的水平。从学生方面说，学生从老师的教学中获得知识，但仍需要自己努力学习，才能有所提高。

韩愈继承与发扬了《礼记·学记》"教学相长"的思想，进而提出了"相互为师"的观点。他一方面肯定教师的主导作用，另一方面又提出了"弟子不必不如师，师不必贤于弟子"的思想。他教人要向有专长的人学习，树立"能者为师"的观念。"教学相长"不仅意味着教与学之间的对立统一关系，而且还意味着老师与学生之间平等的相互促进、相得益彰的关系。

五、突出言传身教，倡导尊师爱生

中国古代教育家根据自己教育实践的经验，对老师提出了多方面的要求，以身作则，言传身教，就是其中重要的一项。

孔子说："其身正，不令而行；其身不正，虽令不从。""不能正其身，如正人何？"这里强调了以身作则、正己正人"身教"的重要意义，他相信这种"无言之教"对学生的影响和教育的威力是巨大的。荀子认为老师必须具备四个条件：一是老师要有尊严，能使人敬服；二是老师要有崇高的威信和丰富的教学经验；三是老师需要具备系统地传授知识的能力；四是了解精微的理论而且能解说清楚。《学记》也对老师提出了严格要求，把高尚的老师品德和学业精进看作教书育人的必要条件，而且要掌握正确的教学方法和原则。

中国古代教育家还提倡学生尊敬老师，老师热爱学生，建立良好的师生关系。孔子热爱学生，关心学生，他与学生建立了深厚的情谊。孔子死后，学生们在孔子墓旁搭起草房，守丧三年，分别时痛哭难舍。子贡不忍离开，独自又住了三年。子贡说："夫子之不可及也，犹天之不可阶而升也。"表达了学生对孔子无限的怀念和敬仰。墨子在教育实践也强调尊师爱生，墨家师生之间能生死相依，患难与共。荀子认为学生对老师不仅有知识学问的承袭关系，而且还担负着超越前人已有智慧、推进学术水平的责任。他以形象的语言说："学不可以已。青，取之于蓝而青于蓝；冰，水为之而寒于水。"这说明学问是没有止境的，"青出于蓝而胜于蓝"是学术发展的规律。宋代也有尊师爱生的典范。程颢和善可亲，学生们和他相处，常感到"如坐春风和气中"。程颐则威严刚毅，有的学生见他瞑目静坐而不敢惊动，立于门内等候至雪深尺余，留下了"程门立雪"的佳话。这都体现了中国古代教育史上尊师爱生的优良传统。

总之，中国古代教育经历了3000多年，塑造了无数中华儿女的灵魂，传承了中华文明的智慧，是中国乃至世界的一份宝贵财富。

【**阅读经典**】

1. 学而不思则罔，思而不学则殆。

——《论语·为政篇》

2. 三人行，必有我师焉。择其善者而从之，其不善者而改之。

——《论语·述而篇》

3. 业精于勤，荒于嬉；行成于思，毁于随。

——韩愈《进学解》

4. 读书有三到，谓心到，眼到，口到。

——朱熹《训学斋规》

5. 读书之法，在循序而渐进，熟读而精思。

——朱熹《读书之要》

6. 玉不琢，不成器；人不学，不知道。

——《礼记》

7. 博学之，审问之，慎思之，明辨之，笃行之。

——《中庸》

8. 非学无以广才，非志无以成学。

——诸葛亮《诫子书》

9. 立身以立学为先，立学以读书为本。

——欧阳修《欧阳文忠公文集》

10. 书犹药也，善读之可以医愚。

——刘向《说苑》

【资源推荐】

1. 《中国古代教育制度史料》，程舜英编著，北京师范大学出版社出版。

2. 《中国古代书院》，王炳照著，商务印书馆出版。

3. 中国古代著名的教科书："四书"（《论语》《孟子》《大学》《中庸》）和"五经"（《周易》《尚书》《诗经》《礼记》《春秋》）。

4. 微视频《中国古代教育真相：真正的因材施教》，徐健顺主讲。

5. 《中国科举制度史》，王凯旋著，北方联合出版传媒（集团）股份有限公司出版。

【课堂检测】

一、单选题

1. 中国古代教育的实质是（　　）。

    A. 儒、释、道三家共融　　　　　B. 儒家

    C. 儒墨两家　　　　　　　　　　D. 儒法两家

2. 中国古代教育虽提倡内外兼修，但始终以礼乐为中心，将（　　）教育放在核心地位。

    A. 礼　　　　　B. 乐　　　　　C. 道德　　　　　D. 书

3. （　　）是儒家最高的道德标准与人生理想，也是儒家教育的首要内容。

    A. 仁　　　　B. 义　　　　C. 礼　　　　D. 知

    E. 信

4. 古代教育的主要教材有（　　）。

    A. 《资治通鉴》　B. "四书五经"　C. 《三字经》　D. 《颜氏家训》

5. （　　）教育是中国古代最重要的教育教学的社会组织形式。

A. 家庭   B. 书院   C. 私学   D. 官学

6. （   ）是中国历史上第一个创办私学的人。

     A. 朱熹   B. 孟子   C. 孔子   D. 墨子

7. "风声雨声读书声，声声入耳；家事国事天下事，事事关心"这副对联出自（   ）。

     A. 白鹿洞书院   B. 岳麓书院   C. 嵩阳书院   D. 东林书院

8. 中国古代在（   ）就已经出现了学校。

     A. 夏朝   B. 商朝   C. 西周   D. 汉朝

9. 极大促进儒学教育发展的是（   ）开科取士制度的实行。

     A. 秦汉   B. 隋唐   C. 宋元   D. 明清

10. 我国由隋代开创直至清末才被废除的通过考试选拔官员的制度是（   ）。

     A. 禅让制   B. 世袭制   C. 科举制   D. 推举制

二、多选题

1. 从西周开始，教育内容逐步丰富为"六艺"，下列属于"六艺"教育内容的是（   ）。

     A. 礼   B. 乐   C. 射   D. 御

     E. 书   F. 画

2. 春秋时期，孔子开创和讲授"六经"，下列属于"六经"的是（   ）。

     A. 《诗》   B. 《书》   C. 《礼》   D. 《易》

     E. 《论语》

3. 古代中国视教育为民族生存的命脉，因而教育体式多样，主要形式有（   ）。

     A. 官学   B. 私学   C. 书院   D. 家庭

4. 被誉为我国古代"四大书院"的是（   ）。

     A. 白鹿洞书院   B. 东林书院   C. 应天书院   D. 岳麓书院

     E. 嵩阳书院

5. 蒙学较著名的通行教材有（   ）。

     A. 《三字经》   B. 《百家姓》   C. 《千字文》   D. 《千家诗》

     E. 《诗经》

6. 家训教育是重要的家庭教育形式，自北齐颜之推撰《颜氏家训》后，家训著作层出不穷，较流行的有（   ）。

     A. 司马光《居家杂议》   B. 朱熹《蒙学须知》

     C. 吕本中《童蒙训》   D. 焦循《里堂家训》

     E. 曾国藩《曾文正公家训》

7. 孔子教育学生的五大规范有恭、宽、（   ）。

     A. 信   B. 敏   C. 惠   D. 讷

8. 以下属于孔子道德教育原则的有（   ）。

    A. 持志养气   B. 立志乐道   C. 克己内省   D. 改过迁善

9. 以下各项中，不是韩愈文章的有（　　　）。

    A.《师说》   B.《劝学》   C.《论衡》   D.《春秋繁露》

10. 以下各项中，属于早期启蒙教育思想一般特征的是（　　　）。

    A. 批评传统   B. 包容广大   C. 崇尚西学   D. 提倡实用

三、判断题

1. 中国古代教育的实质就是儒家教育。（　　）

2. 古人教育的目标是塑造至善的道德人格，力图培养出大批具有理想品德的君子。（　　）

3. 书院在古代是私人或官府设立的聚徒讲学、研究学问的场所。（　　）

4. 书院的活动内容以讲学为主。（　　）

5. 私学教育是中国古代最主要的教育教学的社会组织形式，在研究传授各种知识技能，传播学术文化方面发挥着重要的历史作用，在中国和世界教育史上占有重要地位。（　　）

6. 孔子"里仁为美"和孟母三迁的故事，旨在说明环境教育的重要性。（　　）

7. 古人把立志教育放在人格教育的首位。（　　）

8. 胎教这个词，最早见于《大戴礼记》。（　　）

9. 从夏朝开始，教育的内容逐步丰富为以礼、乐、射、御、书、数的"六艺"教育。（　　）

10. "仁义礼智信"被称为"五常"，是儒家提出的五个伦理原则，是为人处世的价值规范。（　　）

四、思考练习

1. 试述我国官学教育制度的形成与发展。

2. 如何评价我国古代的私学教育制度？

3. 简述中国传统教育思想。

4. 简述明清科举制的程序、内容和方法。

【实践体验】

实践项目一　寻找中国古代教育遗产

实践项目二　"范进中举"讨论会

中国古代科技：历史的杠杆

【导学】

　　科学技术是人类文明的重要组成部分，是支撑文明大厦的主要基干，是推动文明发展的重要动力，古今中外概莫能外。中国有悠久的历史和灿烂的文化，如果说中国古代文明是一棵根深叶茂的参天大树，那么中国古代的科学技术便是缀满枝头的奇花异果，为中国古代文明增添了斑斓的色彩和浓郁的芳香，又为世界科学技术园地增添了盎然生机。中国古代的科学技术，在很长一段时期里都居于世界领先地位，在多个领域都创造了辉煌的历史和卓越的成就，体现了中华文化的博大精深，对人类文明做出了不可磨灭的贡献。中华民族在认识、改造自然的过程中所创造的一切科技成就，都是中华民族生命力、创造力的体现。

【知识储备】

第一节　农业生产

　　中国是世界农业发祥地之一。根据现有的考古发掘证据，中国农业有悠久的历史。自农业产生以来，它始终是中国国民经济中最主要和最重要的生产部门，在几千年的农业生产发展进程中，中华民族积累了丰富的农耕经验，形成了先进的农业生产技术。

　　在母系氏族时期，中国境内居住着众多不同的氏族和部落。《易经》《淮南子》和《史记》等古书中都记述了神农氏发明耒耜和播种五谷的故事。传说黄帝的妻子嫘祖是养蚕的创始者。后稷是周人的祖先、种植农作物的能手，被奉为谷神。黄河流域的原始农业以种植粟为代表，长江流域的则以种植水稻为代表。从河北磁山和河南新郑裴李岗等新石器时代遗址中发掘出的农业工具和谷物遗存向我们证明，中国的农业有着漫长的发展史。

商代甲骨文中，就有许多内容涉及农作物的生长、收成、天气情况、粮食储藏等，还出现了稻、禾、稷、粟、麦等农作物的名称。根据金文、《尚书》、《诗经》等的零星记载，在周代，耕地整治、土壤改良、作物布局、良种选育、农时掌握、除虫除草等农业技术方面都有了初步发展。

春秋战国时期，铁犁和牛耕的出现，以及农田水利事业的发达，标志着中国传统农业时代的真正到来。而铁犁的出现，更使农业生产效率大大提高。在推行铁制农具的基础上，综合应用深耕多锄和多粪肥田等措施，为中国农业的精耕细作传统奠定了基础。

秦汉、魏晋、南北朝时期，政治经济和农业生产重心始终在北方，是北方传统耕作技术形成体系和趋于成熟的时期，北方黄河流域是当时全国农业生产的先进地区。农业生产上，除粮食作物生产外，经济作物生产以及林业、畜牧业、蚕桑业和渔业都获得了长足的进步。西汉中期以后已普遍使用牛耕，并逐步推向全国；传统农具如耦犁、耢、耙、耧车、风扇、转磨、翻车等出现，并出现了"代田法"和"区田法"等特殊的抗旱丰产方法。到魏晋南北朝时期，北方旱地农业精耕细作技术体系已经形成，如在种植制度上形成了丰富多样的轮作倒茬方式；在耕作技术上则以抗旱保墒为中心，形成耕—耙—耢—压—锄相结合的耕作系统；施肥改土更受重视，出现了穗选法和类似现代混合选种法等选种技术，并培育出许多适应不同栽培条件的作物品种。同时，农学著作成就突出，如北魏农学家贾思勰的《齐民要术》。

隋唐、宋元时期，中国农业全面发展，农业生产在技术成熟、品种不断丰富的基础上，主要以扩大规模、提高产量、兴修水利工程为主。同时，农业的发展和全国经济重心逐渐南移。唐代中期南方农业发展迅速。唐代晚期南方水田已普遍使用先进的曲辕犁（也称江东犁），元代又发明了中耕用的耘荡，形成了耕—耙—耖—耘—耥相结合的水田耕作体系；还有秧田移栽、烤田、排灌、水旱轮作稻麦两熟复种制的逐渐普及，以及讲究的积肥和用肥、地方作物品种的大量涌现。以上技术成就标志着南方水田精耕细作技术体系的形成和成熟。这一时期农业发展的另一表现是作物品种非常丰富。棉花已传入长江流域，油料作物更加多样化，种蔗和种茶已发展成农业生产的重要部门，蔬菜和果树种类大大增加，花卉栽培发展很快。另外，畜牧业和渔业发展快速，反映农业成就的农学著作空前增多。唐代农书中，陆羽的《茶经》是中国也是世界上最早的茶叶专著；晚唐韩鄂的《四时纂要》重视对农业生产技术的记述，如对中国最早种茶树、种菌子、养蜂以及多种药用植物栽培等技术的记载；唐末陆龟蒙的《耒耜经》既是中国最早一部专论农具的书，也是首次涉及江南农事的著作；另外，唐代的《司牧安骥集》是中国现存最古老的兽医专著。宋代农书主要有南宋陈旉的《陈旉农书》，是中国现存最早反映江南农业生产的一部典型的地方性农书。元朝统一中国后，农业逐渐恢复和发展，出现了三部著名的农业方面的书籍：《农桑辑要》《王祯农书》和《农桑衣食撮要》（又名《农桑撮要》）。《农桑辑要》是中国现存最早的由国家组织编写的农书。这本书记载了许多珍贵的资料和经验，专门用来指导黄河中下游地区的农业生产。《王祯农书》是元代的第二部重要农书。元代的第三部重要农书是维吾尔族人鲁明善撰写的《农桑衣食撮要》，书中以月份为顺序，记述全年各个时节的农业活动。

明清时期，传统农业技术在全国已得到充分发展。农业的发展大大促进了人口的增长，但由于耕地面积的扩张速度赶不上人口增长的速度，人多地少日益成为全国性的矛盾。为了解决矛盾，当时人们通过开垦新地，引进推广新作物和高产作物，依靠精耕细作传统，提高土地利用率和单位面积产量等方法，促进农业继续发展。明清时期农学著作的种类和数量是历史上最多的，内容的广度和深度也胜过以往。明清时期有两部大型的综合性农书，一部是明末徐光启写的《农政全书》；另一部是《授时通考》，是由清朝乾隆皇帝下令编写的中国古代史上最后一部大型综合性官修农书。

悠久的农业历史积累了丰富的农学和农业技术知识。中国传统农业科技的主要成就很多，在上述简述的基础上，重点介绍以下两个方面。

一、著名的水利工程及水利专著

水是农业的命脉，中国古代很重视水利，因此在这方面有突出的成就。春秋时楚国孙叔敖主持修建了芍陂蓄水灌溉工程，这是中国最早的大型水库。芍陂以历史悠久、规模巨大而闻名于世。芍陂的古老在中国塘堰水利史上首屈一指，它比都江堰、郑国渠还早 350 多年。芍陂巨大的灌溉效益，使春秋时的淮南地区经济迅速发展起来，寿春（今安徽寿县）也因芍陂灌区的经济发展和交通便利而兴盛起来。之后，芍陂在屯田济军、发展地区经济等方面，一直发挥着重大的作用。2600 多年来，芍陂历经沧桑，几度兴衰，至今仍造福于世。芍陂这一古老而巨大的陂塘蓄水工程，在技术成就方面也为人称道。战国时魏国的西门豹主持修建了引漳灌邺工程，开凿渠道 12 条，沟通黄河、淮河和长江三大水系，既便于通航，又利于灌溉。秦国李冰父子率领四川人民修建了著名的都江堰水利工程，不仅解除了岷江水患，还"溉农田万顷"，使蜀地成为沃野千里的"天府之国"。秦国用韩国水工郑国领导修建了郑国渠，灌田 18 万公顷，使关中成为沃野。以上四项工程被称为春秋战国时期的四大水利工程。

从秦至东汉，农田水利有了较大发展，秦始皇时开凿了灵渠，汉武帝时创造了开凿地下水渠的井渠法。东汉王景以疏浚和修堤的方法治理黄河，取得了很好的效果。这时期出现了中国第一部水利通史《史记·河渠书》和专记西汉水利史的《汉书·沟洫志》。魏晋南北朝时期，水利工程逐渐向江淮发展，建有许多塘堰。隋代在原有的汴渠、邗沟的基础上开凿了京杭大运河，它成为当时全国重要的交通干线，也是世界上最长的运河。元代开凿了济州河等运河，水利工程向东南沿海及珠江流域发展。从明清开始，长江的水患日益突出，荆江、岳阳、武昌、九江都是重点防洪地段。这时期出现的水利文献极其丰富，钦定编撰的有《河渠书》，地方性的有

《三吴水利录》《长江图说》等。元明清时期重要的水利文献有元代赡思的《河防通议》、明代谢肇淛的《北河记略》、清代傅泽洪的《行水金鉴》，都是治水经验的总结。它们为战胜旱涝灾害，夺取农业稳产高产创造了条件。

都江堰

二、实用的农业科学技术理论

在以小农经济为主体的古代中国，历代统治者都以"农"为天下之根本。所以，在中国古代科学技术体系中，农业科学技术始终占有最重要的地位，农业科学技术理论也是最丰富的，形成了一个农学文献系统。春秋战国时期甚至出现了农学一派，与儒、道、兵家齐名，在百家中享有一定地位。历朝历代都有人撰写农书，其中包括农业哲学、实用农业等内容。中国古代农业科学技术理论方面，西汉的《氾胜之书》、北魏贾思勰的《齐民要术》、宋代陈旉的《陈旉农书》、元代王祯的《王祯农书》和明代徐光启的《农政全书》被称为中国古代的五大农书。五大农书都注重实用性，各有千秋。

1.《氾胜之书》

氾胜之（生卒年不详），西汉氾水（今山东曹县西北部）人，著名农学家。他所编著的《氾胜之书》，是中国第一部较为完整的农业科学专著。《氾胜之书》成书于西汉年间，《汉书·艺文志》农家类称之《氾胜之十八篇》，也称《氾胜之种植书》或《氾胜之农书》，后通称《氾胜之书》。此书总结了中国古代黄河流域劳动人民的农业生产经验，记述了耕作原则和作物栽培技术，在当时享有很高的声誉，对后世产生了极其深远的影响。现在的《氾胜之书》并非它的全貌。大约在宋朝时这本书已经失传，幸好在宋朝以前有些书中摘引了《氾胜之书》的部分内容，后世便把这些书中摘引的材料提取出来，辑集成书。《氾胜之书》的辑佚本约3500字。

在《氾胜之书》中，第一次记述了穗选技术和种子保藏技术，且论及多种农作物。这些作物的栽培方法，基本上是第一次见于文献记载；在蔬菜栽培方面，第一次记载了瓠的靠接和瓜、薤、小豆之间间作套种的技术；在水稻栽培方面，第一次记载了通过延长或缩短水道来调节稻田水温的技术等；总结了北方特别是关中地区的农业耕作经验，对耕作原则提出了要求。

2. 《齐民要术》

《齐民要术》是中国杰出的农学家贾思勰所著的一部综合性农业著作，是中国现存最早的完整的农书，被誉为"中国古代农业百科全书"。

贾思勰（生卒年不详），北魏青州益都（今山东寿光）人，中国古代杰出的农学家，被尊为"农圣"。所谓"齐民"，即平民；所谓"要术"，即谋生的重要方法。《齐民要术》全书 10 卷 92 篇，约 11 万字。书前有《序》和《杂说》各一篇，主要是论述农业的重要性，说明编书的目的、内容、写作方法和读者对象等，是全书的总纲。以下大体按农、林、牧、渔、副的内容分卷，分篇论述各种作物的栽培、经济林木的生产和野生植物的利用，家畜家禽、鱼、蚕的饲养和疾病防治以及农副产品的加工，甚至还有文具和日用品的生产，反映了当时中国北方的农业生产技术水平。

《齐民要术》的问世，为后世农书树立了典范。其所创立的农学体系，对后世农书的撰写产生了深远影响。此后中国农书多以此为蓝本，直接或间接引用该书的记述，吸取其精华。该书不仅是研究中国古代农业技术史的珍贵文献，而且是从事现代化农业科学研究的参考文献。它的出现标志着中国传统农学已经成熟。

3. 《陈旉农书》

陈旉（1076—1156 年），真州西山人。74 岁时，他写成《陈旉农书》三卷，约 1.2 万字。

《陈旉农书》上卷论述农田经营管理和水稻栽培，是全书重点所在；中卷叙说养牛及牛病防治；下卷阐述栽桑和养蚕。全书以江南泽农种稻、养蚕为主要内容，是私人著作中地区性农书的典型。该书以前的农书，多为北方黄河流域一带的农业经验总结，该书为第一部反映南方水田农事的专著，同时因作者陈旉亲自务农而具有理论和实践性上的特色。书中提出了土壤肥力可以保持旺而不衰的看法，奠定了中国古代"地力常新壮"的理论基础；提出了"用粪得理""用粪如用药"的合理施肥思想，总结了杂肥沤制、饼肥发酵等一系列积制肥料及提高肥效的办法，为中国肥料学的发展做出了重大贡献；全面总结了江南水稻栽培经验，开创了中国培育壮秧、防止烂秧的方法。此外，该书在养牛和蚕桑部分也有详细论述，反映出中国古代农业科学技术到宋代达到了新的水平。

4. 《王祯农书》

王祯（1271—1330 年），字伯善，东平（今山东东平县）人，中国古代农学家、农业机械学家。

《王祯农书》在中国古代农学遗产中占有重要地位，成书于 1313 年。《王祯农书》第一次对所谓的广义的农业生产知识作了较全面系统的论述，提出中国农学的传统体系。全书正文共 37 集，371 目，约 13 万字，分《农桑通诀》《百谷谱》和

《农器图谱》三大部分。王祯在前人的基础上，不仅对宋元以来的农具作了翔实的考证和研究，还对古代已经失传的农具进行考证和研究，复原其本来面目，而且每种农具图下均附有文字说明，讲述农具的结构和用法。这些器具分为20门，作者共收集或创作复原了306件农具图。

《王祯农书》对农器图谱的创造，开创了整体性农书附图的先例，也是记述中国古代农具最完备、最形象的一部农书。后来的《农政全书》《授时通考》等农书中的农器图谱，大多临摹于此。

5.《农政全书》

徐光启（1562—1633年），字子先，号玄扈，上海人，明末杰出的科学家。

《农政全书》成书于明万历年间，基本上囊括了中国古代汉族农业生产和人民生活的各个方面，按内容大致可分为农政措施和农业技术两部分。前者是全书的纲领，后者是实现纲领的技术措施。全书分为12目，共60卷，50余万字，贯穿着一个基本思想，即徐光启的治国治民的农政思想，这也是此书不同于其他大型农书的特色所在。徐光启以屯垦立军、水利兴农、备荒救灾为基本农政，突出开垦、水利工程、备荒三项内容——这也就是农政的含义所在。《农政全书》作为一部明代农业百科全书，"杂采众家，兼出独见"，既集传统农业技术之大成，又总结了明末农业生产的先进经验，还吸收了部分传入中国的西方灌溉技术资料，是中国古代优秀的农学著作。

总之，中国古代农业科学技术是古代劳动人民长期生产斗争的经验累积和智慧结晶。这些经验和智慧通过人们言传身教世代相传，不断进步发展。同时，统治者的重视和采取的重农抑商政策，以及中国人在农耕岁月中形成的浓重的农耕思想，一方面促进了中国古代农业的发展，使中国古代农业长期处于世界领先地位，另一方面也阻碍了古代科技向现代科技转型。

第二节　天文地理

一、天文历法

中国是世界上天文学发展最早的国家之一，在天文观测，星图、星表的测绘，历法的修订，天文测绘仪器的发明与使用，以及对宇宙形成的认识等方面的成就举世瞩目。

1. 天文观测记录

中国是天文观测记录持续时间最长、记录资料最多的国家，其内容之广泛，在世界文明史中实属罕见。

中国古代的天文观察，无论是太阳、月亮，其他行星、彗星、新星、恒星，还是日食和月食、太阳黑子、日珥、流星雨等罕见天象，都有着悠久而丰富的记载。早在 2000 多年前的先秦时期，我们的祖先就已经对各种形态的彗星进行了认真的观测，不仅画出了三尾彗、四尾彗，还似乎窥视到今天用大望远镜也很难见到的彗核，这足以说明中国古代的天文观测是何等的精细入微。《史记·秦始皇本纪》记载的秦始皇七年（前 240 年）的彗星，有学者认为这是世界上对哈雷彗星的最早记录。实际上，中国还有更早的哈雷彗星记录，《淮南子·兵略训》记载，"武王伐纣，东面而迎岁……彗星出而授殷人其柄"，这颗彗星也是哈雷彗星，可靠的史料证实武王伐纣的确切年代应为公元前 1046 年，这就把中国最早记录哈雷彗星的年代往前推了 800 多年。

中国还有最早、最全面的日月食、新星和超新星的记录。《尚书》记载，公元前 2137 年，掌管天文的羲和因喝酒失职没有预测出多年后发生的日食而受到夏王的征伐，这是世界上最早的日食记录。在《春秋》一书中日食记录有 37 次，其中最早的一次是公元前 720 年 2 月 22 日的日全食，比古希腊的记录早 135 年。历史上最早的关于新星的记录，见于公元前 14 世纪殷商时代的甲骨文，从那时到 18 世纪的 3000 年中，中国共记录新星 90 颗，其中超新星 10 颗，这些对于现代天文学研究有重要的参考价值。

2. 历法的编制

历法是人类最古老的文化之一。中国古代天文观测的主要目的在于制定较好的历法，以指导农业生产和国家大事的进行。中国古代历法起源之早、种类之多可算是世界之最。据历史记载，中国早在商代就有了春分、夏至、秋分和冬至，知道一年有 366 日，战国时期有了 24 节气，这在世界天文史上是独一无二的。公元前 5 世纪初，中国已经开始使用"四分历"，即规定一年为 365.25 日，与今天的测得值相差 11 分 14.53 秒，这比古希腊早了 100 多年。南北朝时期的祖冲之改进了观测技术，把一年定为 365.2428 日。

元代的郭守敬（1231—1316 年）用自制的高 4 丈的巨大圭表，证实了太阳的回归年长度为 365.2425 日，这是当时世界上最精确的测量数值。他在前人基础上，运用先进的数学成果，在 1280 年完成了《授时历》，以 365.2425 日为一年，和当今通用的格里高利历法的数值是一样的。欧洲采用这一数值比中国晚了 400 年。明代的邢云路把圭表加高到 6 丈，于 1608 年测得的回归年长度为 365.242190 日，与当今测得的 365.242193 日只相差 0.2592 秒。中国古代对月球的运行情况也有精确观测，具体反映在历法的制定当中。中国实际的历法是阴阳历，即年为阳历，而月为阴历，以月亮的圆缺即月球绕地球一周的时间为一个月。由于月球绕地球的运行周期不等，故而出现了闰月，即有些年份不再是通常的一年 12 个月，而是 13 个月。闰月法至迟出现在商代，因为在甲骨文中早已有闰月的记载。明代，中国历法采用《大统历》，崇祯年间，徐光启督修历法（徐光启去世后由李天经主持），于 1634 年编纂完成《崇祯历法》，共 130 卷。该历法未及领行，明朝便灭亡了。清代对历法的修订一直争论不休，以杨光先为首的保守派极力反对近代天文计算法在中国使用与推广。据统计，中国历史上制定和正式颁布施行的历法有100多种，这在世界上是绝无仅有的。

3. 天文观测仪器

对各种天象进行观测记录，自然离不开观测工具，中国古代天文家经过数千年的不断研究、改进，使中国古代天文仪器的制作达到了相当高的水平。

中国最古老、最简单的天文仪器是土圭，也称圭表，是用来度量日影长短的。它由垂直的表（一般高8尺）和水平的圭组成。圭表的主要功能是测定冬至日所在，进而确定回归年长度。此外，通过观测表影的变化可确定太阳方位和节气。

浑仪是中国古代的一种天文观测仪器，西汉的落下闳改制了浑仪。它在历代都有改进。天体仪，古称浑象，是中国古代一种用于演示天象的仪器。中国古人很早就会制造这种仪器，它可以用来直观、形象地了解日月星辰的相互位置和运动规律，可以说天体仪是现代天球仪的祖先。北京古观象台上安置的天体仪，是中国现存最早的天体仪，制于清康熙年间，重3850千克。东汉的张衡创制了世界上第一架用水利作为动力的天体仪。后来，唐朝的僧一行和梁令瓒、宋代的苏颂和韩公廉等人，把天体仪和自动报时装置结合起来，将其发展为世界上最早的天文钟。张衡发明了最早的地震仪，称为候风地动仪。它有8个方位，每个方位上均有一条口含铜珠的龙，在每条龙的下方都有一只蟾蜍与其对应。任何一个方位如有地震发生，该方向龙口所含铜珠即落入蟾蜍口中，由此便可测出发生地震的方向。当时利用这架仪器成功地测报了西部地区发生的一次地震，引起全国的重视。这比西方国家用仪器记录地震的历史早1000多年。

唐代天文学家李淳风吸取了当时的科学技术成果，改进了浑仪的结构，制造了功能更加完备的浑天黄道仪。

北宋时期，苏颂、张思训等人又设计制造了水运仪象台，可以用来观测日月星辰的位置，自动跟踪天体运转，准确演示天象，并能按照时、刻、辰、更次自动报时。它的发明和使用，充分体现了中国天文学的发展水平以及机械工程制造技术的卓越成就。

元代的郭守敬先后创制和改进了10多种天文仪器，如简仪、仰仪等。简仪的结构和使用都比浑仪简单，而且使用简仪观察天象，除北极星附近以外，整个天空一览无余，故称简仪。简仪是中国首先发明的赤道装置，要比欧洲人使用赤道装置早500年左右，是当时世界上最先进的天文测量仪器。仰仪是一种天文观测仪器，主体是一个直径约3米的铜质半球面，像一口仰放着的大锅，因而得名。仰仪是采用直接投影方法的观测仪器，观测天象非常直观、方便，很受古代天文工作者喜爱。

二、地理学方面

中国古代在地理学研究方面产生了一些颇有价值的著作。

1.《山海经》

《山海经》是中国古代的地理学名著，共18篇，作者不详。内容主要为民间流传的地理知识、远古神话传说等，对研究古代历史、民族、地理、物产、文化、医药、中外交通、民俗等有重要的参考价值。晋代郭璞曾为《山海经》作注。

2. 班固与《汉书·地理志》

班固是东汉著名的史学家、文学家，他的著作《汉书·地理志》是中国第一部以"地理"命名的著作，也是历代记述疆域政区的书籍的始祖。该书叙述了汉以前的地理沿革，按经济和风俗特点区分地域，写了各个地域的范围、历史、地理、民生和风俗，以及中外交通和交流的情况。这是一部史料价值很高的古代地理文献，是中国地理学史上一部划时代的代表作。

3. 裴秀与《禹贡地域图》

裴秀（224—271年），字季彦，河东闻喜（今山西闻喜）人，魏晋时期著名的地理学家。中国地理学历史悠久，春秋战国时期，便有了一部专门介绍地理知识的专著《禹贡》。魏晋时期，由于年代久远、朝代更替，《禹贡》中所记载的山川地名均有所变更。裴秀详细考证了古今地名、山川形势和疆域沿革，在《禹贡》的基础上结合当时晋朝十六州的地图集，重新绘制了《禹贡地域图》18篇。该书采用科学的方法绘制而成，是当时最完备、最精详的地图。裴秀提出的"制图六体"理论，在系统总结前人丰富的绘图经验的同时，提供了一套完整的规范，为后世的地图绘制打下了坚实的基础，是世界上最早的地图纲要。

4. 裴矩与《西域图记》

《西域图记》三卷由隋朝裴矩于605年前后著，是中国古代有关中西交通的重要文献。裴矩曾于隋大业初年在张掖掌管互市，他通过查找文献资料及对西域商人的采访，搜集西域各国的山川、风物、姓氏、民俗等资料编成此书。此书记载准确翔实，并绘有地图，成为后世编写《隋书·西域传》的重要参考资料。但今原著已佚，只留裴矩的自序收于《隋书·裴矩传》中。

5. 郦道元与《水经注》

郦道元是北魏著名的地理学家，他曾在各地"访渎搜渠"，详细考察水道变迁和城邑兴废等地理现象，在《水经》（中国第一部记述水系的专著）的基础上，撰写出《水经注》40卷。该书记载大小水道1000多条，一一穷其渊源，详细记述了所经地区的地形地貌、城邑沿革和相关历史事件、神话传说，是中国历史上空前全面、系统的综合性地理著作。此外，《水经注》文采斐然，具有较高的文学价值。

6. 朱思本与《舆地图》

朱思本的《舆地图》是元代地理学上的一项重大成就。朱思本是江西临川人，他曾奉诏代皇帝祭祀名山河海，得以旅行各地。他利用当时保存的图籍，并依据实地调查研究，前后花了10年时间，编绘成一幅《舆地图》。尽管他的地图仍采用计里开方的方法绘制，但精确度远远高于以往的地图。图中还反映出当时河源探测的最新成就，表明当时的河源探测技术已达到较高水平。朱思本还编写过一部80卷本的《九域志》，今佚。

7. 徐霞客与《徐霞客游记》

徐霞客（1586—1641年），名弘祖，字振之，号霞客，南直隶江阴（今属江苏）人。徐霞客是中国古代伟大的旅行家。他幼年好学，尤其喜欢阅读图经地志。

他目睹明末的政治黑暗，不愿做官，专心旅行，足迹遍及中国大江南北。在旅途中，徐霞客把自己的所见所闻以日记的形式记录下来。他详细记录了水文、地质、植物等，并较早记述了石灰岩地貌，为研究西南边区地理提供了不少珍贵的资料。徐霞客死后，季梦良、王忠纫将他的游记编次成书，后有散佚，世传本有 10 卷、12 卷、20 卷等数种。《徐霞客游记》开中国地理学界系统观察自然、描述自然的先河，记述精详，文笔生动，同时也是一部难得的游记作品。

第三节　数学成就

中国古代数学成就辉煌，既有系统的理论又有丰硕的成果，直到 16 世纪，许多数学分支在国际上都处于领先地位。中国是名副其实的数学强国。

一、算筹与算盘

算筹是中国古代劳动人民发明的一种简单的计算工具。古时所用的算筹实际上是一根根长短、粗细相同的小棍子，270 多根为一束。用算筹记数的方法如下：个位用纵式，十位用横式，百位再用纵式，千位再用横式，万位再用纵式……如此从右到左，纵横相间，就能够将任意一个自然数表示出来了。后来，中国人在长期使用算筹的基础上发明了算盘。算盘是一个长方形木框，里面排列着一根根小木棒，中间一根横梁把小木棒分成两段，每根小木棒上段有 2 颗算珠，每颗算珠代表一个"5"，下段有 5 颗算珠，每颗算珠代表一个"1"，运算时只需按照一定的规则从右往左进位便能得到结果。算盘的出现，是计算器历史上的一个改革，在电子计算器流行的今天，它仍然有着特有的优势和作用。

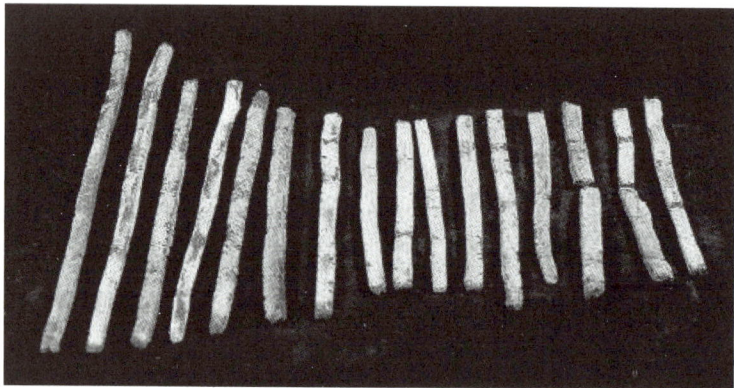

算筹

二、《周髀算经》与勾股定理

《周髀算经》原名《周髀》，唐初被定为国子监明算科的教材之一，故改名《周髀算经》。此书约成书于公元前 1 世纪，是中国现存最早的一部数学著作，同时也是一部天文学著作。在数学方面，书中记述了复杂的分数算法和开平方法，还应用勾股定理求日高，是中国最早应用勾股定理的著作，但是书中没有对勾股定理进行证明。对勾股定理的证明在三国东吴人赵爽的《周髀注》一书的《勾股圆方图注》中才给出。《周髀算经》还先后传入日本和朝鲜，有很多翻刻注释本流传于世。

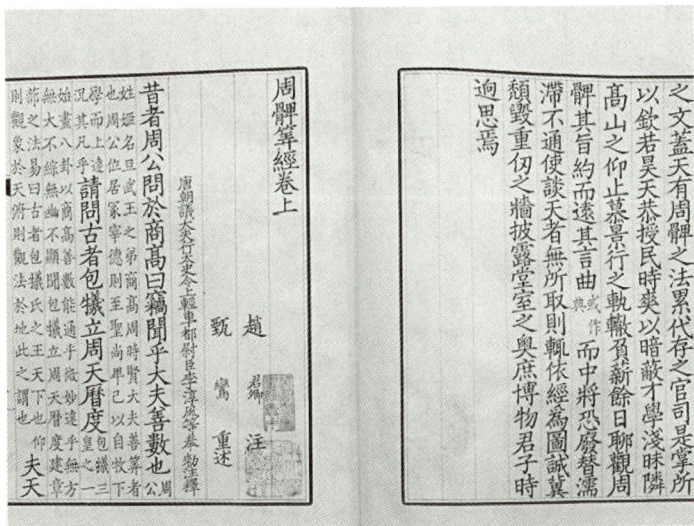

《周髀算经》中关于勾股定理的记载

三、《九章算术》

《九章算术》是中国古代最著名的数学专著之一，在"算经十书"中占有重要地位。该书内容详尽丰富，对战国、秦、汉时期的数学成就做了系统的总结。《九章算术》最早提到分数，并首次记录了盈不足等问题，其中的"方程"章阐述了负数及其加减运算法则，在世界数学史上堪称首例。《九章算术》在编撰时经过多次增补，所以其成书时间已无从考究，但最晚不超过公元 1 世纪。《九章算术》的出现标志着中国古代数学已形成了完整的体系，在中国数学史上具有里程碑式的意义。它对中国后世数学的发展一直有很大的影响，曾经被历代规定作为进行数学教育的教科书。它还流传到朝鲜和日本，对古代朝鲜和日本的数学的发展有很大的影响。作为世界古典科学名著，它已经被译成俄文、德文、日文等文字，受到世界各国的重视。

四、祖冲之和圆周率

祖冲之是南北朝时杰出的科学家，在数学、天文学和机械制造等领域均有很高成就，对圆周率的研究在数学史上具有深远影响。祖冲之在刘徽等人研究的基础上，继续深入研究，计算1000多次，推算出圆周率在3.1415926至3.1415927之间，成为世界上最早将圆周率精确到小数点后7位的人。他还用两个分数形式表示了圆周率的近似值，约率22/7和密率355/113。他算出的密率为世界上第一个最精确的圆周率，被日本数学家命名为"祖率"，领先欧洲1000多年。

五、十进位值制记数法

中国古代数学以计算见长，其中十进位值制记数法在数学发展中所起的作用和显示出的优越性，在世界数学史上是值得称道的。古代世界各国曾经有十、十二、二十、六十等多种进位制，现在统一使用十进位值制。十进位值制是人类文明史上最伟大、最重要的发明之一，在世界数学史上具有极其重要的地位。中国是世界上最早采用十进位值制的国家，殷商甲骨文中已经用一、二、三、四、五、六、七、八、九、十和百、千、万等字的合文来记数，最大的记数有二万多，记录了战争中歼敌、俘虏人数及牛羊头数。后来发展成筹算和珠算的十进位值制，是关于记数和计算的革命性发明，一直沿用至今。

六、数学家杨辉

杨辉（生卒年不详）是南宋著名数学家，字谦光，钱塘（今浙江杭州）人。南宋时期，商品经济发展迅速，对实用算术的需求增大。杨辉将主要精力集中于计算数学方面，他发明的杨辉算法如"乘除捷法"等，具有很高的实用价值。杨辉著有《详解九章算法》《日用算法》《乘除通变本末》《田亩比类乘除捷法》《续古摘奇算法》等著作。这些著作保存了中国古代数学的珍贵资料，也为改进和发展古代计算技术做出了卓越贡献。

七、数学家李善兰

李善兰（1811—1882年），又名心兰，字壬叔，号秋纫，清代浙江海宁人，是当时最为著名的数学家之一。

李善兰从小就对数学有着浓厚的兴趣，元代著名数学家李冶撰写的《测圆海镜》对他影响较深。他长期潜心研究数学，随着时日的积淀，造诣日深。道光年间，他撰写的数学专著《麟德术解》《弧矢启秘》《对数探源》《方圆阐幽》及《四元解》等陆续问世，李善兰从此声名大噪。1852—1859年，他与英国汉学家伟烈亚力合译了多部关于西方数学及自然科学的书籍，如著名的欧几里得《几何原本》的后九卷、《重学》、《谈天》、《代微积拾级》等，将西方数学与自然科学思想带入中国，极大地推进了中国近代数学及其他学科的发展。

《则古昔斋算学》汇集了李善兰的主要著述。书中已初具微积分思想，深入探讨了尖锥求级术，对高阶等差级数求和、三角函数与对数的幂级数展开式等题解进行了全面研究，充分体现了当时较高的传统数学水平。

除了以上数学成就外，有许多定理或解法如毕氏定理、高次方程和高次方程组的数值解法等都是中国人首先得出的。中国古代数学的杰出成就向来为中外数学史家称道。

第四节　冶炼和纺织技术

中国古代科学技术中，除农学、天文学、地理学和数学等有辉煌成就外，在冶炼和纺织技术方面也取得了极其辉煌的成绩。

一、冶炼技术

1. 青铜冶铸技术

青铜是红铜与锡的合金，其色青灰。它的熔点低于红铜，而硬度却高于红铜。中国古代青铜器的形成和发展经历了一个漫长的时期。现代已知中国最早的青铜器是甘肃东乡马家窑文化遗址出土的铜刀，距今约 4800 年，经检验，铜刀是用锡青铜铸成的。青铜的发现是人类文明史上的重大事件，由于其克服了纯铜的柔软弱点，且具有熔点低、铸造性能好等优点，逐渐成为古代铜器制作中的主要原料品种，并促进了车船制造、雕刻、金属加工等技术和农业、军事及经济社会的发展。青铜器的应用，代表了当时的科技水平和文化艺术水平，成为青铜器时代的鲜明标志。根据考古发现与文献记载，中国古代制造青铜器主要分为采冶与铸造两个大的工艺过程，而铸造有块范法和失蜡法两种基本方法，此外还有分铸法、焊接法等工艺。最初出现的青铜器是小型工具或饰物。夏代始有青铜容器和兵器。商朝的建立，使得青铜工业得到迅速发展。商中期，青铜器品种已很丰富，并出现了铭文和精细的花纹。发展到商晚期，青铜器纹饰更为精致和繁复，一些超大型的青铜器问世。代表作是 1939 年在河南安阳出土的商晚期最大的青铜器后母戊鼎，通高 133 厘米，长 166 厘米，重 875 千克，器形凝重，纹样精美，集中表现了殷商青铜铸业的生产能力和技术水平，具有重要的历史价值。商晚期至西周早期，是青铜器发展的鼎盛时期，器形多种多样、浑厚凝重，铭文逐渐加长，花纹繁褥富丽。随后，青铜器胎体开始变薄，纹饰逐渐简化。春秋晚期至战国，由于铁器的推广使用，铜制工具越来越少。秦汉时期随着铸铁技术的发明和铁器的推广使用，在兵器、工具等方面，铁器已占据主导地位，而陶瓷器皿在生活用品中占据主要地位，青铜器开始淡出历史舞台。

2. 古代铸铁技术

中国早在春秋时期就发明了铸铁技术。战国中期以后，铁器逐步取代铜、木、石、蚌器，成为主要的生产工具。对铁器的大量需求，促成了铁范（铸铁金属型）

的发明。1953 年河北兴隆燕国冶铸遗址出土的铁范，曾用来铸造铁斧、锄、镰和车具，表明铸铁技术在战国时期已达到较高水平。秦汉时期，冶铁业有一个很大的发展。汉武帝实行盐铁官营，在全国设立 49 处铁官，促进了铸铁技术的推广和进步。汉代已有炉膛容积达 40～50 立方米的炼铁炉，使用人力、畜力和水力鼓风。铸铁热处理技术在此期间有明显的进步，对封建社会前期生产力的发展起了重要作用。铸铁在封建社会后期仍广泛用于制作农具（如犁和犁镜）、煮盐用的牢盆、铁炮和艺术铸件等。10 世纪已能铸造重达 50 吨的特大型铁铸件（如河北沧州铁狮子）。五代以后，铁建筑物增加，如湖北当阳的北宋铁塔。唐宋时期南方冶铁生产发展迅速，湖北、湖南、广东、福建等地的铁都以质地良好著称。广东佛山成为著名的冶铸中心，所产铁锅远销东南亚。铸铁技术中的球墨铸铁技术不仅在铁的冶炼技术方面有重大意义，而且对机械制造业也有重大的推进作用。球墨铸铁技术就是将存在于铁内的片状石墨变成球状，以提高铸铁的机械性能。从出土文物分析，最迟在汉魏时期，中国铁匠已初步掌握了球墨铸铁技术，而西方直到 20 世纪中前期才发明了该项技术。

3. 古代铸钢技术

灌钢法是古代中国劳动人民发明的一种先进炼钢工艺，也是中国早期炼钢技术一项最突出的成就。在 1740 年坩埚制钢法发明之前，世界上最先进的制钢技术是中国古代创造的灌钢冶炼法。灌钢，又称团钢，由北齐著名冶金家綦母怀文发明，是将生铁和熟铁一起加热，让先熔化的生铁液灌入疏松的熟铁空隙中，使熟铁增加碳分变成钢材。灌钢法的发明和推广，对于增加钢的产量，改善兵器、农具和手工工具的质量，都有重大的意义。隋唐时期，这种方法受到了冶炼家的垂青；而到了宋代，灌钢法流行于全国，并有所创新和完善，成为当时的主要炼钢方法。在沈括的《梦溪笔谈》中，除了记有当时的冶炼方法外，还首次提到"灌钢"一词。到了明代，灌钢冶炼技术又有了很大程度的发展。著名科学家宋应星在他所著的《天工开物》一书中，详细记述了当时的灌钢工艺。明中期以后，灌钢法更进一步发展为苏钢法。这些先进的科学技术成果，都是中国古代劳动人民的智慧结晶，使中国古代的炼钢技术长期居于世界领先地位。

《梦溪笔谈》和《天工开物》

《天工开物》中关于灌钢工艺的插图

二、纺织技术

中国古代的纺织与印染技术具有悠久的历史，早在原始社会时期，古人为了适应气候的变化，已懂得就地取材，以自然资源作为纺织和印染的原料，并制造简单的纺织工具。中国机具纺织起源于新石器时期的纺轮和腰机。西周时期具有传统性能的简单机械缫车、纺车、织机相继出现，汉代广泛使用提花机、斜织机，唐代以后中国纺织机械日趋完善。宋代的缂丝是闻名中外的传世珍品。元朝时期，棉纺织业大放异彩，当时棉纺织业的中心是松江（今上海松江区）乌泥泾，这里也是元初棉纺织革新家黄道婆的故乡。黄道婆早年流落海南岛，从黎族妇女那里学得了先进的棉纺织技术，1295 年前后，黄道婆返回松江，把纺棉技术带回故里，同时带回了她改进的棉纺织工具。比如原来纺纱用单锭纺车，她改为三锭纺车；原来弹花用小竹弓和手指，她改进为大弓椎击法；在织染方面，她通过错纱、配色、综线等方法，织出了各种美丽的图案。这些改进，适应了当时棉纺织业发展的需要，推动了松江一带棉纺织业的发展。

三锭纺车

第五节 中国古代四大发明

四大发明是中国古代创造力的突出表现，也是中国古代科技成果的杰出代表，它改变了世界文明的进程，影响深远。

一、指南针

指南针是利用磁铁在地球磁场中的南北指极性制成的一种指向仪器。它虽然产生于宋代，但其前身司南早在战国时就已经出现。司南的形状像一只勺子，用磁石做成，放在一个四方形的盘子中间。这个四方形的盘子上刻有24个方位。把勺子放在四方形的盘子中间，勺柄就会指向南方，方位也就可以确定了。

在宋代以前，中国的对外活动基本通过陆路进行。对于陆路旅行，太阳和地面的各种标记物使人不易迷失方向，所以指示方向的仪器的重要性就没有凸现出来，也没有什么大的发展。同时，用天然磁石做成的司南不够灵敏，不容易指出准确的方向。北宋初期，人们发明了人工磁化法，即用天然磁石摩擦钢针制成磁针。用这种磁针制成的仪器就被正式叫作指南针。指南针的制作方法各种各样，有的把磁针浮在水上，有的把磁针放在碗沿，有的把磁针放在指甲上，有的把磁针用线悬在空中。但较为精确的指南针是把磁针装在刻有方位的罗盘上，所以，这种指南针又称罗盘。

李约瑟在《中国科学技术史》中说，指南针预告了航海时代的来临，指南针的应用使人类获得了全天候航行的能力，人类第一次得到了在茫茫大海上航行的自由。大约在12世纪末13世纪初，指南针由海路传入阿拉伯，再由阿拉伯传入欧洲。从此，人们陆续开辟了许多新航线，缩短了航程，加速了航运的发展，促进了各国人民的文化交流与贸易往来。指南针的发明和应用，大大促进了航海事业的发展，为人类社会的发展做出了重大贡献。

司南

二、造纸术

在纸出现前，世界各文明古国用来书写、记载文字的工具都是非常原始的材料。古埃及人使用纸草，古希腊人使用羊皮，古巴比伦人使用泥板，古印度人使用树叶，我国古人则是用龟甲、兽骨、金石、竹简、木牍以及纤绵等材料书写文字、记事的。随着社会经济和文化的发展，社会迫切需要一种轻便、便宜、便于书写的工具，这就促使了书写工具的改革。

造纸术发明于西汉。自 1933 年在新疆罗布泊发现西汉古纸，1957 年在西安灞桥，1973 年在甘肃居延，1978 年在陕西扶风又先后发现了西汉古纸。这些古纸向人们表明，至迟在公元前 2 世纪时的西汉初年，纸已在中国问世。最初的纸是用麻皮纤维或麻类织物制成的，由于造纸术尚处于初期阶段，工艺简陋，所造出的纸张质地粗糙，夹带较多未松散开的纤维束，表面不平滑，不适宜用于书写，一般只用于包装。

东汉和帝时的宦官蔡伦是造纸史上做出过杰出贡献的技术发明家。他对造纸技术进行了重大的改进，于元兴元年（105 年）造出了优质的纸张，开创了纸作为书写材料的新纪元。

蔡伦的贡献

造纸术发明以后，工艺不断完善和成熟，纸就成了重要的书写材料，有力地促进了中国科学文化的传播和发展。到了魏晋南北朝时期，中国造纸术不断革新。在原料方面，除原有的麻皮、楮皮外，又扩展到桑皮、藤皮。6 世纪的贾思勰在《齐民要术》中专门记载了造纸原料楮皮的处理和染黄纸的技术。南唐五代时期，除麻皮纸、楮皮纸、桑皮纸、藤皮纸外，在中国还出现了檀皮纸、瑞香皮纸、稻麦秆纸和新式的竹纸。在南方产竹地区，竹材资源丰富，因此竹纸得到迅速发展。宋元和明清时期楮皮纸、桑皮纸等皮纸和竹纸特别盛行，消耗量也特别大。这时候加工纸品种繁多，纸的用途日广，如用于书画、印刷和日用。中国还最先在世界上发行纸币。这种纸币在宋代称作交子，元明后继续发行，后来世界各国也相继发行了纸币。明清时期用于室内装饰用的壁纸、纸花、剪纸等也很美观，行销国内外。各种彩色的蜡笺、冷金、泥金、罗纹、泥金银加绘、砑花纸等，多为封建统治阶级所享用，造价很高，质量也在一般用纸之上。

造纸术在中国由发明而发展，遍及全国，到 7 世纪初期（隋末唐初）开始东传至朝鲜、日本；8 世纪以后又先后传入阿拉伯、印度、意大利、俄国、荷兰、加拿大等。它的发明与传播极大地推动了世界科技与经济的发展，在人类文明史上具有划时代的伟大意义。

天水放马滩墓出土的西汉时期的麻纸

三、印刷术

印刷术是中国古代又一伟大发明，它的发明对文化、教育、科技的宣传普及，对行政公文的颁布与发送，有不可估量的意义。在印刷术发明之前，人们在进行文化学习时首先要互相传抄教材，这样做费时费力，而且容易出错。为了提高效率，避免抄错，汉灵帝刘宏的大臣蔡邕受图章的启发，把文章刻在石板上，再涂上墨，然后用纸拓印成书，这是最早的印刷术。但是，拓印有很大的局限性，不仅费时费力，且难于存放保管。隋唐时期，随着社会、经济、文化的迅猛发展，人们对印刷品的需求越来越大，石板拓印根本无法满足社会的需求。另外，科举考试已制度化，社会对书籍的需求非常大。唐朝时，雕版印刷术应运而生。把文字刻在木板上较之刻在石板上容易得多，储存和印刷也很方便，缓和了当时社会上的印刷品供需矛盾。

在唐代的基础上，宋代的雕版印刷术更加发达，达到鼎盛。宋代刻工技术优良，印刷品的纸墨考究，装潢精美，后世藏书家对宋版书十分珍视。但这种印刷方法仍然费工费时，大部分书往往要花几年时间才能完工；存放版片要占用大量地方；印量少又不重印的书，版片印完后便成废物，对人力、物力和时间都造成了浪费。宋仁宗庆历年间，毕昇发明了活字印刷术，从根本上解决了雕版印刷的缺点。毕昇活字印刷术的基本原理与 20 世纪盛行的铅字排印方法完全相同。它较之雕版印刷既能节省费用，又能缩短印刷时间，非常经济方便。这项发明在中国乃至世界印刷技术史上是一个伟大的创举，影响十分深远。毕昇因此被尊称为活字印刷的鼻祖。毕昇之后，后人继承他的创造，又发明了木活字、金属活字。16 世纪初，出现了铅活字。

四、火药

火药是中国古代化学史上的重大科学成果。从认识火药的原料和特性到逐步掌握火药的制造技术，经历了一个很长的过程。这期间，古代的炼丹家起到了非常大的作用。古代火药的主要原料是硝石、硫黄和木炭。炼丹家在炼丹过程中，逐渐发现点燃硝石、硫黄、木炭的混合物就会发生剧烈的燃烧甚至爆炸，为了防止发生意外，他们发明了许多控制这些药物的方法，如伏火法——唐代孙思邈的《丹经》中就记录了这种方法。可见至迟到唐代，中国人已掌握了火药的制造技术。北宋时期，火药开始应用于军事，出现了火药武器，如火箭、火球等。1044 年，曾公亮编著《武经总要》一书，书中所载的火药配方和后世的黑火药配方已相当接近。后来又出现了铜或铁制的筒式火炮等。火药应用于军事，是武器发展史上的一次革命，揭开了古代兵器史的新篇章。

1225—1248 年，火药制造技术经印度传入阿拉伯，后又传入欧洲，但英、法等国到 14 世纪中期才逐渐掌握了火药制造技术。因为制造火药的主要原料硝石洁白如雪，所以火药被阿拉伯人称为"中国雪"和"中国盐"。火药传到欧洲后被各国用来制造武器，引起了武器制造业和战略战术上的一系列重要变化，对欧洲社会经济领域也产生了重要影响。

中国的四大发明是中国古代先民为世界留下的一串光耀的足迹，为人类文明的进步做出了巨大贡献。

总之，中国古代科技在多个领域历史辉煌，成就卓越，都是中国人民用智慧、勤劳进行艰苦奋斗的结果，是中华民族生命力和创造力的生动体现。

【阅读经典】

1. 凡耕之本，在于趣时和土，务粪泽，早锄早获。春冻解，地气始通，土一和解。

——氾胜之《氾胜之书》

2. 精卫衔微木，将以填沧海。

——陶渊明《读〈山海经〉·其十》

3. 春冬之时，则素湍绿潭，回清倒影，绝巘多生怪柏，悬泉瀑布，飞漱其间，清荣峻茂，良多趣味。

——郦道元《水经注》

4. 力能胜贫，谨能胜祸，盖言勤力可以不贫，谨身可以避祸。

——贾思勰《齐民要术》

5. 我之所欲者，与之，聚之；我之所不欲者，勿施之也。

——沈括《长兴集》

6. 农，天下之大命也。"一夫不耕，或受之饥；一女不织，或授之寒"。古先圣哲敬民事也，首重农。

——王祯《王祯农书》

7. 黄金美者，其值去黑铁一万六千倍，然使釜鬻、斤、斧不呈效于日用之间，即得黄金，值高而无民耳。

——宋应星《天工开物》

8. 约而能周，通而不黩。

——刘徽《九章算术注》

9. 用古之词章，配今之腔调，使人易晓而悟乐之理，如此其妙也。

——朱载堉《灵星小舞谱》

【资源推荐】

1. 纪录片《真相》第一集《古法造纸》，中央电视台制作。

2. 《中国古天文仪器史（彩图本）》，潘鼐主编，山西教育出版社出版。

3. 纪录片《科学启示录》第一集《15世纪戏剧性的一幕》，由中国科学技术协会和17创意机构联合制作。

4. 大型公益纪录片《海上丝绸之路》，由丝绸之路公益基金影视中心制作。

5. 《中国科学技术史》，李约瑟著，科学出版社、上海古籍出版社出版。

【课堂检测】

一、单选题

1. 以青铜农具为代表的工具出现的时期是（　　）。

   A. 西汉　　　　　　B. 秦国　　　　　　C. 东汉　　　　　　D. 夏、商、周

2. 中国现存最早的农书是（　　）。

   A. 《氾胜之书》　B. 《齐民要术》　C. 《王祯农书》　D. 《农政全书》

3. 总结江南水田耕作的一部综合性小型农书是（　　）。

   A. 《农政全书》　B. 《齐民要术》　C. 《陈旉农书》　D. 《上农》

4. 第一次把圆周率的数值计算到小数点后第 7 位的是（　　）。

   A. 祖冲之　　　　　B. 刘徽　　　　　　C. 贾思勰　　　　　D. 郦道元

5. 世界上公认最早的地震仪器——地动仪的发明者是（　　）。

   A. 鲁班　　　　　　B. 张衡　　　　　　C. 僧一行　　　　　D. 郭守敬

6. 中国现存最早的数学著作是（　　）。

   A. 《九章算术》　B. 《周髀算经》　C. 《缀术》　　　D. "算经十书"

7. 《大衍历》的作者是（　　）。

   A. 郭守敬　　　　　B. 僧一行　　　　　C. 沈括　　　　　　D. 李时珍

8. 《水经注》是中国一部（　　）。

   A. 医学著作　　　B. 地理著作　　　C. 佛经著作　　　D. 水利工程著作

9. 世界上最早的指向仪器是（　　）。

   A. 司南　　　　　　B. 司北　　　　　　C. 指南　　　　　　D. 指北

10. 中国现存的第一部完整的农学著作是（　　）。

    A. 《齐民要术》　B. 《天工开物》　C. 《神农本草经》　D. 《九章算术》

二、多选题

1. （　　）时期的政治经济和农业生产重心始终在北方。

   A. 秦汉　　　　　　B. 魏晋　　　　　　C. 南北朝　　　　　D. 隋唐

2. 原始社会氏族公社末期广泛使用（　　）。

   A. 骨器　　　　　　B. 角器　　　　　　C. 蚌器　　　　　　D. 木器

3. 汉代从西域引入（　　）等作物。

   A. 葡萄　　　　　　B. 苜蓿　　　　　　C. 胡麻　　　　　　D. 亚麻

4. 元代三大农书是（　　）。

   A. 《农桑辑要》　　　　　　　　　B. 《王祯农书》

   C. 《农桑衣食撮要》　　　　　　　D. 《齐民要术》

5. 江南经济开发是中国古代经济的一个重要增长点。下列各项与江南经济持续开发相关的是（　　）。

   A. 东汉末年以来北方人口南迁

    B. 北魏孝文帝改革促进了江南经济的发展

    C. 隋朝大运河的开凿

    D. 南宋时流传着"苏湖熟，天下足"的谚语

6. 下面有关中国古代棉纺织业的表述正确的是（   ）。

    A. 南宋时期棉纺织业成为农村主要副业

    B. 黄道婆向黎族人民学习棉纺织技术

    C. 明朝时棉布成为广大人民的主要衣料

    D. 明朝时松江是棉纺织业中心

7. 明清时期"闭关锁国"和"重农抑商"政策所起的相似作用在于（   ）。

    A. 阻碍了工商业的发展

    B. 延续了自然经济的瓦解过程

    C. 延续了汉唐以来对外交往的局面

    D. 阻碍了资本主义萌芽的发展

8. 下列有关中国古代科技的表述准确的是（   ）。

    A. 《九章算术》的出现标志着中国古代数学形成了完整体系

    B. 《齐民要术》是中国现存的第一部完整的农书

    C. 《授时历》比现行公历颁行早了300年

    D. 《天工开物》最早介绍了欧洲先进的水利技术和工具

9. 中国在汉朝时主要是向外传播生产工具和先进的手工艺品，唐朝时向外传播的是政治制度、思想、文学艺术等，北宋及以后向外传播的主要是以四大发明为代表的科学技术，这说明了（   ）。

    A. 汉朝时中国以铁器为代表的生产力水平居世界前列

    B. 唐朝是中国封建社会的繁荣时期，封建中央集权制显示出了巨大的优越性

    C. 唐朝时各国普遍认同中国的儒家思想

    D. 四大发明对整个世界的发展起了重要作用

10. 以下关于四大发明的表述，不正确的是（   ）。

    A. 西汉时期蔡伦改进了造纸术

    B. 唐朝时主要的火药武器有火箭和突火枪

    C. 隋唐时期已经有了活字印刷的书籍

    D. 北宋时指南针用于航海事业

三、判断题

1. 《齐民要术》是中国现存最早、最好、最完整、最系统的一部大型农书。

（   ）

2. 成书于1149年的《陈旉农书》是总结江南水田耕作的一部综合性小型农书。

（   ）

3. 明末徐光启的《农政全书》已开始吸收介绍西方科学。（   ）

4.《数书九章》是对《九章算术》的继承和发展，概括了宋元时期中国传统数学的主要成就，标志着中国古代数学的高峰。　　　　　　　　（　　　）

5.《徐霞客游记》是中国地理学著作中的集大成者。　　　　　　（　　　）

6.《石氏星经》中已有恒星测定记录，是世界上最早的恒星表。　（　　　）

7. 中国现存最早的数学著作是《周髀算经》。　　　　　　　　（　　　）

8. 中国是最早利用指南针指引航海的国家。　　　　　　　　　（　　　）

9. 由北宋沈括潜心编撰的科学巨著《梦溪笔谈》，是一部百科全书式的宏伟杰作，被英国科学家李约瑟赞誉为中国科学史的里程碑。　　　　　　（　　　）

10. 火药、指南针、造纸术和活字印刷术四大发明是中国古代最具有代表性的科技成就。　　　　　　　　　　　　　　　　　　　　　　　　（　　　）

四、思考练习

1. 中国古代"四大农书"指什么？

2. 在古代农学中，中国农业有哪些方面是世界之最？

3. 养蚕织丝是中国古代妇女的主要生产活动。试从学过的文学作品中查找相应的句子来说明。

4. 查阅中国地图和世界地图，说出古代东西方文明交往的陆上通道"丝绸之路"经过中国哪些省份和国家及东西方文化交流的情况。

【实践体验】

实践项目一　"科技兴则民族兴，科技强则国家强"专题讨论会

实践项目二　走近中国航天事业的摇篮——酒泉卫星发射中心

专题六 ▍中医：守护中国人生命的东方智慧

【导学】

中医不仅是一种医学技术，更是一种哲学，一种深深根植于数千年中华民族日常生活中的文化。作为其精髓的中医学源远流长，是在中国古代朴素的唯物论和辩证法思想影响和指导下，通过长期的医疗实践，不断积累，反复总结而逐渐形成的具有独特风格的传统医学科学，是中国人民长期同疾病作斗争的极为丰富的经验总结，凝聚着中华民族的智慧。它历史地凝结和反映了中华民族在特定发展阶段的观念形态，蕴含着中华传统文化的丰富内涵，为中华民族的繁衍昌盛做出了巨大贡献，是中国和世界科学史上一颗罕见的明珠。

【知识储备】

第一节　中医概述

一、何为中医

中医是相对于西方医学而言的。中国人对中医有不同的称谓，每个名字背后都是一个有趣的故事。

1. 岐黄

岐黄源自《黄帝内经》。《黄帝内经》是托名黄帝与岐伯以对话方式讨论医学的一部著作，后人称《黄帝内经》中的医学为岐黄之术。因为《黄帝内经》是中国早期的医学经典，所以岐黄就成了中医的代名词。

2. 青囊

因三国时期名医华佗的医学著作《青囊书》而得名。据传，三国时曹操疑心华佗要谋害自己，下令杀华佗。华佗临死前，为报答狱卒的照料之恩，穷毕生所学著成《青囊书》，赠给狱史。后来，人们就用青囊称呼中医。

3. 杏林

这个名字源于一个故事。传说三国时吴国隐居在江西庐山的名医董奉，为人看病不收钱财，只要求被治愈者在他屋后种杏树，重者五株，轻者一株。因他医术远近闻名，附近百姓都来找他看病。没几年，董奉的屋后就变成了一望无际的杏林。从此，人们也称中医为杏林。

4. 悬壶

这个名字的来历颇具神奇色彩。传说东汉河南汝南有一个叫费长房的人，是个管市场的官吏。他在市场巡逻时，常常看到一个老者用长杆挑壶行医。每到散集时，老者就跳到壶里消失不见了。为弄清真相，费长房设酒款待老者。后来他随老者同入壶中，发现壶里居然别有天地，于是拜老者为师，学习道术。数年后，他学成出山，从此悬壶行医。从那之后，悬壶就成了中医的标志。

5. 橘井

传说西汉道士苏耽，事母至孝，成仙之前告诉母亲将有瘟疫流行，用井中泉水泡橘叶可以治病。第二年过年疫病暴发，他母亲用这个办法医治了无数病人。为了纪念他的功德，后人就用橘井泉香来称赞中医。

6. 中医

鸦片战争前后，英国东印度公司的西医为了区别中西医学，给中国医学起名为中医。1936 年，南京国民政府制定了《中医条例》，正式以法律形式将中国医学命名为中医。

二、中医学理论体系

中医是一种文化，在帮助人们保持身体康健的同时，还助其修身养性，进一步达到如同在《黄帝内经》中所提出的四种典范人物，即真人、至人、圣人、贤人的境界。

（一）中医学与中医学理论体系

中医学是中国古人用智慧、哲学思想研究人体生理、病理、疾病的诊断与防治，以及养生康复的科学，兼具人文科学色彩。把中医学的基本概念、原理，以及按照中医学逻辑演绎程序从基本原理推导出来的科学结论，以中国古代朴素的唯物论和辩证法思想，即气一元论和阴阳、五行学说为哲学基础，以整体观念为指导思想，以脏腑经络的生理和病理为核心，以辨证论治为诊疗特点构建起来的非常独特的医学理论体系称为中医学理论体系。

（二）中医学理论体系形成的标志

中医学理论体系形成的标志是《黄帝内经》和《伤寒杂病论》的问世。《黄帝内经》总结了春秋战国以前的医疗成就和治疗经验，确定了中医学的理论原则，系统地阐述了生理、病理、经络、解剖、诊断、治疗、预防等问题，建立了独特的理论体系，成为中医学发展的基础和理论源泉。东汉末年张仲景的《伤寒杂病论》是中医学基本理论和辨证论治的奠基之作。二者与《神农本草经》《难经》一起，被历代医家奉为经典，由此确立了中医学独特的理论体系，给后世医学的发展带来了深远影响。

三、中医学理论体系的基本内容

（一）中医学的哲学基础

中医学吸取气、阴阳、五行、形神、天人关系等重要的哲学概念和学说，阐明医学中的问题，使之成为中医学的重要概念和理论。气在中国哲学史上是一个很重要的范畴，在中医学的学术思想中占有特别重要的地位，是中医学的哲学和医学理论的基石。阴阳学说是中国古代朴素的对立统一理论，五行学说是中国古代朴素的普通系统论。中医学运用阴阳五行学说，从系统的整体观点观察事物，认为任何一个（类）事物的内部都包含着具有木、火、土、金、水五种功能属性的成分或因素，且这五个方面按照一定规律相互联系，形成这一事物的整体功能结构。五行结构系统，通过与反馈机制相似的"生胜乘侮"关系，保持系统的稳定性和动态平衡，从而论证了人体局部与局部、局部与整体之间的有机联系，以及人与环境的统一，即人体是一个统一体的整体观念。

把哲学理论与医学理论熔铸成一个不可分割的有机整体，体现了中国古代东方的特殊思维方式。中国古代哲学为中医学理论的形成和发展奠定了世界观和方法论基础，中医学理论的形成和发展又丰富和发展了中国古代哲学，二者相辅相成，相得益彰。

（二）脏象经络

脏象、气血精津液、体质、经络等学说是中医学关于正常生命现象的理论知识。

1. 脏象学说

脏象学说是中医学理论体系的核心，是研究人脏腑的活动规律及相互关系的学说。它认为人体是以肝、心、脾、肺、肾五脏为中心，以胆、胃、小肠、大肠、膀胱、三焦六腑相配合，以气、血、精、津液为物质基础，通过经络使内而脏腑、外而五官九窍、四肢百骸，构成一个有机的整体，并与外界环境相统一。它是中华民族劳动人们和医学家，通过长期对人类生命活动的观察研究和防病治病的实践，并以阴阳五行理论为指导，逐步形成和发展起来的学说，对中医诊治与预防疾病、养生与康复有重要的指导意义。中医脏腑概念虽然包含着解剖学成分，但主要是一个标示各种整体功能联系的符号系统，是人体整体的功能模型，主要是阐述其生理功能和病理现象，因而不能与现代解剖学的同名脏器完全等同。

2. 气血精津液学说

气、血、精、津液既是脏腑功能活动的物质基础，又是脏腑功能活动的产物，气血精津液学说主要探讨生命的物质组成以及生命活动的物质基础。泛言之，气血精津液学说应包含于脏象学说之中。

3. 体质学说

体质学说是研究人类的体质特征、类型和变化规律，以及与疾病的发生、发展关系的学说。体质是人体在遗传性和获得性基础上表现出来的功能和形态上的相对稳定的固有特征，与健康和疾病有着密切关系。

4. 经络学说

经络学说是研究人体经络系统的组成、循行分布及其生理功能、病理变化以及指导临床治疗的理论。经络是人体运行气血的通道，纵横交贯，网络全身，将人体内外、脏腑、肢节连成一个有机的整体。

脏象学说、气血精津液学说、体质学说和经络学说相互包容渗透，互为补充，形成了中医学对生命规律独特精辟的认识。

（三）病因病机

病因病机学说是中医学关于疾病的理论知识，包括病因、发病与病机等内容。

1. 病因学说

病因学说是研究各种致病因素的性质和致病特点的学说。中医学认为，疾病的发生是致病因素作用于人体后，正常生理活动遭到破坏，导致脏腑经络、阴阳气血失调。病因可分为六淫（风、寒、暑、湿、燥、火）、疫疠、七情（喜、怒、忧、思、悲、恐、惊）、饮食失宜、劳逸失当、外伤、胎传等。中医学对病因的认识，是通过对患者的症状、体征进行分析推求而得来的，并能为治疗用药提供依据，这种方法称为审证求因或辨证求因。按照症状、体征、症候来建立病因概念，是中医学确认病因的特殊标准和主要特点。

2. 病机学说

病机学说是研究疾病发生、发展和演变机理的学说。其内容包括发病机理、病变机理和病程演化机理三部分。发病机理是研究人体疾病发生的一般规律的学说。中医学认为，疾病的发生关系到正气和邪气两个方面，即"正气存内，邪不可干"，"邪之所凑，其气必虚"。病变机理简称病机、病理，是研究人体病理变化规律的学说，包括邪正盛衰、阴阳失调、气血精津液失常以及脏腑经络失常等病理变化的一般规律。病程演化机理是研究疾病发生、发展和结局的一般规律的学说，包括病位转变、病理转化、疾病转归与复发等。

（四）诊法辨证

诊法是指望、闻、问、切四种诊察疾病的方法，简称四诊。望诊是对患者的神色、形态、五官、舌象以及排出物等进行有目的的观察，以了解病情，测知脏腑病变。闻诊是从患者语言、呼吸等声音以及由患者体内排出的气味辨别内在的病情。

问诊是通过对患者及知情者的询问，以了解患者平时的健康状态、发病原因、病情经过和患者的自觉症状等。切诊是诊察病人的脉象和身体其他部位，以测知体内变化的情况。在四诊之中，以望神、望面色、舌诊、问诊、脉诊为要。四诊各有其特定的诊察内容，不能互相取代，必须四诊合参，才能系统而全面地获得临床资料，为辨证提供可靠依据。

辨证即分析、辨识疾病的症候，即以脏腑、经络、病因、病机等基础理论为依据，对四诊所收集的症状、体征，以及其他临床资料进行分析、综合，辨清疾病的原因、性质、部位，以及邪正之间的关系，进而概括、判断为何种症候，为论治提供依据。

（五）预防治则

1. 预防

中医讲究"上医治未病"，即预防。预防是采取一定的措施，防止疾病的发生与发展。采取积极的预防或治疗手段，防止疾病的发生和发展，即"治未病"，是中医治疗学的一个基本原则。治未病包括未病先防和既病防变两个方面。

未病先防，即在疾病发生之前，做好各种预防工作，以防止疾病的发生。要防病必先强身，欲强身必重养生。养生是根据生命发展的规律，采取能够保养身体、减少疾病、增进健康、延年益寿的手段所进行的保健活动。中医把精、气、神作为人身三宝，视为养生的核心，强调养生之道必须法于阴阳和于术数、形神并养、协调阴阳、谨慎起居和调脏腑、动静适宜、养气保精、综合调养。

既病防变，指一旦发病，当注意早期诊断和早期治疗。早期诊断以防止疾病由轻浅而危笃。早期治疗则可截断病邪传变途径，先安未受邪之地，以防止疾病传变。早期诊断、早期治疗，是既病防变的关键，一方面可控制病邪蔓延，另一方面又可避免正气过度损耗，易于治疗和恢复健康。

2. 治则

治则即治疗疾病的法则或原则，是治疗疾病的观念和确定治法的原则，对临床立法、处方具有普遍指导意义。治病求本、知常达变、因势利导和以平为期是中医治疗疾病的基本观念。而正治反治、治标治本、燮理阴阳、调和气血、调理脏腑、形神兼顾、病证相参、因异制宜等则是中医治疗疾病的基本原则。治法是在治则指导下所确定的具体治疗措施，治则指导治法，而治法体现治则。

理、法、方、药是中医学关于诊断与治疗操作规范的四大要素。辨证论治是理、法、方、药运用于临床的过程，为中医学术的基本特色。所谓"理"，指根据中医学理论对病变机理作出准确的解释；所谓"法"，指针对病变机理所确定的相应的治则治法；所谓"方"，是根据治则治法选择最恰当的代表方剂或其他治疗措施；所谓"药"，指对方剂中药物"君臣佐使"的配伍及剂量的最佳选择。辨证是论治的前提，论治是在辨证基础上拟定出治疗措施，辨证与论治在诊治疾病的过程中，相互联系，密不可分，是理、法、方、药在临床上的具体应用。

（六）康复

康复，又称平复、康健，是指改善或恢复人体脏腑组织的生理功能，即采用各种措施对先天或后天各种因素造成的脏腑组织功能衰退或功能障碍进行医疗，从而使其生理功能得以改善或恢复。康复不仅是身体的复健，而且更重要的是心神的康复，故中医学认为康复是身心的康复。中医学康复的基本观点为整体康复、辨证康复和功能康复。根据天人相应，人与自然、社会相统一的观点，通过顺应自然，适应社会，整体调治，达到人体形神统一。整体康复的思想，称为整体康复观。辨证康复是辨证论治在康复中的具体体现。根据辨证的结果，确定相应的康复原则，并选择适当的康复方法，促进患者康复的思想，称为辨证康复观。根据中医学的恒动观，注重功能训练、运动形体训练，促进气血流通，以恢复患者脏腑生理功能和生活、工作能力的思想，称为功能康复观。

预防、治疗和康复是中医学同疾病作斗争的三种不同而又密不可分的理论和方法，对临床医疗实践和保障人们的健康长寿具有重要意义。

四、中医学理论体系的基本特点

（一）整体观念

在古代哲学"天人合一"观的指导下，中医的整体思想是关于人体自身以及人与环境之间的完整性、统一性和联系性的认识。中医整体观念认为，人体表面与内部、结构和功能密不可分，人体生老病死无不与大自然息息相关。

1. 人体整体联系的统一性

（1）在结构上人体是一个以心为主宰，五脏为中心的有机整体。人体是由肝、心、脾、肺、肾五脏，胆、胃、小肠、大肠、三焦、膀胱六腑，筋、脉、肉、皮毛、骨五体，以及目、口、鼻、耳、前阴和肛门等九窍共同组成的。其中每一个组成部分都是一个独立的器官，都有其独特的功能。所有的器官都是通过全身经络互相联系起来的，而且有其独特的规律。每一个系统，皆以脏为统领，故五大系统以五脏为中心。五脏之中又以心为最高统帅。因此，在整个人体中，心对人的生命活动起着主宰作用。每一脏器都是人体有机整体中的一个组成部分，都不可能脱离整体而独立存在；同时人体每一处局部也都包含着全局信息。

（2）在生理功能上，每个脏腑既有各自的功能，又在整体活动中分工合作。脏腑之间，既有协同作用，又有相反相成，各脏腑之间通过五行相生、相克的关系互为因果，维系着功能上的动态平衡。在病理变化时，往往通过经络联系，发生母病及子、相乘相侮的负面影响。

（3）在诊治疾病上，以整体观念为指导，通过审视五官、形体、舌脉、外在症状和体征，就能推知体内脏腑的病变进而确定治法。不能以偏概全，盲人摸象。在治疗时要全面考虑，统筹兼顾，务必辨证求因，治病求本。

2. 人与外界环境的统一性

（1）人与自然环境的统一性。人生活于天地之间、六合之中、自然环境之内，是整个物质世界的一部分，人和自然是一个整体。故当自然环境发生变化时，人体也会随之发生变化，人与天地相应。季节、地理、水土、风雨、雷电等，对人也对万事万物产生不可抗拒的影响。保护环境，维护人与自然的和谐，远离人工环境，适应自然，归于自然，达到"天人合一"的状态是中医养生学的最高境界。

（2）人与社会环境的统一性。人是社会最基本的元素之一，正常人不能逃避社会、脱离社会而存在。社会政治与经济、物质、精神生活营造人的生存环境，诸如婚姻、家庭环境，职业、教育、兴趣和爱好，特别是世界观、人生观、价值观都会对一个人的身心健康产生积极或消极的影响。社会角色、地位的不同，以及社会环境的变动，不仅影响人的身心机能，而且疾病的构成也不尽相同。

（二）恒动观念

运动是物质的存在形式及其固有属性。中医学认为，气具有运动的属性，气不是僵死不变的，而是充满活力生机的，因此，由气所形成的整个自然界在不停地运动、变化着。自然界一切事物的变化，都根源于天地之气的升降作用。气是构成人体和维持人体生命活动的最基本物质，所以人体也是一个具有能动作用的机体，人类的生命具有恒动的特性。

（三）辨证论治观念

辨证论治是辨证和论治的合称，是中医学的整体观、运动观和辩证观的具体体现，既是中医学认识疾病和治疗疾病的基本原则，又是诊断和防治疾病的基本方法，是中医学术特点的集中表现。

1. 症、证、病的含义及关系

任何疾病的发生、发展，总是通过一定的症状、体征等疾病现象表现出来。症状是疾病的个别表面现象，是病人主观感觉到的异常或某些病态改变，如头痛、发热、咳嗽、恶心、呕吐等。能被觉察到的客观表现称为体征，如舌苔、脉象等。

证，又称症候，是中医学的特有概念，是中医学认识和治疗疾病的核心。其临床表现是机体在致病因素的作用下，机体与周围环境之间以及机体内部各系统之间相互关系紊乱的综合表现，是一组特定的具有内在联系的全面揭示疾病本质的症状和体征。其本质是对疾病处于某一阶段的各种临床表现，结合环境等因素进行分析、归纳和综合，从而对疾病的致病因素、病变部位、疾病的性质和发展趋势，以及机体的抗病反应能力等所做的病理概括。它标志着机体对病因的整体反应状态，抗病、调控的反应状态。

病，又称疾病，是在病因的作用下，机体邪正交争、阴阳失调出现的具有一定发展规律的演变过程，具体表现出若干特定的症状和各阶段的相应症候。病是由证体现出来的，反映了病理变化的全过程和发生、发展、变化的基本规律。

症、证、病三者均统一在人体病理变化的基础之上；症只是疾病的个别表面现象，证则反映了疾病某个阶段的本质变化，它将症状与疾病联系起来，从而揭示了症与病之间的内在关系，而病则反映了病理变化的全过程。

2. 辨证和论治的含义及相互关系

所谓辨证，就是将望、闻、问、切四诊所收集的资料、症状和体征，通过分析、综合，辨清疾病的原因、性质、部位，以及邪正之间的关系，概括、判断为某种性质的症候。辨证的关键是辨，辨证的过程是对疾病的病理变化作出正确、全面判断的过程，即从感性认识上升为理性认识，分析并找出病变的主要矛盾。

所谓论治，又称施治，就是根据辨证的结果，确定相应的治疗原则和方法，也是研究和实施治疗的过程。合而言之，辨证论治是在中医学理论指导下，对四诊所获得的资料进行分析综合，概括判断出症候，并以证为据确立治疗原则和方法，付诸实施的过程。辨证是决定治疗的前提和依据，论治是治疗疾病的手段和方法。通过论治可以检验辨证正确与否。辨证论治的过程，就是认识疾病和解决疾病的过程。辨证和论治，是诊治疾病过程中相互联系不可分割的两个方面，是理论和实践相结合的体现，是理、法、方、药在临床上的具体运用，是指导中医临床工作的基本原则。

中医学在辨证过程中所取得的四诊资料，是靠感官直接观察而获得的，人们感觉器官直接观察的局限性决定了望、闻、问、切四诊资料的局限性。因此，辨证既要基于感官直接观察，从宏观、整体上把握疾病的现象，又要不囿于感官的直接观察，应用各种科学方法和手段去获取感官直接观察难以取得的资料，使观察更科学、更全面，把辨证的水平提到一个新的高度，这也是中医学现代化的一项重要任务。

第二节　中医学的发展历史

一、发展历史

中国是医术最早的发祥地之一，也是医学理论形成最早的国家之一，有文字可考的医学史达 5000 年之久。一脉相承、绵延数千年的中医药文化及文明，是世界医学史上罕见的。中国古代医学书籍数量之大、名医人数之多，在同时期的世界范围内实属罕见。

1. 萌芽期

神农氏是传说中的上古帝王，当时很多人因生病或者中毒而死亡。神农氏为解救部族，下决心尝遍百草，观察植物在肚子里的变化，判断哪些无毒、哪些有毒，以定药性，为人们解除病痛，最后也因遍尝百草而死。

其实，"神农尝百草"的故事未必是真实的。早在远古时代，我们的祖先在艰难的生存过程中，就逐渐掌握了一些缓解和救治病痛的办法。日久天长，这些经验不断被积累下来，就成为中医的雏形。后人在追溯中医历史时，惊诧于中医的神奇，认为是古代圣贤发明了这种神奇的医术，于是就把中医的发明归到了神农氏的身上。其实，中医的发明和中药的定性，不可能是一人数年之力就能完成的，其中必然有不计其数的先人为此付出心血和牺牲。神农氏就是这些先人的化身。他牺牲自己、救死扶伤的伟大精神，成为中医行业共同追求的最高职业道德。

夏商西周时期，医学还没有成为独立的门类，在人们的心目中，医学和巫术是一样的。这种观念一直影响了后代很长时间，从卜筮史料中就发现了大量有关医药卫生的内容。这些材料说明，中医学在当时已经有了雏形。

2. 成形期

春秋战国时期，学术界百家争鸣、百花齐放，宗教的地位不再像以前那么神圣，医学与巫术开始分离。在当时的人们看来，医学比巫术更科学、更实用，也更有根据。后来，医学终于取代巫术，占据了医疗卫生事业的主导地位。春秋战国时期是中医理论逐步成形的阶段。这时候出现了两部巨著，一部是托名黄帝的《黄帝内经》，另一部是托名扁鹊的《难经》。这两部巨著是中医学最早的经典。这个时候，临床医学的分科已经初见端倪，开始变得越来越专业化。这方面最有名的医生莫过于扁鹊。他精通内、外、妇、儿各科，会使用针灸、按摩、热敷等多种方法治病，被人们尊称为"医祖"。

3. 发展期

秦汉时期，国家统一，交通日趋便利，中原与边疆少数民族地区、中国与外国的交流空前频繁。来自偏邦异域的稀有药材如龙眼、犀角、麝香等源源不断进入中原，甚至西域的珍贵药材也通过丝绸之路运到中国。中医学尤其是药物学有了很大发展。《神农本草经》就是这时候出现的药物学专著。

东汉末年，战乱不断，瘟疫流行。一些有技术、有良知的医生把自己毕生的精力都投入在医学事业中，立志解除百姓疾苦。在他们的努力下，以伤寒、杂病和外科为最突出的临床医学，达到了前所未有的水平。这是中国医学发展史上的第一次高峰。这时候，出现了一批像"医圣"张仲景这样的名医，他们在继承前人的基础上，通过总结自己的临床经验，写出了像《伤寒杂病论》那样被称为"万方之祖"的医书，为中国医学做出了杰出的贡献。

三国两晋南北朝时期，国家分裂，地方割据，战乱频繁，死于战乱疫病的人不计其数。华佗、董奉、葛洪这些名医应时而生。华佗的《青囊书》（已散失）、葛洪的《肘后备急方》等书都是这时候的医学名著。晋王叔和著《脉经》，丰富了脉学的基本知识和理论。皇甫谧的《针灸甲乙经》则是一部针灸学专著。这时期医学家们的研究，主要针对社会混乱造成的疫病。因此，这时期医学在脉学、针灸学、药物方剂、伤科、养生保健等方面取得了一系列成绩，为其全面发展积累了经验。

到了隋唐，医学家们在各自的研究领域获得了更为丰硕的成果，这是中国医学发展史上的第二次高峰。优秀代表是"药王"孙思邈。他的《千金方》是集唐之前方书之大成的巨著。还有隋代大业年间的太医巢元方，医术高明，编写了一部《诸病源候论》，它是我国医学史上第一部系统总结疾病病因、病理、症候的专著，对隋以后两代医学的发展产生了巨大的影响。其中对肠吻合术、拔牙、人工流产等外科手术方法的记载，在当时都是世界最先进的。

两宋是中医药学发展的重要时期。宋代政府对医学特别重视，设立太医局作为培养中医人才的最高机构。除培养人才外，还组织人员编纂方书，设立校正医书局，铸造针灸铜人；改革医学教育，设立惠民局和剂局、安剂坊、养济院、福田院等，有力地促进了医学的进步。宋代医学典型代表是著名的针灸铜人。王惟一穷毕生所学，撰写了《铜人腧穴针灸图经》，主持铸造针灸铜人。针灸铜人用青铜铸造，与真人一般大小，连各种器官和体表所刻穴位经络的比例都一致。铜人可以拆卸，打开外壳后，可以看见腹内铸有五脏六腑。铜人体表的穴位都是镂空的，表面塞有黄蜡，铜人体内储有水。针灸的时候，如果扎对了穴位，就会蜡破水出；如果扎不对，水就流不出来。医官院把它拿来作教学实践和考试之用，这就使教学更为标准化、形象化。这两具铜人，代表了当时医学的最高成就，被世人看作无价之宝。

金元时期是北方少数民族与汉族文化大融合的时期，各族医学的交融为多源一体化的中国传统医学注入了新的活力。金元四大家对中医学理论的发展做出了重要的贡献。刘完素以火热立论，力倡"六气皆从火化"，"五志过极皆能生火"，用药多用寒凉，被称为"寒凉派"。刘氏之火热理论，促进了温病学说的发展，对温病学说的形成有深刻的影响。张从正传河间之学，认为病由邪生，攻邪已病，主张"邪去则正安"，用汗、吐、下三法以攻邪，被称为"攻下派"。他不仅对疾病的机理进行了深入的探讨，而且扩大了汗、吐、下三法的应用范围，对中医治疗学的发展做出了重要贡献。李东垣提出了"内伤脾胃，百病由生"的内伤学说，治疗重在升补脾阳，被称为"补土派"。朱丹溪重视相火妄动，耗伤真阴，提出"阳常有余，阴常不足"之论，治病以滋阴、降火为主，被称为"养阴派"。金元四大家各具特色，各有创见，均从不同角度丰富和发展了中医学，促进了中医学理论和临床实践的发展。

明代到清代前中期，既是对中国古代中医学进行总结的时期，也是对中医学进行普及、升华与发展革新的时期。这一时期出现了李时珍、吴有性、王清任等医学大家，所著的《本草纲目》《医林改错》等医书总结了古代中医学的精华，并对古人著作中很多错误的地方进行了改正。这个时期的中医，在探索传染病病因、创造人痘接种预防天花、中药学研究等方面，逐渐进入新的层次，中外医学的交流范围已达亚、欧、非许多国家和地区，中学输出、西学东渐，使中外医学文化在交流接触中互惠互益。

在中医学术发展史上，这一时期温补学派颇为盛行，其中薛立斋、孙一奎、赵献可、张景岳、李中梓等大抵俱重视脾肾，善于温补。温病学派的出现，标志着中医学术发展又取得了突出的成就。吴又可创立了传染病病因学"戾气学说"的新概念，提出了治疗传染病的较完整的学术见解，著成《温疫论》，为温病学说的形成奠定了基础。叶天士《温热论》，首创卫气营血辨证；吴鞠通《温病条辨》，创三焦辨证；薛生白《湿热病篇》，指出"湿热之病，不独与伤寒不同，且与温病大异"；王孟英《温热经纬》"以轩岐仲景之文为经，叶薛诸家之辨为纬"。这些温病学家大胆地突破了"温病不越伤寒"的传统观念，创立了一套以卫气营血、三焦为核心的比较完整的温病辨证论治的理论和方法，使温病学在症因脉治方面形成了完整的理论体系。温病学说和伤寒学说相辅相成，成为中医治疗外感热病的两大学说，在治疗急性热病方面做出了巨大的贡献。

4. 危机期

明末西医开始流入中国，由一股弱小的新生力量迅速走向壮大，但到鸦片战争前西医还没有体现出能够独立对抗中医的技术优势。中国医学界以开明的学术思想，积极吸纳借鉴西医先进的医学成果。1894 年甲午战争之前，尽管中西医之间也有摩擦和冲突，但规模、范围、影响都不大。甲午战争后，随着建医院、办医校、译医书等活动的蓬勃开展，西医已悄然确立了在中国的地位，不断挤占中医的生存空间，中医真切地感受到了危机。这种危机一方面来自医学界自身，另一方面来自进步的知识分子严复、梁启超、章太炎等人的批判，废止中医的呼声也一浪高过一浪，并从学术界蔓延到政治领域。1913 年，北洋政府改革大学教育制度，将中医排除在医类课程之外。1929 年，国民政府通过了《废止旧医以扫除医事卫生事业之障碍案》。至此，中医的权威地位几乎丧失殆尽，西医后来居上，成为 20 世纪以来中国医学的主流。

5. 新生期

在学界和政界的双重压力下，以恽铁樵和张锡纯为代表的中医学家就如何有效保存和发展中医学展开了思考，并进行了中西医融合的各种探索和努力。中国医学家们注重从国外先进文化中学习有用的东西，追求中医的现代化。新中国成立后，在党和政府的关怀下，中医学理论取得了长足的进步，在研究的广度和深度及方法上均超过了历史任何时期。当代中医学理论的研究，以系统整理、发扬提高为前提，运用传统方法和现代科学方法，多学科、多途径地揭示了中医学理论的奥秘，使中医学理论出现了不断深化、更新并有所突破的态势。尤其是运用现代医学及其他现代科学知识和方法，特别是实验方法，研究中医学的脏象、经络、气血、症候、诊法、治法等，使中医基础理论研究的方法从经学的、经验的、自然哲学的方法上升为现代科学技术方法，初步阐明了中医学理论某些概念、原理的科学内涵。近年来，中医结合现代医学理论和传统经验，不断创新，推动了中医基础理论的发展，在临床应用上也取得一定成就，并产生了国际化影响。中医正朝着现代化、科学化的道路大步迈进。

二、中医名著

中医博大精深，有数百种医学名著流传至今。而这中间，又以《黄帝内经》《神农本草经》《难经》《伤寒杂病论》《脉经》《千金方》和《本草纲目》等最为著名。

(一)《黄帝内经》

《黄帝内经》托名中华民族的祖先黄帝，实际上并非一时之作。其成书大概在战国时期，也有说是秦汉时期，它是我国医学宝藏中现存的成书最早的一部典籍。

《黄帝内经》也称《内经》，分为"素问"和"灵枢"两大部分。"素问"偏重于人体生理、病理、疾病治疗原则和原理，以及人与自然等基本理论的阐述；"灵枢"偏重于人体解剖、脏腑经络、腧穴针灸等医疗技术的介绍。

《黄帝内经》虽然只收录了 13 个药方，但其基本思想集中表现在阴阳、变易、方位、中和等几个概念中，主要内容涉及生理学、病理学、诊断学、药物学和治疗原则等方面。其建立的阴阳五行学说、脉象学说、经络学说、藏象学说、病因学说、病机学说、养生学说、运气学说等理论，在我国医学史上都属首创。《黄帝内经》的崇高地位和重要价值不仅在于承前继往，更在于启后开来，中国后世所有医生和理论都受到过它的影响和熏陶。

（二）《伤寒杂病论》

《伤寒杂病论》是继《黄帝内经》之后，第二部影响力很大的中医学著作，作者是东汉名医张仲景。这部书成书于 200—210 年。《伤寒杂病论》的一大特色是它的对偶统一理论：阴阳的对偶统一、表里的对偶统一、虚实的对偶统一和寒热的对偶统一。这些其实就是辨证论治的不同方面。《伤寒杂病论》非常重视津液对防病、抗病的免疫作用。《伤寒杂病论》在药物学方面也有很大突破，共记载药方 269 个，使用药物 214 味，基本概括了临床各科的常用方剂。这些药方不但具有很高的临床使用价值，而且更具规范性。值得敬佩的是，这部书中还首次记载了人工呼吸、药物灌肠和胆道蛔虫的治疗方法，这在世界范围都属首次。《伤寒杂病论》还开创了我国医学的一大流派，即著名的伤寒学派。

（三）《本草纲目》

李时珍的《本草纲目》是明代中期伟大的药物学著作。《本草纲目》共 52 卷，记载药物 1892 种，其中新药 374 种，收集药方 11000 多个，其中 8000 多个是李时珍自己收集和开发的。全书共约 190 万字，分为 16 部、60 类，还附有 1100 多幅精美的插图。

《本草纲目》

《本草纲目》把所收药物分为矿物药、植物药和动物药。其中，矿物药分为金、玉、石、卤四部；植物药分为草、谷、菜、果、木五部，其中草部又分为山草、芳草、醒草、毒草、水草、蔓草、石草等小类；动物药按低级向高级的进化顺序，依次为虫、鳞、介、禽、兽、人六部。

《本草纲目》可谓中国古代药物学名副其实的集大成之作。1606 年，《本草纲目》传入日本；1647 年，波兰人弥格把它译成拉丁文，从此它在欧洲大陆流传开来。

三、中华名医

中医源远流长，博大精深，在漫长的历史中护佑着中华儿女一代代地繁衍和成长，且泽被邻国，有着非凡的成就。在中医文化中，那些有名或无名的医学家，以

出色的胆识探索试验，以高超的医术救死扶伤，以高尚的医德悬壶济世，赢得了人们的尊敬。

（一）扁鹊

扁鹊（前407—前310年），姬姓，秦氏，名缓，字越人，又号卢医，春秋战国时期名医。扁鹊医术高超，被认为是神医，所以人们借用上古神话黄帝时期的神医"扁鹊"的名号来称呼他。

扁鹊奠定了中医学的切脉诊断方法，并开启了中医学的先河。据说有名的中医典籍《难经》为扁鹊所著。扁鹊在诊视疾病中，已经应用了中医全面的诊断技术，即后来中医总结的四诊法：望诊、闻诊、问诊和切诊，当时扁鹊称它们为望色、听声、写影和切脉。他精于望色，通过望色判断病证及其病程演变和预后。扁鹊精于内、外、妇、儿、五官等科，应用砭刺、针灸、按摩、汤液、热敷等法治疗疾病，被尊为"医祖"。扁鹊十分重视疾病的预防。从蔡桓公的案例来看，他之所以多次劝说其及早治疗，就寓有防病于未然的思想。他认为对疾病需要预先采取措施，把疾病消灭在萌芽状态，这样可以达到事半功倍的效果。他曾颇有感触地指出，客观存在的疾病种类很多，但医生却苦于治疗疾病的方法太少。扁鹊善于运用四诊，尤其是脉诊和望诊来诊断疾病，因此被称为"脉学之宗"。

（二）华佗

华佗（约145—208年），又名勇，字元化，沛国谯（今安徽亳州）人，东汉末年杰出的医学家，与董奉、张仲景并称为"建安三神医"。他潜心钻研医术，精通内、外、妇、儿、针灸各科，尤其擅长外科，发明了麻沸散辅助外科手术，被人们尊称为"外科圣手""外科鼻祖"。他还创制了"五禽戏"体操，发展了医疗体育。后因忤逆曹操被杀。华佗著有多部医书，现都已散佚，但他医术高超的声名世代流传了下来。

（三）张仲景

张仲景（约150—219年），名机，南阳涅阳（今河南邓州）人，东汉医学家。他辞官业医，博采众方，著《伤寒杂病论》。《伤寒杂病论》确立了祖国医学"辨证论治"的规律，奠定了中医治疗学的基础，是我国最早的一部理法方药具备的经典著作，开创了祖国医学辨证论治的先河；同时在制剂学方面也有独到之处，对后世有深远的影响。历代医家无不尊张仲景为"医圣"，故有"医圣者，即医中之尧舜也，荣膺此誉者，唯仲景先师"。与张仲景同时代的华佗读了《伤寒杂病论》后喜曰："此真活人也。"南北朝时陶弘景说："惟仲景一方，最为众方之祖。"唐代医家孙思邈说："江南诸师秘仲景方不传。"可见张仲景医方的宝贵。《伤寒杂病论》至今仍指导着临床实践，也是医家必读医书。

（四）孙思邈

孙思邈（约581—682年），京兆华原（今陕西耀县）人，唐代著名的医学家和药物学家。他自幼聪颖好学，精通老庄及诸子百家之说，亦好佛典。后来立志学医，屡次拒绝征召，不慕荣利。他著有《备急千金要方》和《千金翼方》，这两部书被后世合称为《千金方》，被誉为我国历史上第一部临床医学百科全书，创立脏病、腑病分类系统，在医学上有较大贡献。

（五）李时珍

李时珍（1518—1593 年），字东璧，号濒湖，湖北蕲（今湖北蕲春）人，明代伟大的医学家、药学家。其父李言闻是当地名医。李时珍继承家学，尤其重视本草，并富有实践精神，肯于向劳动人民学习。李时珍 38 岁时，被武昌的楚王召去任王府"奉祠正"，兼管良医所事务。3 年后，又被推荐上京任太医院判。太医院是专为宫廷服务的医疗机构，当时被一些庸医弄得乌烟瘴气。李时珍在此只任职一年，便辞职回乡。李时珍曾参考历代有关医药及学术书籍 800 余种，结合自身经验和调查研究，穷搜博采，历时 30 年，三次易稿而成《本草纲目》。《本草纲目》是我国明代以前药物学的总结性巨著，推动了方剂学的进一步发展。书中收载各类药方 11000 多个，涉及内科、外科、妇科、儿科、五官科等临床各科，治疗范围以常见病、多发病为主，丸散膏丹各类剂型俱全。其中有些方子是李时珍从民间收集的珍贵秘方，有些是他经过临床检验研制的新方，规模庞大，收录完备，堪称"方剂大全"。《本草纲目》还有一个特点，就是把药学和方剂学结合起来。结合药物去研究药方，每一味药物之后都有附方。这就对药物的功用性能有了更直观的展示，也揭示了方剂的作用原理，既科学又实用。《本草纲目》首次提出大脑为思维器官的观点，推翻了几千年来以心为精神之主的错误观念，是对中医医学理论的重大贡献。书中还涉及动物学、矿物学、化学、天文学、气象学、农学等许多领域的科学知识。因此，《本草纲目》既是我国药学史上的重要里程碑，也是我国 16 世纪自然科学的百科全书。它已有几种文字的译本或节译本，被达尔文誉为"中国百科全书"。

第三节　中医诊断与治疗

一、中医诊断

（一）中医诊断的原则

疾病诊断是一个认识的过程，要正确地认识疾病，必须遵循三大原则。

1. 审察内外、整体察病

整体观是中医学的一个基本特点。人是一个有机的整体，内在脏腑与外在体表、四肢、五官是统一的；整个机体与外界环境也是统一的，人体机理发生病变，局部可以影响全身，全身病变也可反映于某一局部；外部有病可以内传入里，内脏有病也可以反映于外；精神刺激可以影响脏腑功能活动，脏腑有病也可以造成精神活动的异常。同时，疾病的发展与气候及外在环境密切相关。因此，在诊察疾病时，首先要把患者的局病看成患者整体的病变，既要审察其外，又要审察其内，还要把患者与自然环境结合起来加以审察，才能做出正确的诊断。所以说，审察内外、整体察病是中医诊断学的一个基本原则。

2. 辨证求因、审因论治

辨证求因，就是在审察内外、整体察病的基础上，根据患者一系列的具体表现，加以分析综合，求得疾病的本质和症结所在，从而审因论治。所谓辨证求因的"因"，除了"六淫"、"七情"、饮食劳倦等通常的致病原因外，还包括疾病过程中产生的某些症结，即问题的关键，作为辨证论治的主要依据。这就要求根据病人临床表现出的具体症候，确定病因是什么，病位在何处，其病程发展及病变机理如何。通过仔细辨证，可对疾病有确切认识，诊断就更为正确，在治疗上能达到审因论治的较高境界。

3. 四诊合参、从病辨证

诊断疾病要审察内外、整体察病，那么就要对患者做全面详细的检查和了解，必须望、闻、问、切四诊合参，即四诊并用或四诊并重。四诊并用，并不等于面面俱到。由于接触患者的时间有限，只有抓住主要矛盾，有目的、系统地重点收集临床资料，才不致浪费时间。四诊并重，是因为四诊是从不同角度来检查病情和收集临床资料的，各有其独特的意义，不能相互取代。只强调某一诊法而忽视其他诊法不能全面了解病情，故《医门法律》说"望闻问切，医之不可缺一"。此外，疾病是复杂多变的，症候的表现有真象，也有假象，脉症不一，故有"舍脉从症"和"舍症从脉"的诊法理论。如果四诊不全，就得不到全面详细的病情资料，辨证就欠准确，甚至发生错误。从病辨证，是通过四诊合参，在确诊疾病的基础上进行辨证，包括病名诊断和症候辨别两个方面。

（二）中医诊断的主要内容

中医诊断主要包括四诊、八纲、辨证、疾病诊断、症状鉴别和病案撰写等。

1. 四诊

望、闻、问、切是诊察疾病的四种基本方法。

（1）望诊。医者运用视觉，对人体全身和局部的一切可见征象以及排出物等进行有目的的观察，以了解健康或疾病状态，称为望诊。望诊的内容主要包括观察人的神、色、形、态、舌象、经络、皮肤、五官、九窍等情况以及排泄物、分泌物的形、色、质量等。

望诊一般分为整体望诊、局部望诊、望舌、望排出物、望小儿指纹五项。整体望诊是通过观察全身的神、色、形、态变化来了解疾病情况。局部望诊也称分部望诊，是在整体望诊的基础上，根据病情或诊断需要，对病人身体某些局部进行重点、细致的观察。因为整体的病变可以反映在局部，所以望局部有助于了解整体的病变情况，主要分望头、望面部、望五官、望躯体、望四肢、望皮肤。舌虽属五官的内容之一，但因舌头与脏腑、经络的关系极其密切，故其内容非常丰富，至今已发展成为专门的舌诊。舌诊以望舌为主，还包括舌觉（味觉）诊法。舌象是由舌质和舌苔两部分的色泽形态所构成的形象。望排出物是观察患者的分泌物和排泄物，如痰涎、呕吐物、二便、涕唾、汗、泪、带下等，审察其色、质、形、量等变化，以了解有关脏腑的病变及邪气性质。观察小儿指纹形色变化来诊察疾病的方法，称为指纹诊法，仅适用于 3 岁以下的幼儿。

（2）闻诊。闻诊是通过听声音、嗅气味以辨别患者内在的病情，是医者通过听觉和嗅觉了解由病体发出的各种异常声音和气味，以诊察病情。听声音，主要是听患者言语气息的高低、强弱、清浊、缓急等变化，以及咳嗽、呕吐、呃逆、嗳气等声响的异常，以分辨病情的寒热虚实。嗅气味，主要是嗅患者病体、排出物、病室等的异常气味，以了解病情，判断疾病的寒热虚实。

（3）问诊。问诊是医者通过询问患者或陪诊者，了解疾病的发生、发展、治疗经过、现在症状和其他与疾病有关的情况，以诊察疾病的方法。问诊的目的在于充分收集其他三诊无法取得的与辨证关系密切的资料。如疾病发生的时间、地点、原因或诱因以及治疗的经过、自觉症状、既往健康情况等。这些常是辨证中不可缺少的重要证据之一，掌握了这些情况有利于对疾病的病因、病位、病性作出正确的判断。问诊是诊察疾病的重要方法，是临床诊察疾病的第一步，它可以弥补其他三种诊察方法之不足。正确的问诊往往能把医生的思维判断引入正确的轨道，有利于医生对疾病作出迅速准确的诊断。对复杂的疾病，也可通过门诊为下一步继续诊察提供线索。为求问得全面准确，无遗漏，一般是以张景岳的"十问歌"为顺序，即"一问寒热二问汗，三问头身四问便，五问饮食六胸腹，七聋八渴俱当辨，九因脉色察阴阳，十从气味章神见，见定虽然事不难，也须明哲毋招怨"。

（4）切诊。切诊包括脉诊和按诊两部分内容。

脉诊是按脉搏，是医生以指腹按一定部位的脉搏诊察脉象。通过诊脉，体察患者不同的脉象，以了解病情，诊断疾病。它是中医学一种独特的诊断疾病的方法。

脉象即脉动应指的形象。心主血和脉两个方面，脉为血之府，心与脉相连，心脏有规律地搏动，推动血液在脉管内运行，脉管也随之产生有节律的搏动和血液在管内运行均由宗气所推动。血液循行脉管之中，流布全身，环周不息，除心脏的主导作用外，还必须有各脏器的协调配合，肺朝百脉，即是循行全身的血脉，均汇聚于肺，且肺主气，通过肺气的敷布，血液才能布散全身；脾胃为气血生化之源，脾主统血；肝藏血，主疏泄，调节循环血量；肾藏精，精化气，是人体阳气的根本，各脏腑组织功能活动的原动力，且精可以化生血，是生成血液的物质基础之一。因此脉象的形成，与脏腑气血密切相关。脉象的形成，既然和脏腑气血关系十分密切，那么气血脏腑发生病变，血脉运行受到影响，脉象就有变化，故通过诊察脉象的变化，可以判断疾病的病位、性质、邪正盛衰，推断疾病的进退预后。

按诊是在患者身躯上一定的部位进行触、摸、按压，以了解疾病的内在变化或体表反应，从而获得辨证资料的一种诊断方法。按诊的手法大致可分为触、摸、推、按四类。在临床上，各种手法是综合运用的，常常是先触摸，后推按，由轻到重，由浅入深，逐层了解病变的情况。按诊的应用范围较广，临床上以按肌肤、按手足、按胸腹、按脑穴等为常用。按诊是切诊的一部分，是四诊中不可忽略的一环。它在望、闻、问的基础上，更进一步地深入探明疾病的部位和性质等情况。对于胸腹部的疼痛、肿胀、痰饮、症块等病变，通过触按，更可以充实诊断与辨证所必需的资料。

根据四诊合参的原则，不能以一诊代四诊，同时症状、体征与病史的收集，一定要审察准确，不能草率从事。

2. 八纲

八纲即阴、阳、表、里、寒、热、虚、实，是辨证论治的理论基础之一。通过四诊，掌握辨证资料后，根据病位的深浅、病邪的性质、人体正气的强弱等多方面的情况，进行分析综合，归纳为八类不同的症候，称为八纲辨证。

疾病的表现尽管是极其复杂的，但基本上都可以用八纲加以归纳。如疾病的类别，可分为阴证与阳证；病位的浅深，可分为表证与里证；疾病的性质，可分为寒证与热证；邪正的盛衰，可分为实证与虚证。这样，运用八纲辨证就能将错综复杂的临床表现，归纳为表里、寒热、虚实、阴阳四对纲领性症候，从而找出疾病的关键，掌握其要领，确定其类型，预决其趋势，为治疗指出方向。其中，阴阳又可以概括其他六纲，即表、热、实证为阳；里、寒、虚证属阴，故阴阳又是八纲中的总纲。

八纲是分析疾病共性的辨证方法，是各种辨证的总纲。在诊断过程中，有执简驭繁、提纲挈领的作用，适应于临床各科的辨证。无论内、外、妇、儿、眼、耳鼻喉等科，无不应用八纲来归纳概括。在八纲的基础上，结合脏腑病变的特点，则分支为脏腑辨证；结合气血津液病变的特点，则分支为气血津液辨证；结合温病的病变特点，则分支出卫气营血辨证等。任何一种辨证，都离不开八纲，所以说八纲辨证是各种辨证的基础。

八纲辨证并不意味着把各种症候截然划分为八个区域，它们是相互联系不可分割的。如表里与寒热虚实相联系，寒热与虚实表里相联系，虚实又与寒热表里相联系。由于疾病的变化，往往不是单纯的，而是经常会出现表里、寒热、虚实交织在一起的夹杂情况，如表里同病，虚实夹杂，寒热错杂。在一定的条件下，疾病可出现不同程度的转化，如表邪入里，里邪出表，寒证化热，热证转寒，实证转虚，因虚致实等。在疾病发展到一定阶段时，还可出现一些与疾病性质相反的假象，如真寒假热、真热假寒、真虚假实、真实假虚等。阴证、阳证也是如此，阴中有阳，阳中有阴，疾病可以由阳入阴，由阴出阳，又可以从阴转阳，从阳转阴，因此，进行八纲辨证，不仅要熟练地掌握各类症候的特点，还要注意它们之间的相兼、转化、夹杂、真假，才能正确而全面地认识疾病，诊断疾病。

3. 病因辨证

病因辨证是以中医病因理论为依据，通过对临床资料的分析，识别疾病属于何种因素所致的一种辨证方法。病因辨证的主要内容，概括起来可分为六淫疫疬、七情、饮食劳逸及外伤四个方面，其中六淫属外感性病因，为人体感受自然界的风、寒、暑、湿、燥、火六种外来的致病邪气。疫疬是指由感染瘟疫病毒而引起的传染性病证，疫疬致病有一定的传染源和传染途径，传染性强，死亡率高。七情为内伤性病因，当喜、怒、忧、思、悲、恐、惊七种情志活动超越了病人自身的调节能力时，常使气机失调而致病。饮食劳逸是人类生存的需要，但不知调节，就成为致病因素。饮食所伤指饮食不节而致脾、胃肠功能紊乱的一类病证；劳逸所伤指因体力或脑力过度劳累，或过度安逸所引起的一类病证。外伤属于人体受到外力损害出现的病变。

4. 辨证

辨证就是分析、辨认疾病的症候。辨证是以脏腑、经络、病因、病机等基本理论为依据，通过对望、闻、问、切所获得的一系列症状进行综合分析，辨明其病变部位、性质和邪正盛衰，从而作出诊断的过程。临床上根据疾病的主要表现和特征来确定疾病名的过程称为辨病，包括病因、气血津液、脏腑、经络、六经、卫气营血和三焦辨证，各种辨证既各有其特点和适应范围，又有相互联系，并且都是在八纲辨证的基础上加以深化。

5. 诊断与病案

诊断分常见疾病诊断和症候诊断。疾病诊断简称诊病，即对患者所患疾病高度概括，并给以恰当的病名。症候诊断即辨证，是对所患疾病某一阶段中症候的判断。病案，也称诊籍、医案，是临床的写实。它要求把病人的详细病情、病史、治疗经过与结果等都如实地记录下来，是临床研究中的一个重要组成部分，是病案分析统计、经验总结、医院管理等科学研究的重要资料。因此，临床各科都应有完整病历、病案记录。

（三）中医疗法

1. 内治

（1）中药。中药药源有植物、动物和矿物，其中以植物药占绝大多数，使用也更普遍，所以古代把药学叫作本草学。《神农本草经》《本草纲目》等典籍和文献，记录着我国人民发明和发展医药学的智慧创造和卓越贡献，并被较完整地保存和流传下来。中国的药物学，除汉族药学外，还有藏族药学、苗族药学、傣族药学、蒙古族药学、维吾尔族药学、朝鲜族药学等。

（2）药茶。中医认为"茶为万病之药"。因为茶味苦、甘，性凉，入心、肝、脾、肺、肾五经，苦能泻下、燥湿、降逆，甘能补益缓和，凉能清热、泻火、解毒，既是受大众喜爱的天然饮品，又对疾病的防治有很好的作用，还是一种修身养性的方式。

（3）药酒。酒的发明促进了医药的进步。酒不仅是一种饮品，还具有补血益气、滋阴温阳、滋补强身的作用。酒本身有辛散温通的功效，可温通血脉、行药势和为溶媒等，故古人将酒誉为"百药之长"。

（4）食疗。中医认为药食同源，故可利用食物进行防病治病，促进病体康复。食疗的基本原则是辨证施膳、全面膳食、饮食有节、三餐合理搭配。

2. 外治

（1）针灸。针灸是针法和灸法的合称。针法是把毫针刺入患者身体某一穴位，运用捻转与提插等针刺手法来治疗疾病；灸法是把燃烧的艾绒按一定穴位熏灼皮肤，利用热的刺激疏通经络、调和阴阳、扶正祛邪来治疗疾病。

（2）拔罐。拔罐是利用局部热刺激、负压吸引作用来达到逐寒祛湿、祛除淤滞、拔毒泻热、疏通经络、行气活血、消肿止痛的目的，从而起到扶正祛邪、强身健体的作用。

（3）推拿。古代称按摩、按乔，理论依据是使经络畅通、阴阳平衡，从而使人保持健康状态。

（4）刮痧。刮痧是以中医经络腧穴理论为指导，通过特制的刮痧器具和相应的手法，在体表进行反复刮动、摩擦，使皮肤局部出现红色粟粒状，或暗红色出血点等出痧变化，从而达到活血透痧的作用。

（5）火疗。火疗是针灸的延伸，是用高度酒放在盘子里点燃，贴近患处，放出来的热量使患者排汗，减轻寒症。

（6）药浴。将药物和水盛于器皿内，浸泡身体的某些部位或全身，利用水温本身对皮肤、经络、穴位的刺激和药物的透皮吸收，达到治疗疾病、养生保健的目的。

3. 气功

气功是我国特有的一种健身术，它是中医文化的一个重要分支。基本可分为两大类：一类以静为主。静立、静坐或静卧，使精神集中，并用特殊的方式进行呼吸，促进循环、消化等系统的功能。另一类以动为主。一般用柔和的运动操、按摩等方法，坚持经常锻炼以增强体质。

4. 偏方

偏方作为中医的一部分，有着广泛的群众基础。民间以口传手抄的形式流传着成千上万种养生或治病的偏方、土方、秘方。民间偏方的一大特点是其疗效的不确定性，而且效果因人而异。在浩如烟海的偏方中，要带着批判的眼光细加甄别，慎重使用。

二、中医与养生

养生是指根据生命发展的规律，采取保养身体、减少疾病、增进健康、延年益寿等措施而进行的一种健身益寿活动。中医养生流派有静神、动形、固精、调气、食养及药饵之分。养生内容广泛，方法众多，以调饮食、慎起居、适寒温和喜怒为其基本养生观点。

（一）天年与衰老

天年是我国古人对寿命提出的一个具有重要意义的命题。《黄帝内经》就有一篇叫《天年》。人的自然寿命谓之天年，亦即天赋之年寿。生命的年限，即机体从出生到死亡所经历的时间，称为寿命。通常以年龄作为衡量寿命长短的尺度。人的生命是有一定限度的，个体寿命有长有短，但大都不会超过一个最长的限度，人类自然寿命的最高限度，称为寿限。一般而言，天年所言人类的最高寿命为两个甲子120岁。与天年相对应的一个词叫"夭折"，"夭"指没有活到一个甲子60岁就死亡的状况；"折"指以120岁为标准打了折扣的岁数，如72岁（虚岁73岁）就指打了"六折"，84岁就指打了"七折"。千百年来，人类的寿限并无重大突破。

衰老是指随着年龄的增长，机体各脏腑组织器官功能全面地逐渐降低的过程。中医认为衰老的发生机理，一是阴阳失调。人生历程就是人体内部以及人体与外界之间的阴阳运动平衡的过程，阴阳协调平衡与否，是决定寿命长短的关键，阴阳失调则机体即可招致各种致病因素的侵袭，导致疾病丛生而现衰老。二是脏腑虚衰。人体是以五脏为中心的统一体，故五脏是人体生命的根本。五脏坚固，为长寿之根，五脏皆虚，是衰老之本。三是精气衰竭。人身三宝精、气、神是养生的关键。精为生命活动的基础，人的四肢、九窍和内脏的活动以及人的精神思维意识活动，均以精气为源泉与动力。精化气，气生神，神御形。精是气、形、神的基础，也是健康和长寿的根本。

（二）养生的基本原则

1. 顺应自然

顺应自然是中医效法自然、顺时养生的理论依据，包括顺应四时调摄和昼夜晨昏调养。倡导生活起居，要顺应四时昼夜的变化，动静和宜，衣着适当，饮食调配合理，体现春夏养阳、秋冬养阴的原则。

2. 形神共养

形神合一是中医学的生命观，是指不仅要注意形体的保养，而且要注意精神的摄生，使形体强健，精力充沛，身体和精神得到协调发展，才能保持生命的健康长寿。

3. 保精护肾

中医养生强调节欲以保精，使精盈充盛，有利于心身健康。若纵情泄欲，则精液枯竭，真气耗散而未老先衰。节欲并非绝欲，乃房事有节之谓。保养肾精之法甚多，除节欲保精外，尚有运动保健、导引补肾、按摩益肾、食疗补肾和药物调养等。

4. 调养脾胃

脾胃为后天之本，气血生化之源，故脾胃强弱是决定人之寿夭的重要因素。中医养生学十分重视调养脾胃，通过饮食调节、药物调节、精神调节、针灸按摩、气功调节、起居劳逸等调摄，以达到健运脾胃、调养后天、延年益寿的目的。

先天之本在肾，后天之本在脾，先天生后天，后天养先天，二者相互促进、相得益彰。调补脾肾是培补正气之大旨，也是全身形而防早衰的重要途径。

【阅读经典】

1. 凡为医之道，必先正己，然后正物。正己者，谓能明理以尽术也；正物者，谓能用药以对病也。

——《小儿卫生总微论方·医工论》

2. 望闻问切宜详，补泻寒温宜辨。

——李中梓《医宗必读》

3. 为医之法，不得多语调笑，谈谑喧哗，道说是非，议论人物，炫耀声名，訾毁诸医，自矜已德。

——孙思邈《千金要方》

4. 是故圣人不治已病，治未病；不治已乱，治未乱，此之谓也。夫病已成而后药之，乱已成而后治之，譬犹渴而穿井，斗而铸锥，不亦晚乎！

——《黄帝内经》

5. 百病生于气也，怒则气上，喜则气缓，悲则气消，恐则气下，寒则气收，炅则气泄，惊则气乱，劳则气耗，思则气结。

——《黄帝内经》

6. 人之生也，有刚有柔，有弱有强，有短有长，有阴有阳。

——《黄帝内经》

7. 夫四时阴阳者，万物之根本也。所以圣人春夏养阳，秋冬养阴，以从其根，故与万物沉浮于生长之门。逆其根，则伐其本，坏其真矣。

——《黄帝内经》

8. 兵无向导则不达贼境，药无引使则不通病所。

——尤怡《医学读书记》

【资源推荐】

1. 科教片《解读〈黄帝内经〉》，中央电视台十套科教频道（CCTV-10）《百家讲坛》栏目播出，翟双庆主讲。

2. 中国之声《国学堂》之《发现中医太美》（梁冬对话徐文兵讲解《黄帝内经》）。

3. 电影《李时珍》，传记片，由上海电影制片厂摄制，沈浮执导，赵丹主演，1956 年上映。

4. 电影《华佗与曹操》，上海电影制片厂摄制于 1983 年，郑乾龙、王洪生、龚雪等主演。

5. 中国大学慕课课程《黄帝内经选读》，32 学时，由南京中医药大学基础医学院吴颢昕主讲。

【课堂检测】

一、单选题

1. 现存最早的，标志着中医理论体系建立的中医学专著是（　　）。

A.《伤寒杂病论》B.《难经》　　C.《黄帝内经》　D.《神农本草经》

2. （　　）被中医专家认为是养生的最高境界。

A. 天人合一　　B. 仁者无敌　　C. 心怀天下　　D. 闲云野鹤

3. 在中医五行养生中提到，秋季养身应以养（　　）为主。

A. 肾　　　　B. 肝　　　　C. 心　　　　D. 肺

4. 下列关于五行学说中的相生相克说法正确的是（　　）。

A. 火能生土，所以称土为火之"子"　B. 火能生水，所以称水为火之"子"

C. 土能克火　　　　　　　D. 木能克火

5. "五行"在生理上的应用是五脏配五行，那么五行中的木用来象征五脏中的（　　）。

A. 心脏　　　　B. 脾脏　　　　C. 肾脏　　　　D. 肝脏

6. （　　）有利于夏季养心。

A. 菠菜　　　　B. 西红柿　　　　C. 莲子心　　　　D. 青辣椒

7. "一运一纳，化生精气"是指（　　）。

A. 脾与胃的关系　　　　　　B. 肺与大肠的关系

C. 肝与胆的关系　　　　　　D. 肾与膀胱的关系

8. 我国第一部药物学专著是（　　）。

A.《本草纲目》　B.《新修本草》　C.《黄帝内经》　D.《神农本草经》

9. 我国第一部病因病机症候学专著是（　　）。

A.《黄帝内经》　B.《难经》　　C.《诸病源候论》　D.《温病条辨》

10. 中医学中成功运用辨证论治的第一部专著是（　　）。

A.《黄帝内经》　B.《难经》　　C.《神农本草经》　D.《伤寒杂病论》

二、多选题

1. 中医学独特理论体系的特征是（　　）。

A. 治未病　　　　　　　B. 以整体观念为主导思想

C. 以辨证论治为诊疗特点　　D. 以精气阴阳五行学说为哲学基础

E. 以气血精津液及脏腑经络的生理病理为基础

2. 秋冬气候寒凉，人体在生理上可反映为（　　）。

A. 江南地区，人体腠理多稀疏　　B. 北方地区，人体腠理多致密

C. 阴盛则寒　　　　　　D. 皮肤致密，少汗多尿

E. 阳气收敛，气血易趋于里

3. 明代提出命门学说的医家是（　　）。

A. 李中梓　　B. 张景岳　　C. 赵献可　　D. 吴又可

E. 王肯堂

4. 温病学理论源于（　　）。

A.《温疫论》　　　　　　B.《三因极一病证方论》

C.《内经》　　　　　　D.《伤寒杂病论》

E. 《难经》

5. 常被称为"中医四大经典"的著作是（　　　）。

    A. 《难经》　　　　B. 《黄帝内经》　　C. 《伤寒杂病论》　D. 《神农本草经》

    E. 《千金要方》

6. 人和自然界的统一性包括（　　　）。

    A. 社会制度对人体的影响　　　　　　B. 季节气候对人体的影响

    C. 地区方域对人体的影响　　　　　　D. 昼夜晨昏对人体的影响

    E. 社会的治和乱对人体的影响

7. 人体是一个有机整体体现在（　　　）。

    A. 形神一体观　　　　　　　　　　　B. 五脏一体观

    C. 病理上相互影响、传变　　　　　　D. 病在上者下取之

    E. 从阴引阳，从阳引阴

8. 中医的"证"包括（　　　）。

    A. 病变的过程　　B. 病变的原因　　C. 病变的部位　　D. 病变的性质

    E. 邪正的关系

9. （　　　）是中医学理论体系初步形成的标志。

    A. 《诸病源候论》　B. 《伤寒杂病论》　C. 《黄帝内经》　　D. 《难经》

    E. 《神农本草经》

10. 古人探求生命奥秘及人体与自然环境的关系，所采用的观察方法主要有（　　　）。

    A. 宏观观察法　　B. 微观观察法　　C. 直接观察法　　D. 试探法

    E. 整体观察法

三、判断题

1. 证是机体在疾病发展过程中的病理概括。　　　　　　　　　　　（　　　）

2. 中医认识治疗疾病，着眼于辨证而不辨病。　　　　　　　　　　（　　　）

3. 个人社会地位的改变对健康造成的影响也属于整体观念的范畴。　（　　　）

4. 中医在认识疾病的过程中，首先着眼于整体。　　　　　　　　　（　　　）

5. 吴有性著《瘟疫论》，创戾气说。　　　　　　　　　　　　　　（　　　）

6. 秦医医和提出了"六气病源说"。　　　　　　　　　　　　　　（　　　）

7. 人身之三宝即精、气、神。　　　　　　　　　　　　　　　　　（　　　）

8. 中医药现代化就是按照西医药的标准研究振奋中医药。　　　　　（　　　）

9. 疾病的标本，实质上反映了疾病的轻与重、虚与实、表与里和危与安。

                                           （　　　）

10. 病人的主观感觉和表现称为疾病。　　　　　　　　　　　　　（　　　）

四、思考练习

1. 简述辨证论治的具体内容。

2. 简述阴阳学说的基本内容。

3. 简述脏腑的概念及其分类。

4. 症、证、病的含义有何不同？三者之间的关系如何？

【实践体验】

实践项目一　中医药健康文化知识竞赛

实践项目二　十二经脉经络腧穴歌诀记忆成果展示

专题七 | 中国古代建筑：科技与艺术的精妙融合

【导学】

中国古代建筑具有悠久的历史和光辉的成就，从已发掘的有六七千年历史的陕西半坡遗址方形及圆形浅穴式房屋，到万里长城、河北赵县安济桥、山西应县木塔、北京故宫，以及具有独特艺术风格的古典园林等，这一系列现存的技术高超、艺术精湛、风格独特的建筑，在世界建筑史上自成系统，独树一帜，是我国古代灿烂文化的重要组成部分。它像一部部厚重的石刻史书，让我们重温祖国的历史文化，激发起我们的爱国热情和民族自信心，同时也是一种可供人观赏的艺术，给人以美的享受。回顾中国古代建筑艺术和辉煌成就，学习古人的聪明才智和创造精神，对提高大学生的民族自信心、自尊心，发扬创新精神将起到积极的作用。

【知识储备】

第一节　中国古代建筑的特征

中国建筑具有悠久的历史和光辉的成就，在 5000 年文明进程中，我们的祖先创造了风格独特、成就突出的建筑文化。从庄严威仪的皇家宫殿到精巧别致的私家园林，其特点主要表现在以下几个方面。

一、以木架为主的结构方式

中国使用面最广、数量最多的建筑类型是木构架承重的建筑。木架建筑如此长期、广泛地被作为一种主流建筑类型加以使用，是有其内在优势的。首先，取材方便。其次，木架建筑是由柱、梁、檩、枋等构件形成框架来承受屋面、楼面的荷载以及风力、地震力的，墙并不承重，只起围蔽、分隔和稳定柱子的作用。房屋内部可较自由地分隔空间，门窗也可任意开设，使用灵活性大、适应性强。再次，木构架的组成采用榫卯结合，木材本身具有的柔性加上榫卯节点有一定程度的可活动性，有较强的抗震性能。最后，木材施工速度快，榫卯节点具有可卸性，便于修缮、搬迁。因此一直到 19 世纪末、20 世纪初木架建筑仍然牢牢占据着我国建筑的主流地位。

二、建筑群的组合

中国古代建筑以群体组合见长，特别擅长运用院落的组合手法来达到各类建筑的不同使用要求和精神目标，而庭院则是中国古代建筑群体布局的灵魂。

庭院是由屋宇、围墙、走廊围合而成的内向性封闭空间，营造出宁静、安全、洁净的生活环境。在易受自然灾害袭击和社会不安因素侵犯的社会，这种封闭的庭院是最合适的建筑布局方案之一。同时，庭院是房屋采光、通风、排泄雨水的必需，也是进行室外活动和种植花木以美化生活的理想解决办法。这种庭院式的组群与布局，一般都是采用均衡对称的方式，沿着纵轴线（也称前后轴线）与横轴线进行设计。比较重要的建筑都安置在纵轴线上，次要房屋安置在左右两侧的横轴线上，这种布局是和中国封建社会的宗法和礼教制度密切相关的。

三、丰富多彩的艺术形象

（一）富有装饰性的屋顶

我国古代匠师充分运用木结构的特点，创造了屋顶举折和屋面起翘、出翘，形成如鸟翼伸展的檐角和屋顶各部分柔和优美的曲线。同时，屋脊的脊端都加上适当的雕饰，檐口的瓦也加以装饰性的处理。大量采用琉璃瓦，为屋顶加上颜色和光泽，再加上陆续出现其他许多屋顶式样，以及由这些屋顶组合而成的各种具有艺术效果的复杂形体，使中国古代建筑在运用屋顶形式创造建筑的艺术形象方面取得了丰富的经验，成为中国古代建筑重要的特征之一。

（二）衬托性建筑的应用

衬托性建筑的应用，是中国古代宫殿、寺庙等高级建筑常用的艺术处理手法。它的作用是衬托主体建筑。最早应用的且很有艺术特色的衬托性建筑是从先秦时代开始的建于宫殿正门前的阙。到了汉代，除宫殿与陵墓外，祠庙和大中型坟墓也都使用到阙。现存的四川雅安高颐墓阙，形制和雕刻十分精美，是汉代墓阙的典型作品。汉代以后的雕刻、壁画中常可以看到各种形式的阙，到了明清两代，阙就演变成现在故宫的午门。其他常见的富有艺术性的衬托性建筑还有宫殿正门前的华表、牌坊、照壁、石狮等。

（三）色彩的运用

中国古代的匠师在建筑装饰中最敢于使用色彩也最善于使用色彩，这个特点与中国建筑的木结构体系分不开。因为木料不能经久，所以，中国建筑很早就采用在木材上涂漆和桐油的办法，以保护木质和加固木构件用榫卯结合的关节，达到实用、坚固与美观相结合的效果，之后又发展出用丹红装饰柱子、梁架或在斗拱梁、枋等处绘制彩画的色彩运用方式。经过长期实践，中国建筑在运用色彩方面积累了丰富的经验。

四、"天人合一"的艺术追求

中国古代两大主流哲学派别——儒家与道家都主张"天人合一"的思想。在长期的历史发展过程中，这种思想促进了建筑与自然的相互协调与融合，即通过对环境的处理，达到人、建筑、自然三者的和谐统一，是人类自我完善的一种美好追求。这一思想也具体体现在中国传统建筑艺术的追求上：建筑物的选址、结构、布局受自然条件的制约；建筑物的形制、体量、材料、色彩、装饰被赋予一定的象征含义，用来表现社会的等级与秩序，表现人对神的崇敬与沟通。

五、完善的工官制度

工官制度是中国古代中央集权与官本位体制的产物。工官是城市建设和建筑营造的具体掌管者和实施者，对古代建筑的发展有着重要影响。工官集制订法令法规、规划设计、征集工匠、采办材料、组织施工于一身，实行一揽子领导与管理。历史上曾出现过不少有作为的工官，较为突出的如隋代宇文恺、宋代李诫、明代蒯祥和徐杲等。

中国古代建筑实际上存在两种发展模式：一种是在工官掌管下建造的官式建筑，另一种是各地自主建造的民间建筑。前者的设计、预算、施工都由将作、内府或工部统一掌握，不论建筑物造于何地，都有图纸、法式和条例加以约束，还可派工官和工匠去外地施工，所以建筑式样统一，无地区性差别。由于人力、财力和技术的集中，这些建筑能反映当时全国的最高技术和艺术水平。后者则由各地工匠参与设计并承担施工，因地制宜，建筑式样变化多端，地方特色鲜明。两者之间虽然也有某些联系与影响，但基本上是沿着各自的轨迹前进。因此，才成就了我国古代建筑丰富多彩的总体面貌。

中国古代建筑的类型很多，主要有皇家宫殿、坛庙、陵墓、宗教寺观、佛塔、民居和园林建筑等。

第二节　宫殿、坛庙、陵墓

宫殿、坛庙、陵墓是我国古代最隆重的建筑物。历代朝廷都耗费大量人力物力，使用当时最成熟的技术和艺术来营建这些建筑。因此，这三者在一定程度上能反映一个时期的建筑成就。同时，宫殿、坛庙、陵墓又是帝王权威和统治的象征，具有明显的政治性，社会的统治思想和典章制度对它们的布局有着深刻的影响。

一、宫殿

（一）明清故宫

北京故宫是中国明清两代的皇家宫殿，旧称紫禁城，位于北京中轴线的中心，是目前我国现存规模最大、保存最为完整的帝王宫殿和古建筑群。

北京故宫

北京故宫于明成祖永乐四年（1406 年）开始建造。故宫严格按《周礼·考工记》中"左祖右社，面朝后市"的帝都营建原则建造。整个故宫在建筑布局上，用形体变化、高低起伏的手法组合成一个整体。在功能上符合封建社会的等级制度，同时达到左右均衡和形体变化的艺术效果。

故宫的建筑分为外朝和内廷两部分。外朝的中心为太和殿、中和殿、保和殿，统称三大殿。"太和、中和、保和"的命名体现出"和"是中国人的核心价值。可见，人与自然的和谐即"天人合一"，就是紫禁城文化的核心精神。

内廷以乾清宫、交泰殿、坤宁宫为中心，东西两翼有东六宫和西六宫，是皇帝处理日常政务之处，也是皇帝与后妃居住生活的地方。后半部在建筑风格上不同于前半部，前半部建筑象征皇帝的至高无上，后半部内廷建筑多是自成院落。

午门是紫禁城的正门，位于紫禁城南北轴线，俗称五凤楼。此门居中向阳，位当子午，故名午门。其前有端门、天安门、大清门，其后有太和门。各门之内，两侧整齐排列有廊庑。这种以门庑围成广场、层层递进的布局形式是受中国古代"五门三朝"制度的影响，有利于突出皇宫建筑威严、肃穆的特点。

北京故宫为中华传统建筑之精华。故宫宫殿是沿着一条南北向中轴线排列，三大殿、后三宫、御花园都位于这条中轴线上，并向两旁展开，南北取直，左右对称。这条中轴线不仅贯穿在紫禁城内，而且南达永定门，北到鼓楼、钟楼，贯穿整个城市，气魄宏伟，规划严整，极为壮观。故宫前部宫殿，当时建筑造型要求宏伟壮丽，庭院明朗开阔，象征封建政权至高无上，太和殿坐落在紫禁城对角线的中心，四角上各有10只吉祥瑞兽，形象生动，栩栩如生。故宫的设计者认为这样以显示皇帝的威严，震慑天下。后部内廷则要求庭院深邃，建筑紧凑，因此东西六宫都自成一体，各有宫门宫墙，相对排列，秩序井然。内廷之后是皇宫后苑。后苑里有岁寒不凋的苍松翠柏，有秀石叠砌的玲珑假山，楼、阁、亭、榭掩映其间，幽美而恬静。

故宫宫殿装饰色彩，屋顶多用金黄色，立柱门窗墙垣等处多用赤红色，檐枋多施青蓝碧绿等色，衬以石雕栏板及石阶之白玉色，具有鲜明的东方风格。

总之，故宫建筑群体现了中华传统宫殿建筑的特点，是中国古代皇家历史文化的象征。

（二）清沈阳故宫

沈阳故宫又称盛京皇宫，为清朝初期的皇宫，距今近400年历史，始建于后金天命十年（1625年）。清朝入关前，其皇宫设在沈阳，迁都北京后，这座皇宫被称作陪都宫殿、留都宫殿，后来称为沈阳故宫。沈阳故宫按照建筑布局和建造先后，可以分为三个部分。

沈阳故宫

东路为努尔哈赤时期建造的大政殿与十王亭，是皇帝举行大典和八旗大臣办公的地方。大政殿为八角重檐攒尖式建筑，殿顶满铺黄琉璃瓦且镶绿色剪边，十六道五彩琉璃脊，大木架结构，榫卯相接，飞檐斗拱、彩画、琉璃以及龙盘柱等，是汉族的传统建筑形式；但殿顶的相轮宝珠与八个力士，又具有宗教色彩。大政殿内的梵文天花，又具有少数民族的建筑特点。在建筑布局上与十大王亭组成一组完整的建筑群，这是清朝八旗制度在宫殿建筑上的具体反映。

中路有大清门、崇政殿、凤凰楼、清宁宫等，是皇帝进行政治活动和后妃居住的地方。凤凰楼是当时皇帝进行政治活动和举行宴会的地方。清宁宫是五间硬山前后廊式建筑，在东次间开门，寝宫和宗教祭祀连在一起，西屋内三面火炕和火地，窗从外关，烟筒设在后面，这是满族的建筑特点。

西路为戏台、嘉荫堂、文溯阁和仰熙斋等，是清朝皇帝东巡盛京（今辽宁沈阳）时，读书、看戏和存放《四库全书》的场所。

沈阳故宫整个建筑设计和布局，反映了皇帝的尊严和严格的封建等级制度。

二、坛庙

坛庙的出现起源于祭祀。祭祀是对人们向自然、神灵、鬼魂、祖先、繁殖等表示一种意向的活动仪式的通称。伴随着祭祀活动，相应地产生场所、构筑物和建筑，这就是坛庙。

概括说来，坛庙主要有以下三类：第一类祭祀自然神。其建筑包括天、地、日、月、风云雷雨、社稷、先农之坛、五岳、五镇、四海、四渎之庙等，其中天、地、日、月、社稷、先农等由皇帝亲祭，其余遣官致祭。第二类祭祀祖先。帝王祖庙称太庙，臣下称家庙或祠堂。第三类祭祀先贤。如孔子庙、诸葛武侯祠、关帝庙等。

（一）北京天坛

天坛是明清两代帝王祭天、祈谷（祈祷丰年）和祈雨的场所。每年冬至、正月上辛日和孟夏（夏季的首月），皇帝要到天坛来举行祭天、祈谷和祈雨的仪式。

北京天坛祈年殿

天坛面积广阔，是我国现存规模最大、形式最美的一处封建社会坛庙建筑群，为中国建筑史增添了光辉灿烂的一页。天坛主要建筑有祈年殿和圜丘。

祈年殿建于明永乐十八年（1420 年），初名大祀殿，是一座蓝琉璃瓦圆攒尖顶的三重檐圆形大殿，殿高 38 米，直径 32.72 米，上层檐下悬挂飞龙华带匾，上书鎏金大字"祈年殿"。三层蓝色屋檐逐层向上收缩，给人以蓝天重重、不断向上的感觉。殿顶莲花座上，安放着巨大的鎏金宝顶，犹如镶嵌在皇冠上的一颗金光灿烂的明珠。衬着洁白的台基、湛蓝的屋檐、朱红的檐柱、金碧辉煌的彩画，使得整座建筑显得崇高、雄浑、端庄、华丽。

祈年殿的总体设计强调了以天为主的原则，着重突出了祭天的神圣与崇高，体现出天人对话的理想氛围，表现出古人对天的崇敬。现存的祈年殿，是 20 世纪 70 年代落架重建的。

圜丘坛建于明嘉靖九年（1530 年），清乾隆十四年（1749 年）曾大加扩建。圜丘坛是祭天时设祭场的地方，故又称祭天台、拜天台和祭台。坛为圆形，分为三层，每层四面出陛各九级。坛面铺艾叶青石，上层中央是一块圆形中心石，外铺扇面状弧形石块九圈，内圈九块，每向外一圈数量递增九块，中、下层亦皆如此，各层坛面外的栏板数，也都用九的倍数。古代以奇数为阳数，偶数为阴数，而九又为阳数的最高数值，故圜丘的坛面石、栏板和台阶的级数，都用九或九的倍数，其意在此。

天坛从总体到局部，均是古建佳作，是工艺精品，极具艺术价值，是中华民族一个漫长的历史时期思想文化的遗迹和载体。天坛是物化了的古代哲学思想，有着较高的历史价值、科学价值和独特的艺术价值，更有着深刻的文化内涵。它不追求神灵的神秘与压抑，而是显示大自然的博大与广阔，以祭祀仪式来表达人与天地的和谐。

（二）太原晋祠

晋祠是为纪念周武王次子叔虞而建的，位于山西太原西南郊悬瓮山麓。全祠依山傍泉，风景优美，具有园林风味，不同于一般庙宇。它是中国现存最早的古典宗祠园林建筑群，祠内有几十座古建筑，以雄伟的建筑群、高超的塑像艺术闻名于世，也是集中国古代祭祀建筑、园林、雕塑、壁画、碑刻艺术于一体的历史文化遗产。晋祠内还有唐太宗李世民亲自撰写并手书的《晋祠铭》碑，十分珍贵。

太原晋祠圣母殿

（三）曲阜孔庙

曲阜孔庙自鲁哀公十七年（前 478 年）因宅立庙以后，历朝屡有修理或增建，至明代基本形成现有规模。它与相邻的孔府、城北的孔林合称"三孔"，是一组具有东方建筑特色、规模宏大、气势雄伟的古代建筑群。

孔庙基址南北约 644 米，东西约 147 米，沿中轴线布置有 9 进院落。前三进是

曲阜孔庙大成殿

前导部分，有牌坊和门屋共6座，院中遍植柏树。第四进以内从大中门起是孔庙的主体部分，此区围墙四隅起角楼，以大成殿庭院为中心，前有奎文阁及皇帝驻跸处；东有诗礼堂、崇圣祠、家庙和礼器库；西有金丝堂、启圣殿、寝殿（孔子父母的祠堂）和乐器库；后有圣迹殿和神厨、神庖。

奎文阁是一座以藏书丰富、建筑独特而驰名中外的孔庙藏书楼，建于明代。黄瓦歇山顶，三重飞檐，四层斗拱。奎文阁结构合理，坚固异常。奎文阁后13座碑亭中，有金代遗构2座，元代遗构2座。

大成殿是孔庙主殿，后设寝殿，仍是前朝后寝的传统形制。前庭中设杏坛，此处原是孔子故宅的讲学堂，后世将堂改为孔庙正殿。宋真宗末年，增广孔庙，殿移后，此处建坛，周围环植杏树，故称杏坛。金代在坛上建亭，现在的建筑是明代又改建成的重檐十字脊亭。东西两庑各40间，供历代著名先贤、先儒的神主。大成殿建于清雍正七年（1729年），重檐歇山，面阔9间，用黄色琉璃瓦，殿前檐柱用石龙柱10根，高浮雕龙及行云缠柱，为他处殿宇所少见，两侧檐柱则用阴刻线条图案。

曲阜孔庙除金、元碑亭外，尚保存较多明代建筑，东侧为孔子嫡传后代衍圣公的府第。

三、陵墓

中国古代对于人的生和死同等重视。儒家主张："生，人之始也；死，人之终也。终始俱善，人道毕矣。故君子敬始而慎终。"（《荀子·礼论篇》）所以在君、亲去世后，大都厚葬并以时祭享，演为习俗，逐渐形成了专供安葬并祭祀逝者的陵墓建筑。随着时光的流逝，遗留下来的多为帝王或贵族的陵墓。

我国古代的陵墓建筑，除少数建造在平原上外，一般都是利用自然地形，靠山建坟。从布局来说，都是在陵园的四面筑上陵墙，四角建造角楼。陵前建有神道，神道上建有门阙，还有石人、石兽的雕像，给人一种肃穆、宁静之感。

（一）秦始皇陵

陕西临潼骊山秦始皇陵是中国第一座帝陵，其巨大的规模、丰富的陪葬物居历代帝王陵之首。陵墓周围筑有内外两重城垣，大体呈回字形。陵园内城垣周长 3870 米，外城垣周长 6210 米。秦始皇陵的封土形成了三级阶梯，状呈覆斗，底部近似方形，初高 120 米，但经历 2000 多年的风雨侵蚀和人为破坏，现高度为 87 米。秦始皇陵地下宫殿是陵墓建筑的核心部分，位于封土堆之下。据《史记》记载：地宫中以水银为百川江河大海，以机械动力使之流动不息；墓顶饰有日月星辰，地下设置山水郡县城郭；陵内以娃娃鱼膏为烛，这种蜡烛能够经久不灭。陵园以封土堆为中心，四周陪葬分布众多，其中最著名的就是兵马俑陪葬坑。

秦始皇陵兵马俑

（二）唐乾陵

乾陵为唐高宗李治与武则天的合葬墓，在乾县以北，依梁山而建。梁山前有双峰对峙，高度低于梁山，乾陵墓室藏于梁山中，利用双峰建为墓前双阙，使整个陵区显得崇高、雄伟，选址极为成功。阙内神道两侧分立石柱、飞马、朱雀、石马、石人、碑、蕃酋群像、石狮等。陵前共有三对阙，最外一对阙在山下神道南端，中间一阙在双乳峰，最后一阙在朱雀门前。阙的形制是在夯土台上立木构的观，在懿德太子墓内甬道壁画中可以看到这种阙的完整形象。根据所存夯土台基，可知乾陵用的是三出阙，这是帝王的规制。由于神道地势向上缓坡，加以两侧石刻与阙台的衬托，使陵山更为突出。梁山周围原有陵墙，陵门四出，现已不存。山下有陪葬墓17 座，已发掘永泰公主、章怀太子、懿德太子三墓。墓制大体相同：地面有方上，周围有墙，门前有石柱一对、石狮一对、石人两对。墓室在地下 10 余米，由墓道斜通向下。内分前后二室，前室顶上绘星辰天象，后室置棺，仍是前堂后寝之制。墓室四壁及雨道两侧绘有柱枋斗拱、树木、宫女、内监等象征宫廷生活的壁画，甬道外墓道两侧还绘有列戟、仪仗等宫门前的情状。乾陵是唐十八陵中主墓保存最完好的，也是唐陵中唯一一座没有被盗的陵墓。

唐乾陵

（三）明十三陵

明太祖孝陵在南京钟山南麓，开曲折自然式神道之先河，并始建宝城宝顶。永乐以下诸帝，除景泰帝葬于北京西郊外，其余十三帝都葬于北京北郊昌平天寿山麓，统称十三陵。明十三陵是世界上最大规模的陵墓建筑，以长陵为中心，形成了规模壮丽的建筑平面。

明十三陵

十三陵以天寿山为屏障，三面环山，南面敞开，形势环抱。神道南端左右各有小丘，如同双阙，使整个陵区具有宏伟、开阔的气势。十三陵神路由石牌坊、大红门、碑楼、石像生、龙凤门等组成。整个陵区以永乐帝的长陵为中心，分布在周围的山坡上，每陵各占一山趾，其陵门、享殿（祾恩殿）、明楼的布置大体参照长陵制度，而尺度则较小。

陵的布置，陵体称宝城，正前为明楼，楼中立皇帝庙谥石碑，下为灵寝门。明楼前置石几筵、二柱门，前为陵寝门。各陵碑都设在陵门外。其中长陵的祾恩殿面积和故宫太和殿相近。殿内有 32 根楠木柱，直径 1.17 米，高 12 米，是现存古代建筑中罕见的。

十三陵从建成到现在已有四五百年了，是历代帝王陵寝建筑中保存得比较好的一处。其建筑雄伟，体系完整，历史悠久，具有较高的历史和文物价值，作为中华民族古老文化的一部分，与陵区自然景观交相辉映，形成一处风景优美、文化内涵深刻的旅游胜地。

（四）清陵

清陵是各清代帝后的陵墓。清朝入关前，帝王陵墓在东北地区共有三处：永陵（辽宁新宾）、福陵（辽宁沈阳东郊）、昭陵（辽宁沈阳北郊），又称盛京三陵。其中昭陵是清太宗皇太极及皇后的陵墓，在盛京三陵中规模最大，结构最完整。

清东陵

清帝入关后，陵区则为河北遵化的东陵和距北京西 100 多公里的易县西陵。东陵包括 5 座帝陵：孝陵（顺治）、景陵（康熙）、裕陵（乾隆）、定陵（咸丰）和惠陵（同治）以及他们的后妃陵墓：东（慈安）、西（慈禧）太后的普祥峪定东陵和菩陀峪定东陵。西陵包括 4 座帝陵：泰陵（雍正）、昌陵（嘉庆）、慕陵（道光）、崇陵（光绪）以及他们的后妃陵墓。其中清东陵是中国现存规模最宏大、体系最完整、布局最得体的帝王陵墓建筑群。

清东陵西距北京市区 125 公里，康熙二年（1663 年）开始修建。陵区南北长 125 公里、宽 20 公里，四面环山，正南烟炖、天台两山对峙，形成宽仅 50 米的谷口，俗称龙门口。清代在此陆续建成 217 座宫殿牌楼，组成大小 15 座陵园，诸陵园以顺治的孝陵为中心，排列于昌瑞山南麓，均由宫墙、隆恩门、隆恩殿、配殿、方城明楼及宝顶等建筑构成。其中方城明楼为各陵园最高的建筑物，内立石碑，碑上以汉、满、蒙三种文字刻写墓主的谥号；明楼之后为宝顶（大坟头），其下方是停放灵柩的地宫。陵区最南端的石牌坊向北到孝陵宝顶，由一条宽约 12 米、长 6 公里的神道连成一气，沿途大红门、大碑楼（圣德神功碑亭）、石像生、龙凤门、七孔桥、小碑楼（神道碑楼）、隆恩门、隆恩殿、方城明楼等建筑井然有序，主次分明。

清东陵的 15 座陵寝从顺治十八年（1661 年）首建顺治皇帝的孝陵开始，到光绪三十四年（1908 年）最后建成慈禧太后的菩陀峪定东陵为止，营建活动延续了247 年。随着清王朝由弱到强、由盛到衰的发展变化，清东陵的营建活动也经历了同样的发展过程。可以说，清东陵的经营几乎与清王朝相始终，葬有许多对清代历史有着重要影响的、声名显赫的人物，蕴含着丰富的历史信息，不仅是研究清代陵寝规制、丧葬制度、祭祀礼仪、建筑技术与工艺的不可多得的实物资料，而且是研究清代政治、经济、军事、文化、科学、艺术的典型例证。

第三节　宗教建筑

在我国古代曾出现过多种宗教，比较重要的是佛教、道教和伊斯兰教，其他还有摩尼教、袄教、天主教、基督教、本教等。其中延续时间较长和传播地域最广的，应属自印度经西域辗转传来的佛教。它不但为我们留下了丰富的建筑和艺术遗产（如殿阁、佛塔、经幢、石窟、雕刻、塑像、壁画等），且对我国古代社会文化和思想的发展带来了深远的影响。

一、佛教寺院

（一）山西五台山佛光寺大殿

山西五台山是我国著名的佛教圣地之一。五台山上的佛教建筑非常多，保存至今的就有 58 处，其中南禅寺和佛光寺比较著名。

南禅寺建于唐建中三年（782 年），是我国现存最早的木结构寺院建筑。大殿面阔、进深各三间，平面近方形，单檐歇山灰色筒板瓦顶。檐柱 12 根，其中 3 根抹棱方柱当是始建时遗物。殿前有宽敞的月台，殿内无柱。殿内有泥塑佛像 17 尊，安置在凹形砖砌佛坛上，佛坛后部正中为释迦牟尼塑像，庄严肃穆，总高近 4 米，基本保存了原有风貌，是现存唐代塑像的杰出作品。

佛光寺在山西五台县城东北 32 公里佛光山腰，始建于北魏孝文帝时期，唐武宗会昌五年（845 年）灭法，寺内除几座墓塔外，其余全部被毁。宣宗复法，大中十一年（857 年）重建。佛光寺大殿坐东朝西，最东的高地高出前部地面十二三米。面阔七间，进深四间，单檐庑殿顶，总面积 677 平方米（金厢斗底槽）。大殿外表朴素，柱、额、斗拱、门窗、墙壁，全用土红涂刷，未施彩绘。

殿顶用板瓦铺设，脊瓦条垒砌，正脊两端，饰以琉璃鸱吻。二吻虽为元代补配，但高大雄健，仍沿用唐代形制。柱高与开间的比例略呈方形，斗拱高度约为柱高的1/2。粗壮的柱身、宏大的斗拱加上深远的出檐，给人以雄健有力的感觉。

佛光寺大殿表现了结构与艺术的高度统一，具有我国唐代木构建筑的明显特点，

梁思成与佛光寺

它虽然比南禅寺大殿晚建 75 年，但规模远胜于南禅寺大殿，是中国现存规模最大的唐代木构建筑暨第二早的木结构建筑，且在后世修葺中改动极少，所以国内一般都将东大殿作为仿唐建筑的范例。它打破了日本学者的断言——在中国大地上没有唐朝及以前的木结构建筑，因此被建筑学家梁思成誉为"中国建筑第一瑰宝"。

（二）山西浑源县悬空寺

始建于北魏后期的山西浑源县悬空寺是国内仅存的佛、道、儒三教合一的独特寺庙。它是一组由多座悬挂在北岳恒山陡峭岩壁上的殿堂所组成的寺庙建筑群。悬空寺发展了我国的建筑传统和建筑风格，其建筑特色可以概括为"奇、悬、巧"三个字。"奇"的是建寺设计与选址。悬空寺处于深山峡谷的一个小盆地内，整体悬挂于石崖中间，石崖顶峰突出部分好似一把伞，使古寺免受雨水冲刷。山下的洪水泛滥时，也免于被淹。四周大山的遮蔽减少了阳光的照射时间。优越的地理位置是悬空寺能完好保存的重要原因之一。"悬"是悬空寺的另一特色。全寺共有殿阁 40 间，表面看上去支撑它们的是十几根碗口粗的木柱，其实有的木柱根本不受力，而真正的重心撑在坚硬岩石里，利用力学原理半插飞梁为基。悬空寺的"巧"体现在建寺时因地制宜，充分利用峭壁的自然状态布置和建造寺庙各部分建筑，将一般寺庙平面建筑的布局、形制等建造在立体的空间中，山门、钟鼓楼、大殿、配殿等都有，设计非常精巧。其中，三教殿建在寺院的最高处。殿内正中端坐佛祖释迦牟尼，慈和安详；左边是儒家始祖孔子，微笑谦恭；右边是道教教主老子李耳，清高豁达。三教殿内佛、道、儒的和平共处，体现了儒家思想和为贵、仁者见仁、智者见智以及道家的无量度人、礼度为先和佛教普度众生的思想，是三教思想融洽升华的展示。

（三）西藏布达拉宫

世界上海拔最高，集宫殿、城堡和寺院于一体的宏伟建筑，也是西藏最庞大、最完整的古代宫堡建筑群，在拉萨西约 2.5 公里的布达拉山上，是达赖喇嘛行政和居住的宫殿，同时也是一组最大的藏传佛教寺院建筑群，可容僧众万余人。相传始建于 8 世纪松赞干布王时期，后毁于兵燹。清顺治二年（1645 年），由五世达赖重建，主要工程历时约 50 年，后陆续有增建，前后长达 300 年。

布达拉宫依山垒砌，群楼重叠，主体建筑分为白宫和红宫两部分。宫殿高 200 余米，外观 13 层，内为 9 层。自山脚向上，直至山顶。红宫前面有一白色高耸的墙面为晒佛台，在佛教的节日用来悬挂大幅佛像挂毯。白宫是达赖喇嘛的冬宫，也曾是原西藏地方政府的办事机构所在地，高 7 层，装饰十分华丽。红宫是整个建筑群的主体，也是达赖喇嘛接受参拜及行政机构所在，有经堂、佛殿、政厅、图书馆、仓库、历代达赖喇嘛的灵堂、灵塔以及平台、庭院等，最大的经堂可容纳 500 个喇嘛诵经。红宫附近设有佛像及佛具制造所、印经院、马厩、守卫室、监狱和喇嘛住宅等。

由于布达拉宫起建于山腰，大面积的石壁又屹立如削壁，建筑仿佛与山岗合为一体，气势十分雄伟。宫殿在总平面上没有使用中轴线和对称布局，但却在体量、位置和色彩上强调红宫与其他建筑的鲜明对比，达到了重点突出、主次分明的效果。

红宫之上又建金殿 3 座和金塔 5 尊，阳光下金光灿烂，更加突出了这组建筑的重要性。

布达拉宫在建筑形式上既使用了汉族建筑的若干形式，又保留了藏族建筑的传统手法，反映了兄弟民族建筑形式的密切结合，表现了藏族建筑艺术的高超水平。

此外，宫内尚绘有许多壁画，对研究西藏的历史和艺术都很有价值。

二、道教宫观

（一）湖北武当山宫观

武当山是中国道教圣地。在诸宫观中，西路玉虚宫是武当山建筑群中最大的宫殿之一。玉虚宫全称玄天玉虚宫，道教指玉虚为玉帝的居处，始建于明永乐年间，规制谨严，院落重重。沿轴线设置桥梁、碑亭、宫门四重及前、后殿。殿外的玉带河前辟有广场，可供阅兵及操练，此形制为一般寺观所没有。宫中原有建筑大多已毁，现存建筑及遗址主要有两道长 1036 米的宫墙、两座碑亭、里乐城的 5 座殿基和清代重建的父母殿、云堂以及东天门、西天门、北天门遗址。这些残存的遗址，直到今天仍有很强的感染力，颇值得观赏。

紫霄宫在天柱峰东北展旗峰下，是武当山上保存较为完整的宫殿古建筑群之一。其中紫霄殿面阔五间，重檐九脊，绿瓦红墙，光彩夺目，其额枋、斗拱、天花遍施彩绘，藻井浮雕有二龙戏珠，形态生动，宛若真物。由于彩绘，全殿显得光彩夺目，富丽堂皇。殿内供有玉皇、真武、灵官诸神像，栩栩如生。殿后的父母殿，崇楼高举，秀雅俏丽，与紫霄殿相映生辉，体现了中国古代建筑的高超艺术。

武当山主峰天柱峰顶，有建于明代永乐十七年（1419 年）的紫禁城，用条石依岩砌筑，按中国天堂的模式建有东、南、西、北四座石雕仿木结构的城楼象征天门。该石雕建筑在悬崖陡壁之上，设计巧妙，施工难度大，是明代科学与艺术相结合的产物。城内最高处有建于永乐十四年（1416 年）的铜铸鎏金金殿。殿内供有披发跣足的真武铜像，并有玄武（龟蛇）、金童、玉女及水、火二将等。金殿左右并建签房、印房，后置父母殿，形成一组位于山顶之二重院落建筑。

综观武当山古建筑群，荟萃了中国古代优秀建筑法式，集中体现了皇宫的宏伟壮丽、道教的神奇玄妙、园林的幽静典雅等多种特色，形成了丰富多彩的传统建筑风格，目前已被联合国正式列为世界文化遗产予以保护。

（二）山西芮城永乐宫

永乐宫原在山西永济永乐镇，是在唐代吕公祠原址上重建的大纯阳万寿宫的主要部分。永乐宫于元代定宗贵由二年（1247 年）动工兴建，至正十八年（1358 年）竣工，施工期达 110 多年。后因修筑黄河水库工程，已将此组建筑迁至芮城。

芮城永乐宫主要建筑沿纵向中轴线排列，有山门、龙虎殿（无极门）、三清殿、纯阳殿、重阳殿和邱祖殿（已毁），是一组保存较为完整的元代道教建筑。

三清殿又称无极殿，是永乐宫的主殿。面阔七间，深四间，八架椽，单檐五脊顶。前檐中央五间和后檐明间均为隔扇门，其余为墙。北中三间设神坛，其上供奉道教元始天尊、灵宝天尊、太上老君，合称"三清"。殿前有月台二重，踏步两侧仍保持象眼（以砖、石砌作层层内凹式样）做法。殿身除前檐中央五间及后檐当心间开门外，都用实墙封闭。

重阳殿是为供奉道教全真派首领王重阳及其弟子七真人的殿宇。殿内采用连环画形式描述了王重阳从降生到得道度化七真人成道的故事。这些壁画线条生动流畅，与无极殿、三清殿、纯阳殿的元代壁画同为我国古代艺术中瑰宝。

三、佛塔

佛塔原是佛徒膜拜的对象，后来根据用途的不同又有经塔、墓塔等的区别。我国早期的佛塔受印度和犍陀罗的影响较大，后来在长期的实践中发展了自己的形式，在类型上大致可分为大乘佛教的楼阁式塔、密檐塔、单层塔、喇嘛塔和金刚宝座塔，以及小乘佛教的几类佛塔。

（一）楼阁式塔

山西应县佛宫寺释迦塔，又称应州塔、应县木塔，建于辽清宁二年（1056年），是国内现存唯一最古、最完整的木塔，与意大利比萨斜塔、巴黎埃菲尔铁塔并称"世界三大奇塔"。

佛宫寺释迦塔位于寺南北中轴线上的山门与大殿之间，属于前塔后殿的布局。塔建造在4米高的台基上，塔高67.31米，底层直径30.27米，呈平面八角形。第一层立面重檐，以上各层均为单檐，共五层六檐，各层间夹设暗层，实为九层。因底层为重檐并有回廊，故塔的外观为六层屋檐。各层均用内、外两圈木柱支撑，每层外有24根柱子，内有8根柱子，木柱之间使用了许多斜撑、梁、枋和短柱，组成不同方向的复梁式木架。由于各楼层间的平坐暗层在结构上增加了柱梁间的斜向支撑，所以塔的刚性有很大改善，虽经多次地震，仍旧安然无恙。

应县木塔的设计，大胆继承了汉、唐以来富有民族特点的重楼形式，充分利用传统建筑技巧，广泛采用斗拱结构，全塔共用斗拱54种，每个斗拱都有一定的组合形式，有的将梁、坊、柱结成一个整体，每层都形成了一个八边形中空结构层。

（二）密檐塔

河南登封嵩岳寺塔位于登封嵩山南麓，建于北魏正光四年（523年），塔顶重修于唐代，是我国现存最古的密檐式砖塔。

塔平面为十二边形，是我国塔中的孤例。塔建有密檐15层，高40米。塔最下为低平台座，上建划为二段塔身，下层塔身平素，无门窗及任何装饰，上层塔身辟饰以火焰式尖瓣之拱门及小龛，龛下置有壶门之须弥座。转角立莲瓣倚柱。虽门楣及佛龛上已用圆拱券，但装饰仍多保存外来风格。密檐出挑都用叠涩，未用斗拱。塔心室为八角形直井式，以木楼板隔为10层。

塔身外轮廓有缓和收分，呈一略凸的曲线。塔刹则用石构成，其形式为在简单台座上置俯莲覆钵，束腰及仰莲，再叠相轮七重与宝珠一枚。密檐间距离逐层往上缩短，与外轮廓的收分配合良好，使庞大的塔身显得稳重而秀丽。檐下设小窗，既打破了塔身的单调，又产生了对比作用，也是较好的处理手法。

（三）喇嘛塔

北京妙应寺白塔位于西城阜成门内，建于元至元八年（1271 年），是尼泊尔著名工匠阿尼哥的作品。

白塔，高约 53 米，由塔基、塔身和塔刹三部分组成。塔建在凸字形台基上，台上再设亚字形须弥座 2 层（角部向内递收二折），座上置覆莲与水平线脚数条，承以肥短的塔身（又称宝瓶或塔肚子）、塔脖子、十三天（即相轮）与金属的宝盖。塔体为白色，与上部金色宝盖相辉映，外观甚为壮伟。

（四）傣族佛塔

云南景洪曼飞龙塔位于景洪县大勐笼之曼飞龙后山，是我国云南傣族南传上座部佛教（也称小乘佛教）极具代表性的佛塔。

曼飞龙塔属砖石结构，塔基为一圆形的须弥座，周长 42.6 米，在塔基上建有由大小 9 座塔组成的塔群。主塔的基座直径 3.9 米，高 12.9 米，围绕主塔的 8 座小塔高 9.1 米，为多层圆形盒状体叠压而成的塔身，层与层之间有环形仰莲浮雕。塔刹是喇叭形的莲瓣立雕。每座小塔的塔座都有一个屋脊外延的佛龛，里面安放着一尊佛像，内壁则排列着整齐的佛像浮雕。佛龛正脊和垂脊上均饰有龙、凤、孔雀等陶塑，佛龛券门沿面有花草、卷云纹饰。刹杆上装置着上下串连的华盖和风铎。

曼飞龙塔是独具一格的古塔，表现了傣族人民在建筑技术上的成就。同时，由于飞龙白塔具有缅甸佛塔的风格，因此还体现了中外建筑技术和文化的交流。

总的来说，中国的寺庙建筑常选址于名山幽林之中，讲究内敛含蓄，即深山藏古寺，主动将自己和自然融合在一起，寺在深山中，亦是深山的一部分。寺庙和自然山水融合在一起，充分体现了"天人合一"的哲学理念，它不仅是中国的优秀艺术作品，同时在世界建筑文化史上也是独一无二的。

此外，中国佛教石窟不同的窟型，洞窟外不同时代的木质结构窟檐，均是不可多得的木结构古建筑实物资料，具有极高的研究价值。

第四节　和谐有序的民居

中国传统民居深受宗法伦理思想与阴阳五行学说影响。中国古代宗法伦理中礼讲究的是父尊子卑、长幼有序、男女有别，表现在建筑布局上就是父母居住的正屋安排在整个组群的中轴线上，位置居中，子孙辈居住的厢房对称排列在正屋东西两旁；父辈与子孙辈的居室在建筑规模、室内装饰与陈设上也有等级之分。男女之别反映在居室布局上，就是男处外庭、女居内室。

中国地域广大，民族众多，不同的地理环境与民族风俗，使得分布在各地的民居在遵循中国传统建筑基本规律的前提下，具有浓郁的地方特色和民族风情。以下以北京四合院和福建土楼为例予以介绍。

一、北京四合院

四合院是我国北方传统住宅建筑的一种典型形式，其格局为一个院子四面建有房屋，从四面将庭院合围在中间，故名四合院。其中最为雅致、数量最多、结构最为精巧的，首推北京，因此人们提到四合院，多称老北京四合院。北京四合院兴起于元代，历经明、清、民国及当代，经过数百年的发展，形成了自己独有的风格，配合着老北京独有的文化氛围，成为大家津津乐道的北京符号。

四合院的规模大小不同，主要由房主人的居住需求和经济实力决定。四合院是由若干单体建筑构成的，这些单体建筑位置不同、体量不同、功能不同，共同组成一个有机的整体。

总之，传统的四合院住宅有优于其他住宅形式的居住环境。其虽为居住建筑，却蕴含着深刻的文化内涵，是中华传统文化的载体。它有宽绰疏朗、起居方便的中心院落，有高度的私密性和亲和性，非常适合独家居住；四合院以四面房屋围合的院落为基本单元，可向纵深和两侧任意发展，适合各种不同规模的家庭居住（四世同堂、五世同堂）；四合院这种居住形式，达到了人与大自然高度的和谐。

二、福建土楼

福建土楼俗称生土楼，因其大多数为福建客家人所建，故又称客家土楼。它是一种供聚族而居且具有防御性能的民居建筑。它源于古代中原生土建筑工艺技术，宋元时期即已出现，明清时期趋于鼎盛，延续至今。结构上以厚实的夯土墙承重，内部为木构架。常见的类型有圆楼、方楼、五凤楼（府第式）、宫殿式楼等。楼内生产、生活、防卫设施齐全，是中国传统民居建筑的独特类型。福建土楼含福建省永定区的高北土楼群、洪坑土楼群、初溪土楼群和衍香楼、振福楼，南靖县的田螺坑土楼群、河坑土楼群，云水谣的和贵楼、怀远楼，华安县的大地土楼群。其中最出名的是永定土楼。

位于南靖县书洋乡上坂村的田螺坑土楼群，由1座方楼（步云楼）、3座圆楼（和昌楼、振昌楼、瑞云楼）和1座椭圆形楼（文昌楼）组成，方楼居中，其余4座楼环绕周围，依山势错落布局。田螺坑土楼群的精美建筑组合，构成了人文与自然巧妙之成的绝景，给人强烈的观赏冲击，令人叹为观止。楼与楼之间，鹅卵石阶曲折相连。每座楼皆为三层的石基土墙木结构，通廊式，底层是厨房，中层为谷仓，顶层是卧室，中为共享的庭院，皆有一口清澈的水井。除方楼设4个楼梯上下外，4座圆楼皆设2个楼梯上下，一个大门出入。从第一座始建于清嘉庆年间至最后一座竣工于 1966 年，繁衍生息在这里的黄姓子孙前后历经了近 200 年，方才造就了此般人间奇景。

第五节　中国古典园林

中国古典园林集中了建筑、绘画、文字、园艺等艺术精华，是中国建筑中综合性最强、艺术性最高的一种类型。

中国古典园林可分为皇家园林和私家园林两大类。它们都是人工营造出来的山水环境，在功能上都是游乐、休息的场所，但由于园林占地大小的差别和二者追求意境的不同，其景观效果各不相同。私家园林规模不大，通常采用园虽小而诸景皆备的壶中天地范式，追求雅致淡泊的意境；皇家园林规模宏大，景观开阔而畅朗，自显雍容雄奇的皇家风范。皇家园林中还多有模仿江南名胜和著名私家园林的景观。无论何种园林，都是中国造园名家的精心之作，都具有共同的艺术技巧和审美追求——模仿自然山水。中国传统园林是自然山水式园林，明末园艺家计成在他的《园冶》中提出造园的最高准则是"虽由人作，宛自天开"。因此，追求自然山水之美成为中国园林的显著特征。

一、承德避暑山庄和清漪园（颐和园）

历代帝王都在京城周围设置若干苑囿供其进行各种活动，如起居、骑射（畋猎）、观奇、宴游、祭祀以及召见大臣、举行朝会等。这些苑囿的规模很大，园内设有许多离宫及其他各种设施，不单是游息的场所，而是具有多种用途的综合体。从西汉的上林苑到清代的圆明园、颐和园莫不如此。

（一）河北承德避暑山庄

承德避暑山庄坐落于承德市区北部，是中国古代帝王的宫苑，清代皇帝避暑和处理政务的场所，也是我国现存最大的古典皇家园林。始建于 1703 年，历经清康熙、雍正、乾隆三朝，耗时 89 年建成，与颐和园、拙政园、留园并称为"中国四大名园"。

山庄的建筑布局大体可分为宫殿区和苑景区两大部分。居住朝会用的宫殿部分位于园的南面，靠近承德市区一边。正门向南，是由几组四合院组成的建筑群，其中包括正殿澹泊敬诚殿一路，乾隆之母所居的松鹤斋一路，以及听戏用的清音阁和康熙所居的万壑松风殿等。这里虽是宫室殿宇，但都用卷棚屋顶、素筒板瓦，不施琉璃，风格较北京淡雅，符合山庄之义。澹泊敬诚殿是楠木殿，雕刻精细；万壑松风殿北临湖面，地势较高，可以尽收园中湖山风光；清音阁、勤政殿一组建筑现已不存。

苑景区可分为湖区、平原区与山区三大部分。湖区有泉流汇集，堤岛布列其间，把水面分隔成若干区，景色多仿江南名胜，如芝径云堤仿杭州西湖，烟雨楼仿嘉兴南湖烟雨楼，文园狮子林仿苏州狮子林，金山仿镇江金山寺等。在池沼地带北面有一片较大的平地，布置有万树园、试马埭、藏书楼、文津阁及永佑寺等，是清帝习射、竞技、宴会的场所。山区则建造一些小巧而富于变化的休息游观性建筑物和不少庙宇，都是根据山地特点，布置得曲折起伏、错落有致，如"梨花伴月"就是其中有名的一组，两侧作迭落式屋顶，轮廓极其优美。整个园区大小建筑风景点共约80余处，现仅湖区一小部分保存下来，其余绝大多数已毁去。

避暑山庄最大的特色是园中有山、山中有园。其在总体规划布局和园林建筑设计上充分利用了原有的自然山水的景观特点和有利条件，吸取唐、宋、明历代造园的优秀传统和江南园林的创作经验，加以综合、提高，把园林艺术与技术水准推向了空前的高度，成为中国古典园林的最高典范。远借园外东北两面的外八庙风景，也是此园成功之处。

（二）清漪园（颐和园）

清漪园在北京西北郊，与圆明园毗邻，是颐和园的前身。这里风景优美，在金代已经建造了行宫，元代加以扩建，明代建有好山园，山名瓮山，前有西湖。到乾隆十五年（1750年），乾隆借口为庆祝母亲六十寿辰，大兴土木，拟建大报恩延寿寺于山巅，并将瓮山改名为万寿山。又以兴水利、练水军为名，筑堤围地，扩展湖面，建成大规模的园林，名为清漪园。咸丰十年（1860年）英法侵略军占北京，清漪园全部被掠被毁。光绪十二年（1886年）慈禧太后挪用海军经费重建，取意"颐养冲和"，改名颐和园。光绪十九年（1893年）、光绪二十六年（1900年）又毁此园。光绪三十一年（1905年），慈禧太后下令修复，还添建了不少建筑物，现存的颐和园大部分建筑是此时的遗物。

颐和园主要由万寿山和昆明湖两部分组成，全园总面积4000余亩，水面占3/4。各种形式的宫殿园林建筑3000余间，大致可分为行政、生活、游览三个部分。

以仁寿殿为中心的行政区，是当年慈禧太后和光绪皇帝坐朝听政、会见外宾的地方。仁寿殿后是三座大型四合院：乐寿堂、玉澜堂和宜芸馆，分别为慈禧、光绪和后妃们居住的地方。宜芸馆东侧的德和园大戏楼是清代三大戏楼之一。

颐和园自万寿山顶的智慧海向下，由佛香阁、德辉殿、排云殿、排云门、云辉玉宇坊构成了一条层次分明的中轴线。山下是一条长700多米的长廊，号称"世界第一廊"，长廊之前是昆明湖。昆明湖的西堤是仿照西湖的苏堤建造的。

万寿山后山、后湖古木成林，有藏式寺庙、苏州河古买卖街。后湖东端有仿无锡寄畅园而建的谐趣园，以水池为中心，周围环布轩榭亭廊，形成深藏一隅的幽静水院，富于江南园林意趣，和北海静心斋一样，同是清代苑囿中成功的"园中之园"。

颐和园利用万寿山一带地形，加以人工改造，造成前山开阔的湖面和后山幽深的曲溪、水院等不同境界，是造园手法成功的代表作。佛香阁的气势磅礴使全园产生突出的构图中心，这是与避暑山庄和圆明园的不同之处。在借景方面，把西山、玉泉山和平畴远村收入园景。至于浩瀚辽阔的湖面，则是清代其他苑囿所不及的长处。

总之，颐和园这座环境幽雅，建筑精美，名扬中外的古典园林艺术杰作，是我国现存最完整、规模最大的皇家园林，在世界古代园林中享有很高的声誉。它体现了我国劳动人民的聪明才智，凝结了我国劳动人民的血汗，也反映了我国受帝国主义欺凌的苦难历史，理所当然地受到人们的重视和保护，成为中外人士到北京的必游之地。

二、苏州园林

苏州园林建筑始于春秋时期吴国建都姑苏时，形成于五代，成熟于宋代，兴旺鼎盛于明清。享有"江南园林甲天下，苏州园林甲江南"之美誉，被誉为"咫尺之内再造乾坤"，是中华园林文化的翘楚和骄傲，是中国传统园林的杰出代表。其中沧浪亭、狮子林、拙政园和留园分别代表着宋、元、明、清四个朝代的艺术风格，被称为"苏州四大名园"。

（一）沧浪亭

沧浪亭位于苏州城南三元坊，是现存历史最悠久的江南园林。沧浪亭占地面积 10800 平方米，主要景区以山林为核心，四周环列建筑，亭及依山起伏的长廊又利用园外的水画，通过复廊上的漏窗渗透作用，沟通园内外的山水，使水面、池岸、假山、亭榭融为一体。园内有一泓清水贯穿，波光倒影，景象万千。沧浪亭相传始为五代吴越王钱缪之子钱元璙的池馆。宋代著名诗人苏舜钦以四万贯钱买下废园进行修筑，傍水造亭，因感于"沧浪之水清兮，可以濯吾缨；沧浪之水浊兮，可以濯吾足"，题名"沧浪亭"，自号沧浪翁，并作《沧浪亭记》。欧阳修应邀作《沧浪亭》长诗，诗中以"清风明月本无价，可惜只卖四万钱"题咏此事。自此，沧浪亭名声大振。苏氏之后，沧浪亭几度荒废，南宋初年一度为抗金名将韩世忠的宅第。清康熙三十五年（1696 年），巡抚宋荦重建此园，把傍水亭子移建于山之巅，形成今天沧浪亭的布局基础，并以文征明隶书"沧浪亭"为匾额。清同治十二年（1873 年）再次重建，遂成今天之貌。沧浪亭虽因历代更迭有兴废，已非宋时初貌，但其古木苍老森郁，还一直保持旧时的风采，部分地反映出宋代园林的风格。

（二）狮子林

狮子林始建于元代至正二年（1342 年），为元代园林的代表，也是中国古典私家园林建筑的代表之一。园以叠石取胜，洞壑宛转，怪石林立，水池萦绕。狮子林平面呈长方形，占地面积约 1000 平方米，拥有国内尚存最大的古代假山群，有"假山王国"之美誉。狮子林原为菩提正宗寺的后花园。1341 年，高僧天如禅师来到苏州讲经，受到弟子们拥戴。弟子们买地置屋为天如禅师建禅林。因园内"林有竹万，竹下多怪石，状如狻猊者"，又因天如禅师维则得法于浙江天目山狮子岩普应国师中峰，为纪念佛徒衣钵、师承关系，取佛经中狮子座之意，故名"狮子林"。亦因佛书上有"狮子吼"一语，且众多假山酷似狮形而命名。狮子林建筑可分祠堂、住宅与庭园三部分。住宅区以燕誉堂为代表，是全园的主厅，建筑高敞宏丽，堂内陈设雍容华贵。主花园内建筑主要分布在北部，前后错落，形式多变。

（三）拙政园

拙政园是苏州园林中面积最大的古典山水园林。此地初为唐代诗人陆龟蒙的住宅，元朝时为大弘寺。明代御史王献臣仕途失意归隐苏州后将其买下，聘著名画家、吴门画派的代表人物文征明参与设计蓝图，历时16年建成。拙政园这一大观园式的古典豪华园林，以其布局的山岛、竹坞、松岗、曲水之趣，被胜誉为"天下园林之母"。拙政园中现有的建筑，大多是清咸丰十年（1860年）拙政园成为太平天国忠王府花园时重建，至清末形成东、中、西三个相对独立的小园。全园以水为中心，山水萦绕，厅榭精美，花木繁茂，充满诗情画意，具有浓郁的江南水乡特色。花园分为东、中、西三部分，东花园开阔疏朗，中花园是全园精华所在，西花园建筑精美，各具特色。园南为住宅区，体现了典型的江南民居格局。园南还建有苏州园林博物馆，是国内唯一的园林专题博物馆。

（四）留园

留园始建于明代万历二十一年（1593年），为中国大型古典私家园林，占地面积23300平方米，代表清代风格，园内建筑布置精巧、建筑艺术精湛、奇石众多，厅堂宏敞华丽，庭院富有变化，太湖石以冠云峰为最，有"不出城郭而获山林之趣"。其花窗设计别出心裁、独具匠心，把花纹图案设计在窗橱上，中间留出较大空间，使窗外的景物透入室内，看上去就像墙上挂了几幅生动活泼的图画一样。全园布局紧凑，结构严谨，庭园幽深，重门迭户，移步换景。留园建筑数量较多，其空间处理之突出，居苏州诸园之冠，充分体现了古代造园家的高超技艺和卓越智慧。留园建筑空间处理精湛，造园家运用各种艺术手法，构成了有节奏、有韵律的园林空间体系，成为世界闻名的建筑空间艺术处理的范例。现园中分四部分，东部以建筑为主，中部为山水花园，西部是土石相间的大假山，北部则是田园风光。

总之，苏州园林是中国古典园林的杰出代表，它特色鲜明地折射出中国人传统的自然观和人生观，蕴含着浓厚的中国传统思想和文化内涵，展示了东方文明的造园艺术典范，实为中华民族的艺术瑰宝，自古以来就吸引着无数中外游人前来参观学习。

【阅读经典】

1. 辟牖期清旷，开帘候风景。

——谢朓《新治北窗和何从事诗》

2. 滕王高阁临江渚，佩玉鸣鸾罢歌舞。画栋朝飞南浦云，珠帘暮卷西山雨。闲云潭影日悠悠，物换星移几度秋。阁中帝子今何在？槛外长江空自流。

——王勃《滕王阁诗》

3. 高槛危檐势若飞，孤云野水共依依。青山万古长如旧，黄鹤何年去不归？岸映西州城半出，烟生南浦树将微。定知羽客无因见，空使含情对落晖！

——贾岛《黄鹤楼》

4. 山翠万重当槛出，水华千里抱城来。

——许浑《晨起白云楼寄龙兴江准上人兼呈窦秀才》

5. 纳千顷之汪洋，收四时之烂漫。

——计成《园治》

6. 君到姑苏见，人家尽枕河。古宫闲地少，水港小桥多。

——杜荀鹤《送人游吴》

7. 人道我居城市里，我疑身在万山中。

——惟则《师子林即景·其一》

8. 云里帝城双凤阙，雨中春树万人家。

——王维《奉和圣制从蓬莱向兴庆阁道中留春雨中春望之作应制》

9. 遥望中原，荒烟外、许多城郭。想当年、花遮柳护，凤楼龙阁。万岁山前珠翠绕，蓬壶殿里笙歌作。到而今、铁骑满郊畿，风尘恶。兵安在？膏锋锷。民安在？填沟壑。叹江山如故，千村寥落。何日请缨提锐旅，一鞭直渡清河洛。却归来、再续汉阳游，骑黄鹤。

——岳飞《满江红·登黄鹤楼有感》

10. 六王毕，四海一，蜀山兀，阿房出。覆压三百余里，隔离天日。骊山北构而西折，直走咸阳。二川溶溶，流入宫墙。五步一楼，十步一阁；廊腰缦回，檐牙高啄；各抱地势，钩心斗角。

——杜牧《阿房宫赋》

【资源推荐】

1. 纪录片《美丽中国》，中央电视台制作，6 集。

2. 纪录片《故宫》，中央电视台制作，12 集。

3. 纪录片《园林》，中央电视台制作，8 集。

4. 纪录片《长城》，采用影视套拍的方式，以国际化的视角解读长城，用世界的语言讲述中国的故事，把中国的文化精髓和当前最先进的影视科技相结合，透过长城的千年跨越，透过围绕长城而起的战争烽烟，将长城两边鲜活的人物命运和民族溯源与演变，以及中国人的精神内核及价值追求告诉观众。

5. 《中国石拱桥》，作者茅以升，原载于 1962 年 3 月 4 日《人民日报》，后被选入初中语文课本。

【课堂检测】

一、单选题

1. (　　) 是中国古代建筑最主要的特色之一。

　　A. 建筑群的组合　　　　　　B. 精美的单栋建筑

　　C. 庭院的多种组合　　　　　D. 房间按功能分区

2. 寺、院、庵是 (　　) 的建筑。

A. 伊斯兰教　　B. 传统祭祀建筑　C. 道教　　　　D. 佛教

3. 中国古代建筑结构材料是（　　　）。

　　A. 以砖为主　　　B. 以土为主　　　C. 以木为主　　　D. 以石为主

4. 中国古建筑中的"三雕"不包括（　　　）。

　　A. 砖雕　　　　　B. 木雕　　　　　C. 根雕　　　　　D. 石雕

5. 中国古代建筑屋顶样式的最高等级是（　　　）。

　　A. 悬山　　　　　B. 歇山　　　　　C. 庑殿　　　　　D. 硬山

6. （　　　）的泥塑是中国古代泥塑的精品。

　　A. 同里镇陈氏旧宅　　　　　　　B. 自贡王爷庙

　　C. 晋祠圣母殿　　　　　　　　　D. 湘潭鲁班殿

7. 长城最西边的关叫（　　　）。

　　A. 山海关　　　　B. 玉门关　　　　C. 嘉峪关　　　　D. 居庸关

8. （　　　）是北京故宫最重要的殿堂，也是目前国内最大的皇宫殿堂。

　　A. 乾清宫　　　　B. 勤政殿　　　　C. 太和殿　　　　D. 仁寿殿

9. 汉代最著名的宫殿是（　　　）。

　　A. 阿房宫　　　　B. 未央宫　　　　C. 太极宫　　　　D. 大明宫

10. 全国最大的孔庙是（　　　）。

　　A. 北京孔庙　　　B. 南京夫子庙　　C. 山东曲阜孔庙　D. 西安文庙

二、多选题

1. 中国古代建筑制度化的主要内容表现为（　　　）。

　　A. 建筑等级制度　　　　　　　　B. 建筑地域性分区制度

　　C. 建筑风水制度　　　　　　　　D. 工官制度

2. 中国古代建筑等级表现在（　　　）。

　　A. 开间数　　　　B. 彩画样式　　　C. 建筑色彩　　　D. 屋顶样式

3. 四合院民居主要分布在（　　　）。

　　A. 华北地区　　　B. 西南地区　　　C. 东北地区　　　D. 西北地区

4. 下列古城为我国第一批国家历史文化名城的是（　　　）。

　　A. 曲阜　　　　　B. 长沙　　　　　C. 延安　　　　　D. 上海

　　E. 苏州

5. 中国古代建筑外观造型的基本特点是（　　　）。

　　A. 大屋顶　　　　B. 斗拱　　　　　C. 三段式　　　　D. 多种屋顶式样

6. 清代帝王的陵寝有多处，分布在（　　　）。

　　A. 北京昌平区　　B. 河北遵化县　　C. 河北易县　　　D. 辽宁沈阳

　　E. 黑龙江宁安县

7. 北京天坛的主要组成部分是（　　　）。

　　A. 圜丘坛　　　　B. 方泽坛　　　　C. 祈年殿　　　　D. 皇穹宇

　　E. 享殿

8. 下列被列入世界文化遗产的宗教建筑有（　　　）。

A. 敦煌莫高窟　　B. 大同云冈石窟　C. 重庆大足石刻　D. 布达拉宫

E. 洛阳龙门石窟

9. 干栏式建筑主要分布在（　　）。

A. 云南　　　　　B. 贵州　　　　　C. 广西　　　　　D. 新疆

E. 四川

10. 苏州园林是古典园林中最具有代表性的杰作之一，现遗存的"苏州四大名园"是（　　）。

A. 拙政园　　　　B. 留园　　　　　C. 狮子林　　　　D. 沧浪亭

E. 网师园

三、判断题

1. 中国现在最早的木结构建筑的实物仅有唐朝的五台山南禅寺和佛光寺部分建筑。　　　　　　　　　　　　　　　　　　　　　　　　　（　　）

2.《园冶》是明朝末年出现的一部总结造园经验的著作。　　　　（　　）

3. 我国古代建筑外形最显著的标志是彩绘。　　　　　　　　　（　　）

4. 北京真觉寺金刚宝座塔是我国现存年代最早、结构最优美的金刚宝座塔，建于元代。　　　　　　　　　　　　　　　　　　　　　　　　（　　）

5. 石窟是一种特殊的宗教建筑类型，是在山崖陡壁上开凿的洞窟形佛寺建筑。　　　　　　　　　　　　　　　　　　　　　　　　　　　（　　）

6. 北京社稷坛是明清皇帝祭祖先的地方，以五色土覆盖于坛面，象征普天之下莫非王土。　　　　　　　　　　　　　　　　　　　　　　　（　　）

7. "山是一尊佛，佛是一尊山"指的是乐山大佛。　　　　　　　（　　）

8. 明十三陵位于北京昌平县区天寿山下，其以永乐帝的长陵为中心。（　　）

9. 西藏布达拉宫是达赖喇嘛行政和居住的宫殿，也是一座最大的藏传佛教寺院建筑群。　　　　　　　　　　　　　　　　　　　　　　　　（　　）

10. 河北承德避暑山庄园区可分为湖区、平原区与山区三大部分。（　　）

四、思考练习

1. 简述中国古代建筑的特征。

2. 列举中国历史上成就突出的工官。

3. 举例说明中国佛塔的类型。

4. 中国传统园林，讲究诗情画意。请以一座园林为例，分析其中的艺术性。

【实践体验】

实践项目一　"北京旧式胡同的保护与改造"专题讨论会

实践项目二　介绍一座或一组故乡现存的古代建筑（包括年代、位置、主要构造和特点）

专题八 ┃ 民间手工艺：生产者的艺术

【导学】

　　民间手工艺品是指民间百姓为适应生活需要和审美要求，就地取材，以手工生产为主的一种工艺美术品。我国传统的手工艺品植根社会最基层，既是日常生活用品，又是艺术品，带有物质文化和精神文化的双重属性。手工艺品的品种繁多，按照制作技艺的不同，可将民间艺术分为绘画类、塑作类、编织类、剪刻类、印染类等。最能代表中国民间手工艺的要数陶瓷、刺绣、剪纸、竹编等。

【知识储备】

第一节　瓷　器

一、瓷器概说

　　中国是瓷器的故乡，素有"瓷器之国"之称。中国人在科学技术上的成果以及对美的追求与塑造，尤其体现在陶瓷技术与艺术上。可以说，瓷器就是中国的象征。

　　陶瓷是陶器和瓷器的总称，是以黏土为主要原料，与各种天然矿物经过粉碎混炼、成型和煅烧制得的材料以及各种制品。常见的陶瓷材料有黏土、氧化铝、高岭土等，主要原料是取自于自然界的硅酸盐矿物。黏土具韧性，常温遇水可塑，微干可雕，全干可磨，在专门的窑炉中高温烧至700℃，胎体烧结不致密，可成陶器；

烧至1230℃，胎体烧结程度较为致密则瓷化，几乎完全不吸水且耐高温、耐腐蚀，表面施釉后，成为点土成金的瓷器。

二、陶瓷发展历程

距今7000~8000年前的新石器时代，我国先民就已经开始制作陶器。《周书》记载，"神农耕而作陶"，主要品种有灰陶、彩陶、黑陶和几何印纹陶等，有壶、罐、盆、瓶、勺等造型。原始彩陶绘纹饰最常见的有鱼、鸟、蛙、鹿、花卉纹、神人纹及二方连缀带状装饰和四方连缀散点装饰。黑陶产生于原始社会向奴隶社会转型的时期，器身一般都用轮制，采用表面磨光的器面修饰技法，在器身上制造出各种弦纹，表现出一种经过反复提炼的程式美。

我国在商代和西周遗址中发现了原始青瓷，器形有鼎、壶、尊、豆、碗、瓮等，装饰纹样最多的是云雷纹、方格纹、叶脉纹、弦纹等。青瓷质地较陶器细腻坚硬，胎色以灰白居多，胎质基本烧结，吸水性较弱，表面施有一层石灰釉，敲击声清脆悦耳，可看作是由陶器向瓷器过渡阶段的产物。

秦汉的原始瓷以仿铜礼器的鼎、盒、壶、钟为常见，装饰的纹样以弦纹、水波纹、云气纹等为主。汉朝釉陶以盘、罐、碗、耳杯等为主，同时出现了屋、仓、猪栏、羊舍、牛羊鸡犬等明器和瓷塑。东汉晚期出现了中国真正的瓷器——青瓷，其质地细密，透光性好，吸水率低，器表施有一层青色玻璃质釉，釉层透明，莹润光泽，清澈淡雅，秀丽美观。现藏于湖南省博物馆的东汉青瓷四系罐整体造型古朴大方，美观实用，罐的胎色呈灰白色，施青釉至器身下腹部，釉面光洁如新，胎釉结合紧密，是东汉青瓷中难得的佳品。

魏晋南北朝是我国瓷器生产跃进时期，形成了南方和北方两大青瓷系统。南方如浙江越窑一直处于青瓷生产的领先地位。山东淄博窑在北齐时期已生产优质青瓷，并成功地烧出了白瓷、黑瓷，成为瓷器发展史上新的里程碑。釉的种类大增，出现了黄釉、酱釉、黑釉、黑褐釉等。

唐代制瓷业在规模、技术、艺术上都超越前代，以"南青北白"为代表作。南青指的是浙江的越窑青瓷，北白指的是河北的邢窑白瓷。一白一青，遥相辉映。唐代诗人杜甫《又于韦处乞大邑瓷碗》云："大邑烧瓷轻且坚，扣如哀玉锦城传。君家白碗胜霜雪，急送茅斋也可怜。"晚唐时期，击瓯作乐风靡，用一些越瓯、邢瓯注以多寡不同的水，击以成乐，声音极其美妙。唐朝的彩陶艺术也有很大发展，最大的成就是人们后来所熟知的唐三彩。唐三彩主要由黄、绿、白三色的釉彩涂于胎身而得名。其造型丰富多样，有各种人物、动物、花鸟等，其中最出名的要属唐三彩的马。

宋代是我国陶瓷发展史上的第一个高峰。除青、白两大瓷系外，黑釉、青白釉和彩绘瓷纷纷兴起。举世闻名的汝窑（河南临汝）、官窑（河南开封）、钧窑（河南禹州）、哥窑（浙江龙泉）、定窑（河北曲阳）的产品为世所珍。

元代是中国瓷器生产承前启后的转折时期。在江西景德镇设立了浮梁瓷局，景德镇成为中国陶瓷产业中心，闻名遐迩的青花瓷出现后，很快占据了我国瓷器生产的主导地位。另有刚刚问世的釉里红，以及各种单色釉瓷、蓝地白花瓷等，结束了元代以前瓷器的单一影青釉和单一刻划花装饰的局面。

明朝景德镇的青花瓷达到了登峰造极的地步。此外，福建的德化窑、浙江的龙泉窑、河北的磁州窑也都以各自风格迥异的优质陶瓷蜚声于世。明成化年间创烧出一种在釉下青花轮廓线内添加釉上彩的瓷器，由于釉下彩青花与釉上彩绘争奇斗艳，故名"斗彩"。明嘉靖、万历年间出现了不用青花勾边而直接用多种彩色描绘的五彩。

清代瓷器形成青花瓷、色釉瓷、彩瓷三大系列。彩瓷的烧造工艺分为釉上彩和釉上釉下混合彩两大类。釉上彩是先烧成白釉瓷器，在白釉上进行彩绘，再入窑低温二次烧成，五彩、粉彩、珐琅彩都属于釉上彩。釉上釉下混合彩是先烧成釉下彩（即在瓷胎上直接绘画图案，罩透明釉高温一次烧成），然后再在适当的部位涂绘釉上彩，入炉低温二次烧成，斗彩、青花五彩都属于釉上釉下混合彩。清康熙时的素三彩、五彩，雍正、乾隆时的粉彩、珐琅彩都是闻名中外的精品。雍正年间烧造出发色最鲜艳的釉里红。墨彩、蓝彩及金彩也出现在五彩瓷器画面上，并创造了紫砂、织金、黑瓷、石湾塑等一些新的装饰品种，达到中国瓷器生产的鼎盛时期。

三、景德镇和青花瓷

早在东汉时期，江西景德镇就建造窑坊烧制陶瓷。在五代时烧制越窑系青瓷，北宋时期始创影青瓷。影青瓷又名青白瓷、隐青、罩青，此种瓷器胎薄、釉细、纹饰精美，其釉色近白，只在积釉处显出湖绿色的青色，青色在若有若无之间。宋真宗景德元年（1004 年），因镇产青白瓷质地优良，遂以皇帝年号为名置景德镇，沿用至今。

景德镇素有"瓷都"之称。自元代开始至明清历代，皇帝都派员到景德镇监制宫廷用瓷，设瓷局，置御窑，陶瓷工业非常繁荣。该地瓷器造型优美、品种繁多、装饰丰富、风格独特，以"白如玉，明如镜，薄如纸，声如磬"著称。其青花瓷、玲珑瓷、粉彩瓷、色釉瓷，合称景德镇四大传统名瓷。

青花瓷又称白地青花瓷，是中国瓷器的主流品种之一，属釉下彩瓷。青花瓷是以氧化钴为原料，在陶瓷坯体上描绘纹饰，再罩上一层透明釉，经高温还原焰一次烧成。钴料烧成后呈蓝色，具有着色力强、发色鲜艳、烧成率高、呈色稳定的特点。古人认为蓝色就是青色，所以把用这种釉烧制的白地蓝花的瓷器叫作青花瓷，简称青花。

青花颜色单一而不单调，或浓或淡，亦工亦画，色泽清新，纹饰优美，妙不可言。清代龚轼在《景德镇陶歌》中赞道："白釉青花一火成，花从釉里透分明。可参造化先天妙，无极由来太极生。"青花以同一颜色的各种深浅不同的线条来表现对象，笔法简练，色彩单纯，却有着感人的艺术魅力。

原始青花瓷于唐宋已见端倪，成熟的青花瓷则出现在元代景德镇的湖田窑。由于其胎采用了瓷石+高岭土的二元配方，使胎中的氧化铝含量增高，烧成温度提高，焙烧过程中的变形率减少。元青花多数器物的胎体厚重，造型厚实饱满，烧制中使用国产高锰低铁型青料，呈色青蓝偏灰黑；使用进口低锰高铁型青料，呈色青翠浓艳，有铁锈斑痕。其主题纹饰有人物、动物、植物等。人物有高士图、历史人物等；动物有龙凤、麒麟、鸳鸯、游鱼等；植物常见的有牡丹、莲花、兰花、松、竹、梅、灵芝、花叶、瓜果等，构图丰满，层次多而不乱。

釉里红是元代景德镇窑创烧的一种釉下彩绘。它是以氧化铜作着色剂，于胎上绘画纹饰后，罩施透明釉，在1300℃的高温还原焰气氛中烧成。因铜在高温条件下呈红色，红色花纹又在釉下，故称釉里红瓷。由于釉里红以铜红料为呈色剂，铜红釉在烧造技术上难度很大，因此发色纯正的釉里红瓷在元代很少见，大多是灰红色。

青花瓷釉质透明如水，胎体质薄轻巧，洁白的瓷体上敷以蓝色纹饰，素雅清新，充满生机。一经出现便风靡一时，成为景德镇的传统名瓷之冠。明永乐、宣德、成化、嘉靖四朝青花产量、品种之多，制作之精，史无前例。宣德年间使用的青料，绝大部分是进口钴料，即苏泥勃青料。由于这种料含铁量高，含锰量低，发色深沉浓艳，在炉火气氛好的情况下能烧出宝石般的色泽；含铁量高容易使青花色料凝聚，在其厚处形成有金属光泽的黑褐色的结晶斑点，即铁锈斑痕，用手抚摸，釉面凹凸不平。器形有盘、碗、壶、罐、杯、僧帽壶、绶带扁壶、花浇等，纹饰多见各种缠枝或折枝花果、龙凤、海水、海怪、游鱼等。胎质较以前细腻致密。釉质肥润，多见橘皮纹。永乐、宣德时期的釉里红发色极佳，浓厚鲜艳似宝石，也有淡红色的。

明永乐年间，人们在镂空工艺基础上烧制出青花玲珑瓷。它是瓷工在超薄的瓷器坯体上雕镂出许多有规则的如米粒般的玲珑眼，然后填上特制的透明玲珑釉，并配以青花装饰，再通体施釉，入窑烧成后，这些洞眼成半透明的亮孔，十分美观。碧绿透明的玲珑和淡雅青翠的青花相互衬托，其釉面白里泛青，料色青翠欲滴，玲珑碧绿透明，釉中有釉，花里有花，结合得天衣无缝，展示着中国古代制瓷业高度的技术成就和艺术成就。

康熙时期的青花五彩是青花瓷发展的巅峰。主要色料有红、黄、绿、蓝、黑、紫、金等，其工艺是先用青花在白色瓷胎上勾勒出所绘图案的轮廓线，罩釉高温烧成后，再在釉上按图案的不同部位，根据所需填入不同的彩色，一般是3～5种，最后入炉低温烧成。

青花五彩
十二花神杯

第二节　刺　绣

一、刺绣概述

刺绣又称针绣、绣花，就是用针将丝线或其他纤维、纱线以一定图案和色彩在绣料（丝绸、布）上穿刺，刺缀运针，以绣迹构成各种装饰图案的装饰织物。后因绣花多为妇女所作，故又名女红，是我国优秀的民族传统工艺之一。

刺绣按照材料可分为丝绣、羽毛绣和发绣。绣品主要用于生活服装、歌舞或戏曲服饰，台布、枕套、靠垫等生活日用品及屏风、壁挂等陈设品。刺绣的技法有错针绣、乱针绣、网绣、满地绣、锁丝、纳丝、纳锦、平金、影金、盘金、铺绒、刮绒、戳纱、洒线、挑花等。采用不同的针法可以产生不同的艺术表现效果。例如，运用施针、滚针绣的珍禽异兽，毛丝颂顺，活灵活现，栩栩如生；采用散套针绣的花卉，活色生香，香味扑鼻，尽态极妍；使用乱针绣的人像和风景，线条组织多变，装饰味浓；戗针绣可以表现出具有深浅变化的不同色阶，使描写的对象色彩富丽堂皇，具有浓厚的装饰效果。

刺绣的工艺要求是顺、齐、平、匀、洁。顺是指直线挺直，曲线圆顺；齐是指针迹整齐，边缘无参差现象；平是指手势准确，绣面平服，丝缕不歪斜；匀是指针距一致，不露底，不重叠；洁是指绣面光洁，无墨迹等污渍。刺绣可达到花卉不闻犹香，飞禽栩栩如生，走兽神态逼真，远看是画、近看是绣的绝妙效果。

二、刺绣的发展历程

刺绣起源很早，相传舜令禹刺五彩绣。奴隶社会已出现的章服制度，就规定衣画而裳绣。至周代，有绣缋共职的记载。目前传世最早的刺绣，为湖南长沙楚墓出土的战国时期的两件绣品。其用辫子股针法（即锁绣）绣成于帛上，针脚整齐，配色清雅，线条流畅，将龙游凤舞猛虎瑞兽的图案表现得自然生动、活泼有力，充分显示出楚国刺绣艺术之成就。

汉代刺绣开始展露艺术之美。1972年长沙马王堆出土的汉代绣品，将波状云纹、凤鸟、神兽、带状花纹、几何图案绣于丝绸锦绢，其法以锁绣为主，将图案填满，构图紧密，针法整齐，呈现繁美缛丽的景象。东晋到北朝的丝织物，整幅都用细密的锁绣绣出，具有满地施绣的特色。

唐代刺绣应用很广，刺绣图样有山水楼阁、花卉禽鸟，做工精巧，色彩华美，如李白诗《赠裴司马》"翡翠黄金缕，绣成歌舞衣"、白居易诗《秦中吟十首·议婚》"红楼富家女，金缕绣罗襦"等，都是对刺绣的咏颂。

宋代刺绣将书画带入手工刺绣之中，形成独特的观赏性绣画。宋徽宗年间设绣画专科，将绣画分为山水、楼阁、人物、花鸟，由实用进而发展为艺术欣赏。明代董其昌《筠清轩秘录》载："宋人之绣，针线细密，用绒止一、二丝，用针如发细者为之，设色精妙，光采射目。山水分远近之趣，楼阁得深邃之体，人物具瞻眺生动之情，花鸟极绰约巉唉之态。佳者较画更胜，望之，三趣悉备，十指春风，盖至此乎！"

明代衍生出透绣、发绣、纸绣、贴绒绣、戳纱绣、平金绣等刺绣种类。嘉靖年间上海顾氏露香园，以绣传家，名媛辈出。至顾寿潜及其妻韩希孟，摹绣古今名人书画，劈丝配色，丝细如发，绣绘并用，针脚平整，所绣山水人物花鸟，无不精妙，造就传世闻名之顾绣。

清代刺绣，多为宫廷御用的刺绣品，绣品极工整精美，富于很高的写实性和装饰效果。除了御用的宫廷刺绣，地方性绣派如雨后春笋般兴起，著名的有苏绣、粤绣、蜀绣、湘绣、京绣、鲁绣等，形成争奇斗艳的局面。晚清吸收日本绘画及西洋绘画入绣，江苏苏州沈寿首创仿真绣，为传统刺绣注入新的元素。

三、地方名绣

（一）苏绣

苏州刺绣，因起源于苏州而得名，至今已有2600多年历史。其图案秀丽，色泽文静，针法灵活，绣工细致，形象传神，素以精细、雅洁著称。

苏绣绣品分两大类：一类是实用品，有被面、枕套、绣衣、戏衣、台毯、靠垫等；一类是欣赏品，有台屏、挂轴、屏风等。苏绣技巧特点可概括为平、光、齐、匀、和、顺、细、密八个字。平指绣面平展；光指光彩夺目，色泽鲜明；齐指图案边缘齐整；匀指线条精细均匀，疏密一致；和指设色适宜；顺指丝理圆转自如；细指用针细巧，绣线精细；密指线条排列紧凑，不露针迹。其题材广泛，山水、人物、花卉、飞禽、走兽、静物、书法、装饰图案等表现得淋漓尽致。

双面绣、三异绣、仿真绣、发绣

（二）湘绣

湘绣是在湖南民间刺绣的基础上，以湖南长沙为中心的刺绣品的总称。湘绣针法非常多，分平绣、织绣、网绣、纽绣、结绣五大类，还有后来不断发展完善的鬅毛针以及乱针绣等针法。早期湘绣以绣制日用装饰品为主，后逐渐增加绘画性题材的作品。湘绣的特点是用丝绒线绣花，劈丝细致，绣件的绒面花型具有真实感。湘绣用特殊的鬅毛针绣出的狮、虎等动物，形态生动逼真，毛丝根根有力、威武雄健。故有湘绣"绣花能生香，绣鸟能听声，绣虎能奔跑，绣人能传神"之说。

（三）粤绣

粤绣泛指广东近两三个世纪的刺绣品，包括潮绣和广绣两大分支。相传广绣最初创始于少数民族，与黎族所制织锦同出一源。据清初屈大均《广东新语》、朱启钤《存素堂丝绣录》记载，远在明代，粤绣就用孔雀羽编线为绣，使绣品金翠夺目，又用马尾毛缠绒作勒线，使粤绣勾勒技法有更好的表现。粤绣品类繁多，荔枝、孔雀、百鸟朝凤是粤绣的传统题材，擅用金线作刺绣花纹的轮廓线，构图繁而不乱，色彩富丽夺目。配色选用反差强烈的色线，常用红绿相间，眩耀人眼，宜于渲染欢乐热闹的气氛。

（四）蜀绣

蜀绣又名川绣，是以四川成都为中心的刺绣品的总称。据晋代常璩《华阳国志》载，当时蜀中刺绣已闻名于世，同蜀锦齐名，被誉为蜀中之宝。蜀绣以软缎和彩丝为主要原料，题材有山水、人物、花鸟、虫鱼等，品种有被面、枕套、绣衣、鞋面等日用品和台屏、挂屏等欣赏品，以绣制龙凤软缎被面和传统产品"芙蓉鲤鱼"最为著名。蜀绣构图简练，大都采用花蝶、熊猫等民族图案，形象生动，色彩丰富鲜艳，富有立体感，短针细密，针脚平齐，片线光亮，变化丰富，具有浓厚的地方特色。

第三节　剪　纸

一、剪纸概述

剪纸又称刻纸，就是用剪刀或刻刀将纸剪成或刻成各种图案的民间手工艺术，如窗花、门笺、墙花、顶棚花、灯花等。这种民俗艺术的产生和流传与节日风俗有密切关系，逢年过节或登科嫁娶，人们把美丽鲜艳的剪纸贴在墙上、窗上、门上、灯笼上，喜庆的气氛便被渲染得非常浓郁，表现了人们祈求丰衣足食、人丁兴旺、健康长寿、万事如意等纳福迎祥的愿望。剪纸作为我国最具传统特色的手工艺，从起源到现在已有上千年的历史。它色彩绚丽、构图喜庆、寓意祥和、传承千年，成为中国传统文化的象征性图案和标志性符号。

民间剪纸是中国古老的传统民间艺术，也是中国最为流行的民间艺术之一。在纸发明之前，人们即以雕、镂、剔、刻、剪的技法在金箔、皮革、绢帛甚至树叶上剪刻纹样。《史记》中的"剪桐封弟"记述了西周初期周成王用梧桐叶剪成"圭"赐其弟，封姬虞到唐为侯。战国时期就有用皮革镂花、银箔镂空刻花的装饰物，虽不能说是传统意义上的剪纸，但在刻制技术和艺术风格上，已经属于剪纸艺术的前身。在新疆吐鲁番火焰山附近，先后出土了北朝时期的五幅团花剪纸，是我国目前发现最早而且有据可查的剪纸实物。

南北朝时期《木兰辞》中就有"对镜贴花黄"的诗句，可见剪纸已经广泛用于生活中。唐代剪纸处于大发展时期，杜甫《彭衙行》诗中有"暖汤濯我足，翦纸招我魂"的句子，李商隐《人日即事》诗曰："镂金作胜传荆俗，翦彩为人起晋风。"这说明在唐朝时，民间妇女就已经使用剪纸作为头花，而这种装饰性的民俗也成为当时的一种时尚。现藏于大英博物馆的唐代剪纸，画面构图完整，可看出当时剪纸艺术水平极高。宋代关于剪纸的记载有很多。有的将剪纸作为礼品点缀，有的贴在窗上，有的装饰灯彩，还有的剪成所谓"龙虎"之类。在南宋时期，已出现了以此为职业的艺人，有的善剪"诸家书字"，有的专剪"诸色花样"。

明清时期剪纸手工达到鼎盛时期，已经成为全民性的艺术。举凡民间灯彩上的花饰、扇面上的纹饰、刺绣的花样等，无一不是利用剪纸作为装饰或再加工。更多的是把剪纸作为装饰家居的饰物，如门栈、窗花、柜花、喜花、棚顶花等都是用来装饰门窗、房间的剪纸。坤宁宫是清代皇帝结婚时的洞房，按照满族人的风俗，墙壁用纸裱糊，四角贴有黑色的"囍"字剪纸角花，顶棚中心是黑色的龙凤团花剪纸，宫殿两旁的过道墙壁上也贴有剪纸。

二、剪纸的分类

（一）单色剪纸

单色剪纸是剪纸中最基本的形式，由红色、绿色、褐色、黑色、金色等各种颜色剪成，主要用于窗花装饰和刺绣的底样。其主要有阴刻、阳刻、阴阳结合三种表现手法。剪纸、剪影、撕纸等都是单色剪纸的表现形式。

（二）彩色剪纸

彩色剪纸的形式和技法有点染、套色、分色、填色、木印、喷绘、勾绘和彩编等。以颜色在刻纸上进行点色为点染剪纸，在设计上阳线不多，偏重于小面积的阴刻，以留出大面积的阳面进行点染，具有滋润、装饰性强的特点。套色剪纸通常以阳刻为主，进行大面积镂空，给套色留有余地，再在作品的背面贴以色纸块，多用黑纸或金纸剪刻，按肤色、服饰、器物、花木等分别贴以不同的颜色。分色剪纸也称剪贴剪纸，是两种或两种以上单色剪纸的组合拼贴，基本上还是单色剪纸，其特点是分色截然、色感丰富。填色剪纸也称笔彩剪纸，具体做法是将黑色剪纸贴到白衬纸上，着色时用笔在线条轮廓内涂绘。

（三）立体剪纸

立体剪纸既可是单色的，也可是彩色的。它是采用绘画、剪刻、折叠、黏合等综合手法产生的一种近于雕塑、浮雕的新型剪纸。它吸取了现代美术的技巧，充分体现了写实与浪漫的特点，使剪纸由平面感变为立体化，可用于观赏造型及儿童的手工制作。

三、剪纸的艺术特色

剪纸的基本材料可以是纸张、金银箔、树皮、树叶、布、皮革等，基本单元是线条和块面，基本语言符号是装饰化的点、线、面，采用平视构图。其特点主要表现在空间观念的二维性、刀味纸感、线条与装饰、写意与寓意等方面，在视觉上给人以透空感和艺术享受。

民间剪纸极度随心所欲。剪纸创造者不讲透视、不顾比例，打破客观世界的束缚，不受生活惯例、题材内容的局限，凭着经验和灵性任意取舍，自然挥洒，大胆创造，将若干形象创造性地组织起来，多角度、多方位、多层次地表现其心中的艺术客体。如在民间剪纸中，出于质朴的求全思想和审美定式，采用散点式的构图方法，将不同素材合理安排在同一个平面中，被剪的物体前景、后景在一个平面上出现，物象之间互不遮挡、互不重叠，既能看到眼前的物象，又能完整地看到后面的物象，充分体现了创造者的绝妙匠心，具有较强的装饰风格。

剪纸艺术重在表现神似，而不是表现形似。同时，受剪纸工艺的限制，不宜采取完全写实的手法，只能运用变形、夸张的艺术手法，突出表现对象的轮廓特征。民间剪纸造型夸张，是对繁杂内容条理化、规范化的过程，剔除非本质的东西，突出有特征、有性格的部分，对物象最特殊的部分作扩大、缩小、伸长、加粗、变形等处理，从而使剪纸中的形象比原型更突出，更引人注目，更具特征性和艺术魅力。例如，在很多民间剪纸作品中，人物的面部造型几乎只能看到眼睛，因为在人们的观念中，眼睛最能传神，所以创造者对眼睛进行了夸张的处理。在许多反映生产生活的民间剪纸中，人们对主体进行夸大，如大大的鱼、大大的辣椒、大大的蚕、大大的谷粒等，通过虚构的美好形象来宣扬人征服自然的伟大创造力。

民间剪纸的夸张，在体现物象特征的同时，也要求达到装饰美的目的，并在装饰美的效果中表现出创作者对生活理想、愿望等的精神追求。为了使所需突出的部分更明确、更集中、更引人注目，往往在物象上添加一些纹饰，以达到完美的装饰性目的。表现人物时，将人物的衣服上缀满花朵；描绘动物时，将动物身上的毛皮夸张成漩涡状，或在其身上直接添加图案，这使原本普通的形象变得通透，体现出很强的装饰性。

民间剪纸善于把多种物象组合在一起，产生出理想中的美好结果。无论用一个或多个形象组合，皆是以象寓意、以意构象来造型，而不是用自然形态来造型。同时，又善于用比兴的手法创造出多种吉祥物，把约定俗成的形象组合起来表达自己的心理。如民间剪纸《鹿鹤同春》，就是民间传统的主题纹样。据记载，鹤即玄鸟，玄鸟是候鸟总称。在民间文化中鹿称为候兽，鹤称为候鸟，鹿鹤同春是春天和生命的象征。民间"鹿"与"禄"同音，鹤又被视为长寿的大鸟，因此鹿与鹤在一起又有"福禄长寿"之意。

第四节 竹 编

一、竹编概述

竹编是用竹子剖劈成篾片或篾丝，编织成各种用具和工艺品的一种手工艺。

作为世界上竹材分布最为密集的地区，人们运用竹编工艺编织工具的历史极为悠久。早在新石器时代，先民砍来植物的枝条编成篮、筐等存放物品。商周时期竹编工艺日渐精细，竹藤的编织纹样丰富起来，出现方格纹、米字纹、回纹、波纹等纹饰。秦汉时期，竹编已经被工匠们编成儿童玩具。唐宋时代，一些达官贵人会请制灯艺人创制精致的花灯，其中就有以竹篾扎骨、在外围糊上丝绸或彩纸的彩灯，有的还用竹丝编织作为装饰，龙灯的龙头、龙身大多以竹篾作内骨编制而成，龙身上的鳞片也往往用竹丝扎结。明代初期，江南一带从事竹编的艺人不断增加，竹席、竹篮、竹箱都有相当讲究的工艺。此后，竹编还和漆器等工艺结合起来，创制了不少上档次的竹编器皿，如珍藏书画的画盒、盛放首饰的小圆盒、安置食品的大圆盒等。清朝时，竹编的用途进一步扩大，编织越来越精巧。20世纪，南方各地的工艺竹编蓬勃兴起，共有150余种编织法。

竹编以竹为原料加工编织而成。手工艺人精心选择生长3年左右的竹，选用中间一段颜色一致、没有斑点、节长质细的部分，刮青去节。有的保持竹子本身的自然色泽，有的还需进行染色加工，用红、蓝、黄、黑等油漆均匀地涂在竹筒表面，再把竹筒破成粗细均匀、厚薄一致的竹片和竹丝。竹丝断面全为矩形，在厚薄粗细上都有严格要求，仅为一两根头发丝厚，宽度也只有四五根发丝宽，根根竹丝都通过匀刀达到厚薄均匀、粗细一致。

竹编常用的工具有尺（丈量尺寸）、篾刀（破竹、分丝、制削之用）、副刀（穿引丝）、风刚刀（分层）、剑口（控制丝的）、期刀、胶布、排针等。

竹编工艺大体可分为起底、编织、锁口三道工序。在编织过程中，以经纬编织法为主。在经纬编织的基础上，还可以穿插疏编、插、穿、削、锁、钉、扎、套等各种技法。常见的编织方法有十字编、人字编、绞纹编、棱形纹编、花编、坐标编、描图编等。立体编织的方法有中空圆美开头法、方形开头法、圆形开头法等。收口的方法也很多，如魏口、编口、锁口、付口倒插等，编出的图案变化多样。需要配以其他色彩的制品就用染色的竹片或竹丝互相插扭，形成各种色彩对比强烈、鲜艳明快的花纹。

二、竹编工艺品的分类

（一）瓷胎竹编工艺

瓷胎竹编工艺独特，是四川特有的手工工艺，主要是装饰性的工艺品。它以精细见长，具有"精选料、特细丝、紧贴胎、密藏头、五彩图"的技艺特色。在制作过程中全凭双手和一把刀进行手工编织，让根根竹丝依胎成形，紧贴瓷面，有接头之处都做到藏而不露，宛如天然生成、浑然一体。产品主要有瓷胎竹编花瓶、竹编茶具、咖啡具、酒具、文具、竹编平面画。

瓷胎竹编工艺使用的竹材是经过严格挑选的来自成都地区的特长无节慈竹，经过破竹、烤色、去节、分层、定色、刮平、划丝、抽匀等十几道工序，全是手工操作。竹丝是做瓷胎竹编的关键，直接关系到竹编作品的质量。竹丝的制作工序主要有选竹、刮青、分条、分篾层、染色、分丝等。瓷胎竹编所用竹丝断面全为矩形。瓷胎竹编产品只使用竹材表面一层，纤维十分致密，同时进行了特殊处理，具有耐干燥、不变形、不虫蛀、耐水可清洗的特点。

按工艺不同，瓷胎竹编产品可分为普通编织、提花编织和五彩图案编织。普通编织以古铜色的烤丝为主，配以普通几何图案，多用于制作批量产品。提花编织则用新竹青丝，经纬等宽，便于编织各类单色图案和文字手迹，更以熊猫图案编织为主，主要制作花瓶茶具等产品。五彩图案编织充分发挥五彩丝的特色，运用多种不同的技艺、使用各种不同的色彩，编织出千变万化的图案效果，多用于制作展品、礼品和高档精品，使用的技艺主要有疏编、疏细结合编、破经编、换经编、浸色编、浮雕编、立体编等 20 多种，可制作出山水花鸟、飞禽走兽、人物故事等惟妙惟肖的图案。

（二）无瓷胎竹编工艺

无瓷胎竹编工艺是指用竹条篾片编成生活用具和观赏陈设品的竹编工艺，主要应用于我国南方地区。制作时，先将竹子剖削成粗细匀净的篾丝，经过切丝、刮纹、打光和劈细等工序，编结成各种精巧的生活日用品，如竹篮、果盒、屏风、门帘、扇子、竹编凉席、凉枕、箩、筐等。主要产地有浙江东阳、嵊州，福建泉州、古田，上海嘉定，四川自贡等。

四川自贡艺人龚玉璋的扇子，人称"龚扇子"。这种竹扇选用优质黄竹，破成篾丝。每根篾丝长约 40 厘米，宽 1 毫米，厚仅二丝，近似人头发一般纤细，透明莹洁，薄如蝉翼，细如绢纱。龚扇子的编织方法，是借鉴、运用纺织物的提花技术原理，把常用的斜纹、平纹、提花等组织相互交替使用，使平地紧密，花纹突出，结构细密，变化丰富。扇面编成后，使观赏者误认为素丝织锦。扇把多用白色牛角制作，装上把柄，饰以丝质流苏，敲打扇把有如鼓声。这种用自然物质制作的细腻、潇洒、技艺高超的竹丝制品正是东方民间传统工艺品的极好代表。

三、竹编工艺品的价值

（一）实用性价值

人类对于竹的编织利用，无疑是文明诞生的一个重要标志。竹编日用品能在民间广为流传，材料易得是一方面，更重要的是竹编的实用性，这是竹编最初兴起的原动力。

据《中国史纲要》记载，早在公元前 5000 年至公元前 2000 年，我们的祖先就已经擅长用竹片制成筐、篓等物。秦时李冰已采用竹络（贮石块的篓子）修堤护岸治水。人们衣以竹皮，食以竹笋，庇以竹舍，屏以竹扉，履以竹鞋，冠以竹帽，书以竹纸，药以竹心。人们编竹为物，织篾为器，小自儿童游戏的咪咪羊，大到越壑跨堑的古笮桥，生产生活上的豆棚瓜架、锄柄粪筐、筅筛篓篮、笠杖箕帚等，数不胜数。竹编与人们的衣食住行均有着密切的联系，竹对人类的生存和发展做出了巨大的贡献，确实是"不可一日无此君也"。

（二）装饰审美价值

1. 造型之美

瓷胎竹编的创造线条经过多次推敲总结，以圆形为主。在中国的历史文化中，圆代表一种和谐美满的意思，中国人对圆形的器物有一种思想上的寄托与安慰，而圆形也给瓷胎竹编带来了储存和观赏上的价值。竹子韧性强的自身特点决定了竹编产品表面是圆润光滑的，给人以柔和亲近、圆满之感。这种圆润的美感拉近了人与器物之间的距离感，让人有回归自然的释然。目前，常见的瓷胎竹编造型主要有瓶、坛、盒等，或古雅或缤纷，呈现出多变的造型之美。

2. 图案之美

制作竹编需要将竹篾按照薄厚、粗细不同进行细分，形成宽与窄、疏与密、点线面的构成感，体现均衡、对比、连续、重复等形式美法则。竹编的编制方法主要是经纬的交织、穿插和组合，这种纵横交错的装饰方法，形成了传统竹编所特有的极具韵律的美感。一般常见的编织结构有人字编、十字编、六角编、螺旋编、绞丝编等，通过不同的编织结构，自然能够形成千变万化的几何纹样，而几何纹样有规律的连续呈现，体现了劳动的节奏感和基本的形式法则。一件竹编物品几乎不需要粘胶或钉子，就可以做到连接紧密，整体严谨美观。竹编图案丰富多彩，有花卉、果实等植物纹样、动物纹、人物、书画等。提花、染色等工艺竹编的出现，形成特殊的装饰效果，使竹编的装饰纹样更加图像化、多元化。比如成都当地具有代表性的熊猫图案，就是用经过染色处理的黑白双色竹丝构成熊猫纹样，图案主题和其他部分的编织手法有明显差异，形成编织纹样的对比，同时凸显熊猫主题，彰显地域特色。

3. 色泽之美

竹编的设色大体可分为素色和染色。以原色为主的素色竹编巧妙地运用了竹子的天然色泽，保留竹的淡雅木色，以清新淡雅、和谐自然为最基本的特点，朴素大方，给人以天然去雕饰的美感，显示其质朴的自然之美。染色的色彩就比较丰富，经过着色的竹丝有橙色、黑色、红色、蓝色和紫色等，有的淡雅清秀，有的富丽庄重。传统的竹编一般用红、黑、绿、黄等颜色，古朴大方，给人富丽庄重的感觉。当代的新产品则大胆用色，已发展到20多种颜色。一般平面竹编色彩层次变化简便明朗，力求达到与竹编之间深与浅、亮与暗的饱和对比。立体竹编则颜色丰富，强调色彩的调和。无论色彩用在什么地方，都让人感觉"色多不繁，色少不散"。经过长期的实践，艺人们总结出"红配绿，丑得哭；青间紫，不如死；粉笼黄，胜增光；白比黑，分明极"，概括了竹编设色的规律。经过特殊着色工艺编织的竹器，颜色或互相搭配，或单色与原色组合，同时运用基本的形式美法则，形成颜色多变、色彩各异的竹编工艺品。

（三）文化价值

竹具有独特的自然物性特征，如空心、有节、坚韧、常青、清拔凌云、不畏风霜雪压等，自古便承载了中华民族的美德。唐代诗人白居易对竹的赞美有"竹质固，固以树德；竹性直，直以立身；竹心空，空以体道；竹节贞，贞以立志"，赋予竹根基牢固、秉性正直、虚心学习、志节坚贞等美好品质。竹的旺盛生命力与超强繁殖力，也被视为顽强向上与坚忍不拔的精神象征。其内涵已构成中华民族的品格和禀赋，体现了中国传统文化的基本精神。

竹编艺术作品反映了中华文化的精髓，充满文化底蕴。如平面竹编在书法编织上，无论王羲之的《兰亭序》、苏东坡的《赤壁怀古》、毛泽东的诗词手迹以及古今名家行草隶篆的墨宝，均能纤毫不爽地照编，几可乱真。《清明上河图》《梅菊》及山水风景、鸟兽花卉等书画作品，都赋予了竹编艺术品传统文化内涵和人文底蕴。

竹器工艺从材料的选择到编制过程，每一道工序都必须严格准确。若竹子搜集时间不当，容易生虫或发霉。竹龄选择决定了竹子的柔韧性，从而决定了竹器的编制难度和美观程度。一件竹器的价值更重要在于竹编制作者的水平，从取材、染色到制图、编织，工序上细密考究至关重要。《考工记》提出"天有时，地有气，材有美，工有巧。合此四者，然后可以为良"。竹编材料选择的时节、地域，传统竹编的制作工艺、制作水平最终决定了一件竹编是否材美工巧。传统竹编虽然算不上鬼斧神工，但是更能体现中国传统观念"天人合一"所强调的人与自然和谐统一的思想和文化内涵。

青神竹编

【阅读经典】

1. 白釉青花一火成，花从釉里透分明。可参造化先天妙，无极由来太极生。

——龚轼《陶歌》

2. 素瓷雪色缥沫香，何似诸仙琼蕊浆。

——皎然《饮茶歌诮崔石使君》

3. 九秋风露越窑开，夺得千峰翠色来。好向中宵盛沆瀣，共嵇中散斗遗杯。

——陆龟蒙《秘色越器》

4. 簌真香。似风前拆麝囊。嫩紫轻红，间斗异芳。风流富贵，自觉兰蕙荒。独占蕊珠春光。绣结流苏密致，魂梦悠扬。气融液散满洞房。朝寒料峭，殢娇不易当。着意要得韩郎。

——万俟咏《钿带长中腔》

5. 西池借得麻姑爪，三丝五色夺天巧。停针罢绣看雄威，神采奕奕何牡佼。

——李云青《雄狮》

6. 日暮堂前花蕊娇，争拈小笔上床描。绣成安向春园里，引得黄莺下柳条。

——胡令能《观郑州崔郎中诸妓绣样·咏绣障》

7. 镂金作胜传荆俗，翦彩为人起晋风。

——李商隐《人日即事》

8. 闺妇持刀坐，自怜裁剪新。叶催情缀色，花寄手成春。帖燕留妆户，黏鸡待馅人。擎来问夫婿，何处不如真。

——徐延寿《人日剪彩》

9. 启贴理针线，非独学裁缝。手持未染彩，绣为白芙蓉。

——孟郊《古意》

10. 斫竹和梢编作篱，微风如在竹林时。

——陈与义《火后借居君子亭书事四绝呈粹翁》

【资源推荐】

1. 纪录片《瓷路》，中央电视台制作。
2. 纪录片《指尖上的传承》（第一季），五洲传播中心制作。
3. 《中国剪纸艺术》，吴善增搜集整理，中国剪纸学会出版。
4. 纪录片《留住手艺》，中央电视台制作。
5. 中央电视台农业频道《农广天地》之《瓷胎竹编技艺》。

【课堂检测】

一、单选题

1. 瓷器是用高岭土在（　　）℃的温度下烧制而成。
   A. 500～800　　　B. 1300～1400　　　C. 1000～1200　　　D. 1400～1600

2. 中国陶瓷的历史有（　　）。
   A. 2000 年　　　B. 4000 年　　　C. 6000 年　　　D. 8000 年

3. 宋代诗人曾以"夕阳紫翠忽成岚"赞美（　　）的釉色。
   A. 汝窑　　　B. 官窑　　　C. 哥窑　　　D. 钧窑
   E. 定窑　　　F. 越窑

4. 唐朝的彩陶艺术有了很大发展，最大的成就是人们后来所熟知的（　　）。
   A. 唐三彩　　　B. 青瓷　　　C. 白瓷　　　D. 青花瓷

5. 青花瓷是以（　　）为原料的。
   A. 氧化铜　　　B. 氧化锰　　　C. 氧化亚铁　　　D. 氧化钴

6. 青花瓷早在（　　）就已经有了。
   A. 东汉　　　B. 隋代　　　C. 唐代　　　D. 元代

7. 明代宣德年间使用的青花瓷的青料大部分是进口的钴料，即（　　）。
   A. 青白蓝钴料　　　B. 苏泥勃青料　　　C. 绿松石　　　D. 青金石

8. 晚清吸收日本绘画及西洋绘画入绣，江苏苏州沈寿首创（　　）。
   A. 错针绣　　　B. 乱针绣　　　C. 滚针绣　　　D. 仿真绣

9. （　　）先后出土了北朝时期的五幅团花剪纸，这是我国目前发现最早且有据可查的剪纸实物。
   A. 新疆吐鲁番　　　B. 湖北江凌　　　C. 河南辉县　　　D. 陕西凤翔

10. 唐代制瓷业以"南青北白"为代表作。其中，"南青"指的浙江的（　　）。
    A. 越窑青瓷　　　B. 邢窑青瓷　　　C. 德化窑青瓷　　　D. 磁州窑青瓷

二、多选题

1. 从我国陶瓷发展史来看，陶瓷是（　　）的总称。
   A. 陶器　　　B. 琉璃　　　C. 黑陶　　　D. 瓷器

2. 景德镇四大传统名瓷是（　　）。

    A. 青花   B. 玲珑   C. 粉彩   D. 颜色釉

    E. 斗彩

3. 宋代五大名窑是指（　　　）。

    A. 汝窑   B. 官窑   C. 哥窑   D. 钧窑

    E. 定窑   F. 越窑

4. 宣德青花瓷的重要特征有（　　　）。

    A. 在适当的火候下能呈现出蓝宝石的色泽

    B. 由于含锰量高，往往会在青花中出现黑色铁斑

    C. 自然形成黑疵斑点

    D. 由于含锰量高，减少了青花中的紫、红色调

5. 中国四大名绣指（　　　）。

    A. 苏绣   B. 粤秀   C. 湘绣   D. 蜀绣

6. 蔚县剪纸内容主要分为（　　　）三大类。

    A. 花鸟虫鱼类   B. 戏曲人物类   C. 动物人物类   D. 戏曲脸谱类

7. 单色剪纸主要有（　　　）三种表现手法。

    A. 阴刻   B. 阳刻   C. 阴阳结合   D. 镂空

8. 竹具有独特的自然物性特征，如空心、有节，承载了中华民族推崇的
（　　　）美德。

    A. 虚怀若谷   B. 不畏严寒   C. 坚贞不屈   D. 固节守穷

9. 竹编的设色大体可分为（　　　）。

    A. 单色   B. 素色   C. 染色   D. 多色

10. 竹编工艺品可分为（　　　）。

    A. 细丝竹编工艺品   B. 平面竹编

    C. 粗丝竹编工艺品   D. 立体竹编

三、判断题

1. 在英文中"瓷器"（china）与"中国"（China）同为一词。   （　　　）

2. 青花瓷生产在明朝成化年间达到顶峰。   （　　　）

3. 青花玲珑瓷是明永乐年间在镂空工艺基础上烧成的。   （　　　）

4. 山西剪纸有活化石之称。   （　　　）

5. 剪纸主要有阴刻、阳刻、阴阳结合三种表现手法。   （　　　）

6. 相传广绣最初创始于少数民族，与黎族所制织锦同出一源。   （　　　）

7. 蜀绣又名川绣，即蜀锦。   （　　　）

8. 以颜色在刻纸上进行点色为点染剪纸。   （　　　）

9. 陇绣又称庆阳香包刺绣。   （　　　）

10. 竹编工艺大体可分为刮青、起底、编织、锁口四道工序。   （　　　）

四、思考练习

1. 简要介绍中国瓷器发展的历程。

2. 代表性的地方名绣各有什么特色?

3. 民间剪纸的艺术特色表现在哪些方面?

4. 竹编工艺品具有怎样的价值?

【实践体验】

实践项目一　我所知道的民间工艺

实践项目二　民间手工艺品图片展

专题九 | 中国舞：律韵致远的身体艺术

【导学】

中华民族的祖辈们在社会发展的各个阶段，创造了婀娜多姿、五彩缤纷的舞蹈艺术。千百年来，中国舞随着社会的进步而进步，随着民族的发展而发展，在中国文化艺术史上写下了极其光辉的一页，并对周边国家产生了深远影响，是中华民族对人类文明的重要贡献。中国传统舞蹈从来都不只是展现一套优美、高难度的身体动作，而是通过动作语言向观众传递舞者的感情，表达中华民族传统文化的深厚内涵。优美的肢体语言能够增强自信心，充分展现出大学生的青春、阳光和积极向上。广大学生要积极投身于舞蹈艺术，塑造自己的艺术气质，培养自己的审美修养，提高发现美、创造美、鉴赏美的能力。

【知识储备】

第一节　舞蹈的产生和发展概述

一、中国古代舞的诞生与发展

（一）原始舞蹈寻踪

1. 原始舞蹈的起源

舞蹈在人们的劳动过程中孕育、萌芽。原始人在劳动过程中运用手势及其他形体动作来辅助简单的发音及初级阶段的语言表达自己的思想，在劳动之余通过手舞足蹈来交流感情，宣泄欢愉郁闷等种种情绪，就形成最原始的舞蹈。在甲骨文、金文中，"舞"字表示一个人两只手拿着东西在跳舞。原始舞蹈的内容和形式，都和当时人们的生产劳动密切相关，劳动和劳动的对象是原始舞蹈主要表现的内容，劳动的动作为舞蹈语言准备了基础，而劳动的节奏和呼号，则为音乐和诗歌提供了音调和韵律。"诗，言其志也；歌，咏其声也；舞，动其容也。"

2. 原始舞蹈的内容

原始舞蹈，伴随着中华民族先辈们在祖国大地上筚路蓝缕、披荆斩棘的艰辛历程，真实记录下先民们艰苦创业时前进的脚印，模仿和再现了原始先民创业生活的各个侧面，真实地反映了他们的思想感情、追求和愿望。从总体上看，大致包括原始的图腾和祭祀舞蹈、反映生产劳动的舞蹈、反映战争的舞蹈、生殖崇拜与求偶舞等。另外，在原始舞蹈中还有祛病强身、防治疾病的舞蹈，集中地体现出人类的生存行为及求索于自然的心态。

3. 原始舞蹈的特征

原始人跳舞，不是出于审美的需要，而是生存使然，故而原始舞蹈是在人类生存发展的目标刺激下生命情调最直接、最强烈、最纯粹、最充分的表现，洋溢着澎湃的生命激情。

原始舞蹈的特征

（二）夏商周三代舞蹈的分流

当奴隶制的建立使舞蹈告别了原始时代后，舞蹈就逐渐演变为一部分人的艺术活动、宗教活动及统治者施政治国的手段，形成了功能特征上的分流状态。

1. 表演性舞蹈

随着阶级分化的出现，从夏朝开始，原为全民性共有的原始舞蹈艺术被奴隶主占有，发展成专供王室和贵族祭祀及享乐用的仪式和表演性舞蹈。相传，夏启、夏桀、商纣王都曾在宫中聚集美人、艺人，创作、聚演各种乐舞供其享乐。这些排场壮观、规模宏大、人数众多的歌舞场面，在客观上刺激了歌舞艺术在技巧方面的提高。伴随着表演艺术的发展，出现了从事这类舞蹈活动的专业艺人——乐舞奴隶"舞臣"，这也是表演性舞蹈的发端。

2. 巫舞与祭祀舞蹈

古人对许多自然现象无法理解，认为在冥冥之中有鬼神主宰一切，因此在遇到疑难或灾异时，就要祭祀祖先，求神问卜，祈求保佑。主持祭祀占卜活动的人称为巫。巫在进行巫术活动时，要跳舞娱神，于是创造了一些高难度的舞蹈技巧。在商代经济中，农业占主导地位，为了获取丰收，就得经常求雨。到了周代，求雨的祭祀仪式称为雩祭，求雨的舞蹈称为雩舞。

《桑林》

3. 西周的礼乐互补

周王朝建立后，为强化统治，原来以娱神、通神为主的乐舞这时也被突出其教化作用，并制定出一整套完整的礼乐制度（礼指礼仪典章制度、规矩和仪式，乐指诗歌、音乐、舞蹈三位一体的艺术），称为"礼乐互补"。著名的六舞、小舞都是在

六舞与小舞

这时集中、整理、加工编排的。

周初制定的礼乐制度，被历代封建王朝所承袭，形成了一套雅乐体系。文舞与武舞成了歌颂历代帝王文德与武功的固定程式。帝王活着时，用这些舞来歌颂他们；帝王死后，就用这些舞祭祀他们。

4. 礼崩乐坏与民间舞

春秋末战国初，乐舞的等级制度和礼制为日益强盛的诸侯势力所漠视，致使礼崩乐坏。一方面，西周雅乐被民间乐舞扰乱破坏，涌入宫廷和贵族之家，冲击着雅乐的统治地位；另一方面，由于长期用于礼仪祭祀，雅乐的内容和形式已完全僵化，因此日益不受欢迎。与礼崩乐坏形成鲜明对照的，是表演性舞蹈的日益兴盛。从夏商时期就已经发展起来的表演性舞蹈，在春秋战国时期得到了空前的发展。当时女乐、倡优遍及诸侯后宫，歌舞成了主要的艺术表演形式。这些从事歌舞表演的女乐、倡优，投奔王室豪族富家之门，以自己的歌舞技能来谋取衣食。楚国宫中的表演性舞蹈在当时颇负盛名，代表了战国时期舞蹈的最高成就。楚舞的审美特征，主要是袅袅长袖、纤纤细腰，飘绕萦回的舞姿变幻莫测，如浮云流波，富有虚幻飘逸之美。为了舞姿柔美而富于弹性，要求舞蹈演员腰肢纤细而柔软，体态窈窕而轻盈。

在春秋战国之前，也有民间乐舞流行，周初还有到民间采诗的制度，在观民风、察民隐的同时，吸收民间歌舞以充实宫廷乐舞。我国最早的一部诗歌总集《诗经》，其中约占一半篇幅的国风，主要就是春秋时代各地的民歌。

与民间歌舞关系极为密切的，是民间风俗祭祀舞。宗教祭祀舞中原有的仪式性和宗教色彩渐趋淡化，而娱人的成分却日益加强，因此带有很大程度的表演性。这从蜡、雩、傩、巫舞的演变情况可以得到证明。屈原的《九歌》显示了当时楚地巫舞所具有的艺术水平和观赏价值，在我国民间歌舞、戏剧发展史上有着不容忽视的深远影响。

二、秦汉和魏晋时期的舞蹈

（一）秦汉时期的舞蹈

1. 俗乐俗舞

汉代工商业逐渐繁荣，民间乐舞在继承先秦乐舞的基础上得到了蓬勃的发展。这一时期，比较有代表性的舞蹈有巾舞、执武器舞、执乐器舞和载歌载舞的相和大曲等。

巾舞

2. 汉代百戏

百戏是杂技、武术、幻术、滑稽表演、音乐演奏、歌唱、舞蹈等多种民间技艺的综合串演，由于它包含了许多不同艺术表演形式和丰富的节目内容，因此得名百戏。百戏在汉代繁荣，主要是因为当时的统治者设置了乐舞机构——乐府。乐府十分重视收集民间乐曲，还专门设置了俳优名目，集中优秀艺人，进行节目加工和演出。在雅乐以外，还另设散乐专部。在汉代，百戏作为散乐被引进宫廷后，颇得当时统治者的喜爱，国家经常举办一些大规模的百戏演出。百戏对舞蹈最深刻的影响

在于对杂技的折腰、倒立、旋转、腾跳、翻滚等诸因素的吸收和融合，这些因素都发展成舞蹈语言，扩大了舞蹈动作的表现力，使汉代舞蹈具有技艺结合、技艺并重的特点。这些特点至今仍保存在许多传统舞蹈中，成为中国舞蹈的一大特色。

山东沂南东汉画像石刻《乐舞百戏图》

3. 四夷乐舞

汉武帝时期中外舞蹈开始交流，异域之风吹入中原大地，内地舞蹈的风格受其影响有所变化，但同时又更进一步确立了汉文化的统治地位。影响较大的主要有源于北方少数民族的鼓吹乐，奏鼓吹曲，豪放高亢；源于西南少数民族的羽舞，舞者扮成鸟形，执羽而舞；源于西南少数民族的芦笙舞，可用于择偶、庆丰收等；源于四川巴中地区的巴渝舞，具有猛锐气概。

巴渝舞

4. 即兴起舞与以舞相属

即兴起舞抒发胸臆的舞蹈形式在汉代相当盛行。这些表演有的是自娱自乐，有的是借舞遣愁，有的是借舞喻意，内容丰富多样，形式简单朴素，感情真挚强烈。

除作为宴享的乐舞之外，还有一种礼仪性的社交舞蹈，称为以舞相属。宴会中有的主人先舞，再邀请客人舞，规则为有属必"报"（酬答），否则就算失礼不敬，严重的还会导致宾主失和。

5. 汉舞的艺术特征和艺术成就

汉代表演性舞蹈百戏和自娱性的即兴起舞以及礼节性的以舞相属的盛行，说明舞蹈在当时的社会生活中是极其普遍的娱乐活动，歌舞的技能被人们普遍地掌握。在上层社会中，许多人都有很高的音乐、舞蹈修养，可以随时随地起舞以抒发自己内心的情感，这反映了汉代舞蹈发展的广度。而以舞蹈表现喜怒哀乐等不同情绪，尤其是极度悲痛的情绪，又足以证明汉代舞蹈的表现力已达到相当的高度，舞蹈语汇、技法的创造已相当丰富。

汉代舞蹈是以楚舞为基础并吸收了外域和边疆舞蹈以及姊妹艺术营养而形成的，尤其是继承了楚舞以折腰为特征、以轻盈曼妙为基调的战国楚地民间舞蹈的轻盈之美。同时，汉舞对姊妹艺术有所借鉴，主要是在杂技、武术和幻术方面。因此，汉舞有厚重的气势、内在的张力和古朴的柔美，充分表现出泱泱汉风、天真狂放的艺术特征。

汉代是俗舞的发展时期。俗即通俗，表现在技巧上大胆吸收武术、杂技的特点，并与舞蹈自身的表现力相结合，发展了舞蹈的语汇与技巧，因此，技艺并重是汉代舞蹈的重要特点。如果说周代是雅乐舞文化的高峰，那么东汉、西汉时期就是一个俗舞文化的高潮。

（二）魏晋南北朝时期的舞蹈变革

魏晋南北朝时期是中国历史上极为纷乱、动荡的时代，同时又是各族文化大交流、大融合的时代。就舞蹈艺术而言，这一时期中外各族乐舞文化的大交流为中国传统乐舞注入了新鲜血液，对后世舞蹈的发展产生了极其深远的影响。

1. 清商乐

清商乐是魏晋南北朝时期俗乐舞的总称。这一时期，清商乐得到了很大的发展，成为汉族政权统治地区乐舞文化的主流。

清商乐

清商乐

2. 宫廷乐舞

魏晋南北朝时期，虽然连年兴兵，战乱频仍，但各国统治者无一不穷奢极欲，迷恋声色，乐舞成了他们主要的享乐工具。这一时期宫廷乐舞的发展，全然不见汉代舞蹈那种热烈奔放和劲道硬朗的风格，而日益倾向轻盈柔靡。流风所及，即使是一些民间歌舞，进入宫廷和上层社会之后，再按统治阶层的审美情趣改造加工，在艺术上变得更为精致的同时，也逐渐失去原先那种清新、热情、质朴的特点。南朝的《白纻舞》可算是一个典型的例子。《白纻舞》在晋、宋时代主要流传于民间，保留了健美清新的民间舞风格。齐、梁以后，它更多是在宫廷中演出，在当时贵族绮靡奢华风尚的熏陶下，其服饰舞态、趣味风尚，都日趋浮华奢绮，成了典型的轻浮、淫巧、绮靡的宫廷艳舞。

《白纻舞》

3. 各民族乐舞的融汇交流

魏晋南北朝时期，由于各民族迁徙杂居，互相融合，文化交流空前频繁，实现了各民族乐舞的大交流。在中国舞蹈发展史上，这是一个重要的时代，是酝酿着巨大变革的时代，它为隋、唐舞蹈在艺术上的高度发展埋下了基石，为古代舞蹈黄金时代的到来拉开了序幕。

三、唐代的舞蹈

唐代是中国古代舞蹈发展史上一个辉煌的时代。唐代舞蹈式样之多、种类之全、分类之细，皆为历代所不能企及。从"观者如山色沮丧，天地为之久低昂"的《剑器舞》，到"人间物类无可比，奔车轮缓旋风迟"的《胡旋舞》；从朝会大典所用的九部乐、十部乐，到宴享娱乐表演的坐部伎、立部伎，无一不在历史上享有盛誉。

坐部伎

立部伎

（一）广泛普及的民间舞蹈

唐代舞蹈活动渗透到社会生活的各个方面。在传统节日或盛大集会上，通常有大规模的群众舞蹈庆祝活动；平时市井街头，也有乐舞艺人献艺谋生。日常生活中，出于礼节或助兴，人们也翩翩起舞。人们在歌舞中自娱娱人，舞蹈成为人们生活中不可或缺的组成部分。

唐代民间舞蹈表演最为常见，当时许多民间艺人身怀绝技，云走四方，在街头、广场、酒肆乃至贵族厅堂、皇宫大院献艺谋生，充分展示他们的绝妙舞艺。广为流行的表演性舞蹈分成健舞和软舞两大类。健舞的特点是敏捷刚健，其中以《剑器舞》《柘枝舞》《胡旋舞》《胡腾舞》较为著名。软舞的特点是优美柔婉，主要有《绿腰》《凉州》《苏合香》《回波乐》《赤白桃李花》等舞曲，其中以《绿腰》最为有名。《绿腰》由女子独舞，以拂舞长袖为主，时而轻曼如出水芙蓉，摇曳生姿，时而迅疾如风中雪花，急飞生势，连绵的姿态变化无穷。

《剑器舞》《柘枝舞》
《胡旋舞》《胡腾舞》

歌舞戏

（二）宫廷舞蹈

唐代统治阶级极为喜爱和重视舞蹈活动。唐代皇室贵族及其他上流人物的喜好和倡导，极大地促进了唐代宫廷舞蹈的繁荣。

唐代宫廷设置了各种乐舞机构，有专管雅乐之外的音乐、歌唱、舞蹈、杂技等百戏教习的教坊（如皇家梨园），有专管礼仪祭祀雅乐的太常寺。这些宫廷乐舞机构集中了大批优秀的民间艺人，正是这些艺人的辛勤劳动和智慧创造，才使唐代宫廷舞蹈上升到一个新的水平。他们在丰富的中原民间乐舞和外族民间舞的基础上，不断搬演、融合和创新，形成了唐代宫廷舞蹈名目繁多、规模宏大、排场华奢、形式精美的风貌。

宫廷舞蹈

（三）宗教祭祀舞蹈

唐代巫风颇盛，巫舞仍然流行。唐代巫舞受当时舞蹈艺术的影响，更加讲究形式的精美，原本那种神秘、恐怖的气氛逐渐淡薄。一些寺院宗教舞蹈颇具规模，艺术水平也较高。《菩萨蛮》就是一部既带有浓厚佛教色彩，又优美动人的大型女子队舞。傩舞风俗在唐代民间也很流行，不过风格与宫廷舞不一样。人们在鼓乐声中急急忙忙地追赶臆想中的鬼怪，却相互看到那些奇形怪状的假面，不禁失声大笑。与其说这是一场祭祀活动，不如说是一出有趣的歌舞游戏。这表明，唐代民间虽然保留了驱傩风俗，但其中的宗教色彩已逐渐淡薄，自娱色彩渐浓。

（四）唐代舞蹈的艺术成就

1. 精湛的表演艺术

唐代无论是中原汉舞还是外族乐舞，无论是民间舞还是宫廷乐舞，演艺水平都很高，其中各种表演性舞蹈演艺尤为出色。

唐代民间舞艺人和宫廷舞艺人都是专业的舞蹈家，他们在长期的职业生涯中，创造了许多高超的舞蹈技艺。如公孙大娘的《剑器舞》身若矫龙，剑如闪电，舞艺出神入化，令诗人杜甫在晚年回忆时赞叹不已。旋转特别是急速快旋以及跃起空转，是唐代舞蹈中常见的高难度动作。唐代《胡旋舞》风行，出现不少旋转高手。杨贵妃就是其中之一。她不仅善舞《胡旋舞》，还把旋转技巧巧妙地运用在《霓裳羽衣舞》中，表现了仙女的飘飘仙态。"长袖善舞"，在古代舞蹈中，舞者的长袖、舞巾及风带都是极有表现力的舞蹈语言。唐代舞蹈充分利用了长袖、舞巾和风带来表现各种舞蹈情态，有着丰富的技法。唐代舞蹈女艺人腰功柔软出众，在舞蹈中多有表现。如《柘枝舞》《胡腾舞》中的许多动作就显示出舞者的出色腰功。舞蹈不仅要运用形体动作，而且要有表情，尤其是眼睛传情达意。唐代舞蹈艺人对眼神的运用，精妙入神。眼神的巧妙运用给精美的舞蹈增加了动人的魅力。诸多舞蹈技艺的创造性运用，使唐代舞蹈有着强烈的艺术感染力。

2. 出色的编导艺术

美妙的舞蹈离不开精致独创的编导。唐代舞蹈中，艺术水平较高的独舞、双人舞和歌舞戏，大多是舞者自编自演。唐代许多著名的舞蹈家，既具有高超的表演技艺，又具有杰出的编舞才能（如公孙大娘）。唐代双人舞的编排很具匠心，出现了多样的艺术处理方法。在唐人诗文及敦煌壁画中，可以见到许多各具情态的双人舞场面，其中最能显示唐代编舞水平的当数宫廷大舞。唐代大型宫廷舞蹈，规模庞大，人数众多，大多是歌功颂德之作，舞蹈严谨而规范，这就要求编舞者具备相当高超的编排水平。李可及是唐代名留史册的编舞艺人之一，其《叹百年队舞》《菩萨蛮》编舞技艺十分高超，创造出动人心魄的艺术效果。

四、宋代的舞蹈

宋代是中国古代舞蹈由盛转衰的时期，也是古代歌舞向戏曲艺术转化、发展的转折点。

（一）宋代宫廷舞蹈队舞

宋代宫廷仍设置有宫廷乐舞机构教坊，罗致各地优秀艺人于其中。教坊里专司表演和演奏的乐人称执色，他们按专业分为筚篥部、大鼓部等，又以其专长称拍板色、琵琶色、舞旋色、杂剧色等，各部、各色最出色的艺人被称为部头、色长。当时宫廷演出频繁，内容繁复。

队舞是宋代宫廷舞蹈的代表，继承和发展了唐代的《燕乐》，吸取了唐代影响最大、技艺水平最高的表演技艺并有所变革。如《柘枝舞》《剑器舞》《胡腾舞》等，在唐代本是单人舞或双人舞，表演场合可以在内宫，可以在贵族厅堂，可以在民间，而宋代宫廷队舞表演人数达上百人，一般是皇宫举行大宴时演出，是兼具礼仪、典礼、欣赏、娱乐多功能的舞蹈。

队舞

（二）宋代民间乐舞

宋代的民间歌舞丰富多彩，尤其是元宵节等重大节日，广大农村到处都在举行具有浓厚民俗色彩的歌舞庆祝活动，《划旱船》《鲍老舞》《十斋郎》《扑蝴蝶》《狮子舞》都是具有代表性的舞蹈节目，至今仍长盛不衰。

宋代出现了庞大的民间舞蹈表演队伍——舞队。舞队将音乐、舞蹈、武术和杂技等多种技艺综合在一起，以游行队伍的形式展出表演。当代所能看到的"社火"即来源于此。

这一时期的民间歌舞还呈现出一个新的时代特征，即民间歌舞逐渐向城市集中，形成专业团体，走上了商业化和剧场化的道路。当时市井里出现了百戏技艺的公演

《划旱船》

场所瓦舍、勾栏,演出有杂剧、杂技、讲史、说书、说诨话、影戏、傀儡、散乐等各种音乐节目。其中舞旋、舞蕃乐、花鼓纯属舞蹈表演,舞剑、舞砍刀、扑旗子为舞蹈化的武术,耍和尚、舞蛮牌、舞判则是扮演人物的舞蹈表演。

两宋时期,活跃于民间的歌舞艺人及其团体在舞蹈史上具有相当重要的地位。他们为了谋生,必须经常开展乐舞活动并不断钻研,提高其表演技艺,这大大丰富了人们的文化生活,提高了民间舞的艺术水平。北宋以后,不少民间乐舞节目能保留下来,这些扎根于民间、师徒相传的民间艺人其功不可没。

五、元明清时期的舞蹈

元明清时期,舞蹈艺术的发展逐渐呈现出衰落的趋势,各地民间舞蹈以其顽强的生命力缓慢地发展和流传着。这一时期,社会上已无任何形式的专业舞蹈团体,最主要、最受人欢迎的表演艺术是融文学、音乐、舞蹈、武术、杂技、美术于一炉的戏曲艺术。隋唐时期的歌舞艺术和传统舞蹈都溶汇于戏曲艺术中,按照戏曲艺术的需要进行改造、提高,为戏曲艺术的发展做出了重大贡献。戏曲舞蹈的高度发展,是元明清时期舞蹈发展的一大特色。

宋元以后蓬勃兴起的戏曲,是在继承、融合前代音乐、舞蹈、歌唱、杂技、武术等多种艺术形式的基础上发展而成的。舞蹈是戏曲表演的重要组成部分。早在戏曲形成的宋金时期,它就继承、融合了大量的前代舞蹈。从出现在宋杂剧、金院本中大量的唐宋大曲名目,可以看出戏曲继承、吸收唐宋歌舞大曲的痕迹,而在后代戏曲的种种舞蹈身段中,我们也可以明显地看到它对古代舞蹈的继承。最典型的如名目繁多的水袖技巧,就来自古代"长袖善舞"的舞袖传统。至于某些戏曲剧目中仙女舞长绸、尼姑舞拂尘的动作,则明显来自古代的巾舞拂舞。至于那些精彩动人的武打动作,其渊源可以上溯到远古的《干戚舞》及其一脉相传的各代武舞。

元明清三代的戏曲艺人,在长期的舞台艺术实践中,不断地把舞蹈艺术结合到戏曲表演之中,创造了丰富多彩、富于表现力的舞姿和表演程式,这些千锤百炼的舞蹈程式动作，在长期的流传中不断完善、创新，使戏曲中的舞蹈艺术日益精粹。

戏曲舞蹈作为中国舞蹈的一种新形式是独具特色的，它显示出集传统舞蹈之大成的特点，它使中国传统舞蹈从线的艺术和圆的艺术发展到无与伦比的高度，其意象品质更为鲜明突出，充分显示出戏曲舞蹈对传统舞蹈的继承与创新。但戏曲舞蹈毕竟不是独立的舞蹈，它被局限在戏曲的范围之中，使得舞蹈只能是戏曲的表现工具。封建社会后期，舞蹈从独立的表演艺术衰落下来，取而代之的是戏曲表演艺术的殿堂。至此，中国古代舞蹈历史的发展在 19 世纪后期，在戏曲艺术的兴盛中走完了它的路程。

第二节　古代舞蹈

灿烂辉煌的古代舞蹈文化、繁花似锦的古代舞蹈，像一粒粒晶莹的珍珠，在滚滚的历史长河中闪烁出瑰丽的光彩，令人惊叹不已。

一、盘鼓舞

盘鼓舞是一种踏在盘子和鼓上表演的传统舞蹈，起源于汉代。舞时将盘子和鼓排列在地上，盘、鼓数目不等，按舞者技艺高低而定。舞者在盘、鼓上高纵轻蹑，浮腾累跪，踏舞出有节奏的音响，表演各种舞蹈技巧。盘鼓舞将舞蹈与杂技巧妙地结合，体现了中国传统舞蹈的特殊风格。汉代画像石上就有对盘鼓舞的描绘，舞姿生动形象、优美矫健。

汉代画像石上描绘的盘鼓舞

二、长袖舞

长袖舞在秦代之前便已存在。它以舞长袖为特征，舞人无所持，以手袖为威仪，凭借长袖交横飞舞的千姿百态来表达各种复杂的思想感情。舞者多为长袖细腰的女子，有的腰身蜷曲，能使背后蜷成环状。长袖舞的风格可分为婉约和奔放两种，两者各有特色，妙不可言。

长袖舞

三、兰陵王舞

《兰陵王》起源于北齐，是北齐军中为歌颂一个勇武战斗者创作的乐曲。到了唐代得以发展，成为有歌有舞的舞剧。此舞在早期，名为《兰陵王入阵曲》，最早记述于崔令钦《教坊记》中："大面出北齐。兰陵王长恭性胆勇，而貌若妇人。自嫌不足以威敌，乃刻木为假面，临阵着之。因为此戏，亦入歌曲。"《教坊记》把此曲归入软舞之列。

兰陵王舞

四、破阵乐舞

破阵乐舞是唐代歌舞大曲，最初乃唐初军歌，李世民登基后，亲自把这首乐曲编成了舞蹈，动用舞蹈演员120人（一说128人），组成战阵之形：左圆、右方，先偏、后伍，如鱼丽、如鹅贯、如箕张、如翼舒，交错屈伸，首尾回互，以象战阵之形。舞凡三变，每变为四阵，计十二阵，与歌节相应。此舞威武整肃，闻者莫不扼腕踊跃，凛然震悚。

五、《霓裳羽衣舞》

唐代的舞曲，大曲中有《霓裳羽衣舞》，非常著名。《霓裳羽衣舞》的开头，是散序六段，不舞也不歌，只用乐器独奏和轮奏。在六遍散序以后，就进行到中序。中序也称歌头，歌舞从中序开始，这一段是轻歌曼舞的部分。舞者姿态曼妙，回旋如雪，小手垂后如弱柳无力，斜曳时如白云初生。舞人双蛾微敛，舞袖低昂，含情不胜，飘飘欲仙。到中序以后，单独演舞进入"曲破"，以舞为主，大部分是快板，共十二段。这部分伴着急管繁弦，催拍颇紧，有如跳珠撼玉一般，达到此舞的高潮。到曲终时，转慢长引一声作结，使观者听者，有余音袅袅、回旋不尽的余味。《霓裳羽衣舞》的服饰与舞态华美。舞者做道家仙子装饰，其中以杨玉环的表演最为著名。上身羽衣，下身霓裙，肩披霞帔，头戴步摇冠。白居易《霓裳羽衣舞歌》曰："飘然转旋回雪轻，嫣然纵送游龙惊。小垂手后柳无力，斜曳裾时云欲生。"形象地描绘出急剧的舞蹈动作，使身上的环佩璎珞不断地跳跃闪动，衣裙如浮云飘起，展现飘飘欲仙的舞态形象。

《霓裳羽衣舞》

六、《惊鸿舞》

《惊鸿舞》属于唐代宫廷舞蹈，是唐玄宗早期宠妃梅妃的成名舞蹈，现今已失传。《惊鸿舞》着重于用写意手法，通过舞蹈动作表现鸿雁在空中翱翔的优美形象，它是极富优美韵味的舞蹈，舞姿轻盈、飘逸、柔美。唐玄宗曾当着诸王面称赞梅妃"吹白玉笛，作惊鸿舞，一座光辉"。

七、《十六天魔舞》

《十六天魔舞》是元代宫廷乐舞，是在宫中做佛事时表演的女子群舞。此舞创作于元顺帝至正十四年（1354 年）。据《元史》记载，16 位宫女身着妖艳极致、性感逼人的服饰，每人手执法器，其中一人执铃杵领舞，另外的宫女着白色透明丝衣，头上系白色丝带，做出各种性感的动作作为伴舞。宫中一有佛事，或者顺帝寂寞了，就让她们载歌载舞，助兴娱乐。

《十六天魔舞》

八、《天女散花》

《天女散花》是梅兰芳排演的古装神话歌舞剧。有一次梅兰芳偶见《散花图》，见天女风带飘逸、体态轻盈，有感而发，力求创造出形如敦煌飞天的神韵，以展仙女之美。在《天女散花》第四场《云路》和第六场《散花》中，天女载歌载舞，创造了许多优美的舞蹈动作，其中长绸的运用是这部剧的一大看点，对京剧舞蹈的改进起到了很大的推动作用。

梅兰芳《天女散花》

第三节　民族舞蹈

我国是幅员辽阔、历史悠久的多民族国家，各民族都有自己的传统文化，也有自己独特的舞蹈形式，并代代相传。

一、汉族舞蹈

据粗略统计，汉族舞蹈有上百种，其中流行最广、影响最大的有龙舞、狮舞、秧歌、花鼓等。

（一）龙舞

龙作为图腾，被视为中华民族的象征。人们把它看作行云布雨、消灾降福的神物。逢年过节，人们常常舞龙以祈求风调雨顺、国泰民安。

龙舞的历史十分悠久，在汉代已有了比较完整的龙舞形式。在当时的四季祈雨祭祀中，就有春舞青龙、夏舞赤龙和黄龙、秋舞白龙、冬舞黑龙的习俗。而且每条龙长达数丈，每次都是 5～9 条龙同舞。经过劳动人民 2000 多年的创造发展，到了清代，龙舞不仅具有很高的技巧性，而且表演形式越来越丰富多彩。除了常见的布龙外，还有荷花组成的百叶龙；龙头、身、尾互不相连，在舞动时才形成龙形的段龙；用长条板凳作架，装饰成龙形，人们举板凳脚而舞的板凳龙；用草扎成的草龙；在草龙身上插满香火的香火龙；舞龙时，人们不断向龙泼水求雨的水龙等。真可谓千姿百态、雄伟壮观！

龙舞

（二）狮舞

狮子是人们心中吉祥的化身，寄托着人们消灾除害、吉祥如意的愿望，因此每逢年节喜庆之日都要跳狮舞。早在三国时期，已有狮舞的雏形，此后 1000 多年间，狮舞不断发展、完善，成为汉族和部分少数民族最具代表性的舞蹈之一。

舞蹈时两人合作，身披假狮皮，一人扮狮头，一人扮狮尾，俗称太狮；一人披狮形扮狮的俗称少狮。引舞者扮成武士、狮子郎、大头和尚等，手持绣球、拂尘、蒲扇等不同道具。在大鼓、大锣、唢呐及笙管等乐器的伴奏下，引舞者引着太狮、少狮上场起舞，场面壮观热烈。狮舞分文、武两类：文狮重表演，有抢球、戏球、打滚、舔毛、搔痒、洗耳等风趣的动作；武狮重武功和技艺，有爬高、踩球、过跷板、走梅花桩等高难度动作。在狮舞的腾、闪、跃、扑、翻、滚等动作中，能变换出许多高难度技巧，如"狮子出洞""猛狮下山""二狮抢球""高台饮水""过天桥""跳涧"等。

狮舞

（三）秧歌

秧歌的历史，可以一直追溯到宋代的村田乐。它起源于农业生产劳动，是在插秧、薅秧的劳动过程中产生、发展起来的一种民间歌舞形式。秧歌舞始于劳动，由劳动的步法作为舞蹈步法的基础，在艺术上不断加工，使队伍整齐化，形成了完整的秧歌舞，其后逐渐成为祝贺性、娱乐性的新年社火队舞，并进入城市表演。明清以来，秧歌流行于广大汉族地区，并形成各地不同的艺术风格。

秧歌

（四）花鼓

花鼓又称花鼓子、打花鼓、地花鼓、花鼓小锣等，其表演形式通常是一男一女，男执锣、女背鼓，以锣鼓伴奏，边歌边舞。主要流行于安徽、浙江、江苏、湖南、湖北、山东、山西、陕西等省份。早在南宋，吴自牧著《梦粱录》中就有临安节日里有百戏艺人表演花鼓的记载。清代以来，花鼓逐渐增加了故事情节，又吸收了民歌和戏曲唱腔，成为地方小戏之一。与此同时，纯歌舞形式的花鼓，仍在民间广泛流传。

花鼓

二、蒙古族舞蹈

蒙古族是中国北方的游牧民族，蒙古舞是从喇嘛教和萨满教的宗教活动舞蹈发展演变而来的。在举行宗教仪式时，"萨满巫师会起舞，戴着面具，旋转"等。蒙古舞蹈有着草原文化的特征：热情、奔放、豪迈，其舞蹈节奏明快，表现出蒙古族人民热情奔放、豪爽不羁的个性。

（一）踏歌

蒙古族盛行的踏歌即围绕大树踏歌成舞，场面热烈，动作舒展豪放。

（二）安代舞

安代舞是蒙古族古老的民间舞。人们在劳动之余，相聚载歌载舞，借以抒发情怀，表达对美好生活的向往。安代舞人数不拘，少则十来人，多则数百人共舞。舞者手执一块手绢，或提起衣襟，边歌边舞，形式自由，节奏欢快。

安代舞

（三）倒喇

"倒喇"在蒙古语中意为"又歌又舞"，常在夜宴中演出，形式类似于灯舞或盅碗舞中的女子独舞。舞者头顶一盏燃灯，口噙一段湘竹，在急促的伴奏乐中回旋如风，轻盈飘转，头上的燃灯也随之摇曳。

三、藏族舞蹈

藏族舞蹈多种多样，包括牧区舞、寺院舞等。腰部和膝部在藏族舞蹈中的运用是非常广泛的，这是藏族舞蹈与其他舞蹈最大的不同。藏族舞蹈大体可分为谐、卓、噶尔和羌姆四类。

（一）谐

谐泛指流传在广大农村牧镇的群众自娱性集体歌舞，其主要形式有锅庄舞、圆圈舞、踢踏舞、弦子舞等。舞蹈动作刚健有力，舞姿矫健奔放，地区风格十分突出。结构可分为两段，即从慢板歌舞逐渐过渡到快板歌舞，开始时男女分班拉手走圈，轮班唱歌，歌声伴随舞蹈，多作甩袖应节踏步，随后舞步越跳越快，最后在热烈的情绪中结束。

（二）卓

卓泛指表演性强的集体舞，包括多种鼓舞、拟兽舞、性格舞等。一般重技巧表演，歌时不舞，舞时不歌，或歌舞穿插进行。

（三）噶尔

噶尔是具有民族特色的藏族宫廷舞蹈，从服饰、舞姿到音乐，都受到中原武舞及西域乐舞的影响。

（四）羌姆

羌姆泛指驱鬼神、宣扬佛法天命、解说因果关系和表演佛经故事的宗教性舞蹈，包括民间"鸟冠虎带击鼓"的大型巫舞，主要是指喇嘛寺的跳神。这种舞蹈最早是根据印度佛教瑜伽宗的礼仪，吸收本地反映自然崇拜的巫舞、拟兽舞、法器舞混杂而成。在表演时，没有歌唱，气氛庄严肃穆。

羌姆

四、维吾尔族舞蹈

新疆自古就是中西交通要道，也是古西域乐舞盛行的地方。汉唐著名的于阗国乐、疏勒乐、龟兹乐、高昌乐、伊州乐等都出自新疆境内。维吾尔族舞蹈继承了古代鄂尔浑河流域和天山回族的乐舞传统，吸收了古西域乐舞的精华，经长期发展和演变，广泛流传于新疆各地。这些舞蹈大多与新疆著名古典音乐套曲木卡姆相结合，许多小型表演性节目，多在群众欢聚娱乐的麦西来甫中进行。木卡姆使民间音乐规范化，促进了民间舞蹈的发展；麦西来甫则给人们提供了学习本族、本地区风俗、礼仪，学习民间舞蹈和进行即兴创作的机会。

由于新疆南北地区的自然环境和经济发展不同，维吾尔族各种舞蹈既有共同的风格，又有不同的地区特色。维吾尔族舞蹈的主要特点是身体各部位同眼神配合传情达意，从头、肩、腰、臂到脚趾都有动作。昂首、挺胸、直腰是体态的基本特征，通过动静的结合和大小动作的对比以及移项、翻腕等装饰性动作的点缀，形成热情、豪放、稳重、细腻的风格韵味。现流传于新疆各地的民间舞蹈主要有赛乃姆、多朗舞、萨玛舞、夏地亚纳、纳孜尔库姆、盘子舞、手鼓舞等。

赛乃姆

五、傣族舞蹈

傣族舞蹈历史悠久，傣族先民掸人的首领曾向东汉皇帝献过大规模的乐舞、杂技。随着社会的发展，受中原文化以及南亚文化的影响，逐渐形成具有独特风韵的傣族舞蹈。傣族舞蹈优美恬静，感情内在含蓄，手的动作丰富，舞姿富于雕塑性，四肢及躯干各关节都要求弯曲，形成特有的"三道弯"造型。舞蹈动作与节奏的特点是重拍向下的均匀颤动，具有南亚舞蹈的特征。傣族舞蹈主要有以下种类：

（1）模拟性舞蹈。多模拟动物，如孔雀舞、马鹿舞、白象舞、鱼舞、大鹏鸟舞、鹭鸶舞、竹雀舞、猴子舞等。

（2）生活舞蹈。表现傣族人民劳动生活，如花环舞、篾帽舞、划船舞、捞鱼舞、摘花舞等。

（3）自娱性舞蹈。在节日和其他喜庆活动中的集体舞蹈，如嘎光舞、象脚鼓舞、依拉贺等。

（4）仪式性舞蹈。如宫廷舞、腊条舞、祭祀舞、扇子舞、儿童舞、戛界等。

（5）歌舞。如十二马、戛喃燕等。

傣族舞蹈中最古老、最有代表性的舞蹈为孔雀舞和戛光舞，它们概括了傣族舞蹈的风格、韵律、舞姿造型和动作的组合规律，是傣族舞蹈的精华，反映了傣族人民的民族精神和审美特征。

六、朝鲜族舞蹈

朝鲜族历来以能歌善舞著称，其民间舞蹈具有农耕劳动的特征，它是在古代的扶余、高句丽及朝鲜半岛的传统文化基础上形成的，后又在中国东北地区的特定环境中，育成具有风韵典雅、含蓄等特色的舞蹈。

芦笙舞

朝鲜族舞蹈动作多为即兴性的。其特点是幅度大，表演者的内在情绪与动作和谐一致，长于表现潇洒、欢快的情绪。其伴奏音乐旋律优美，节奏多变。

朝鲜族舞蹈的主要形式有农乐舞、假面舞、剑舞、长鼓舞、扁鼓舞、扇舞、拍打舞等。

除了以上介绍的民族舞蹈外，有些舞蹈是多民族共有的，如芦笙舞、太平鼓舞等。

太平鼓舞

【阅读经典】

1. 昔有佳人公孙氏，一舞剑器动四方。观者如山色沮丧，天地为之久低昂。爉如羿射九日落，矫如群帝骖龙翔。来如雷霆收震怒，罢如江海凝清光。

——杜甫《观公孙大娘弟子舞剑器行》

2. 飘然转旋回雪轻，嫣然纵送游龙惊。小垂手后柳无力，斜曳裾时云欲生。

——白居易《霓裳羽衣舞歌》

3. 弦鼓一声双袖举，回雪飘飖转蓬舞。左旋右转不知疲，千匝万周无已时。人间物类无可比，奔车轮缓旋风迟。

——白居易《胡旋女》

4. 妙伎游金谷，佳人满石城。霞衣席上转，花岫雪前明。仪凤谐清曲，回鸾应雅声。非君一顾重，谁赏素腰轻。

——李峤《舞》

5. 荆台呈妙舞，云雨半罗衣。袅袅腰疑折，褰褰袖欲飞。雾轻红踯躅，风艳紫蔷薇。强许传新态，人间弟子稀。

——张祜《舞》

6. 舞势随风散复收，歌声似磬韵还幽。千回赴节填词处，娇眼如波入鬓流。

——李太玄《玉女舞霓裳》

7. 楼台新邸第，歌舞小婵娟。急破催摇曳，罗衫半脱肩。

——薛能《舞曲歌辞·柘枝词三首》

8. 管清罗荐合，弦惊雪袖迟。逐唱回纤手，听曲动蛾眉。凝情眄堕珥，微睇托含辞。日暮留嘉客，相看爱此时。

——何逊《咏舞妓》

9. 南国有佳人，轻盈绿腰舞。华筵九秋暮，飞袂拂云雨。翩如兰苕翠，婉如游龙举。越艳罢前溪，吴姬停白纻。慢态不能穷，繁姿曲向终。低回莲破浪，凌乱雪萦风。坠珥时流盼，修裾欲溯空。唯愁捉不住，飞去逐惊鸿。

——李群玉《长沙九日登东楼观舞》

10. 美人舞如莲花旋，世人有眼应未见。高堂满地红氍毹，试舞一曲天下无。此曲胡人传入汉，诸客见之惊且叹。慢脸娇娥纤复秾，轻罗金缕花葱茏。回裾转袖若飞雪，左鋋右鋋生旋风。琵琶横笛和未匝，花门山头黄云合。忽作出塞入塞声，白草胡沙寒飒飒。翻身入破如有神，前见后见回回新。始知诸曲不可比，采莲落梅徒聒耳。世人学舞只是舞，恣态岂能得如此。

——岑参《田使君美人舞如莲花北鋋歌》

【资源推荐】

1. 《中国传统文化与舞蹈》，金秋著，中国社会科学出版社出版。

2. 电影《欢舞》，导演陈力，河北电影制片厂拍摄。

3. 电视连续剧《跟着阳光跳舞》，20 集，导演彦小追，主演邢岷山、沈培艺、王亚彬，由深圳世界之窗、深圳华侨城国际传媒有限公司、香港华侨城有限公司摄制。

4. 纪录片《傩·缘》，北京舞蹈学院制作。

5. 中国舞蹈网，集舞蹈资讯、舞蹈比赛、舞蹈教学视频、舞蹈音乐、舞蹈图片浏览及下载的专业网站。

【课堂检测】

一、单选题

1. 神农氏的纪功乐舞名为（　　）。

    A. 《扶来》　　　　B. 《扶犁》　　　　C. 《云门》　　　　D. 《大章》

2. 为纪念商汤求雨有功的乐舞是（　　）。

    A. 《大濩》　　　　B. 《大韶》　　　　C. 《大夏》　　　　D. 《咸池》

3. 颤膝是（　　）的舞蹈动作。

    A. 汉族　　　　　　B. 彝族　　　　　　C. 藏族　　　　　　D. 蒙古族

4. 下列最能体现"三道弯"的舞蹈种类是（　　）。

    A. 蒙古族　　　　　B. 傣族　　　　　　C. 维吾尔族　　　　D. 藏族

5. 杨丽萍表演的《雀之灵》是（　　）的舞蹈。

    A. 藏族　　　　　　B. 蒙古族　　　　　C. 傣族　　　　　　D. 白族

6. 移颈是（　　）的舞蹈风格。

    A. 苗族　　　　　　B. 傣族　　　　　　C. 维吾尔族　　　　D. 朝鲜族

7. 中国的秧歌有多种风格样式，下列选项中不属于秧歌的是（　　）。

    A. 东北秧歌　　　B. 安徽花鼓灯　　C. 胶州秧歌　　　D. 安塞腰鼓

8. 《踏歌》到唐代极盛，有三大特点：歌唱、踏地、（　　）。

    A. 折腰　　　　　　B. 舞袖　　　　　　C. 舞剑　　　　　　D. 朗诵

9. 在汉族民间舞蹈中，最具有代表性的是（　　）。

    A. 街舞　　　　　　B. 古典舞　　　　　C. 秧歌舞　　　　　D. 敦煌舞

10. 藏族人喜欢跳粗犷奔放的（　　）。

    A. 锅庄　　　　　　B. 弦子　　　　　　C. 健身操　　　　　D. 广场舞

二、多选题

1. 周代六大舞可分为文舞和武舞，总称雅乐。"六大舞"包括《云门》、《大章》、（　　）。

    A. 《大韶》　　　B. 《大夏》　　　C. 《大濩》　　　D. 《大武》

2. 汉代著名的执武器之舞有如《剑舞》、（　　）。

    A. 《刀舞》　　　B. 《棍舞》　　　C. 《戟舞》　　　D. 《戚舞》

3. 汉代四夷乐有（　　）、巴渝舞。

    A. 于阗乐　　　　B. 鼓吹乐　　　　C. 羽舞　　　　　D. 芦笙舞

4. 汉代舞人身份有三种，他们分别是（　　）。

    A. 倡　　　　　　B. 优伶　　　　　C. 舞姬　　　　　D. 歌舞者

5. 舞赋是汉代出现的用文字体裁描写舞蹈的文学作品，下列作品中描写过舞蹈的赋是（　　）。

    A. 傅毅《舞赋》　　　　　　　　B. 张衡《西京赋》

    C. 扬雄《蜀都赋》　　　　　　　D. 司马相如《子虚赋》

6. "胡乐胡舞"具有阳刚之美，风格潇洒、（　　）、明快、癫狂、无拘束。

    A. 劲健　　　　　　B. 奔放　　　　　　C. 愁肠　　　　　　D. 阴森

7. 魏晋南北朝是唐代软舞的准备阶段。当时的（　　）等都具有软舞的性质，讲究舞袖、运腰，并求轻、贵柔，表现为行云流水般的韵律。

    A. 《白纻舞》　　B. 《明君舞》　　C. 《前溪舞》　　D. 《拂舞》

8. 健舞是唐代舞蹈的重要组成部分。著名的健舞有（　　）等。

    A. 《胡旋舞》　　B. 《柘枝舞》　　C. 《踏歌》　　　D. 《剑器舞》

9. 明清时期代表性的民间舞蹈有秧歌、高跷、（　　）等。

    A. 划旱船　　　　B. 太平鼓舞　　　C. 龙舞　　　　　D. 狮舞

10. 戏曲舞蹈的文化性质有宫廷舞蹈的严格程式、（　　）。

    A. 民间舞蹈的风格式样　　　　　B. 文人艺术的意趣旨归

    C. 西方文化的融化吸收　　　　　D. 传统舞蹈的继承和发展

三、判断题

1. 纪功舞蹈是祈求大自然风调雨顺的祭祀舞蹈。　　　　　　　（　　）
2. 傩舞是古代民间驱除疫鬼的仪式舞蹈。　　　　　　　　　　（　　）
3. 袖、腰、轻、柔是构成汉族传统舞蹈中阴柔之美的风格化艺技特点。（　　）
4. 白纻舞因白色纻麻舞衣而得名。它不仅是表演性舞蹈，还用于娱神祭祀。

　　　　　　　　　　　　　　　　　　　　　　　　　　　　（　　）
5. 舞谱是随汉代舞蹈艺术的发展而发展起来的。　　　　　　　（　　）
6. 以舞相属带游戏性质的礼节舞蹈是周王朝礼乐制度的产物，特别讲究仪容仪态。　　　　　　　　　　　　　　　　　　　　　　　　（　　）
7. 舞蹈《千手观音》属于古典舞。　　　　　　　　　　　　　（　　）
8. 赵飞燕是中国历史上著名的舞蹈家。　　　　　　　　　　　（　　）
9. 崴是云南花灯的基本动律。　　　　　　　　　　　　　　　（　　）
10. 藏族舞蹈分为锅庄、弦子、花灯。　　　　　　　　　　　　（　　）

四、思考练习

1. 简述汉代舞蹈的艺术特征。
2. 简述宋代队舞及其艺术特征。
3. 元代乐队指什么？
4. 简述清商乐舞的特征。

【实践体验】

实践项目一　舞蹈《扇舞丹青》赏析
实践项目二　模仿学习古典舞《桃花源记》

专题十 | 中华雕塑：见证东方文明的文化瑰宝

【导学】

雕塑艺术以其特有的形态气势和造型力量，给人视觉与心灵强烈的震撼。从遥远的洪荒时代，雕塑艺术就与人类活动相伴相随。穿行历史，在每一个历史发展阶段，中华雕塑艺术都有不同的内容、风貌和全新的表现形式，形成了中华雕塑艺术与文化的丰厚积淀。中国古代雕塑以卓绝的东方风韵独树一帜，数量品种之丰富，历史延续之长久，是世界上任何一个国家不可比拟的，闪烁着中华传统文化夺目的光辉。对中国古代雕塑的欣赏品味，可以拓宽视野，陶冶性情，体验审美的快乐，培养创新的能力。

【知识储备】

第一节 中华雕塑的种类及特点

雕塑也称雕刻，是雕、刻、塑三种创制方法的总称，指用各种可塑材料或可雕、可刻的硬质材料，创造出具有一定空间的可视、可触的艺术形象，借以反映社会生活，表达艺术家审美感受的一种视觉和触觉艺术。雕塑的产生和发展与人类的生产活动紧密相关，同时又受到各个时代宗教、哲学等社会意识形态的直接影响，是时代、思想、感情、审美观念的结晶，是社会发展形象化的记录，是一种相对永久性的艺术。

雕塑的分类

一、中国传统雕塑的种类

中国传统雕塑工艺历史悠久，博大精深，可谓目不暇接，美不胜收。最常见的有以下几类：

（一）泥塑

泥塑是用黏土塑制成各种形象的一种雕塑，也是中国最古老、最常见的民间艺术。它以泥土为原料，手工捏制成形，或素或彩。古代的佛像、神道像、殉葬品（如秦始皇陵兵马俑）等都是泥塑。泥塑经过烧制的则称为陶塑，用特质的高岭土（即瓷土）烧制的则称为瓷器。中国古代的成窑、钧窑皆以生产质地优良、造型精美的瓷质雕塑闻名。

泥塑

（二）石雕

石雕一般采用大理石、花岗石等作材料。石雕按技法可分为两大类：一类是立体石雕，包括立体人像、动物雕像、壁炉、雕刻柱头等；另一类是平面石雕，包括浮雕、镜框、画框、透雕窗格、刻字牌匾、石刻画、影雕和线雕等。

石雕按使用功能可划分为以下几类：

（1）观赏、挂戴和收藏工艺饰品石雕。如各种观赏石、摆设、挂件、饰件，通常体积比较小。

（2）石窟和摩崖石雕。如麦积山石窟、云冈石窟、龙门石窟等佛雕和各种造像。

（3）陵园石雕。各种陵墓石像、石棺椁、墓葬祭品等，如汉武帝的茂陵石翁仲、唐太宗的昭陵六骏等。

（4）宫殿、宅第和园林石雕。如故宫、颐和园、承德避暑山庄内的石雕制品。

（5）寺庙神殿、经幢祭坛石雕。如雍和宫，孔庙中的石柱、石栏和神龛。

（6）石桥石雕。如赵州桥上的人物石雕、卢沟桥上的石狮等。

（7）石阙和牌坊石雕。如孔庙石碑坊石雕。

（8）塔建筑石雕。如灵隐寺飞来峰石塔人物雕塑、六和塔佛像浮雕等。

（9）碑书石雕。各种纪念碑、陵墓碑等，如武则天乾陵的无字碑、明十三陵的墓碑浮雕。

（10）人物与动物石雕。如名人雕像、佛像、石狮等。

（11）生活工艺用品石雕。如桌、椅、凳、茶几、灯具、墨砚等。

（12）现代城市园林与纪念石雕。大型城市雕塑、园林雕塑和纪念雕塑等，如天安门广场上的人民英雄纪念碑浮雕。

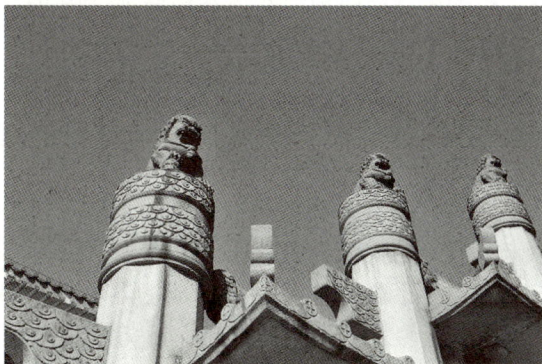

石雕

（三）青铜雕

青铜雕是商、西周、春秋、战国时代的雕塑作品，主要是具有雕塑性质的青铜礼器，以人和动物或神异动物形象铸为器形。在当时的贵族生活中，这类器物具有重要的政治、宗教、礼仪意义，而不同时代又各具不同的时代特征。商代作品大多富于神秘、威慑的色彩，表现的是神化了的人与兽。春秋、战国时期，转向于繁缛华美，追求装饰性。还有一些青铜作品是以人或动物形态制作的器物支架或底座、灯座、车马器等，使人与动物的动态得到更为生动的表现。

（四）木雕

木雕可分为立体圆雕、根雕和浮雕，有的还涂色施彩用以保护木质和起到美化作用。一般选用质地细密坚韧、不易变形的树种，如楠木、紫檀、樟木、柏木、银杏、沉香、红木、龙眼等。采用自然形态的树根雕刻艺术品称为根雕。

中国古代木雕的用途主要有三种：①供奉类。用于制作神像、菩萨像，如用紫檀木制作的观音像、达摩像、钟馗像、弥勒佛像、如来佛像等，供在庙宇、家中佛堂或店铺佛龛中。②实用类。一是用在建筑上，如房屋的梁架雕刻（包括屋梁、瓜柱柁墩、藻井天花等）、檐下雕刻（包括斗拱、额枋、花板、雀替、撑拱、挂落、垂花、花牙子、栏杆、匾额等）、门窗雕刻（包括门头、门罩、门、雕窗等）；二是室内摆设、家具，如木质屏风、吊屏上的装饰，以及床、桌、椅、凳上的雕刻等。③赏玩类。如各种根雕和用楠木、紫檀、黄杨木等珍贵木材做成的案头摆件等。

（五）玉雕

玉的质地晶莹温润，历来受到人们的喜爱。早在距今 7000 多年前的新石器早期河姆渡文化时期，就已经出现玉璜、玉环、玉珠等玉雕工艺品。到了商朝，琢玉技艺发展比较成熟。玉雕的材料有白玉、碧玉、青玉、墨玉、翡翠、玛瑙、黄玉等几十种。因为玉本身质地细腻、坚硬而温润，或白如凝脂，或碧绿苍翠，色泽光洁而可爱，适合制作各种物品，如随身佩戴的玉环、玉佩、玉带、玉扳指，杯、盅、碗、筷、花瓶等生活用品，以及人物花鸟等室内装饰和案头清玩。

玉石质地坚硬，雕刀刻不进去，通常采取琢磨的方法，即在制作时用各种形状的钻头、金刚砂和水，根据作品形状把多余部分琢磨掉。因此，完成一件玉雕作品要花很长的时间，故有"玉不琢不成器"的说法。

（六）漆雕

漆雕是一种在堆起的平面漆胎上剔刻花纹的技法，也称剔红。中国是世界上最早发现且使用天然漆的国度。7000 年前的新石器时代，已有漆器的实样器物，河姆渡遗址中发现的木胎朱漆碗便是实证。商周起，人们用色漆装饰器物，到了唐宋时期，髹漆技艺渐趋成熟。将漆涂刷在各种胎骨制成的器物上，谓之"髹"。匠人在器物胎型上涂刷数十层朱色大漆，将干未干之时，以刀代笔雕刻纹样，工艺流程极其复杂。制漆、制胎、做胚、打磨、做里退光等，过程繁复，用时很长，因此大型漆雕极其昂贵，在古代一直是皇室贵族的陈设品。传世剔红器因保存不易，珍贵难得。唐代剔红至今未见传世实物，宋元时期，剔红技艺成熟、名家辈出，尤以江南匠师为上。如今面世流传的多为明清两朝所出。剔红一技，昌盛数朝，直至清代晚期。

漆雕

二、中国古代雕塑的特点

中国雕塑在中国古代社会制度、文化、哲学与宗教思想的影响下，形成了具有自身特点的雕塑艺术。

（一）绘画性

中国古代雕塑和绘画是一对同胞兄弟，都孕育于原始工艺美术。从彩陶时代起，雕塑和绘画便互相补充、紧密结合。现存的历代雕塑，有许多妆銮过的泥塑、石刻和木雕。中国塑绘不分家，造就了雕塑与绘画审美要求的一致性。但绘画表现不了雕塑的体积、空间和块面，而是注重轮廓线与身体衣纹线条的节奏和韵律。

（二）意象性

西方雕塑从古希腊时期起就努力摹仿再现自然,写实性极强。中国雕塑把注意力放在物象的神韵表现上,作品显得气韵生动。中国雕塑不以造型术来精确地塑造物象,而多从感觉和理解出发,简练、明快,以少胜多又耐人寻味,常常给人运行成风、一气呵成、痛快爽利的艺术享受。夸张乃至变形来强调人与动物的神韵,是中国雕塑普遍运用的手法,如汉代成都击鼓说唱俑和霍去病墓石刻最有代表性,说明中国古代雕塑达到了雕塑语言的多变性和雕塑空间的自由性的艺术境界。

成都击鼓说唱俑 　　　　　　霍去病墓石刻《马踏匈奴》

（三）线体结合的视觉特征

中国雕塑的体不同于西方的体,西方的体是以生理、物理为基础的空间之体,有量、有质、有形,并强调由此而产生的张力。中国雕塑的体是形而上的,强调的是心理、意理、情理,是精神之体、真如之体和心性之体。它的出现是为了证实其自身的本然存在,意蕴深厚,敦厚沉郁,静穆中和,大方醇正。在中国现代雕塑史上,深悟中国雕塑艺术的大家,都是由形而上介入雕塑的,他们以中国土地、山峦为体,象征着中国人精神的形式,找到了以书法为核心,渗透着中国文化精神的线。

（四）体现了中国古代哲学精神,是神、韵、气的统一

所谓神的意蕴,主要指雕塑对象的内在精神实质、创作时的艺术思维活动和精神专一程度、作品所达到的艺术境界。所谓对象的内在精神,主要指眼神,而在雕塑上更加强调的是情态、体态、动态的瞬间,在把握瞬间之神中,作者必然全神贯注地进入主客观交融状态。汉代的说唱俑就反映了作者的瞬息思维和捕捉能力,只有这样才能创作出神品。所谓韵是通过线条来表达的,中国的线不为描写对象的物理性质,它是赋有诗性、神性、超越性的。它有着道家思想的元素象征——水的特性,与物推移、沛然适意、彰隐自若、任性旷达;也有着禅家灵性的元素象征——风的特性,不羁于时空、自由卷舒、触类是道;更秉着儒家中和、阳刚、狂狷之气——神与韵的物质化生发出的气,它是无处不在、无处不可感的文化与宇宙气象,空灵宏宽,寂静缥缈。古气、文气、大气、山林之气、宏宇之气,这气场的存在,

使得中国雕塑具有超强的感染力，先声夺人，涵蕴沁心，看不到体积、材质、手法，恍惚幽冥，只有无可抵御的感染力量，它聚散、氤氲、升降、屈伸、浩浩然充塞于天地之间。这气便是超拔于形质之上的精神境界。儒家哲学尊天命，受其影响，反映在雕塑艺术中便为崇高、庄严、壮丽、重穆、典雅等风格。中国古代雕塑遗产有大量佛教造像，佛教美术有其特殊的经仪轨迹，形成了自己的特点，这些都造就了中国雕塑存在与发展的理由和价值。

第二节　中华雕塑的发展史及艺术特征

一、中华雕塑的序幕

（一）史前雕塑

中国古代雕塑艺术可追溯到新石器时代，这一时期石器和陶器的出现，拉开了中国雕塑的序幕。新石器时代的雕塑作品主要是人和各类动物形象，包括龙等神异形象。这类作品以陶塑居多，也有少量石、玉、牙、骨等材料的雕刻，有圆雕，也有浮雕、线刻，有的是独立的雕塑作品，有的则是附加在器物盖或口沿、肩部的装饰物，形体小巧，造型粗略，形象粗简。人物形象主要有立体的全身像、头像、浮雕人面，以及塑于壶、瓶、罐等容器口部的人头像，以小型作品居多。

在原始社会末期，居住在黄河和长江流域的原始人，已经开始制作泥塑和陶塑。原始陶塑的含义可能是多重的，也是比较模糊的，从而带有某种远古的神秘感，其表现手法真实、朴实、自由、夸张、概括，一点也不雕琢，体现了一种随意美、稚拙美。发现于中原和西北地区的一些人头形作品，以捏塑、贴塑和锥刺等手法制作而成，有的还加以彩绘，开始了塑绘相结合的传统，眼、口镂空，造成深色阴影，看上去颇有神采。有些作品已注意到表现男女性别的明显差异。这些作品普遍出现在仰韶文化、马家窑文化、龙山文化、红山文化、河姆渡文化等文化遗址中。

陕西半坡人面鱼形彩陶盆　　　　　青海孙家寨舞蹈纹彩陶盆

浙江余姚河姆渡猪纹钵

大汶口猪形灰陶鬶

山东潍坊姚官庄陶鬶

上海青浦宽鋬带流黑陶杯

山东龙山蛋壳黑陶高柄杯

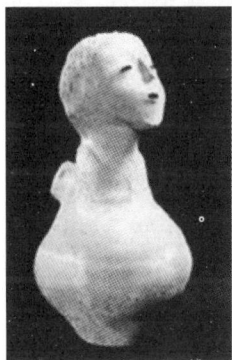

甘肃秦安人头形红陶壶

甘肃秦安人头形彩陶瓶

河南庙底沟黑陶鹰头壶

河南临汝县
鹳鱼石斧图彩陶缸

　　中国玉器雕塑源远流长。早在7000多年前的河姆渡文化时期，先民们在选择石料制作器械的过程中，就有意选择美石制成装饰品，打扮自己，美化生活，揭开了中国玉雕的序幕。在距今四五千年的半山文化、马厂文化和大汶口文化等新石器时代的中晚期，琢玉已从制石行业分离出来，成为独立的手工业部门。比较发达的地区有太湖流域的良渚文化、辽河流域的红山文化和山东的大汶口文化，出土的玉器引人注目。其中又以良渚和红山出土的玉器最为精彩。良渚、红山等玉器多出土于大中型墓葬，由此可见，新石器时代的玉器除祭祀天地、陪葬敛尸、辟邪等功能外，还象征着财富、权力、身份贵贱等。

　　良渚文化玉器的种类繁多，具有代表性的有玉琮、玉璧、三叉型玉器及成串玉项饰物等，特点是体型较大，显得深沉严谨，对称均衡等美学原则得到充分运用，尤以浅浮雕的装饰手法见长。特别是线刻技艺达到即使是后世也望尘莫及的地步。最能反映良渚琢玉水平的是玉琮和兽面羽人纹刻画，形式多样且数量众多。

红山玉器与良渚玉器相比，少见方形，而以动物形和圆形玉器为其特色，典型器有玉龙、玉兽型饰、玉箍型器等，不以体型大著称，而以精巧见长。红山玉器最大的特点是传神，工匠能巧妙地运用玉材，把握住物体的造型特点，寥寥数刀，就能把器物的形象刻画得栩栩如生。

浙江余姚良渚玉钺　　　　　浙江余姚良渚玉琮　　　　　内蒙古红山玉龙

（二）夏商周时期的雕塑

夏商周被誉为我国的"青铜时代"，这一时期的青铜作品虽然多具实用性，但已具备了雕塑艺术的特性。一些夸张、变形、奇特的纹饰，渲染了威严神秘的气氛，形成了端庄、华丽、气质伟岸、形象乖张的艺术特性，突出反映了人们的审美观和对自然世界的理解。

四羊方尊　　　　　　　饕餮纹鼓　　　　　　三星堆纵目人面具

天亡簋及其铭文

乳钉纹爵　　　　　　饕餮乳钉纹方鼎　　　　　后母戊鼎

　　商周时期有很多玉石、牙、骨等材料雕刻的小型装饰性雕塑作品和陶塑、木雕作品。商代妇好墓出土玉石器达 800 多件，是研究商代社会生活、服饰等问题的珍贵资料。各种人物、禽、兽、虫、鱼的圆雕和浮雕也十分生动，富有意趣。

跽坐玉人　　　　　　　　兽面形玉饰

人首蛇身玉饰　　　　　　　鹦鹉首拱形玉饰

　　春秋以后以俑随葬的风气盛行，主要有陶俑、木俑两类，也有以不同的金属材料制作的俑。遗存最多的是南方楚国地区的漆绘木俑，以及镇墓兽、鸟兽座屏、虎座飞鸟等，还出现了木根雕的辟邪。

　　据考古发现，早在距今 3000 多年的商代就开始使用黄金。从出土的金片、金叶、金箔、金臂钏、金耳环等饰件，证明当时人们已掌握和利用黄金最富延展性这一特点。战国时期，随着铁器的使用，社会生产力有了很大发展，金银制品和金银装饰品的品种、数量都明显增多。

包金镶银嵌琉璃银带钩

交龙双凤纹金带钩

鹰形金冠顶、金冠带

曾侯乙金盏、金漏勺

二、中华雕塑古风的形成

秦汉时期是大一统封建帝国的初创时期，国家统一，社会经济繁荣，财力和人力空前集中。统治阶级上至皇帝，下至豪强地主，都十分重视运用雕塑这种手段来显示王权威严、纪念功臣将相、宣扬政教伦理、美化陵园建筑。于是，雕塑作品以空前的规模和数量涌现出来，在艺术上达到了前所未有的水平。

秦汉时期在陶塑、石雕、木雕、青铜铸像及工艺装饰雕塑上均有辉煌的建树。总体看来，秦代陶塑作品阵容庞大，气势空前，细部写实逼真，具有细致精深的特点。到西汉时代，作品形体变小，气势略逊于秦代，但仍不失壮大伟劲的风貌。大多数作品人物面部表情缺少变化，风格比较稚拙，只有少数作品，如西汉白家口彩绘舞俑才略有克服。东汉陶塑作品题材更为广泛，反映生活更加深入，富有浓厚的生活气息，且有情节，刻画人物更具情态，最动人的是歌舞、杂技、说唱题材的俑，极为传神，艺术性很高。

西安秦始皇陵兵马俑

咸阳杨家湾兵马俑

徐州狮子山汉兵马俑

山东彩绘乐舞杂技俑

秦汉的石雕艺术成就卓著。大型陵墓石刻肇始于汉代墓前的石人、石兽。当时的建筑如宫邸、陵墓周围通常立以石人、石兽等，增加了建筑的雄伟之感。还有在石阙、石质横额、石柱等建筑上饰以浮雕，增加艺术效果。

汉代的画像石、画像砖也是一种雕塑。秦汉的画像石、画像砖不仅数量众多，分布地区广泛，而且大都保存完好。由于汉代倡导厚葬制度，帝王贵族、豪强商贾无不修造规模巨大的墓室以使自己在地下继续享用生前的豪华生活，或者寄希望于羽化升天。他们的墓室力求华美，富于雕饰，因此画像石、画像砖技艺非常发达。东汉是我国画像艺术最具时代特征和典型意义的时期。各地的画像石、画像砖各具特色，或古朴厚实，或泼辣粗犷，或严谨朴素，或活泼清丽。题材也丰富多彩，历史、神话中的故事人物，现实生活，各种神龙仙怪、古圣先贤、孝子烈女、车马出行、庖厨宴饮、乐舞百戏、丰收纳租等皆有表现。秦汉画像石、画像砖艺术对魏晋隋唐的绘画和雕刻艺术有重要影响。

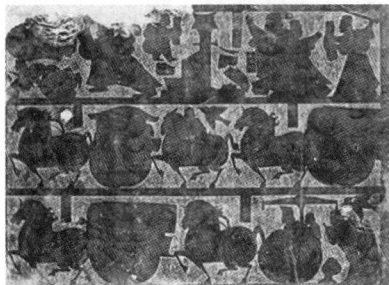

武梁祠画像石

四川新津仙人六博画像石

荆轲刺秦王画像石

临潼骑马射猎画像砖

七盘舞画像砖

汉代的木雕艺术颇具特色。木雕的人物和动物都有比较传神的作品。湖北江陵凤凰山 167 号西汉墓出土的 24 件车仗奴婢彩绘木俑，俑身颀长，轮廓富于曲线，彩绘服饰鲜丽典雅，是汉初木雕的代表作。江苏邗江胡场出土的西汉说唱木俑，雕刻精细，五官清晰，表情生动细致，感染力强，是西汉后期木雕艺术的代表作。

秦汉的青铜塑造已失去了商周时代的威势，但仍然出现了不少优秀之作，如秦始皇陵的铜车马、西安的跽坐铜羽人、茂陵的鎏金铜马、甘肃武威雷台汉墓出土的铜奔马等均是极其难得的艺术珍品。

西安秦始皇陵铜车马

甘肃武威雷台铜奔马《马踏飞燕》

秦汉时期的雕塑艺术水平较之前代有了进一步发展。秦代的雄壮威严、汉代的深沉博大等时代特征都在雕塑品上充分体现出来。其艺术构思玄妙奇特、壮阔丰伟，是中国雕塑史上的又一个高峰。

秦汉时期雕塑的特点

三、佛教造像与陵墓石刻的兴起

魏晋南北朝是一个佛教思想与儒学思想碰撞、交融的时期。统治者利用宗教大建寺庙，凿窟造像，利用直观的造型艺术宣传自己的思想和教义。这一时期的雕塑艺术以石窟雕塑为主，石窟内雕塑了大量的佛像，有石雕、木雕、泥塑、铸铜等，佛像雕塑成了当时中国雕塑的主体。

云冈石窟、敦煌莫高窟、龙门石窟，在南北朝时期已初具规模。窟内主像特别大，洞顶及壁面没有建筑处理。稍晚的北魏石窟，出现了中心柱，柱上有雕刻佛像者，有雕刻塔形者，这时的壁面皆满布精湛的雕像或壁画，内容有佛像、佛教故事及建筑、装饰花纹等。云冈石窟第20窟的坐像，通高13.7米，坐姿端庄雄伟，面容睿智祥和，衣褶刻画细致，线条优美灵动，是反映北魏造像风格的典范。另外，龙门石窟的三世佛雕像和维摩诘造像也是石窟佛像的代表作。

云冈石窟第20窟

龙门石窟维摩诘造像

魏晋南北朝时期的帝陵石刻群雕比两汉更为常见，风格样式也发生了变化，明显受到了云冈石窟早期佛教造像的影响。南朝陵墓的石雕，在中国雕刻艺术史上占有光辉的一页。这个时期民族之间的斗争和融合，加上异国文化的影响，使得南朝帝陵石刻群雕发生了明显的变化，其造型设计和雕刻手法在汉代雕刻艺术传统的基础上由粗简向精湛发展，超脱出了汉代石雕古朴粗略的技法，艺术构思和雕刻技巧都进入一个更加成熟的发展阶段。

南朝梁文帝萧顺之建陵石刻

四、中国古代雕塑的辉煌顶峰

在延续约三个半世纪的分裂和动荡后，隋唐时期使得中华大地重新得到统一和安定，进入了政治、经济、文学、艺术空前繁荣的历史时期。中华雕塑艺术大放异彩，创造出了具有时代风格的不朽杰作。

（一）佛教石雕

这一时期的佛教石雕包括石窟寺造像、石佛塔和各种场合的石刻供养像。

石窟寺的佛教造像仍是宗教石雕的主流，出现了云南剑川石钟山石窟、重庆大足石刻、四川乐山大佛、杭州灵隐寺飞来峰造像、南京栖霞山石刻等佛教石雕。开凿佛教石窟寺，经南北朝至隋唐时代，达到了顶峰，其范围已由华北扩展到长江以南地区，刻造石窟及其造像的功德主已由帝王贵族扩展到一般平民，这就形成了多不胜数的大小窟室和佛龛造像。

重庆大足石刻卧佛　　　　　　　四川乐山大佛

此外，与汉魏两晋南北朝的石窟寺造像相比，技法和风格都出现了巨大的变化：早期的佛教造像单纯朴实，浑厚粗犷，端正温肃，佳作虽多，但由于受到佛教造像仪轨的约束，使得许多造像拘谨而毫无生气。随着唐代开放格局的形成和国力的强盛，石雕艺术题材更加丰富，更具有鲜明的民族特点。雕刻技法从直刀法发展为圆刀法，流畅优美。再加上浮雕、透雕等多种刀法并用，风格优雅端庄，雄强壮丽，布局严谨，造型准确。如龙门的北魏造像，初期仍为大同云冈旧式，虽有局部的变化，但面容刻画多为清瘦秀劲的秀骨清像；唐太宗至高宗时期的造像，大多圆肥丰满，身躯挺直，刀法系直刀与圆刀并用，开始注重人体解剖关系，实现了造型风格的重大突破；武则天时期的造像，是唐代造像的典型标准，也是盛唐石雕艺术最杰出的代表，充分反映了中国古代石雕艺术发展到盛唐阶段，其技艺已达到极为高超的程度。此时的佛雕作品既有博大凝重之态，又不失典雅鲜活之美，其雕塑风格的多样化与技巧的纯熟已达到了史无前例的水平。

与其他艺术门类一样，石雕的盛衰皆与当时政治、经济、文化和宗教的繁荣及其衰颓有关。安史之乱前后，唐代造像由成熟走向衰落。首先是造像规模和数量大不如前，形象刻画大多苍白无力，样式呆板，已失去前期丰富多彩、自由活泼的写实风格。龙门石窟的艺术盛衰，大体上代表了中原地区隋唐时代雕刻艺术演变的一般状况。

（二）帝陵石刻群雕

随着政治经济文化的空前兴旺发达，中华艺术在唐代再现百花竞放的局面，石雕艺术也达到新的高峰，陵墓石雕，尤其是帝陵石刻群雕开始兴盛发达起来。唐初年，由于国家尚未从战乱的创伤中恢复过来，所以唐高祖李渊献陵的石刻也只是初具规模，陵墓的四门各有一对石虎，内城南门以南各分列石犀、华表一对，其造型浑厚古朴的风格远不及后继者精工典雅。唐太宗昭陵依山为冢，陵前石雕群伟岸浑雄、刻工圆熟，在高大的陵墓前伸展，其恢宏气势恰如其分地衬托出帝王的勋业及其庄严神圣的凛然姿态。尤其是昭陵前的浮雕石刻昭陵六骏，则是旷古罕见的现实主义杰作。

昭陵六骏之特勒骠

乾陵石刻

最能体现唐代陵墓石刻艺术成就的是顺陵、桥陵和乾陵。顺陵为武则天母亲杨氏之陵，桥陵为武则天之子、唐玄宗之父李旦的陵寝，乾陵则为武则天与唐高宗李治的合葬陵。自乾陵始，陵前石刻形成定制，其雕刻的内容可分六类，依次为石狮、石人和石马及马夫、双翼兽和北门六马、蕃王像、华表、碑石和无字碑及述圣记碑。中晚唐、五代、宋以及周边地方政权的陵墓石刻，都是仿乾陵石刻而建制的。不过这种制度后来实行并不十分严格，尤其是随着政体的衰落和经济文化的萎靡，后继帝陵已难现乾陵石刻的雄姿。安史之乱引发了社会多年积聚的各种矛盾，人民又重新面临世界再造的离乱。因此，中唐以后的帝陵石刻，已无法与盛唐的石雕比拟，其造型简陋、线条无力，石雕形象已失去了昔日的雄风。

（三）石雕装饰图案

隋唐时代的墓室、墓志和石碑上的石雕装饰图案花纹，是后世艺术家师法造化的不尽源泉。石刻浮雕是以刀代笔，雕刻在石面的阴线画像。就是把国画的白描形式升华为雕刻艺术，因而它既有笔画线条的俊逸飘洒，又深得石刻刀法刚劲有力、一丝不苟的精髓。隋唐时代的石刻浮雕和线刻精品很多，内容也逐渐趋于写实。线雕人物画内容丰富多彩，画面充满了世俗生活的风情。它前承两汉南北朝的遗风，创造性地拓展了表现的题材内容，对后世的佛教、道教和各种写实性的石刻线雕画像都产生了深远的影响。

（四）唐三彩

唐代，彩绘俑大量产生，大多以合模翻制，再经过精心修饰入窑烧造，风格样式随时间不同而略有变化。唐代陶塑的重大突破是开始生产一种新型陶制品——唐三彩。唐三彩属铅釉陶器，采用白色黏土作胎，经素烧（约1100℃）后，施彩釉烧制（约800℃）而成，主要为明器，用以随葬。它始创于初唐，发展于盛唐，又以黄、绿、白三种釉色为主，故取名唐三彩。唐人所创造的灿烂文化，不仅以宏伟的气魄给邻近国家以深远影响，他们对外来文化兼容并蓄的博大胸怀，也为后世树立起光辉典范。唐三彩虽然主要用作明器，但是作为一种杰出的艺术品，早在唐代就受到各国人民的喜爱，并成为唐朝重要的对外输出品。

三彩驼载奏乐俑

五、佛教雕塑的余韵与建筑装饰雕刻的成熟

（一）宋、金雕塑

宋代雕塑是汉唐雕塑高峰期的尾声，由秦汉以来的淳朴粗犷走向纤巧华丽。由于宋代城市经济的繁荣，社会意识倾向于社会生活，雕塑写实程度高，工艺进步，形成一种与宋代文学作品平易、自然、亲切、妩媚相一致的创作风格。

1. 石雕

宋代以城市为中心的商品经济空前繁荣，代表市民趣味的审美观念随之兴起。与此同时，理学的兴盛使人们更关心现世生活，而关注来世的佛教日趋衰落。因此，宋代的佛教雕塑无论内容还是风格都明显世俗化，那些神圣不可及的面貌逐渐模糊，代之而起的是更接近现实生活的形象，造像艺术集中转入南方，如广元、大足、安岳、杭州、赣州都是摩崖造像较集中之地。

大足石刻是我国石刻艺术的精品。尽管它的开凿有着宣扬佛法说教的主旨，但雕塑工匠的高超技艺，至今仍使人们为造像之精妙赞叹不绝，称得上中国雕塑史上的一大奇观。

大足石刻数珠手观音像

在世俗题材方面，宋代的陵墓石刻多沿袭唐之传统，但因统治者不再主张厚葬，陵墓石刻气势渐弱，继中晚唐之后的宋代雕塑进一步生活化、世俗化，创作手法上趋于写实风格，材料使用上则更加广泛。宋代的彩塑较为发达，在佛雕造像上较唐代有了较大变化，此时的佛雕造像以观音菩萨居多。同时代的辽、西夏、金等少数民族的雕塑作品主流风格多受宋代影响，但在不同程度上呈现出民族特色。

宋代以来，社会经济发展和各种生产技术进步，使得建筑艺术已突破了唐代以来的格局，尤其是城市的大规模兴起，宋代建筑比唐代建筑更加秀丽而富于变化，产生了更为复杂的殿阁楼台，在装饰、装修等方面更为讲究，使得石雕艺术在建筑中运用得更加广泛，技艺更加精湛，形式更加丰富多彩。当时建筑的柱式极为讲究，形式多样，有圆形、方形、八角形，还有瓜棱形柱。这些石柱上，往往雕镂着各种精美的花纹图案。人们利用各种石料，将其雕刻成花插、花瓶、座屏、山水盆景、图章以及各种小件石雕工艺品。至南宋以后，小型赏玩性的石雕工艺品逐渐形成大观，在美术史中的地位也日益重要。宋辽金时代的雕刻工艺品种非常丰富，宋代文思院所属的 42 作中，就有玉作、犀作、牙作、雕木作、琥珀作等多种。石雕以砚台最为著名，歙州的歙砚，石质细腻；端州的端砚，色泽莹润。

2. 木雕

两宋时期木雕作品较为多见，这时的木雕已采用组织细密的木材为载体进行制作，这有利于木雕作品的传世。我国的一些庙宇里还保存有宋代的木雕作品。宋代《营造法式》中记载了关于建筑木雕的详细做法和图样，说明在五代两宋时期，建筑木雕的发展已相当成熟。

木雕离不开对木质的选择和技法的运用，要求对木质的选择十分慎重，木纤维的横向结构要紧密，这样不易开裂。木质要十分细腻，具有一定的韧性，便于用刀。木料的强度也很重要，以保证刻好的作品不轻易变形。宋辽金时代的木雕可分为佛教木雕造像、木塔、建筑木雕和小件木雕四大类，代表作有山东长清灵岩寺罗汉像、山西应县木塔、山西太原晋祠宋代盘龙木雕、宋代东阳木雕罗汉像、宋代木雕观音造像等。

宋代东阳木雕罗汉像

山西太原晋祠宋代盘龙木雕

（二）元、明、清雕塑

　　蒙古族统治者早在建立元朝之前，便先后仿照汉族建筑样式，营建上都和大都两个都城，而分布各地的寺庙塑像、石窟造像等也展示了元代雕塑艺术的概貌。进入元代，统治者重视手工业，雕塑作为其中重要的组成部分也得到了一定的发展。

　　明清的世俗雕塑艺术多趋于装饰化和工艺化，这些雕塑大多更强调实用性与玩赏性功能，体现出工艺品的特色，而早期雕塑那种强烈的精神性功能则大大削弱了。其作品造型一般小巧玲珑、精致剔透、精雕细凿，缺乏大气之作和大型之作，艺术上逐渐转向个人化、内聚性的风格，一些与广大人民群众尤其是普通大众及知识阶层有着较密切关系的各种小型的案头陈设雕塑和工艺品装饰雕刻，则有显著的发展，出现了生机勃勃的景象，代表着这一历史时期雕塑艺术的新成就。

　　明清帝陵的陵墓较前代规模更大，装饰更多，布置讲究，技术娴熟，但作品缺乏汉代的雄浑，也缺乏唐代的超然，更能满足人们赏心悦目的需求。明清雕塑有明显追随唐宋风格的痕迹，在名目繁多的寺庙里，供奉着各式各样的神像，其造像多为彩塑，即泥塑彩绘。从题材到表现手法日趋世俗化、民间化，形成了工巧繁缛、萎靡纤细、色彩亮丽的艺术风格，如泥彩塑千手观音。

六、现代雕塑（1911 年后）

　　进入 20 世纪后，中国传统的宗教雕塑已处于衰落时期，民间小型雕塑虽很繁荣，但未能成为主流。辛亥革命及五四运动前后到 20 世纪 30 年代，许多青年赴英国、美国、日本等国学习雕塑。他们归国以后，大多从事艺术教育，成为中国近现代雕塑艺术的开拓者，促进了中国各种形式雕塑的发展。这个时期比较大的创作有为纪念孙中山和其他民主革命家塑制的纪念像和设计抗日战争英雄纪念碑等。中华人民共和国成立后，中国的架上雕塑、大型纪念性雕塑、园林雕塑、城市环境雕塑、民间雕塑与大型泥塑群像等雕塑艺术都有了长足发展，标志着中国雕塑艺术又进入了一个全新的历史阶段。

泥塑

【阅读经典】

1. 葡萄美酒夜光杯，欲饮琵琶马上催。醉卧沙场君莫笑，古来征战几人回？

——王翰《凉州词》

2. 以玉作六器，以礼天地四方。

——《周礼·春官宗伯·大宗伯》

3. 潇洒点疏丛，浑似蜜房雕刻。不爱艳妆浓粉，借娇黄一拂。

——赵士暕《好事近》

4. 吾闻西方化，清净道弥敦。奈何穷金玉，雕刻以为尊。

——陈子昂《感遇诗三十八首》

5. 雕刻文刀利，搜求智网恢。莫烦相属和，传示及提孩。

——韩愈《咏雪赠张籍》

6. 君不见昆吾铁冶飞炎烟，红光紫气俱赫然。良工锻炼凡几年，铸得宝剑名龙泉。

——郭震《古剑篇》

7. 戴石塞上山尽童，皱云特起森玲珑。谁开奇想凿混沌，十窟鳞比只洹宫。

——陈宝琛《云冈山石窟寺》

【资源推荐】

1. 纪录片《中国艺术》，中央电视台纪录频道与英国广播公司（BBC）、德国电视二台（ZDF）、德法公共电视台（ARTE）联合摄制，英国 EOS 影视有限公司承制。

2. 纪录片《河西走廊》第五集，中央电视台和中共甘肃省委宣传部联合出品。

3. 纪录片《良渚》，浙江广播电视集团出品。

4. 纪录片《国宝档案》之《商代后母戊鼎》，中央电视台出品。

5. 纪录片《如果国宝会说话》第三十六集《霍去病墓石刻：磐石之志》，中央电视台出品。

【课堂检测】

一、单选题

1. 雕塑可分为圆雕、浮雕和透雕，这是按照雕塑的（　　）来划分的。

A. 材料　　　　　B. 表现形式　　　　C. 应用环境　　　　D. 发展历史

2. 从甘肃临洮马家窑出土的（　　），是公认最早的青铜制品。

A. 石雕头像　　　B. 青铜刀　　　　　C. 陶兽形壶　　　　D. 青铜鼎

3. 卢沟桥上的雕塑主要以（　　）闻名。

A. 貔貅　　　　　B. 龙　　　　　　　C. 狮子　　　　　　D. 虎

4. 中国古代雕塑史上被称为塑圣的是（　　）。

  A. 杨惠之   B. 吴道子   C. 王羲之   D. 张旭

5. 《马踏匈奴》是（　　）前的石雕。

  A. 乾陵   B. 昭陵   C. 霍去病墓 D. 舜陵

6. 卢舍那大佛是（　　）的著名雕塑。

  A. 云冈石窟 B. 龙门石窟 C. 敦煌莫高窟 D. 麦积山石窟

7. 《马踏飞燕》是东汉著名的青铜器，它出土于（　　）。

  A. 秦兵马俑 B. 甘肃武威 C. 半坡文化遗址 D. 马家窑文化遗址

8. 中国雕塑艺术的最大特点是（　　）。

  A. 气韵生动 B. 造型逼真 C. 规模宏大 D. 比例科学

9. 在唐三彩的题材中（　　）是不可或缺的一部分，它以独特的艺术风格著称于世。

  A. 骆驼   B. 马   C. 象   D. 麒麟

10. 中国雕塑不以造型术来精确地造像，而是运用夸张乃至变形来强调人与动物的神韵，（　　）是最著名的代表作品。

  A. 汉代成都击鼓说唱俑   B. 秦兵马俑

  C. 卢舍那大佛   D. 昭陵六骏

二、多选题

1. 雕塑依材料来划分，可分为（　　）、牙雕、骨雕、根雕、漆雕、玻璃钢雕塑、贝雕、冰雕、泥塑、面塑、陶瓷雕塑、石膏雕像等。

  A. 铜雕   B. 石雕   C. 木雕   D. 玉雕

2. 中国古代木雕的用途可分为（　　）。

  A. 供奉类   B. 实用类   C. 陪葬类   D. 赏玩类

3. 中国古代玉雕饰品中，适合随身佩戴的有（　　）。

  A. 玉环   B. 玉佩   C. 玉带   D. 玉扳指

4. 在原始社会末期，居住在黄河和长江流域的原始人，已经开始制作泥塑和陶塑，作品普遍出现于（　　）、红山文化、河姆渡文化、大溪文化等文化遗址中。

  A. 仰韶文化 B. 马家窑文化 C. 良渚文化 D. 龙山文化

5. 下列著名的青铜器中属于商代的是（　　）。

  A. 人面方鼎   B. 后母戊鼎

  C. 鎏金铜马   D. 四羊方尊

6. 秦汉时期陶塑雕像多为陶俑艺术，代表作品有（　　）。

  A. 秦始皇陵兵马俑   B. 安陵彩绘武士俑

  C. 济南无影山乐舞百戏俑 D. 成都击鼓说唱俑

7. 汉代画像石、画像砖数量众多，分布地区广泛，艺术性很高。主要分布在山东和苏北地区、（　　）。此外，在北京、河北、浙江海宁等地也有零星发现。

  A. 河南地区 B. 四川地区 C. 陕北晋西地区 D. 东北地区

8. 魏晋南北朝时期，佛教造像非常兴盛，这一时期的代表性石窟有（　　　）。

　　A. 四川乐山大佛　B. 大同云冈石窟　C. 洛阳龙门石窟　D. 敦煌莫高窟

9. 昭陵六骏这组浮雕是珍贵的古代石刻艺术珍品。浮雕中的六匹战马分别叫飒露紫、特勒骠、拳毛䯄、白蹄乌、青骓、什伐赤。民国初被古董商盗卖到国外，现藏于美国费城宾夕法尼亚大学博物馆的两匹战马雕像石是（　　　）。

　　A. 飒露紫　　　　B. 特勒骠　　　　C. 拳毛䯄　　　　D. 白蹄乌

10. 宋代《营造法式·雕刻制度》中，对木雕的技法描述得很详尽，其雕刻技法可分为混雕、（　　　）、贴雕几大类。

　　A. 圆雕　　　　B. 剔地雕　　　　C. 线雕　　　　D. 透空雕

三、判断题

1. 作为造型艺术四大门类之一的雕塑，其历史比绘画、建筑、工艺美术都要悠久。　　　　　　　　　　　　　　　　　　　　　　　　　　（　　）

2. 迄今为止，考古发现的我国最早的雕塑品属于夏商周时代，距今大约有4000年历史。　　　　　　　　　　　　　　　　　　　　　　　　　（　　）

3. 史前原始雕塑绝大多数是陶制器。　　　　　　　　　　　　（　　）

4. 在我国历史上，夏商周是青铜器制作的鼎盛时代。　　　　　（　　）

5. 霍去病墓大型石雕群，是我国最早的、较完整的纪念性雕刻艺术珍品，是西汉时期强盛的国力和积极进取精神的象征。　　　　　　　　　　（　　）

6. 泥人张彩塑具有鲜明的浪漫主义艺术特色。　　　　　　　　（　　）

7. 装饰与玩赏性雕塑是明清雕塑中最有成就的部分。　　　　　（　　）

8. 在中国古代雕塑艺术史上，明清时代的雕塑艺术已达到了辉煌灿烂的全盛时期。　　　　　　　　　　　　　　　　　　　　　　　　　　　　（　　）

9. 佛教石窟造像，北方以石窟寺居多，如重庆大足石刻、敦煌莫高窟、麦积山石窟等；南方则以雕塑为主，如云冈石窟、龙门石窟。　　　　　（　　）

10. 精美的唐三彩属于案头雕塑，特别适合摆放在书房。　　　（　　）

四、思考练习

1. 史前雕塑的主要艺术特点是什么？

2. 简述秦始皇陵兵马俑雕塑的艺术特点。

3. 简述铜奔马《马踏飞燕》的艺术特点。

4. 比较南北方泥塑艺术的不同。

【实践体验】

　　实践项目一　古代雕塑作品《卢舍那大佛》鉴赏会

　　实践项目二　说明文《核舟记》品读会

专题十一 │ 中华武术：刚柔并济的技击文化

【导学】

中华武术是中华民族的国粹文化，根植于民间，来源于人们的生活实践、军事战争和社会活动，是在长期的历史演进中逐渐形成的一种运动项目。它内容丰富、包罗万象、名目繁多，涵盖了南拳北腿、少林武当、长兵短械等。中华武术在华夏大地上代代相传，成就了中华民族的尚武精神，在传承、发展、演化中，发挥着健身练技、磨炼意志、提高修养的作用。

【知识储备】

第一节　武术概述

一、武术的概念

武术也称国术、武艺，是以中华文化为理论基础，以技击方法为基本内容，以套路、格斗、功法为主要运动形式的传统体育。

二、武术的特点

武术运动与其他体育项目相同，都是以身体运动为特征，以强健体魄为共同目标。在长期的历史演变中，武术逐渐形成了自己的运动规律和技术风格，其特点表现在以下几方面。

（一）寓技击于体育之中

武术最初作为军事训练手段，与古代军事紧密相连，追求实用制胜，其目的在于杀伤、制服对方，它常以最有效的攻击，迫使对方失去反抗能力，其技击的特性显而易见。武术在后来发展演变为一项体育活动，将技击寓于搏斗运动与套路运动之中。搏斗运动目的在于战胜对方，体现了武术攻防格斗的特点，在技术上与实用技击基本上是一致的。但从体育的观念出发，它受到竞赛规则制约，以不伤害对方为原则。如在散打中对武术的实用技击方法作了限制，且严格规定了击打部位，并要求佩戴护具。套路运动是中国武术特有的表现形式，它在技术规格、运动幅度等方面与技击的原形运动有所变化，就整套技术而言，仍以踢、打、摔、拿、击、刺诸法为核心，其技击方法是极其丰富的。

（二）广泛的适应性

武术的内容丰富多彩，运动和练习形式多种多样。有竞技对抗性的散手、推手、短兵，有适合演练的各种拳术、器械和对练。不同器械和不同拳种其技术风格、练功方法、基本动作、套路结构、技击特点、运动量等都不尽相同，不同年龄、性别、体质的人可以根据自己的条件和兴趣爱好进行选择练习。长拳、少林拳等长击类拳术和技击搏斗等形式非常适合青少年练习；太极拳、八卦掌等内家拳术和推手、站桩等则适合中老年人练习。同时它对场地器材的要求较低，俗称"拳打卧牛之地"，练习者可以根据场地的大小，变化练习内容和形式，即使一时没有器械，也可徒手练拳、练功。较之不少体育运动项目，武术受时间、季节限制小，具有更为广泛的适应性。

（三）整体统一的运动观念

中华武术既讲究形体规范，又追求精神传意。内外合一、形神兼备的整体观，是中华武术的一大特色。

武术"内外合一、形神兼备"的特点主要通过武术功法和技法来体现。"内练精气神，外练筋骨皮"是各家各派练功的准则。如太极拳主张身心合修，要求"以心行气，以气运身"；形意拳讲究"内三合，外三合"；少林拳也要求精、力、气、骨、神内外兼修。

三、武术的分类及内容

中华武术经过几千年的发展，内容繁多，分类比较困难。目前，武术可分为功法运动、套路运动和格斗运动三种形式。

（一）功法运动

功法运动是为了掌握和提高武术套路和格斗技术，诱发武技所需的人体潜能，围绕提高身体某一运动素质或锻炼某一种特殊技能而编组的专门练习，目的是通过武术功法练习获得武术运动能力和武术专门技能。武术功法具有养身、健身、护身及增强技击能力等作用。其主要特点表现为：以个体练习为主要锻炼形式，练习方法简便易行，练习难度循序递增，锻炼效果逐渐提高。

武术功法内容丰富，有提高肢体关节活动幅度及肌肉舒缩性能的柔功，有锻炼意、气、劲、形完整一体的内功，有增强肢体攻击力度和抗击能力的硬功，还有发展人体平衡能力和翻腾奔跑能力的轻功，等等。

（二）套路运动

套路运动是以单个技击动作为素材，以攻守进退、运静疾徐、刚柔虚实等矛盾运动的变化规律编成的整套练习形式，即一连串含有技击和攻防含义的动作组合，一种相对稳定的程式化锻炼方式和表现形式。一般认为，套路运动来源于技击又高于技击，同时还是一种可供观赏的武术最高表现形式。

套路运动按练习形式可分为单练、对练和集体表演套路三种类型。

1. 单练

单练包括徒手的拳术和器械。

拳术是各种流派徒手练习的套路运动。主要拳种有长拳、太极拳、南拳、形意拳、八卦拳、八极拳、通背拳、劈挂拳、翻子拳、地躺拳、象形拳等。

器械指不同风格、流派的器械套路。器械种类很多，大致可分为短器械、长器械、双器械、软器械四种。短器械主要有刀术、剑术、匕首等；长器械主要有棍术、枪术、大刀等；双器械主要有双刀、双剑、双钩、双枪、双鞭等；软器械主要有三节棍、九节鞭、绳镖、流星锤等。

2. 对练

对练是两人或两人以上，按照预定的程序进行的假设性攻防格斗套路。其中包括徒手对练、器械对练、徒手与器械对练等练法。

①徒手对练。双方运动员在相同拳种的单练基础上，运用手法、腿法、身法等，采取踢、打、摔、拿等方法，按照进攻、防守、还击的运动规律编成的拳术对练套路。其形式有对打拳、对擒拿、南拳对练、形意拳对练等。例如，长拳对练包括窜、蹦、跳跃、跌扑、滚翻等动作，演练的风格要求快速、敏捷；擒拿对练是按照逆人体关节而动的原则，利用刁、拿、锁、扣、搬、点等手法进行擒伏与解脱、控制与反控制的练习。

②器械对练。双方可持相同器械（如各持单剑），也可持不同的器械（如一方持单刀或双刀，另一方持单枪），以器械的劈、砍、击、刺等技击方法组成的对练套路。主要有长器械对练、短器械对练、长与短对练、单与双对练、单与软对练、双与软对练等多种形式。常见的有单刀进枪、三节棍进棍、双匕首进枪、对刺剑等。不同武术器械对练风格也不尽相同。如练刀应呈现出勇猛、刚毅、快速的特点，练剑应突出刚中含柔、轻快潇洒的风格，练朴刀对枪要勇猛彪悍，练三节棍进棍的动作要快速紧凑、气势逼人等。

③徒手与器械对练。一方徒手，另一方持器械进行攻防对练，如空手夺刀、空手突棍、空手进双枪等。套路的编排，多以徒手的一方争夺对方器械的形式出现，

要求持器械的一方熟练掌握器械的性能及其使用方法，徒手的一方则须闪躲敏捷、动作轻巧。

3. 集体表演套路

集体表演套路指六人或六人以上徒手或持器械，按固定编排的套路和图案进行的集体演练。可以有音乐伴奏，可变换队形，要求队形整齐、动作协调一致，如集体基本功、集体拳、集体剑、集体大刀等。

（三）格斗运动

格斗运动是两人互为对手，在一定条件下，按照一定的规则，运用武术的攻防技术，进行徒手或器械格斗的斗智较力的对抗练习和实战性的搏击比赛。目前，武术竞赛中正在逐步开展的有散手、推手、短兵三项。

1. 散手

散手也称断手、散打、实作等，是两人按照一定的规则使用踢、打、摔、拿等方法制胜对方的竞技项目。就其原始意义来讲，乃是不附加任何条件的徒手搏击。散手规则严格规定了不准向对方后脑、颈部、裆部进行攻击，也不允许使用反关节动作及肘、膝的技法，但可以运用武术各种流派的技法。

2. 推手

推手本是太极拳锻炼形式之一，也称打手、揉手、揭手，是两人遵照一定的规则，使用掤、捋、挤、按、采、挒、肘、靠八种手法，双方粘连粘随、不丢不顶，通过肌肉的感觉来判断对方的用劲，然后借劲发劲将对方推出，以此决定胜负的竞技项目。

推手是一种双人徒手配合练习项目，要求用巧劲而不是用硬力，多以弧线运动化解对方直线之力。推手时，双方必须保持手臂粘连不脱，在相互粘随的运转中，致使对方动摇或失去重心。

3. 短兵

短兵本是传统武术一个重要的竞技项目，是中国古老传统的剑刀格斗技法的延续。作为一项正式的武术比赛项目，它是民国十七年（1928 年）第一届国术国考时才出台的，当时的名称叫击剑，为区别于西洋击剑，也称中国式击剑。后来，因为它具有刀剑同体的特点，人们便称其为短兵。现在的短兵竞赛是两人手持一种用藤、皮、棉制作的短棒似的器械，在直径约为 5.3 米的圆形场地内，按照一定的规则，使用劈、砍、刺、崩、点、斩等方法相互格击、以决胜负的对抗性竞技项目。

武术的这三种运动形式，既各成体系，又相互交融、相互为用。功法运动是套路运动和格斗运动的入门基础，是为套路运动和格斗运动提供的必要体能准备，也是保持、提高技术水平的辅助手段。套路运动是通过个人或多人的成套武术动作演练，间接表现真实的格斗拼杀情景，能灵便身手、熟习招法，使动作由熟而巧，为格斗提供敏捷的素质和临机应变的招式，是格斗运动的辅助手段。

武术竞赛分类

四、武术的作用

（一）强身健体

武术运动具有改善和增强体质的作用。经常练习武术对人体外部形态和各内部器官都有良好影响。它有助于人体身高和体重的协调发展，使人获得健美的体格，通过经常练习能提高人体肌肉的力量和伸展性，增大关节运动的幅度，改善骨骼的结构。武术包含拧转、俯仰、收放、折叠、屈伸、平衡、跳跃、翻腾、跌扑等身法动作，能提高弹跳、耐力、速度、力量、柔韧和灵敏等各项素质。

（二）防身自卫

习武者通过习武，不仅可以掌握踢、打、拿、击、刺等技击方法，提高身体的灵活性和反应能力，还能增长进攻劲力和抗击摔打的耐力。

（三）修养心性

学习武术可让个体的心与身处于不断的协调配合当中，对意志品质的培养是多方面的。练习基本功，不仅要有"冬练三九、夏练三伏"的吃苦耐劳精神，还需坚持不懈、常年有恒。习武者通过练武习德，培养尊师重道、讲礼守信、见义勇为、不以强凌弱、不借故犯人的道德观。

（四）观赏娱乐

武术具有很高的观赏价值，历来为人们所喜闻乐见。杜甫在《观公孙大娘弟子舞剑器行》中有"昔有佳人公孙氏，一舞剑器动四方。观者如山色沮丧，天地为之久低昂"的描绘。唐代大诗人李白也有"起舞拂长剑，四座皆扬眉"的诗句。说明武术无论竞赛还是表演都十分引人入胜，具有独特的审美价值。人们观赏武术，能从形神兼备、以形传神的武术演练中感受到武术的神韵美；从立身中正、六合相应的姿势中感受到武术的和谐美；从动静相间、刚柔相济等"反向相求"的技法中感受到对比美；从在运动中求平衡，在平衡中求运动感受到动态平衡美；从武术搏斗中感受到健力美、自强美；从以巧打拙、以轻克重的技巧中感受到武术的技巧美。人们对武术美的感受，起到娱乐身心的作用。

此外，武术中包含了许多中华民族优秀的传统文化，练习武术有利于继承和发扬中华民族宝贵的文化遗产。群众性的武术活动，成为人们切磋技艺、交流思想、增进友谊的良好形式。随着武术在世界范围内的广泛传播，武术将在各国人民的友好交往中发挥更大的作用。

第二节 武 德

一、武德的概念

"武德"一词，最早见于春秋时期左丘明所著的《左传》，楚庄王言武有七德，即禁暴、戢兵、保大、定功、安民、和众、丰财。意思是正当的战争有七大准则：禁止暴力、收藏兵器、保持强大、定立功业、安定民众、团结民众、增加财富。这里的武指的是军事，由于军事与武术是同根共源交叉发展的，后来武术也就将武德纳为己有。

随着时代的发展，武德的含义也在不断地变化发展。过去，大多以"尊师重道，孝悌正义，扶危济贫，除暴安良""虚心请教，屈己待人，助人为乐""戒骄奢淫逸"等作为武德信条。有不少学者对武德进行了概括：有人认为武德是"尚武崇德的精神"，有人认为武德是"一种美德"，还有人认为武德是"武者体现的道德"。1987 年在全国武术学术研讨会上，将武德规范概括为"尚武崇德，修身养性"。

二、武德与传统伦理道德

武德是历代习武之人在实际行为中总结出来的准则，它广泛吸收了我国各种优秀的传统文化思想，尤其是儒家文化对习武之人影响颇深。儒家文化的"仁""礼""信""勇"等伦理观念在武德中表现得淋漓尽致。

（一）武德中的"仁"

中国武术历来不尚力而尚德，不重攻而重守。"武"最初造字的本意是"止戈为武"，用武之道最根本的目的是以武止武，将对手降服，不伤及要害，不取人性命。习武之人要具备仁心、仁德，无限度尽其力技、有意残酷伤害致死对手的行为，同样是不合武德的。

（二）武德中的"礼"

武术中的礼仪对于习武的人来说极为重要，正所谓"礼在拳先"。武德中的"礼"是习武之人日常的礼仪形式，是个人功力及精神品质道德修养的具体体现，是习武之人德性修为的标志。

传统武术中的礼仪形式五花八门、多种多样，有见山礼、鞠躬礼、举手礼、无为礼、握手礼、合参礼、抱拳礼等。

抱拳礼

（三）武德中的"信"

《说文解字》曰："信，诚也。"即守承诺、讲信用。作为人与人之间的一种契约关系的具体体现，信用是一个人立足于社会的根本。同样，"信"也是传统武德的重要内容，是习武之人处世立身的根本原则。习武之人同样信奉做人要言而有信、言出必行，讲究大丈夫一言既出、驷马难追。各门各派的门规戒律都要求家门子弟重信守诺，在习练武功的过程中，以信与人交往，以信处身立世。当然，提倡守信重诺的前提是必须把握好其行为是正义的。

（四）武德中的"勇"

"勇"是武德精神的重要内涵，是习武之人临危不惧、制胜克敌的准则。"勇"，指勇武、勇敢、勇猛、果敢、坚毅、自强不息，是习武之人的浩然正气，是临危不惧的体现，是武术延续千年传承下来的根基。它既是习武之人推崇的道德标准，又是他们践行武术、传扬武术的实践行为。武林嘉许的勇，是能"安天下之民"的大勇，为赴国难、匡扶正义的勇。敢于同反派势力、邪恶势力做斗争，维护正义、抱打不平，为民族大义牺牲自我都是武德精神中"勇"的体现。而逞能显技、为逞一时之气好勇斗狠、为达目的不择手段，是对"勇"的精神的歪曲理解，是为武林中人所不耻的。

三、武德的基本原则及主要内容

崇德尚武，发扬民族精神，是武德的基本原则。崇德是尚武的前提，尚武是崇德的反映，通过崇德尚武，最终要发扬"自强不息""厚德载物"的民族精神，为社会做出贡献。历代习武之人在实际行为中总结出来的武德，广泛吸收了各种优秀道德意识，包含着以下的基本内容。

（一）强身健体，保家卫国

为武之道，以德为本，而德之首要在于忠于国家民族。历代武林的仁人志士均视"寸寸山河寸寸金""甘心赴国忧"。如少林寺有歌诀道："罚惩恶歹忠国家，永为民族功绩创。"洪家拳昭告弟子："吾宗之练习此术乃有爱国思想存于其间。诚肯筋骨废弛，不能报国；东海可移，此志莫易；磨炼筋骨，留以有待。"古代的众多名将，如秦之王翦、西汉的李广、南宋的岳飞、明代的戚继光等，他们不仅是身怀绝技的武艺家，而且都是爱国爱民的仁人志士，这都是武术爱国精神的最好展现。今天，无论是作为军事用途的武术技能，还是作为民族传统体育项目的武术项目，在整个习练中也依旧贯穿着强身健体、保家卫国的武术指导思想。学习武术的宗旨是为了强健身体，掌握武技为人民服务，保卫国家和人民安全，绝非持艺为非作歹、损害群众利益。

（二）仗义行侠，济民危困

传统武林推崇"义"，践行孟子提倡的"舍生取义"，将仗义行侠看作习武之人的本分。武林中所倡行的"义"，就是主张正义和伸张正义，其行为表现往往是在维护国家和民族利益时能挺身而出、勇担重担，赴汤蹈火在所不辞；敢于为扫除奸邪、惩办豪强而奋不顾身，能为了扶弱济贫、解困救厄而不计得失。惩恶除霸、劫富济贫、除暴安良、武艺高强的侠义之士也就成为人们心目中的英雄。所谓"永为百姓解困苦，普度众生扶危困""惩制恶霸和歹徒，解救黎民济良善"正是武德中对济民扶困的肯定。

（三）遵规守纪，不斗凶狠

提倡武德，首先应遵守国家法律，遵守国家宪法及相应的一切法规制度，做遵纪守法的模范，反对以武犯禁。有了一定的武术技能，不能逞凶斗狠、无事生非。凡是持技欺人甚至为非作歹之流，武林是不容许他们的，轻则加以责备，重则逐出师门、严惩不贷。少林即严正宣告："有技无德者，非少林之徒！"并谆谆告诫武僧："功成之后莫轻使，持技欺人忘德行。"

（四）谦敬守信，宽容忍让

武林中讲究与人交往中待人要恭敬有礼。无论习武者之间，还是与其他人之间，都应该以礼相待、有礼有节、平易近人、谦虚诚恳，不能出口不逊、得意忘形、败坏武德。拳谚有云，"天外还有天，一满即招损""让人一掌理不亏"。《苌氏武技书》也说："凡是恭敬谦虚，不与人争，方是正人君子。"少林派则倡导"宁可受人打，绝不先打人""绝技只对暴客施，若逢良善莫出把"。咏春白鹤拳《习武戒约》提出"持四善、懔十戒"：善修其身，善正其心，善慎其行，善守其德；戒好斗、戒好胜、戒好名、戒好利、戒骄、戒诈、戒浮夸逞能、戒弄虚作假、戒挑拨离间、戒为非作歹。十戒中有一半与要求谦虚有关。武林行家更是注重言行谨慎谦逊，谨守"不可轻显其技，不可妄论他人短长"之训言。

（五）尊师敬长，睦邻友善

尊师敬长是武林中必需的伦理礼仪。弟子在师长面前，言行须恭敬谨慎，即使弟子日后技高艺精，也不得在师长面前狂傲无礼；师长也必遵师德，关心和呵护弟子，传授技艺时自己要"诲人不倦"，要求弟子要"学而不厌"。对师兄、师弟、朋友，也有必遵的礼仪，以区别长幼、相互尊重。咏春白鹤拳总结出"五顾"：一顾己体，二爱学弟，三睦邻里，四知高低，五敬师长。要求练武之人要很好地照顾自己的身体，根据自己的体力量力而行，循序渐进，逐渐增加运动量，不可急于求成，需知欲速则不达。还要关怀爱护后来学习之人，启发帮助引导他们，要正确对待人与人之间的关系，与乡邻同事和睦相处，正确处理睦邻关系，不可恃强凌弱，还要尊敬老师和长辈，在武林同仁中形成一种互相尊重、共同研习武术的良好风气。

（六）勤学苦练，精益求精

历史上在武术领域有所成就的人，必是拳不离手、朝演夕练，必是意志坚强、不怕困难、勤奋坚韧、百折不挠之人。凡是到少林寺参观的人，看了练功堂里武僧站立的地方陷下去几寸深，无不为他们勤奋艰苦的练功精神所感动。少林寺歌诀也展示了这一点："七十二艺须苦练，春夏秋冬不休闲。每天练习数百遍，持恒定然成好汉。"拳谚也云，"要想武艺好，从小练到老""夏练三伏，冬练三九""民生在勤，勤则不匮""艰难竭蹶，玉汝于成"。中国武术博大精深，非一朝一夕所能穷尽，必须刻苦钻研、精益求精，才能使武艺精进。

第三节 拳 术

一、拳术概述

拳术也称技击、手搏、使拳、拳法、白打，是中国武术中徒手技法的总称，简称拳。在习云太《中国武术史》中，拳种部分有 46 节计 75 种，器械部分有 27 节，可见其众多纷繁。

二、拳术的分类

目前较为流行的分类方法是把拳术分为以下五类：①内家拳。包括内家拳、太极拳、形意拳、八卦掌、心意拳等。②长拳。包括少林拳、查拳、华拳、三皇炮捶、通背拳、翻子拳、拦手拳、戳脚、六合拳等，以及中华人民共和国成立后根据查、华、炮、洪等拳术特点综合整理的适应普及的初、中级套路拳法和适应竞赛的规定套路和自选套路拳法。③南拳。中国南方各省流行的拳术。④短拳。也称短打，一种较为古老的拳种。⑤象形拳。包括猴拳、蛇拳、鹰爪拳、螳螂拳、醉拳等。

下面介绍几种具有代表性的拳术。

（一）长拳

长拳是一种姿势舒展、动作灵活、快速有力、节奏鲜明，并有蹿蹦跳跃、闪展腾挪、起伏转折和跌扑滚翻等动作与技术的拳术。主要包括拳、掌、勾三种手型，弓、马、仆、虚、歇五种步型，一定数量的拳法、掌法、肘法和屈伸、直摆、扫转等不同组别的腿法，以及平衡、跳跃、跌扑、滚翻动作。长拳技术以姿势、方法、身法、眼法、精神、劲力、呼吸、节奏等为八要素。长拳套路主要包括适应普及的初级、中级套路，以及适应竞赛的规定套路和自选套路。

长拳的起源

长拳来源于查拳、华拳和北方少林拳系统（如北方少林、炮捶、花拳、北方太祖长拳等），所以也把这些传统门类统称为"长拳"。因此，长拳是一个独立的门派，不是任何拳术的入门。因为其对身体锻炼比较全面，且与已知的任何一个传统流派都可兼容，所以，长拳成为青少年最适合学习的拳术之一。

（二）太极拳

太极拳是以中国传统儒、道哲学中的太极、阴阳辩证理念为核心思想，集颐养性情、强身健体、技击对抗等多种功能于一体，结合易学的阴阳五行之变化，中医经络学，古代的导引术和吐纳术形成的一种内外兼修、刚柔相济，柔和、缓慢、轻灵的中国传统拳术。

元末明初，武当道人张三丰开中国内家拳之先河，其后发展出"太极十三势"为太极拳的原型，后发展成为武当太极拳。17世纪中叶，河南温县陈家沟陈王廷在家传拳法的基础上，吸收众家武术之长，创编出一套具有阴阳开合、刚柔相济、内外兼修的新拳法，命名太极拳。300多年后，太极拳已由陈氏一家的独得之秘，演变成了广播海内外的陈氏、杨氏、吴氏、武氏、孙氏等诸多太极拳流派。

太极拳基本内容包括太极养生理论、太极拳拳术套路、太极拳器械套路、太极推手以及太极拳辅助训练法。其拳术套路有大架一路、二路，小架一路、二路。器械套路有单刀、双刀、单剑、双剑、单锏、双锏、枪、大杆和青龙偃月刀等。国家体委先后整理出版了《简化太极拳》《四十八式太极拳》及各式太极拳竞赛套路。

（三）南拳

南拳是明代以来流行于我国南方的一种拳势刚烈的拳术，上百个拳种，其中影响较大的有洪家拳、刘拳、蔡拳、李拳、莫拳、蔡李佛拳和咏春拳。

南拳的流派颇多，其基本特点是门户严密，动作紧凑，讲究贴身靠打，多出短拳，充分发挥"一寸短，一寸险"的优势。上肢动作绵密迅疾，极富变化，拳掌可连续击出数次，力求快速密集，以快取胜；重视下盘的稳定性，步法稳健，多有扭拐动作（如骑龙步、拐步、盖步等），配合刚健的劲力，体现出以小打大、以巧打拙、以多打少、以快打慢的技击特色。南拳拳系中有许多象形拳，不仅有龙、虎、豹、象、鹤、蛇、马、猴、鸡等常见的象形拳，而且有狮、鱼、犬等罕见拳种，其象形拳数量之多，居全国诸大拳系之冠。

第四节　器　械

一、中国古兵器

中国古兵器的发展为中华武术奠定了坚实的基础。早在商代，随着青铜冶炼技术的发展，出现了适应车战的长短青铜兵器，主要有矛、戈、戟、钺、刀、大刀、大矛、剑等。战国末期，兵器逐渐向铁兵器演变，有剑、刀、戟、矛、匕首等。汉时兵器不断改进，且技击内容也比较丰富，有了剑舞、刀舞、双戟舞、钺舞，这说明汉代的兵器既是战争的武器，又在逐步向艺术观赏（套路）、强身健体方向发展。宋时军中的兵器开始向多样化发展，《武备志》记载的枪就有 18 种，如骑兵所用的双钩枪，步兵所用的素木枪，还有捣马突枪、拐刃枪等。宋代民间有很多练武组织，如锦标社（射弩）、英略社（使棒）等，这些民间团体自制一些武器在街头设场演武，表演多种多样的武艺，有弄棍、舞刀、舞枪、舞剑，还有对练（如枪对牌、剑对牌）等，这些都对兵器的改进发展起着较大的推动作用。

明清时主要兵器有长柄刀、枪、短柄长刀、腰刀，杂式兵器有锐钯、锐、扒、马叉、狼筅、铲等。这时出现了许多论述、记载古兵器的著作，如唐顺之编的《武编》，列有牌、铁火器、射、弓、弩、甲、拳、枪、剑、刀、铜、锤、扒、锐、火夷等 17 篇。戚继光的《纪效新书》中有长兵、牌筅、短兵、射法、拳经等篇，还讲解了枪、牌、筅、棍、射等。茅元仪的《武备志》载有弓、弩、剑、刀、枪、牌、筅、棍等兵器。在民间，兵器向多样化、多功能化、奇特化方向发展，如各种形状的判官笔、峨眉刺、子午鸳鸯钺、乾坤圈、日月牙、链子剑等，暗器有飞刀、飞剑、飞刺、铁鸳鸯、如意珠等，这些都丰富了中华武术器械，对器械套路的发展起到了一定的推动作用。

二、武术器械

武术器械的种类很多，可分为短器械、长器械、双器械、软器械四种。短器械主要有刀、剑、匕首等；长器械主要有棍、枪、大刀等；双器械主要有双刀、双剑、双钩、双枪、双鞭等；软器械主要有三节棍、九节鞭、绳标、流星锤等。现将竞赛表演中的主要器械项目简述如下。

（一）剑术

剑也称轻吕、径路、长铗，古代兵器，属于短器械，素有"百兵之君"的美称。"壮士腰间三尺剑，男儿腹内五车书""醉里挑灯看剑""十年磨一剑"，不仅行侠者佩剑而行，而且文雅高尚者与将军统帅也都佩剑，这无一不说明了剑在古代文化中的超绝地位。

古代的剑由金属制成，长条形，前端尖，后端装有短柄，开双刃，身直头尖，横竖可伤人，击刺可透甲，使用起来逢坚避刀，不硬撞强击。目前作为击剑运动用的剑，剑身为细长的钢条，顶端为一小圆球，无刃，由背、锋、护手、柄等部分组成。在正式比赛中，成年男子剑重量不得轻于 0.6 千克，成年女子剑重量不得轻于 0.5 千克。此外，剑通常配有剑鞘，套在剑身之上，有保护剑身和方便携带的作用。

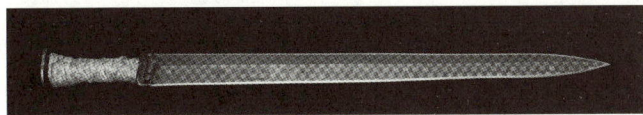

青铜剑

剑术指使用剑的方法和技巧。剑术主要是以刺、劈、点、撩、截、格、抹、穿、挑、提、绞、扫等剑法，配以剑指，加以各种步法、步型、跳跃、平衡、旋转等动作构成的套路。

练剑要求身与剑合，剑与神合，以身领剑，这是练剑之要。剑在演练中可分为站剑和行剑两种。站剑一般动作迅速敏捷，静止动作沉稳，富雕塑性。行剑停顿较少，动作连续不断，均匀而有韧性。同时，剑还有长穗、短穗之分，它的作用是舞动以惑敌，演练时显得形象优美。

剑术套路繁多，常见的有武当剑、青萍剑、达摩剑、三才剑、三合剑、云龙剑、八卦剑、太极剑、螳螂剑、通臂剑、醉剑、宣化剑、七十三剑、龙形剑、奇门十三剑、白虹剑、纯阳剑、七星剑等。

（二）刀术

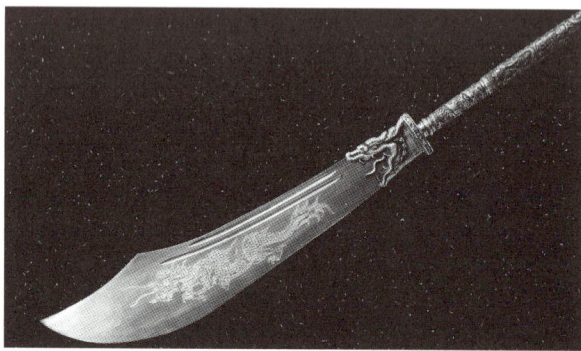
刀的发展史

近现代国内流行的武术用刀种类繁多，常见的有大刀、单刀、双刀、柳叶刀、九环刀、云头刀、雁翅刀、子母刀、麟角刀、戟刀、砍刀、苗刀、朴刀、日月刀等，在构造上，大体分刀尖、刀刃、刀背、刀柄、刀盘5个部分。现代武术中刀的长度是以直臂垂肘抱刀的姿势为准，刀尖不得低于本人的耳上端。

武术家们常用"刀如猛虎"来形容刀的勇猛彪悍、雄健有力。大刀属于长兵器，俗称"大刀看刃"，就是在用刃上，做到劈、抹、撩、斩、刺、压、挂、格、挑等。单刀、双刀都是短兵器，语谓"单刀看手，双刀看走"，单刀的主要刀法是裹、缠、劈、砍、撩、扎、挂、斩、刺、扫、架、截、拦、抹、腕花、背花等。双刀则讲究两手用力均匀，刀式清楚，步点灵活，上下协调，以显出"叶里藏花，双蝶飞舞"的姿态。

刀术的套路有单刀、双刀、大刀、朴刀、双手带等；对练套路有空手夺刀、单刀花枪、花枪大刀、朴刀进枪、双刀进双枪、对劈刀、单刀盾进枪等。

大刀

（三）枪术

枪的发展史

枪是古代的刺击兵器，属于长器械，被称为"长兵之帅""百兵之王"。枪术的技法特点如下：

1. 持枪四平，三尖相照

持枪四平是指前手持枪身中段，后手握把根靠腰，下蹲成马步（或半马步），要求做到头顶平、肩平、足平、枪平。三尖相照是指持枪时要求中照枪尖、上照鼻尖、下照前脚尖，三尖要保持在一条直线上，侧身直对前方。

2. 持枪稳活，前管后锁

持枪必须稳活，不稳容易脱把或出枪不快。前管后锁是指在枪术运动过程中，握于枪身中段的前手要像管一样握住枪杆，这样既能套住枪身不使脱手，又能让枪杆在手中自由出入滑动，自如地调节握把的松紧度和控制枪的发力；后手要像锁一样牢握枪把，表现出各种不同的枪法，如扎、崩、劈、托、抽、拉、拔等。

3. 枪扎一线，圈不过斗

直扎远取是枪术的优势和特长，为枪术最主要的进攻技法。在扎枪时需沿枪身纵抽用力，使枪身直线扎出，力达枪尖，发出寸劲，达到平直而快准的要求，扎得疾且收得快。圈不过斗是指在做拦、拿、圈、转防守时，要严格以直径不过一斗的宽度（即一个身体的宽度，约 30 厘米）为限，这是为了保证防守的严密性，不致因拦、拿、圈、转过宽而使对方避开枪尖近身作战，失去长兵优势，转动不灵，以致受制于人。

我国有名的枪术有杨家枪、犁花枪、六合枪、四平枪、锁口枪、五虎断门枪等。除了单练之外，枪还可以与其他武器对练，如大刀进枪、剑进枪、三节棍进枪等。

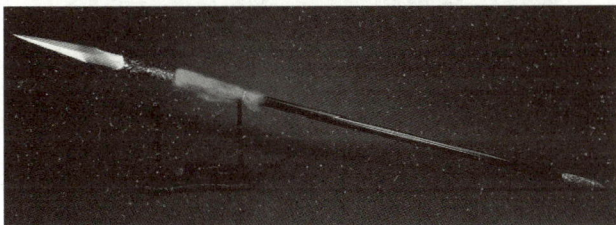

长枪

（四）棍术

棍也称棒、梃，属于长器械。棍为无刃的兵器，素有"百兵之长"之称。棍是近战搏斗兵器，它的攻击范围大于刀、枪，主要是造成钝器伤和瘀伤，其杀伤力比刀、枪要小。棍是人类最普遍使用的兵械之一，无论是军中武术还是民间武艺，各朝各代都对棍尤为重视。

棍截面一般为圆形，粗细以单手能够把握为佳，有木制和金属制两种。木制的棍有齐眉棍、三节棍、双节棍等，金属制的棍有铁头棍、浑铁棍、浑铜棍等，另外还有铁制的带齿带钩棍，如爪子棍、狼牙棒、钩棒等。

棍术指使用棍的方法和技巧，以劈、扫、戳、挑、撩、舞花等棍法为主，并配合步型、步法、身法等，构成系列套路。棍术的技法特点如下：

1. 握法灵活

古语有云"枪似游龙，棍若雨"，棍的特点似疾风暴雨，密而不疏。握法灵活是第一要素。常见的握法有：①阳手握法，即手心向上；②阴手握法，即手心向下；

③阴阳手握法，即一手心向上，另一手心向下；④对手握法，即虎口相对；⑤交叉手握法，左右手交叉；⑥滑动握法，一手滑出等。握法娴熟，对棍术水平的提升有很大的帮助。

2. 棍法规整

棍法是在棍理的指导和制约下形成的棍术基本动作。有劈、抡、戳、撩、挂、崩、点、扫、穿、拦、挑、架、托、云、提、砸、舞花等。每种棍法都有严谨的规格，遵循棍法的规格要求，操之熟练，运用得法，才能组成风格各异、内容丰富、特点突出的棍术套路。

3. 梢把兼用

棍要密集如雨，就必须梢把兼用，掌握用力规律，灵活多变，倏忽纵横，加之奇正开合、诈敲斗引的战术引导，就能密而不疏，变化无穷，充分体现棍的技术风格。

4. 势合力顺

势即架势、姿势，合是指三盘六合、三体同功。架势协调，其吞吐伸缩，起伏转换，能做到械随身走，身与械合，把与法合，法与理合，棍术自然会得心应手。力顺指发力顺达，能顺棍的自然之势把劲力贯注到棍梢、棍把和棍身上去，劲力运用随着棍法的变化忽刚忽柔，亦刚亦柔，刚柔兼备。

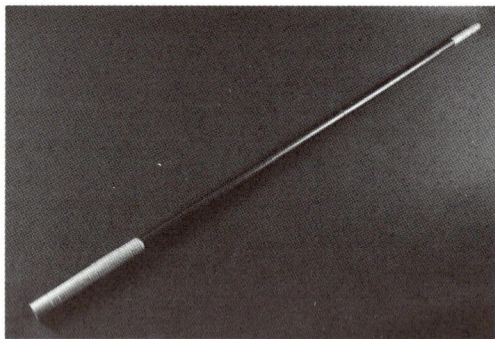

棍

【阅读经典】

1. 夫武德者，武之宗也！古人谓：未曾学艺先学礼，未曾习武先习德。缺德者，不可予之学；丧礼者，不可教之武。习者应不谋利而秉大义、不畏强而舍己身。言，当守谦慎；行，须善始终。平常本虚怀若谷、讲礼守信，习艺以精益求精。持之以恒，竖高尚之武德。以武强身、以德养性。习武者要以德服人！

——《武德训》

2. 武德比山重，名利草芥轻。

——拳谚

3. 刀如猛虎，剑如飞凤，枪似游龙。

——拳谚

4. 外练手眼身法步，内练精神气力功。

——拳谚

5. 前腿弓，后腿绷，挺胸立腰莫晃动。

——弓步口诀

6. 太极无法，动即是法。

——拳谚

7. 睡如弓，坐如钟，走如风，站如钉。

——少林寺四威仪

8. 一不杀生；二不偷盗；三不邪淫；四不妄语；五不饮酒。

——少林寺弟子五戒

9. 修练功夫的目的不是致力于击破石块或木板，我们更关心的是用它影响我们的整个思想和生活方式。

——李小龙

10. 仅学习某门派某人之机巧，即使发挥至极限，也非真正的搏击。所谓成熟是指自我最深的觉悟，而非做观念上的俘虏。

——李小龙

【资源推荐】

1. 电影《少林寺》，导演张鑫炎，中原电影制片公司制作。
2. 电影《卧虎藏龙》，导演李安，中国电影合作制片公司出品。
3. 中国大学慕课课程《中原文化武术篇》。
4. 中国大学慕课课程《太极拳文化与功法习练》。
5. 中国大学慕课课程《武术与强身避险》。

【课堂检测】

一、单选题

1. 武术也称（　　）、武艺。

    A. 武者　　　　　B. 兵者　　　　　C. 国术　　　　　D. 击杀术

2. （　　）是武术的入门基础，为练武者提供必要的体能准备，也是保持、提高技术水平的辅助手段。

    A. 功法运动　　　B. 套路运动　　　C. 格斗运动　　　D. 单练

3. "昔有佳人公孙氏，一舞剑器动四方。观者如山色沮丧，天地为之久低昂"讲的是武术的（　　）价值。

    A. 教育　　　　　B. 健身　　　　　C. 实用　　　　　D. 观赏

4. "夏练三伏，冬练三九"要求习武者要（　　）。

    A. 勤奋　　　　　B. 精技　　　　　C. 修德　　　　　D. 守纪

5. （　　）为陈氏太极拳独创之奥秘。

    A. 导引术　　　　B. 吐纳术　　　　C. 缠丝劲　　　　D. 抽丝劲

6. （　　）是杨氏太极拳最突出特点之一。

    A. 立身中正安舒　　　　　　　　B. 动作松柔缓慢

    C. 拳架开展大方　　　　　　　　D. 招式虚实分明

7. 咏春拳属于（　　）。

    A. 查拳　　　　　B. 长拳　　　　　C. 南拳　　　　　D. 洪家拳

8. （　　）在中国古代被称为"百兵之王"。

    A. 剑　　　　　　B. 刀　　　　　　C. 棍　　　　　　D. 枪

9. （　　）在中国古代被称为"百兵之长"。

    A. 剑　　　　　　B. 刀　　　　　　C. 棍　　　　　　D. 枪

10. 圈不过斗是（　　）的技法特点之一。

    A. 剑术　　　　　B. 刀术　　　　　C. 棍术　　　　　D. 枪术

二、多选题

1. 武术的特点包括（　　）。

    A. 寓技击于体育之中　　　　　　B. 内外合一、形神兼备

    C. 整体统一的运动观念　　　　　D. 广泛的适应性

2. 武术按运动形式可分为（　　）。

    A. 竞技运动　　B. 功法运动　　C. 套路运动　　D. 格斗运动

3. 套路运动按练习形式可分为（　　）。

    A. 单练　　　　B. 对练　　　　C. 集体演练　　D. 散手

4. 在武术竞赛中，可将武术项目分为（　　）。

    A. 个人项目　　B. 器械项目　　C. 对练项目　　D. 集体项目

5. 武术竞赛中个人项目可分为（　　）。

    A. 格斗　　　　B. 功法　　　　C. 传统器械　　D. 传统拳术

6. 长拳的手型主要包括（　　）。

    A. 指　　　　　B. 拳　　　　　C. 掌　　　　　D. 勾

7. 太极拳以儒家和道家思想中的（　　）理念为核心。

    A. 太极　　　　B. 阴阳辩证　　C. 导引术　　　D. 吐纳术

8. （　　）是南拳中的主要桩步。

    A. 马步　　　　B. 箭步　　　　C. 跨步　　　　D. 弓步

9. 武术器械的种类很多，可分为（　　）。

    A. 短器械　　　B. 长器械　　　C. 双器械　　　D. 软器械

    E. 短兵

10. 剑在演练中可分为（　　）。

    A. 反手剑　　　B. 站剑　　　　C. 行剑　　　　D. 穗剑

三、判断题

1. 武术属于中国传统的技击术，但明显区别于使人致伤致残的实用技击技术。
（　　）

2. 武术最初作为军事训练手段，与古代军事紧密相连，因而它始终强调追求实用制胜，常以最有效的攻击，迫使对方失去反抗能力。　　　　　　（　　）

3. 功法运动来源于技击又高于技击，同时是一种可供观赏的表现形式，是武术的最高表现形式。　　　　　　　　　　　　　　　　　　　（　　）

4. 推手本是太极拳锻炼形式之一，别名打手、揉手、擖手。　（　　）

5. 短兵作为一项正式的武术比赛项目，是民国二十七年（1948 年）第一届国术国考时才出台的，当时的名称叫击剑，为区别于西洋击剑，也称中国式击剑。
（　　）

6. "武德"一词，最早见于春秋时期左丘明所著的《左传》。　（　　）

7. 拳术是中国武术中徒手技法的总称，简称拳。　　　　　　（　　）

8. 元末明初，陈王廷发展出太极十三势，为太极拳的原型。　（　　）

9. 单刀、双刀都是短兵器，语谓"单刀看走，双刀看手"。　（　　）

10. 三尖相照是指持枪时要求中照枪尖、上照鼻尖、下照前脚尖，三尖要保持在一条直线上。　　　　　　　　　　　　　　　　　　　　　（　　）

四、思考练习

1. 阐述武术的价值。

2. 如何理解儒家文化的"仁""礼""信""勇"等伦理观念对武德的影响？

3. 为什么杨氏太极拳流传范围最广？

4. 青少年最适宜练习哪种拳术？为什么？

【实践体验】

实践项目一　"武术与武侠"专题讨论会

实践项目二　演练二十四式简化太极拳

专题十二 | 中华戏曲：唱念做打中守望的精神家园

【导学】

　　戏曲是中华民族艺术的瑰宝，已成为世界上识别中华民族文化最显著的标志之一，最具中国特色。戏曲是高台教化和传承社会主义核心价值观的有效载体，"说书唱戏，劝人学好"，真善美孝悌、仁义礼智信、勤廉恭俭让等中华传统美德和精神，正是通过一部部戏曲得以弘扬和传承。让戏曲艺术走进校园，让传统文化活起来，同学们通过对中华戏曲大花园中经典作品的鉴赏、经典名段的习唱，可对戏曲艺术的表现形式、程式、特征和相关知识有初步的了解，从而提高艺术欣赏品位，构建丰富精神家园，在审美中完成从容而优游的穿越。

【知识储备】

第一节　戏曲的起源及发展

　　中华戏曲历史悠久，最早萌芽于原始社会歌舞，从先秦的俳优、汉代的百戏、唐代的参军戏、北宋的杂剧、南宋的南戏、元代的杂剧，一直到清代京剧的形成和地方戏曲的空前繁荣，逐渐形成了比较完整的戏曲艺术体系。

一、戏的含义

　　"戏"的繁体字写作"戲"，是一个左右结构的会意字，从虍从豆从戈，意思是祭祀或进餐时，头戴虎头面具，持戈舞蹈。

"戏"还有一个意思是玩耍、游戏，这种行为起始于兽类或人类的童年。童年的许多时间被用于游戏，这既是锻炼体力、开发脑力，又是训练谋生技能的准备和预演。对于成年人而言，"戏"多指在舞台上的表演，这既是艺术的展现，也是娱乐活动。

当人类的演戏由简单到复杂，由即兴到有预先的准备和目的，就产生和形成了一种艺术活动形式——戏剧。戏剧的本质是虚假的，时间、空间、人物、故事情节都是虚拟的，但戏剧又表达出伟大的真实，即人间的真情和真理。

二、戏剧与戏曲的异同

戏剧是指以语言、动作、舞蹈、音乐、木偶等形式达到叙事目的的舞台表演艺术的总称，是由演员扮演角色在舞台上当众表演故事情节的一种综合艺术。由于文化背景的差别，不同文化所产生的戏剧形式往往拥有独特的传统和程式，比如西方戏剧、中华戏曲、印度梵剧、日本能乐和歌舞伎等。

戏曲是我国传统的戏剧形式，广义上讲戏剧包括中华戏曲、话剧、歌剧、舞剧。戏剧的范围比戏曲大，戏曲只是戏剧的一种类型。戏曲综合了对白、音乐、歌唱、舞蹈、武术和杂技等多种表演方式，载歌载舞，又说又唱，有文有武，集"唱、念、做、打"于一体，是一种综合舞台艺术形式。其特点是"以歌舞演故事"，将众多艺术形式以一种标准聚合在一起，在共同具有的性质中体现其个性。这些形式主要包括诗、乐、舞。诗指文学，乐指音乐伴奏，舞指表演。此外，还包括舞台美术、服装、化妆等方面。而这些艺术因素在戏曲中都为了一个目的——演故事，都遵循一个原则——美。

三、中华戏曲的发展历史

戏曲艺术并不是一蹴而就产生出来的，它是从无到有的一个渐进演化过程。

（一）中华戏曲的源头

1. 与民俗活动紧密相连

在戏曲起源问题上，有人认为起源于远古时代的巫术，因为在巫所进行的祭祀活动中，已经有了用歌舞表演来娱神的成分；有人认为起源于古代帝宫中优人的表演；有人认为起源于民间的说唱艺术。考古文物、原始岩画等都表明，原始社会先民的歌舞活动与生产劳动和神灵祭祀关系密切，部落战争和祖先崇拜也是其中的重要内容。由此可见，戏曲的产生是与劳动密切相关的。进入奴隶社会后，周天子宫廷中有了用于庆祝的大型歌舞表演。而在宫廷以外的民间，歌舞娱神也成了全民性的民俗活动，比如用来求雨的"雩祭"和用来庆祝丰收的"蜡祭"等。可见，民间戏曲从它产生的源头上就是与民间的民俗活动紧密相连的。

2. 先秦时期的"优孟衣冠"

先秦时期，出现了职业演员优，身份类似于今天的小品和相声演员，是以滑稽表演为职业取悦观众的一类人。其中最著名的要数"优孟衣冠"的故事。尽管"优孟衣冠"还不能算作是真正的戏剧表演，但是已经有了装扮这种戏剧的重要元素，所以很多谈及戏曲起源的书籍中都要提到这个故事。

3. 汉代的百戏和角抵戏

汉代时，中国戏曲有了缤纷多姿的百戏。汉代百戏中有一个著名的角抵戏叫《东海黄公》，讲述在今天山东境内东海郡的地方，有一个被称为黄公的人，他年轻时练过降妖除魔的法术，能够制服老虎，人皆称奇。可是随着年龄的增长和饮酒等原因，他的体力渐渐衰退，终于在一次与虎相搏的过程中被老虎咬死了。这个故事并不复杂，演出的时候也只有扮演老虎和黄公的两个演员。但是，这个故事在戏剧发展的历史上却十分有名，原因是它的表演有了一个既定的情节，演员演出的时候要遵照这个预先设计好的情节，不能随意发挥或即兴表演来改变故事的既定结局，这是一个巨大的进步。

4. 魏晋南北朝时期的《大面》《拨头》等歌舞戏

魏晋南北朝时期的歌舞艺术在原来的基础上有了新的发展，南北朝出现了《大面》《拨头》等歌舞戏。《大面》是一种面具戏，讲述的是北齐兰陵王长恭长相俊美，以至于他到两军阵前交战时屡打败仗，所以他想出了一个戴着凶恶面具上阵吓唬敌人的主意，他这样做后果然打了许多胜仗。《大面》这种歌舞戏后来传到日本，至今还有演出。这些歌舞戏在扮演人物、讲述故事等方面已经和成熟的戏曲十分接近了。

（二）隋唐时期的歌舞戏与参军戏

隋唐时期是国力空前强盛的时代，艺术上的交流与繁荣自然促进了戏曲艺术的发展。著名的歌舞戏有《踏谣娘》，表演已经是彻底的代言体了。

唐代的参军戏是在古代俳优的表演基础上形成的，主要以滑稽搞笑的问答为主，有苍鹘和参军两个角色，在一问一答之间相互调笑以取悦观众，很像今天的相声。这样一来，参军和苍鹘就成了戏曲滥觞期的两个角色的名称。

（三）杂剧和院本

（1）宋代杂剧。宋代的科技发展和城市经济的繁荣，极大地推进和刺激了戏曲艺术的发展和最终形成。艺人们开始在世俗的场所卖艺，在城市中出现了固定的演艺场所——勾栏。勾栏是一种为演艺活动搭建的棚子，大的勾栏有戏台、后台、神楼和腰棚。连成片的勾栏称为瓦舍。勾栏、瓦舍的存在为多种民间技艺的相互学习和交流提供了平台，使戏曲艺术的生发成为可能。当时东京汴梁的瓦舍中演出的杂剧《目连救母》，在农历七月十五即中元节前后要连续演出七天七夜。有了瓦舍和勾栏中的戏曲表演，就有了专门以戏曲演出为业的职业艺人和写作剧本的专门机构——书会。在此基础上产生了民间戏曲的初级形态——宋代杂剧。宋代杂剧是在唐代歌舞戏和参军戏的基础上，广泛吸收民间说唱、歌舞等诸多技艺而综合形成的。宋代杂剧的角色有末泥、装旦、副末、副净等。末泥在剧中扮演主要角色，同时还负责舞台演出等具体事务；装旦也称引戏，在剧中扮演女主角；副末和副净是从参军和花鹣两个角色演变而来的，主要以滑稽和搞笑的表演为主。

（2）金代院本。金灭北宋、宋室南迁后，杂剧演出形成了南北两个中心。南边的杂剧称为临安杂剧，北边的杂剧演出在金国的统治之下，以院本的称呼继续发展。金代把妓女居住的地方称为行院，由于当时对戏曲艺人的歧视和轻蔑，因此艺人居住和演出的地方也被称为行院。这样一来，原来的杂剧就有了院本这种新的称谓。金代院本的演出十分繁盛，元代陶宗仪的《南村辍耕录》记载的剧目有 690 种之多。

（3）元代杂剧。在金代院本的基础上，产生了元代杂剧。元代杂剧在中国戏曲史和中国文学史上都达到了前所未有和难以企及的高峰。由于元代杂剧是经由文人参与创作的，因此在一定程度上不再属于民间戏曲。元代杂剧是中国戏曲发展史上的一个巅峰，佳作如林、名家辈出，关汉卿的《窦娥冤》《蝴蝶梦》，王实甫的《西厢记》，郑光祖的《倩女离魂》，白朴的《梧桐雨》，马致远的《汉宫秋》等都是元杂剧中的经典传世之作。

（四）宋元南戏

（1）南曲戏文。民间戏曲完全成熟的标志是宋代的南戏，也称南曲戏文。北宋末年，今浙江温州一带已经有了南戏的演剧踪迹。它开始的时候是民间的歌舞戏谑表演，具有灵活生动的艺术特点，后来不断发展壮大，最后进入城市演出。南戏的产生继承了宋杂剧的演出传统，又吸收了大量说唱艺术的精华。南戏的角色有生、旦、净、末、丑、外、贴七行，这奠定了中国戏曲的角色体制。南戏的演出以出为单位，类似于今天戏曲演出的场和幕。它的创作主要是由书会这个民间剧本创作组织来完成的，当时的江南地区有很多这样的组织，如温州的九山书会、杭州的古杭书会等。这些书会里搞戏曲创作的人被称为书会才人，也就是今天所说的编剧。他们大都生活贫困以卖文为生，创作的题材与风格具有十分强烈的民间性。

南戏的早期作品大都是反映家庭伦理和婚恋生活的，如被誉为戏文之首的《赵贞女蔡二郎》和《王魁》，以及后来出现的《乐昌分镜》《张协状元》《韫玉传奇》等。元代的南戏最著名的有四部，即《荆钗记》《白兔记》《拜月亭》《杀狗记》。

（2）南戏的雅化。到了明代，南戏开始渐渐被文人雅化。元朝末年浙江的高明把鞭挞书生负心的南戏《赵贞女蔡二郎》改写成了"全忠全孝"的《琵琶记》，这部作品甚至受到朱元璋的赞赏。由于统治阶级的喜好和提倡，在高明之后，邱濬、康海、邵灿等文人士大夫都介入到对南戏的创作和提升活动中来。参与南戏创作的文人不同于参与元杂剧创作的文人。元杂剧作家是穷困潦倒的书会才人，他们了解民间疾苦，因此创作时有民间立场。而明初介入南戏创作的文人都是朝廷命官，南戏在这些人的手里面目全非，从唱词到唱腔、主题等都发生了改变，已经不再是民间戏曲，于是南戏有了新的名称——传奇。明清的传奇在戏曲文学上取得了非常高的成就，有《牡丹亭》《桃花扇》《长生殿》等诸多传世经典。

（五）花部乱弹勃兴与花雅之争

明传奇的繁盛与昆山腔的发展紧密相连。昆山腔产生于江苏昆山，起期是村坊俚曲和市井小调，后来有个叫魏良铺的人对这种昆山的民间音乐进行了改良。改良之后的昆山腔形成了流丽悠远、清新绵长的独特风韵，被形象地称为水磨调。使用昆山腔表演的戏曲在明代受到各个阶层的喜爱，但是在文人不断的雅化之下，昆曲的剧本因为讲究用词和格律而变得让普通百姓越来越看不懂，清代以后，昆曲因失去普通老百姓作为观众而逐渐呈现衰落的趋势。

清代中叶，各种地方戏兴起，比起昆曲的"雅"，这些地方戏显得杂乱而鄙俗，因而被文人称为"花部"或"乱弹"。花部的"花"是杂乱的意思，除了有鄙视的含义外，也形容这一时期的地方戏如雨后春笋般种类繁多。

在文人们乐此不疲地雅化着民间戏曲的同时，民间戏曲也无时无刻不以草根般顽强的力量与文人戏曲悄悄地较量。清中叶开始的"花雅之争"就是民间戏曲与文人戏曲的一次较量。

花雅之争

（六）京剧的形成

徽班进京后，以演唱二黄调为主，这应该算作是京剧的早期阶段。到了嘉庆、道光年间，徽班吸收了来自湖北的汉调，形成了"徽汉合流"的局面。汉调中的西皮与徽调中的二黄合流产生了皮黄腔，所以京剧也称皮黄戏。

清光绪二年（1876年），很多北京的知名演员如周春奎、孙菊仙、杨月楼等南下上海演出，当时的《申报》率先使用了"京剧"之名称呼这种原来被称为皮黄戏的剧种。1919年、1924年梅兰芳两度率团赴日本，1930年赴美国，1934年赴欧洲，这些演出活动扩大了京剧在世界上的影响，也使京剧有了一个叫"国剧"的新名称。又因旧时北京叫北平，所以京剧也称平剧。

京剧是中华戏曲艺术的集大成者，《京剧剧目辞典》记载有5300多个剧目，其中有1200多个传统剧目，许多优秀剧目如《打渔杀家》等不知作者名姓，它们一般都反映了人民群众的思想感情和喜爱憎恶，表达出发自人民内心深处的理想和要求。许多京剧剧本都是从昆曲或地方戏的整本戏中摘出来的单出戏，结构精练，语言朴素，通俗易懂。人物性格描写集中突出，爱情戏少，历史戏多。还有一部分民间小戏如《小放牛》等，都唱小曲。这些都显示出京剧来自民间的艺术特色，多方面表现了中国古代人民勤劳、勇敢、智慧、善良的性格品质，以及他们反抗侵略、压迫、剥削的英勇斗争和对自由、幸福生活的向往。

京剧的表演艺术在继承徽戏、汉戏的基础上，广泛吸收昆曲及其他地方戏的长处，逐渐形成了一套完整和严格的表演手段和表演方法。由于京剧在形成之初便进入了宫廷，所以它的发育成长不同于地方剧种。这种情况要求它所要表现的生活领域更宽，所要塑造的人物类型更多，对它的技艺的全面性、完整性也要求得更严，对它的创造舞台形象的美学要求也更高。因此，京剧的民间乡土气息减弱，纯朴、粗犷的风格特色相对淡薄。京剧的表演艺术更趋于虚实结合的表现手法，最大限度地超脱了舞台空间和时间的限制，以达到"以形传神，形神兼备"的艺术境界。凡在这些艺术要求上有所建树，真正做到了"继承、革新、创造"的艺术家，都成为京剧发展不同历史阶段的代表人物。除老生中的谭鑫培、旦角中的王瑶卿被公认为具有划时代意义的代表人物外，近百年来，还涌现了以梅兰芳为代表的数以百计的杰出表演艺术家，使中国戏曲表演艺术登峰造极。

第二节　戏曲的艺术特征

一、明晰的表演特性

（一）戏曲的程式性

戏曲源于生活，又高于生活，是对生活的再创作、再加工。戏曲舞台上的所有一切都是按照美的原则对生活进行提炼、美化、夸张，并逐渐形成了有一定规律可以遵循的艺术表现形式，这就是戏曲的程式。

程式是戏曲独特的叙事语言。戏曲的唱念做打、音乐、舞美、文学等无一不是程式。程式并不是立刻就形成的，它是经过长时间的积累，不断地在舞台上加工、变化而形成的相对固定的规范、程序。戏曲表演程式是戏曲表演技术组合的基本单位，戏曲表演就是程式技巧的运用和组合，是戏曲演员塑造舞台形象的艺术语汇。

表演程式可分为两大类：一类是整套的程式；另一类是某个具体的程式。例如，一位身穿官衣的老生上场，就会做整冠、理髯、端带等一系列的动作，这一系列动作是程式（即固定的程序），而其中的每一个动作又是单独的程式。另外，戏曲的每个行当都有自己特有的程式，例如戏曲中的坐，不同行当坐椅子的程式也不一样：青衣因大多饰演文静、沉稳的角色，因此是两腿并拢而坐；花旦和彩旦是饰演活泼、热情的角色，入座时可稍微放开一些，也可以跷二郎腿，有的彩旦还可以盘腿坐下；净行和老生是男性角色，坐的时候放得更开一些，一般坐在椅子的前半部，两腿分开。

戏曲舞台上用程式来表达生活，这是表演的基础，但这并不意味着可以随意地使用程式。程式的使用一定是有根据的，演员要根据人物性格和规定情境，把若干程式按照一定的生活及舞台逻辑组织起来，这样才能表达出具体的感情，述说具体的事情，才能塑造出完整的舞台形象让观众所接受。离开了具体的情节，程式只能是单纯的技术，一味地炫技就不是戏曲了。尽管程式是戏曲演员进行表演的基础，没有程式就没有表达的手段，但是演员在掌握了这些必要的表达手段之后，还要结合剧中的人物、情节等来具体应用。

（二）戏曲的虚拟性

戏曲的虚拟性是指戏曲演员在舞台上运用虚拟性的动作完成表演。在日常生活中，人们做动作都离不开具体的环境和场景，但是在戏曲中，演员要在没有具体场景和对象的舞台上，通过自身的动作形态调动观众的想象，让观众相信演员的表演。戏曲的虚拟性主要表现在时间的虚拟和空间的虚拟，虚拟性的表现手法，使得戏曲舞台呈现出特殊的风貌。戏曲舞台在没有演员上场时，不显示时间与地点，戏中人物上场后才会显示具体的地点，演员下场后具体的时空也不存在了，而且有时演员在台上的时候，时间、地点也会有改变。"舞台方寸地，咫尺见天涯""眨眼间数年光阴，寸炷香千秋万代"，这些戏曲舞台上的神奇光景，都要靠虚拟性来表达。一般舞台上只有一桌两椅的简单装置，故事发生的环境主要靠演员的演唱和念白来向观众交代。这是一种绝顶聪明的做法，因为这样便于观众发挥想象力，也便于演员的发挥。

戏曲的虚拟性动作是舞蹈化和程式化的，相较于现实生活，戏曲动作有夸张、想象、美化和鲜明的节奏，与生活存在一定的距离。开门、关门、骑马、坐轿都要用虚拟的动作来表现。通过演员的虚拟表演，观众在脑海中呈现出真实的感觉，填充了那些本不存在的事物，观众与演员共同构建了一个具体的完整的舞台。如果没有观众的参与，演员的表演也就只是在自娱自乐，当观众投入戏曲的虚拟情境中时，表演才有意义。例如，在京剧《三岔口》中，要求刘利华和任堂惠在伸手不见五指的黑夜里进行一场惊险又激烈的交手。剧情是要在黑夜中打斗，是不是演员真的就要在黑暗中演戏了呢？如果真是这样，那观众还怎么看戏呢？戏曲舞台上当然不会这样，因为戏曲有虚拟的特性。舞台上灯光依然明亮，但是演员要假设自己是在黑暗的环境中看不到对方，通过一系列小心翼翼摸索的动作、变动的眼神等表演，让观众深切地感受到黑夜，认同他们是在黑暗的环境中打斗。如果是刚接触戏曲的观众，看见两个演员在这么明亮的舞台上竟然找不到对方，肯定认为演员傻了吧，这就是"白天不懂夜的黑"。

（三）戏曲的歌舞性

戏曲是一门综合性的艺术，它由文学、音乐、舞蹈、武术、杂技等艺术形式综合而来，在长期的发展中，形成了以歌舞演故事的特性。这种歌舞表演，是在发挥各种艺术手段基础上的有机结合，是唱念做打的综合。唱和念都属于歌，而做和打都属于舞，戏曲就是运用独特的歌舞表演来塑造舞台形象，表现戏剧故事。

戏曲这种综合性的歌舞表演，并不是单纯的音乐与舞蹈表演，而是戏剧性的歌舞表演。戏曲的戏剧性表现在刻画人物和表现戏剧冲突，戏曲中的唱念做打，都是用来刻画人物性格和表现戏剧冲突的手段。比如《小放牛》这样的小戏，剧情简单，通过演员载歌载舞的表演就可以达到相应的戏剧效果；又比如《三岔口》中唱和念白都很少，主要靠演员舞蹈化的身段与对打表演来表现剧情，刻画出任堂惠和刘利华一庄一谐不同的人物性格。可见，戏曲的歌舞性与戏剧性是紧密结合的，歌与舞的使用是戏曲极为重要的表现故事的方式。

戏曲用歌舞来表现故事，这里歌舞指的是程式化的歌舞表演。如起霸、趟马、走边跑圆场，各式上下场，各种开打、翻扑等，都不是直接从生活中提炼的动作，而是对生活动作进行夸张、变形、美化的结果，是长久以来形成的固有程式。程式不单是种技术，它更要为剧情和剧中人物性格服务。演员不能为了表现技巧而运用程式，而是要让程式服务于人物。

二、独特的角色类型

自参军戏开始，中国戏曲出现了角色行当的划分。行是行业的意思，指的是专门扮演特定角色的行业；当是应工的意思，指的是用最合适的方法来表现角色。行当就是用专门的技术方法来表现特定的角色类型。行当是综合了人物的职业、年龄、性别、社会地位等而形成的分类。剧中人物划分行当，是中国戏曲特有的表演体制。从内容上说，行当是对人物形象艺术化、规范化的提炼；从形式上看，行当是表演程式的分类系统。

戏曲的行当主要分为生、旦、净、丑，不同的戏曲剧种，行当的分类也略有不同。每个行当都有各自的形象内涵和独具特色的程式规制，使得不同行当具有鲜明的造型表现力和形式美。

（一）生行

生行是扮演男性角色的一种行当，根据所扮演人物年龄、身份的不同，又可分为老生、小生、武生等门类，在表演上各有特点。

（二）旦行

旦行是戏曲中女性角色之统称，早在宋杂剧时已有装旦这一角色，宋元南戏和北杂剧形成后仍沿用旦的名称。近代，戏曲旦角根据所扮演人物年龄、性格、身份的不同，大致可分为青衣、花旦、武旦、老旦、彩旦等，在表演上各有特点。

（三）净行

净行俗称花脸，以面部化妆运用各种色彩和图案勾勒脸谱为突出标志，扮演的角色或粗犷豪迈，或刚烈耿直，或阴险毒辣，或鲁莽朴实。净行可分为铜锤花脸、架子花脸和武花脸。演唱声音洪亮宽阔、顿挫鲜明、富有韵味。

（四）丑行

丑是喜剧角色的扮演者，由于面部化妆用白粉在鼻梁眼窝间勾画小块脸谱，又称小花脸。丑行扮演人物种类繁多，有的心地善良、幽默滑稽，有的奸诈刁恶、悭吝卑鄙。近代戏曲中，丑的表演艺术有了长足的发展，不同的剧种都有各自的风格特色。丑的表演一般不重唱功，而重念白的口齿清楚、清脆流利。相对于其他行当，丑的表演程式不太严谨，但有自己的风格和规范，如屈膝、踮脚、耸肩等都是丑的基本动作。按扮演人物的身份、性格和技术特点，大致可分为文丑和武丑两大类。

三、丰富的唱念做打

唱念做打是戏曲表演中的四种艺术手段，同时也是戏曲演员表演的四种基本功，通常被称为"四功"。唱是指歌唱，念是指音乐性念白，这两者相辅相成，构成歌舞化戏曲表演的歌。做是指舞蹈化的形体动作，也就是做功。打是指武打和翻跌的技艺。做和打构成歌舞化戏曲表演的舞。"台上一分钟，台下十年功"，戏曲演员很小就开始学习这些基本功，只有熟练地掌握唱念做打，才能在戏曲舞台上刻画与塑造鲜活的人物形象。

（一）唱

唱是戏曲的主要艺术手段之一。过去观众欣赏戏曲，常常都说"听戏"，也就是说欣赏戏曲，听唱是非常重要的。唱在戏曲表演中占据着重要的位置，过去的戏曲舞台没有麦克风，演员演唱完全靠自己本身的声音，因此嗓子好对戏曲演员尤其重要。学习唱功的第一步是喊嗓、吊嗓，扩大音域、音量，分辨字音的四声阴阳、尖团清浊、五音四呼，练习咬字、归韵、喷口等技巧。更重要的是用戏曲的唱来表现人物的性格、感情和精神状态，通过演唱来促进剧情的发展。优秀的戏曲演员都把传声与传情结合起来，不光注重唱的技术，也注重唱的情感。戏曲中的唱腔不是单独的唱，它穿插在戏曲表演中，表现人物的喜怒哀乐，塑造出一个个鲜活的人物形象。

戏曲的唱词有一定的规范与格式。在曲牌体中，唱词要按照规定的平仄和格律来填词，而板腔体的唱词字数一般要求在五字、七字、十字，而且要押韵。戏曲的唱，有角色的独唱，也有两个角色的对唱等多种演唱方式。

（二）念

戏曲的念白是非常有韵味的，它是经过艺术提炼的语言，具有节奏感和音乐性。有时候念白比唱腔还难学，在戏曲表演中念白与唱腔相辅相成，对人物情感的表达起到至关重要的作用。

念白大致分为韵白、散白、数板和引子。韵白是经过加工过的舞台语言，与日常说话有区别，更像是唱歌。京剧的京白、昆曲的苏白及其他地方戏曲的方言白都属于散白，与日常生活中的语言类似。数板是将节奏自由的语言纳入固定节奏的规范之中，节奏感强烈。引子为半唱半念，念为韵白。像《四郎探母》中的杨延辉的上场引子"金井锁梧桐，长叹空随一阵风"就是唱念结合的，这样更能表现人物的内心情感。

念白还有上场诗和自报家门两种形式。戏曲中的自报家门就是角色在舞台上直接向观众进行自我介绍，这是从说唱艺术中的第三人称做介绍演化而来的。自报家门是戏曲特殊的表现手法，通过自报家门，观众马上就认识了眼前的这个角色。戏曲中角色上场时通常会念四句诗，一般是说明自己行动或自身处境的，多为五言、七言，有时为四言。如《金玉奴》中金玉奴上场念："青春整二八，生长在贫家，绿窗春寂静，空负貌如花。"

（三）做

做泛指表演技巧，又特指舞蹈化的形体动作，是戏曲有别于其他表演艺术的主要标志之一。戏曲演员在舞台上的一举一动都与生活中不太一样，他们的身段、表情、气派都是表演的一部分，都称为做。在舞台上演员要通过身段来表现人物，创设场景。

戏曲具有虚拟性的特征，很多场景和道具在舞台上都不是真实存在的，需要演员通过动作表现出来。比如舞台上没有门，演员需要通过舞蹈化的程式动作表现出开门，让观众相信舞台上真的有一扇门。戏曲演员除了要练就腰、腿、手、臂、头、颈的各种基本功，还需悉心揣摩戏情戏理、人物特征才能把戏演活。

演员还会利用服装、道具等来表现人物形象，比如长绸舞、水袖功、帽翅功、翎子功等，因为戏曲做工对身体柔韧性和协调能力有一定的要求，大部分戏曲演员从很小就开始进行训练了。

（四）打

打是戏曲形体动作的另一个重要组成部分，是传统武术的舞蹈化，也是生活中格斗场面高度艺术化的提炼。戏曲中的打斗不像现实中那么随意，它具有一定的套路，每一个动作都是提前设计好的，演员对打斗的动作心里有数，不管是多么激烈的打斗，都要打得漂亮。

戏曲的打一般分为把子功和毯子功两大类。演员不仅要有深厚的功底，而且还必须善于运用这些难度极高的技巧，准确地展示出人物的精神面貌和神情气质。

戏曲服装、化妆及道具

第三节　戏曲的种类

一、精彩纷呈的地方剧种

我国幅员辽阔，民族众多，各地语言、风俗和民间音乐都有较大差异，"一方水土养一方人"，因此在各地形成了大量既有的共同民族特征，又有不同演唱风格和地方特色的地方戏曲剧种。据不完全统计，全国有近 350 个地方剧种，数量之多，在世界戏剧艺术范围中也是绝无仅有的。这近 350 个地方剧种之间不是孤立没有联系的，从大的方面来看，它们基本上分属昆山腔、弋阳腔、柳子腔、梆子腔和皮簧调五大声腔系统。

（一）昆山腔

清中叶后昆山腔虽然衰落了，但在全国各地仍有许多地方化的余脉，除了苏昆以外，还有湘昆、北昆、永嘉昆等剧种；还有的被其他声腔剧种吸收，成为当地多声腔剧种的一个组成部分，如在京剧、湘剧、川剧、婺剧等剧种中，昆山腔均占有一定比重。

（二）弋阳腔

弋阳腔是我国戏曲史上流传地域最广、影响最为深远的声腔之一。今天许多以高腔为主的地方戏，如赣剧、湘剧、川剧、徽剧、婺剧、闽剧等，从渊源上来说都发轫于弋阳腔。

（三）柳子腔

柳子腔在明代发源于山东，是在民间俚歌小曲的基础上形成的。这一声腔的特点是以山歌、民谣、小曲为主要唱腔。山东的柳子戏，江苏的柳琴戏、淮海戏，安徽的泗州戏等，都属于柳子腔体系。

（四）梆子腔

梆子腔是近代民间戏曲中历史最为悠久、影响最大的一个声腔剧种，它的起源和流变从来都是戏曲研究专家争论不休的问题。一般认为，梆子腔起源于明代的西秦腔，因为用枣木梆子伴奏而得名"梆子"。梆子腔在明末清初发源于陕西、山西、甘肃一带，其特点是以梆子为板，音调粗犷激越。因为它率先采用板式变化体，易于掌握，所以清中叶以后广泛流传于陕西、山西、甘肃、河南、河北、山东、安徽、江苏、四川、云南、贵州等地。一方面音随地改，另一方面吸收当地民间艺术的营养，衍变为各种梆子腔。如陕西的秦腔、同州梆子，山西的晋剧、蒲剧、上党梆子，河北的河北梆子，河南的豫剧、南阳梆子，山东的山东梆子、莱芜梆子、章丘梆子等。梆子腔的特点是激越豪放、高亢悲壮，听起来让人有毛发冲冠之感，颇有北曲杂剧的遗风遗韵。有的则成为多声腔剧种的组成部分，如滇剧的丝弦、川剧的弹戏等。

（五）皮簧调

皮簧调于清中叶形成后，逐渐发展出多种以皮簧调为主的剧种，除京剧外，还有汉剧、徽剧、粤剧、桂剧等，构成了一个皮簧腔系。

除了这五大腔系外，近代以来还有许多从民间小戏发展起来的地方剧种。这其中又分成两类：一类是歌舞类型的小戏，多从民间歌舞发展而来，如南方的花鼓戏、采茶戏、花灯戏、灯戏、彩调戏，北方的秧歌戏等；一类是说唱类型的小戏，大多是由说唱艺术衍变而成的，如越剧、沪剧、锡剧、甬剧、苏剧、吕剧、曲剧、吉剧、龙江剧等。素有"宋元南戏活化石"之称的福建莆仙戏、梨园戏，以及闽南奥东的潮剧等，虽流传不广，但因其来源十分古老，历来为人们所重视。此外，流行于各个少数民族地区的藏戏、僮戏、吹吹腔等也都具有比较重要的地位。

二、六大剧种简介

（一）昆曲

昆曲是我国古老的戏曲声腔和剧种，原名昆山腔，清代以来被称为昆曲、昆剧。

昆曲是明代中叶至清代中叶戏曲中影响最大的声腔剧种，表演体系完整，基础深厚，遗产丰富，在我国文学史、戏曲史、音乐史、舞蹈史中占有重要地位。很多剧种都是在昆曲的基础上发展起来的，昆曲因此有"中国戏曲之母"的雅称，并于2001年5月18日入选联合国教科文组织"人类口头遗产和非物质遗产代表作"名单，是全人类宝贵的文化遗产。

昆曲的音乐属于联曲体结构，简称曲牌体。它所使用的曲牌，大约有1000种以上。曲牌的来源，不仅有古代的歌舞音乐，如唐宋时期的大曲、词调，宋代的唱赚、诸宫调，还有民歌和少数民族歌曲等。它以南曲为基础，兼用北曲套数，并以"犯调""借宫""集曲"等手法进行创作。昆曲的表演有其独特的体系、风格，最大的特点是抒情性强、动作细腻，歌唱与舞蹈的身段结合得巧妙而和谐。在演唱技巧上，昆曲注重声音的控制，节奏速度的徐疾以及咬字发音，并有"豁""叠""擞""嚯"等腔法的区分以及各类角色的性格唱法。以声若游丝的笛为主要伴奏乐器，加上赠板的广泛使用，字分头、腹、尾的吐字方式，以及其本身受吴中民歌的影响而具有的流丽悠远的特色，使昆腔音乐以"婉丽妩媚、一唱三叹"著称。

昆曲的表演，是歌、舞、介、白各种表演手段相互配合的综合艺术，形成了载歌载舞的表现形式。在念白上，主要以中州韵白为主，丑角还有一种基于吴方言的地方白，如苏白、扬州白等。昆曲的角色行当划分得十分细致，各个行当在表演上都形成自己的一套程式和技巧，这些程式化的动作语言在刻画人物性格、表达人物心理状态、渲染戏剧性和增强感染力方面，形成了昆曲完整而独特的表演体系。

昆曲剧目保留了来源于南戏、传奇作品和少量元杂剧的400多出折子戏。现存辑录折子戏的曲谱有《纳书楹曲谱》《遏云阁曲谱》《六也曲谱》《昆曲大全》《集成曲谱》《粟庐曲谱》等。《审音鉴古录》是较早的身段谱。关汉卿的《窦娥冤》、王实甫的《西厢记》、洪昇的《长生殿》、汤显祖的《牡丹亭》、孔尚任的《桃花扇》都是昆曲名剧，演出较多的有100多出，如《浣纱记》（寄子）、《宝剑记》（夜奔）、《鸣凤记》（吃茶、写本）、《牡丹亭》（闹学、游园、惊梦、寻梦、拾画、叫画）、《玉簪记》（琴挑、秋江）、《渔家乐》（藏舟、刺梁）、《长生殿》（定情、酒楼、絮阁、惊变、哭像、闻铃、弹词）等。

昆曲《牡丹亭》

（二）京剧

京剧是中国最大的戏曲剧种，是中华戏曲大家庭中最完整、最成熟、最具代表性的剧种，同时最富戏曲综合性、虚拟性、程式性，其剧目之丰富、行当之齐全、表演艺术家之众、剧团之多、观众之广、影响之深，均为全国之冠。

京剧音乐属于板腔体，主要唱腔有二黄、西皮两个系统，还有南梆子、四平调、高拔子和吹腔。

京剧剧目有 5800 余个，其中绝大多数是传统剧目。一类是徽班原有剧目，以及汉调剧目或徽汉共有剧目，如《大回朝》《罗成叫关》《击鼓骂曹》《四进士》《李陵碑》等；一类是从梆子戏移植过来的剧目，如《铁弓缘》《玉堂春》《穆桂英挂帅》等；一类是昆腔剧目，如《思凡》《闹学》《游园》等。其他还有一些唱"啰啰""纽丝"的小戏，如《打面缸》《小放牛》等，也有相当数量是京剧艺人和民间作家陆续编写出来的。

京剧集百家之大成，取长补短，兼容并蓄，流派纷呈，按行当分类，老生从清朝后期至今有"老三鼎甲"的程派（程长庚）、张派（张二奎）、余派（余三胜），有"新三鼎甲"的孙派（孙菊仙）、谭派（谭鑫培）、汪派（汪桂芬），自成一家的还有王派（王鸿寿）、汪派（汪笑侬）、刘派（刘鸿声）、余派（余叔岩）、高派（高庆奎）、言派（言菊朋）、马派（马连良）、谭派（也称新谭派，谭富英）、麒派（周信芳）、李派（李春来）、唐派（唐韵笙）、杨派（杨宝森）、奚派（奚啸伯）等；旦角流派有梅派（梅兰芳）、尚派（尚小云）、程派（程砚秋）、荀派（荀慧生）；小生行当有叶派（叶盛兰）、姜派（姜妙香）；老旦流派有李派（李多奎）；花脸流派有金派（金少山）、侯派（喜瑞）、裘派（裘盛戎）、袁派（袁世海）。各派都是名家辈出，各具特色，深受赞誉。《贵妃醉酒》《锁麟囊》《白蛇传》《龙凤呈祥》《赵氏孤儿》《四郎探母》《打龙袍》《智取威虎山》等都是久演不衰的经典剧目。

京剧《贵妃醉酒》

（三）秦腔

秦腔也称西秦腔、梆子腔、桄桄子、乱弹戏、西安乱弹、大戏等，主要流行于陕西、甘肃、宁夏、青海、新疆等地。

秦腔是一个古老的剧种，起源于陕西宝鸡一带，"形成于秦，精进于汉，昌明于唐，完整于元，成熟于明，广播于清，几经衍变，蔚为大观"，堪称敢与昆曲争高下的中国戏曲的鼻祖。清康熙年间，梆子腔就已初具规模，成为一种新兴的戏曲声腔。它一方面盛行于山陕地区，另一方面向外地流传到北京、河北、河南、湖北、江西、广东、福建等十多个省份。梆子腔流传到各地后，逐渐与当地的方言土语相结合，演变成为具有当地特色的梆子腔，从而形成一个风格多样的梆子腔系，如山西梆子、河南梆子、河北梆子、山东梆子、莱芜梆子等，所以说秦腔是京剧、晋剧、豫剧、河北梆子等剧种的鼻祖。清代中叶是秦腔的鼎盛时期，魏长生率领的秦腔戏班在北京城大胜京腔，使秦腔得到了更广泛的流传，几乎传遍了全国。辛亥革命之后，以易俗社为代表的新型剧社，编演了大量新戏，内容大多是表现才子佳人的生旦戏及丑角戏，秦腔就此进入城市，有了固定的演出剧场，这也促进了秦腔艺术自身的变革发展。新中国成立后，秦腔艺术有了进一步的发展和提高，不仅挖掘、整理了一批传统剧目，如《三滴血》《火焰驹》等都被拍成了电影，并不断推出新剧目，涌现出大批名家新秀，使秦腔这一艺术得到了很好的继承和发扬。

秦腔唱腔为宽音大嗓、直起直落，既有浑厚深沉、悲壮高昂的风格，又兼备缠绵悱恻、细腻柔和的特点。秦腔的唱、念以陕西关中方言为基础，同时也融入了我国汉唐时期的诗、词、曲的语言，有专属于北方豪迈、高亢的感觉。第一次听秦腔的观众可能会被演员或高亢激昂或悲戚苍凉的吼劲所震撼，或被吓到。秦腔的唱腔属板式变化体，有六大板类，声腔分为欢音（花音）和苦音（哭音）两种。欢音的特点是欢乐、明快、刚健、有力，表现欢快喜悦、爽朗热烈的情感；苦音的特点是深沉哀婉、慷慨激越，表现悲愤、凄楚、怀念的情感。伴奏乐队分文场和武场。文场是管弦乐器伴奏，武场是打击乐器伴奏。主要击节乐器是梆子。打击乐锣鼓曲共有 200 多支，分为开场、动作、板头三大类。

秦腔的表演，唱、工架、特技都非常讲究。其表演技艺质朴、粗犷、细腻、深刻、优美，以情动人，富有夸张性，生活气息浓厚，程式严谨，技巧丰富，各类角色都有独特的技艺。

秦腔的传统剧目丰富，已抄存的共 2748 本，有神话、民间故事和各种公案戏。备受观众喜爱的曲目有《游龟山》《窦娥冤》《赵氏孤儿》《三娘教子》《铡美案》《玉堂春》《血泪仇》《斩秦英》《火焰驹》《三滴血》《周仁回府》《生死牌》等。秦腔名家马友仙、肖玉玲、贠宗翰、李爱琴、康少易、刘随社、李淑芳、任哲中、全巧民等都是戏迷非常喜爱的演员。

秦腔《三滴血》

（四）豫剧

豫剧也称河南梆子、河南讴、靠山吼，是河南的主要地方剧种，流行于河南、河北、山西、山东、甘肃、新疆、西藏等地，是我国第一大地方剧种。

豫剧从声腔系统来分析，属梆子腔系。它是西秦腔等梆子腔流传到河南后，结合当地语音及民间音乐而产生的一种戏曲。清乾隆年间，河南已经流行梆子戏。清代中叶以来，河南梆子作为"汴人相沿之戏曲"而流行于民间。豫剧在流传过程中，形成了不同的派别，如开封的祥符调、漯河的沙河调、商丘的豫东调、洛阳的豫西调。这四支流派又分为两个体系：豫东调体系和豫西调体系。其中，豫东调体系包括祥符调、沙河调、豫东调。辛亥革命后，豫剧开始进入城市演出，在开封、郑州、信阳、洛阳、商丘等地的茶社和戏园中相继出现了豫剧的班社表演。20世纪20年代末至30年代，豫剧进入了一个新的发展时期。河南开封的相国寺建立了永安、永乐、国民、同乐四个豫剧剧场，一时间豫剧名家云集开封。1935年初，豫剧艺人樊粹庭带头成立了豫声戏剧学社，废除了一些旧戏班的不合理制度，对豫剧的表演和舞台美术等方面进行了改革和提高，陈素贞演出了樊粹庭创作的新剧《义烈风》《宵壤恨》《涤耻血》等。1936年，常香玉到了开封，在"醒豫舞台"演出豫剧。永安舞台的马双枝、王润枝、杨金玉、彭海豹等也演出了一大批剧目。豫剧各名角的竞相演出，使豫东调和豫西调合流，也促进了豫剧的发展和进步。1938年，日军侵占了开封，演出团体以西安为中心，在西北地区的城乡演出，从而扩大了豫剧的流传范围。新中国成立后该剧种正式定名为豫剧。

豫剧的音乐丰富多彩，欢快奔放；唱腔醇畅，吐字清晰，唱词口语化，通俗易懂。豫剧的唱腔有独特的板式结构和比较完整的音乐程式，唱词一般都用"三三四"格律的十字句，或"二二三"格律的七字句。豫剧的不同流派有着不同的唱腔特色。豫东调体系的唱腔、发音多用"假嗓"，音域较高，属于"上五音"；豫西调则用"真声"，音域较低，属于"下五音"。在音乐上，豫东调体系的音乐较激越明快，豫西调的音乐则显深沉低回。豫剧的伴奏有"一鼓二锣三弦手，梆子手钹共八口"的说法，伴奏曲牌有唢呐曲牌和丝弦曲牌两种，共约300首。豫剧的传统表演程式有着浓厚的河南地方特色，经过长期的艺术实践和不断的改革创新，表演艺术由粗到细、粗中有细，由俗到雅、雅俗共赏，日益完善。豫剧的角色行当有四生、四旦、四花脸之分，有着不同的表演分工和表演要诀。在豫剧早期，生行占据首要地位，后来女角在豫剧中占据主导地位，先后涌现出常香玉、陈素贞、崔兰田、马金凤、阎立品、桑振君六大名旦，奠定了豫剧在全国地方戏曲中的地位。

豫剧的传统剧目有1000多个，其中很大一部分取材于历史小说和演义，如封神戏、三国戏、瓦岗戏、包公戏、杨家将戏和岳家将戏；还有很大一部分描写婚姻、爱情、伦理道德，如《对花枪》《三上轿》《宇宙锋》《桃花庵》《春秋配》等。1949年以来，整理、改编的传统戏有《花木兰》《穆桂英挂帅》等；创作改编的现代戏有《朝阳沟》《刘胡兰》《李双双》《人欢马叫》等。其中，《花木兰》《朝阳沟》《七品芝麻官》等均摄制成影片。改革开放以来，豫剧紧跟时代步伐，涌现出了许多新作品和现代戏，产生了非常大的影响。

豫剧《穆桂英挂帅》

（五）越剧

越剧是在全国很有影响的地方剧种，主要流行于浙江、上海、江苏等地。

越剧起源于浙江嵊县，其前身是落地唱书，在经历了小歌班、绍兴文戏男班、绍兴文戏女班、女子越剧等阶段后，从1938年开始，正式称为越剧。20世纪40年代，涌现出袁雪芬等一批勇于改革、积极创新的著名演员。她们在继承传统的基础上，根据自身的条件，博采众长，不断丰富越剧唱腔和表演程式，创造了自己独特的风格，逐渐形成各具艺术特色的越剧流派。旦行主要有袁派（袁雪芬）、傅派（傅全香）、王派（王文娟）。袁派影响很大，戚雅仙、吕瑞英、金采凤、张云霞等都师承袁派后又自成一家。小生有范派（范瑞娟）、尹派（尹桂芳）、徐派（徐玉兰）、毕派（毕春芳）、陆派（陆锦花）、竺派（竺水招）。老生有张派（张桂凤）、徐派（徐天红）、吴派（吴小楼）、商派（商芳臣）。

越剧的表演长于抒情、以唱为主，表演真切动人，极具江南地方色彩。越剧的演员初由男班演出，后全部由女班演出，新中国成立后改为男女合演。唱腔属板式变化体，唱词的句式包括七字句、带冠七字句和十字句等，音乐的基本板式为中板。

越剧声腔清悠婉丽、优美动听，不同流派有着不同的唱腔风格，袁派柔婉细腻，尹派辗转缠绵，范派淳厚质朴，傅派俏丽圆美，徐派高亢洒脱，戚派朴素流畅，陆派婉约柔和。越剧的伴奏，开始只采用笃鼓、檀板击节，后加梆腔并向乐队伴奏发展，在吸收了绍剧的音乐成分后，丰富并创立了自己的板式。越剧的腔调包括四工调、尺调、弦下调等。越剧的角色分为六大行当，包括小旦、小生、老生、小丑（也称小花脸）、老旦、大面。

越剧经典剧目众多，如《沙漠王子》《碧玉簪》《盘妻索妻》《盘夫索夫》《白蛇传》《柳毅传书》《孔雀东南飞》《追鱼》《珍珠塔》《何文秀》《祥林嫂》《打金枝》《浪荡子》《血手印》《情探》《赖婚记》《西厢记》《春香传》《拜月记》《九斤姑娘》《双珠凤》等都盛演不衰，经典唱段深入人心。尤其是《梁山伯与祝英台》《红楼梦》堪称越剧代表作，人物形象家喻户晓。

越剧《红楼梦》

（六）黄梅戏

黄梅戏是安徽的主要地方剧种，其前身是湖北黄梅县的民间采茶调，因此也称黄梅调、采茶戏。

黄梅戏的形成与发展可分为三个阶段：第一个阶段是从清朝乾隆末期到辛亥革命前后，流传于皖、鄂、赣三省的采茶调、江西调、桐城调、凤阳歌等，受当地青阳腔、徽调的影响，与高跷、旱船等民间艺术形式相结合，形成一些故事情节简单的小戏，进而又形成故事情节完整的本戏。第二个阶段是从辛亥革命后到新中国成立前，黄梅戏演出活动已呈现出职业化的特点，开始从农村草台走向城市舞台，并与京剧合班演出。因受越剧、扬剧、淮剧、评剧的影响，黄梅戏在演出的内容与形式上都发生了很大的变化，移植、编排了新剧目，改进了唱腔，取消了梆腔，开始吸收借鉴京剧的表演形式。第三个阶段是从新中国成立后到现在，成立了几十个专业黄梅戏剧团，对传统黄梅戏进行加工整理，改编了一批传统剧目，创造了一些新的唱腔，丰富了伴奏乐器，成为安徽的地方大戏。

黄梅戏的舞台语言为安庆地方语言，唱腔淳朴流畅、明快抒情。它的唱腔，根据传统习惯和曲调的结构、旋法、曲趣、使用等，基本分为三大声腔系统：花腔、彩腔和主调。花腔是黄梅戏小戏中所有唱腔和部分大戏插曲的总称，具有健康、明快、朴实和优美的特色。彩腔是在黄梅戏的班社职业化后，演员向观众讨彩时使用的。彩腔曲调欢快流畅，在花腔小戏中曾广泛使用，既可单独使用，也可与其他曲调联用。随着黄梅戏艺术的发展，彩腔逐渐被用在本戏中，又吸收了花腔中的音调，并派生出数板。主调也称正腔，是黄梅戏传统正本大戏里经常使用的唱腔，分为男腔和女腔。

伴奏在早期为"三打七唱"，三人演奏打击乐器并参加帮腔，堂鼓一人兼奏竹根节和钹，小锣一人，大锣一人，传统锣鼓点有质朴、凝练的特点。抗战时期，增加了京胡，并试用二胡和高胡伴奏。新中国成立初期，高胡被确定为主奏乐器。

黄梅戏表演质朴细致，以真实活泼著称，雅俗共赏，有着浓郁的生活气息和清新的乡土风味。黄梅戏的表演艺术可分为小戏和大戏两种类型。小戏的表演只有一两个角色，多采用载歌载舞的形式，生动活泼而富于情趣。大戏的表演在初期也有歌舞成分，呈现出自然朴实的特色。生角或旦角上场时，会表演手巾花、扇子花等舞蹈，并把生活动作运用到表演中，如在戏中表现纺纱、行船、推车、挑菜等动作，十分细腻生动。黄梅戏由农村进入城市后，表演艺术得到提高，吸取了其他剧种的长处，有了水袖、甩发和跌扑等表演程式和技巧。新中国成立后，黄梅戏吸收了话剧和电影的表演艺术，在人物塑造等方面又有了新的发展和进步。

黄梅戏的优秀剧目有《天仙配》《牛郎织女》《槐荫记》《女驸马》《孟丽君》《夫妻观灯》《打猪草》《蓝桥会》《王小六打豆腐》《小辞店》等。其中《天仙配》《女驸马》和《牛郎织女》因被搬上银幕，在全国都有很高的知名度。演员严凤英、王少舫凭借《天仙配》使黄梅戏天下闻名，马兰、吴琼、韩再芬、黄新德、张辉等也为黄梅戏的普及和推广做出了一定的贡献。

黄梅戏《天仙配》

【阅读经典】

1. 蓦地游春转，小试宜春面。春呵春！得和你两流连，春去如何遣？咳，恁般天气，好困人也！

——昆曲《牡丹亭》杜丽娘念白

2. 海水无边无际，沙场无极无垠。无亲无眷又无邻，况又无家可奔。日里无衣无食，夜间无被无衾。又无历日记时辰，不知春夏来，哪识秋冬尽？

——昆曲《牧羊记·望乡》苏武念白

3. 纵然是狼，我有打狼的汉子，纵然是虎，我有擒虎的英雄。想我陆炳，乃二甲进士出身，为官以来，一不欺君，二不罔上，三不贪赃，四不卖法。我做官，做的是嘉靖皇上的官，又不曾做他严府的官，也不是他严府家人走狗、使用的奴才！今奉天子命诏，审问莫怀古的人头。你不过奉了严大人一句话呀，过得衙来会审人头，我与严大人一殿为臣，这才赐了你个座位，这叫作看其上啊，我敬其下呀！你就该坐在一旁耳闻目睹听其自然的才是。怎么，你一不耳闻，二不目睹，又道人头是真，又道人头是假，真假难辨，反复无常，势利的小人！你来在我这锦衣卫大堂之上这么摆来摆去，呵呵，我又不买你的字画呀！真乃是无羞无耻不知自爱！左右！撤座！

——京剧《审头刺汤》陆炳念白

4. 卑职身为八十万禁军教头，怎能擅入白虎节堂。只因卑职在长街之上，购得宝刀一口，吹毛断发、削铁如泥。正在欣喜之际，陆谦奉太御之命，传唤卑职带刀进府，与太御观看。陆谦之言我是怎得不信，太御之命我是焉敢不尊。因此，带刀进府。不想他，引来引去，将俺引入白虎节堂。太御到来，不分辩道，道卑职持刀行刺，就要斩首。太御要斩卑职的人证就是引俺前来的陆谦，要斩卑职的物证，无非是太御要看的宝刀。如今卑职人证，成了太御人证，卑职物证，成了太御物证。我纵然浑身是口也难辩明此冤，这这这，这岂不是冤沉海底。

——京剧《野猪林》林冲念白

5. 尊万岁在上听，细听我灯官报花灯：一团和气灯，和合二圣灯，三羊开泰灯，四季平安灯，五子捉魁灯，六国封相灯，七子八婿灯，八仙过海灯，九子十成灯，十面埋伏灯。这些个灯，那些个灯，往后瞧又一层，吕布戏貂蝉，大闹凤仪亭。瞧罢了一篇又一篇，昭君打马和北番。不好了，不妙了，天雷打死张继保。

——京剧《打龙袍》灯官念白

6. （定场诗）忆昔当年居卧龙，万里乾坤掌握中；扫荡狼烟归汉统，方显男儿大英雄。（念白）老夫，复姓诸葛名亮，字孔明，道号卧龙。受先帝三顾之恩，托孤之重，需要重振汉室，扫荡中原，闻得司马带兵夺取街亭，想街亭乃汉中咽喉之路，必须差能将防守。

——京剧《空城计》诸葛亮定场诗及念白

7. 你我两家自八盘山大战，爱华山面理，杀的孤家屡屡大败。孤家闻言心中胆怯，差去从人押了二十四锅紫衣金币，心想以贿赂求和，将军闻言心傲如尊，拷打来人，以在来人脸上刻字，项上戴牌，捎言代语，叫骂孤家是何道理？

——秦腔《岳飞》金兀术念白

8. 哎呀呀老夫人呀，既然他二人木已成舟，若不消灭此事，一来玷辱咱相府家声，二来张生还在青春，满腹经纶，前途不可限量，老夫人既然施恩于人，再让他受辱，岂不是前功尽弃，反成恩将仇报？倘若到官厅，老夫人嫌有治家不严之罪，忘恩负义之嫌！况那张黉与崔府也算门当户对，若不恕其小过成其大事，就将我那小姐许配张生，一可消灭旧辱，二可以德报德，三可言不失信，四可以理至亲，老夫人心事打定，岂不知奴言谓长出也？

——豫剧《拷红》红娘念白

9. 万岁容禀：当年阃扉受辱，民妇羞愧万分，回得房中，思过闭门，本想从此了结残生，谁知亡夫入梦，晓我夫死从子，不容轻生，我才苟存薄命，决心守儿终身。为能改邪归正，挥刀自斩，断指自警。从此清门，寂寞平静，十年教读，养儿成人。只因郊儿不知往事，不明隐情，为母请旌，使当年塾师真相挑明，致使我儿欺君罹罪，冤案铁成。只是我有一事不明，请教英明君王，兼问众位大臣。我儿上表请旌，先因不知，后为孝亲。不知者也加罪，孝亲者遭不幸，如此处裁，公与不公？平与不平？

——越剧《断指记》颜秀念白

10. 公公，你哪里知道，我是个行路之人，方才我从上大路行走，这位大姐拦阻了我的去路，二次我就从下大路行走，谁知这位大姐又来拦阻我的去路，是我二人言语之中争吵起来，她与我见礼，我就与她还礼，她说我肩背包裹，手拿雨伞，慢说是一礼，就是十礼百礼也是算不得的。二次我就放下包裹雨伞与她还礼，谁知她，她就把我的包裹雨伞拿了去了，公公，你说哪个有理呀？

——黄梅戏《天仙配》董永念白

【资源推荐】

1. 纪录片《昆曲六百年》，总导演陈丽、万娟，中央电视台、江苏省广播电视总台、中共苏州市委宣传部和昆山市人民政府联合摄制。

2.《中国戏曲经典唱腔集》，杨瑞庆、张玄选编，上海音乐出版社出版。

3. 电影《霸王别姬》，导演陈凯歌，汤臣电影有限公司出品。

4. 中国戏曲网，包含戏曲新闻、名家名段、戏曲视频、戏曲音乐、戏曲伴奏、戏曲文献、戏曲铃声、戏曲台词、戏曲曲谱等栏目，内容涵盖京剧、越剧、黄梅戏、昆曲、豫剧以及其他曲种。

5. 纪录片《中华戏曲荟萃》，齐鲁电子音像出版社出版。

【课堂检测】

一、单选题

1. 中国戏曲形成于（　　）。

    A. 先秦　　　　　B. 唐代　　　　　C. 宋代　　　　　D. 元代

2. 中国戏曲的最高奖项是（　　）。

    A. 白玉兰奖　　　B. 飞天奖　　　　C. 百花奖　　　　D. 梅花奖

3. 2010 年 11 月 16 日（　　）入选人类非物质文化遗产代表作名录。

    A. 京剧　　　　　B. 越剧　　　　　C. 豫剧　　　　　D. 黄梅戏

4. （   ）起源于"落地唱书"。

    A. 京剧   B. 越剧   C. 豫剧   D. 黄梅戏

5. 黄梅戏，原名黄梅调、采茶戏等，起源于湖北黄梅县，发展壮大于（   ）。

    A. 河南   B. 江苏   C. 安徽   D. 山东

6. （   ）习称蹦蹦戏、落子戏，又有平腔梆子戏、唐山落子、奉天落子、平戏、评戏等称谓。

    A. 京剧   B. 越剧   C. 豫剧   D. 评剧

7. （   ）以唱腔铿锵大气、抑扬有度、行腔酣畅、吐字清晰、韵味醇美、生动活泼、有血有肉、善于表达人物内心情感著称。

    A. 京剧   B. 越剧   C. 豫剧   D. 评剧

8. （   ）长于抒情，以唱为主，声音优美动听，表演真切动人，唯美典雅，极具江南灵秀之气。

    A. 京剧   B. 越剧   C. 豫剧   D. 评剧

9. 《牡丹亭》描绘的是（   ）的爱情故事。

    A. 李益、霍小玉   B. 侯方域、李香君

    C. 杜丽娘、柳梦梅   D. 蔡伯喈、赵五娘

10. 豫剧大师常香玉在抗美援朝期间通过义演为志愿军捐献了一架米格战斗机，因此被称为（   ）。

    A. 洛阳牡丹   B. 爱国艺人   C. 豫东红脸王   D. 快板大王

二、多选题

1. 中国戏曲主要是由（   ）综合而成的。

    A. 民间歌舞   B. 说唱   C. 滑稽戏   D. 唱腔

2. 中国戏曲的主要艺术特征包括（   ）。

    A. 综合性   B. 虚拟性   C. 程式性   D. 优美性

3. 戏曲音乐包括（   ）。

    A. 唱歌   B. 跳舞   C. 声乐   D. 器乐

4. 豫剧唱腔的板式包括（   ）。

    A. 二八   B. 慢板   C. 流水   D. 散板

5. 戏曲中唱腔的类型有（   ）。

    A. 抒情性唱腔   B. 叙事性唱腔   C. 戏剧性唱腔

6. 在甘肃境内流传的戏曲类型有（   ）。

    A. 京剧   B. 秦腔   C. 豫剧   D. 陇剧

    E. 眉户   F. 评剧

7. 京剧四大名旦是（   ）。

    A. 梅兰芳   B. 张君秋   C. 尚小云   D. 程砚秋

    E. 荀慧生   F. 马连良

8. 魏良辅提出的"曲有三绝"是指（   ）。

A. 字清　　　　　B. 腔纯　　　　　C. 板正　　　　　D. 声美

9. 目前京剧的四大行当是（　　　）。

A. 生　　　　　B. 旦　　　　　C. 净　　　　　D. 丑

E. 末

10. 元曲四大家是（　　　）。

A. 关汉卿　　　　B. 王实甫　　　　C. 马致远　　　　D. 白朴

E. 郑光祖

11. 《千里送京娘》里的主要人物有（　　　）。

A. 赵匡胤　　　　B. 京娘　　　　C. 唐明皇　　　　D. 赵普

三、判断题

1. 京剧中红脸含有褒义，代表忠勇。　　　　　　　　　　　　　　　　（　　　）

2. 扮演剧中人物分角色行当，是中国戏曲特有的表演体制。　　　　　（　　　）

3. 梅兰芳是豫剧大师。　　　　　　　　　　　　　　　　　　　　　（　　　）

4. 戏曲声乐部分主要是唱腔和念白，它是戏曲音乐的主体。　　　　　（　　　）

5. 四大徽班陆续进入北京是越剧的起源。　　　　　　　　　　　　　（　　　）

6. 京剧的唱腔属板式变化体，以二簧、西皮为主要声腔。　　　　　　（　　　）

7. 《天仙配》是黄梅戏的代表作。　　　　　　　　　　　　　　　　（　　　）

8. 《牡丹亭》的至情体现在超越世俗、超越生死两个方面。　　　　　（　　　）

9. 《长生殿》中有一折戏是"贵妃醉酒"。　　　　　　　　　　　　（　　　）

10. 《邯郸记》反映的是明代上层政治的特点。　　　　　　　　　　　（　　　）

四、思考练习

1. 戏曲的"四功五法"包含什么内容？

2. 简述京剧四大名旦的艺术特点。

3. 简述元曲四大家及其代表作。

4. 怎样理解"戏比天大"？

【实践体验】

实践项目一　学习表演黄梅戏《天仙配》之《树上的鸟儿成双对》

实践项目二　戏曲进社区交流活动

专题十三 | 琴棋书画：中国人的文化修养

【导学】

　　弹琴、弈棋、书法、绘画是古代文人墨客修身养性必须掌握的技能，故也称"文人四友"。古人修身，讲究"与天地合其德，与日月合其明"，敬天知命，天人合一，心平气和，端正恭敬，心无旁骛，不疾不徐，故而"瑶琴殷殷心澄净，落棋沉沉意通明。慢书写得山水阔，闲画招来乾坤轻"。通晓琴棋书画知识，练就琴棋书画技能，不仅是人生雅事，更是文化素养的直观表现。善琴者通达从容，善棋者筹谋睿智，善书者至情至性，善画者至善至美，悟得其妙，便知琴棋书画"四艺"对人整体素质的全面培养有重要作用。

【知识储备】

第一节　琴

　　君子"四雅"，琴列首位。古有"玩故不撤琴瑟"和"左琴右书"之说，琴被文人视为高雅之器。琴，本指大琴，但从四艺角度来看，既可以指演奏琴的技艺，也可以泛指中国传统乐器。

一、古琴大观

　　琴也称瑶琴、玉琴、七弦琴，属于八音中的丝，是中国传统的拨弦乐器。20世纪20年代为区别于西方乐器钢琴，才在琴的前面加了个"古"字，称为"古琴"。古琴在春秋时期就已盛行，创造者不详。文献记载有伏羲氏与神农氏"削桐为琴，绳丝为弦"的传说，还有黄帝造琴、唐尧造琴、舜作五弦之琴以歌《南风》和文王增一弦、武王伐纣又增一弦为七弦等造琴传说。从这些传说中，可以感受到古琴不仅仅是一种乐器，还是文化的载体，其养心的教化作用俨然已成为一种象征、一种信仰。

（一）古琴之形制

1. 古琴构造

琴最早是依凤身形制成的，其全身与凤身相应（也可说与人身相应），有头、颈、肩、腰、尾、足。

古人将"天人合一"的哲学思想巧妙地融入古琴之中。古琴琴长（从岳山至龙龈）约三尺六寸六分，象征一年有365天再加上一个闰日。面板呈圆弧形，象征着天圆；底板平直，象征着地方。琴头六寸，象征六和；琴尾四寸，代表春夏秋冬四个季节。13个琴徽，象征着一年有12个月再加一个闰月。7根弦的前五弦代表着五行，后两弦代表着文武。古琴可以弹奏泛音（如天）、按音（如人）和散音（如地），象征天、地、人之和合。古琴各部位名称中大多隐含着一个"水"字，如承露、龙池、凤沼、轸池、足池、声池、韵沼等，水发源于山，岳山上的琴弦就像条条河水流淌不息，经过一年的时间（13个琴徽）到达司水之神——龙的口中（龙龈），经过龙龈缠绕在雁足上，汇聚于足池中，流向龙池、凤沼，完成一个循环，并依此回环往复，生生不息。

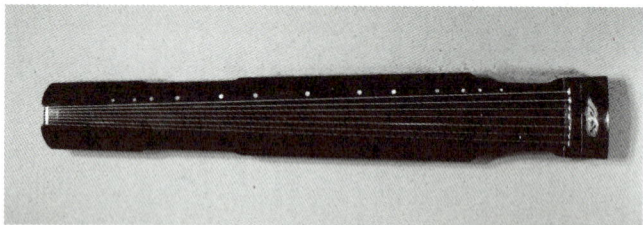

古琴

2. 古琴音色

古琴的音域为四个八度零两个音，有散音7个、泛音91个、按音147个。古琴的声音被称为太古之音、天地之音，安静悠远。

古琴有效振动的弦长约114厘米，弦长振幅大，音色幽深低沉富有韵味。古琴泛音达119个之多，成为乐器之最。左手按弦，待右手弹出声后连续走动取声称之为走音。这些都是古琴有别于其他乐器的特点。

3. 古琴制式

古琴制式多样。从南宋最早记载古琴样式的《太古遗音》到清代《五知斋琴谱》，琴式已达50多种，后又有许多新的样式。古琴样式有以圣人名字命名的，也有以形状命名的，其名称、样式越来越丰富。在现存的古琴中，流传较广的样式有6种：伏羲式、仲尼式、神农式、连珠式、落霞式、蕉叶式，尤以前两者居多。

古琴的样式对音色有一定的影响。样式不同，槽腹共鸣腔体积也就不同，音色也会有差别。此外，材质、漆品、工艺也对音色有影响。

（二）琴名、琴铭与断纹

古琴因与琴名、琴铭、图纹及历史考证结缘，渐渐具有一种文墨美，再配上独特的断纹，浑身散发出一种难以言说的韵味，或古朴、或幽静、或沧桑、或深邃。

1. 琴名

古琴命名古雅而富有诗意。古琴的命名原则多种多样，有的是根据琴声的特色，有的是根据自己的志向，有的是根据意境。常见的琴名有两个字的，如万壑、采真、灵舟、独醒、凝心等；有三个字的，如幽咽凝、冰泉凝、霜雪凝、凌波仙、梦游仙等；也有四个字的，如九霄环佩、大圣遗音、枯木龙吟、太古遗音、海月清辉等。

许多名琴都有文字可考，其中最著名的"四大名琴"分别是齐桓公的"号钟"、楚庄王的"绕梁"、司马相如的"绿绮"和蔡邕的"焦尾"，而每一张琴都有一个传奇故事。

2. 琴铭

琴铭系镌刻在古琴背面的文字和印章。琴铭的布局一般是在龙池上方刻琴名，左右题诗或题序，下方盖印章。年代较晚的琴，其铭文也有题在双足之下的。此外，琴腹内还题有制作者的名字和制作年代。一般制作年代越远，铭文越少。存见之唐琴，其琴铭一般都为两至四字，且以两字者居多。

3. 断纹

古琴表面的断纹是古琴的又一特点。古琴经数百年弹奏振动及受自然的风化作用，其表面的漆胎形成多种形态的裂纹，即为断纹。根据纹形的不同，分别称其为牛毛断、行云纹、流水纹、龟背断、冰裂纹、梅花断、蛇腹断等。断纹形状各异，变化无穷，线条优美而自然，赏心悦目。

（三）演奏技法

古琴用谱为减字谱。演奏时，将琴置于桌上，右手拨弹琴弦，左手按弦取音。古琴技法甚多，古时有超过 1000 种，今常用指法仅几十种，例如右手的抹、挑、勾、剔、打、摘、擘、托（即"右手八法"）；左手的上、下、进复、退复、吟、猱、罨、跪指、掏起、带起、爪起、撞等；其他指法如轮、拨、刺、撮、锁、如一、滚、拂、双弹等。还有一些古指法，如牵、全扶、半扶、龊、间勾、转指、索铃等。

二、古琴的流派、名谱、名著

（一）古琴流派

受个人修养、思想境界、心理状态的影响，不同的人对琴文化有不同的理解，并将其流露于指下，形成不同的艺术风格。风格相近者，最终形成琴派。各个琴派之间的差别主要决定于地区、师承和传谱等条件。同一地区的琴人，经常彼此交流，相互学习，同时又受当地民间音乐的影响，从而形成相近的演奏风格，使琴曲亦有特殊的地方色彩。后世的琴派多以地区划分、命名，虞山派以江苏常熟为中心，广陵派以江苏扬州为中心，它们都是著名的琴派。吴越地区先后还有松江派、金陵派、吴派等，其他地区有中州派、闽派、岭南派、川派、九嶷派、诸城派等。

（二）古琴记谱法、名谱、名著

古琴音乐建立起自己的一套完整的美学、乐律、记谱法、弹奏法、指法等体系，故有琴道或琴学之称。现存的琴谱主要出自明清时期，其中尤其以明初几部琴谱价值最高，较多地保存了古代琴学的原始资料。

1. 减字谱记谱法

古琴曲目能从古代流传至今，要归功于古琴独特的记谱方法——减字谱记谱法。唐代以前，古琴的乐谱是用文字记载的，称为文字谱。它极其繁复，一个指法要用一句话记录，一首曲子记下来，用时往往比记一篇文章还要长。鉴于这个原因，晚唐一位名叫曹柔的人发明了减字谱，即在文字谱的基础上，将一句话中的关键字摘出，每字各取其简洁的一部分，再将这几个部分拼为一个字。减字谱实际上就是指法谱，使用减字拼成某种符号来记录左手按弦指法和右手弹奏指法，是一种只记录演奏法和音高，不记录音名、节奏的记谱法，其特点为"字简而义尽，文约而音赅"。减字谱是对文字谱记谱法的一次重大改革，是一种沿用千年而未被取代的古老记谱法，对唐代之后保存曲谱起到了极大的作用。

2. 古琴名谱

现留存于世的古琴谱有 150 多部，包含着 3000 多首古琴曲。著名的有明太祖之子朱权编纂的古琴谱集《神奇秘谱》，是现存最早的琴曲专集，所收 64 首琴曲是编者从当时"琴谱数家所裁者千有余曲"中精选出来的，包括历史上很有影响的名作。《碣石调·幽兰》是至今仅存的一首用原始文字谱保留下来的琴曲，据传是南朝梁代琴家丘明所作，原件现存于日本东京国立博物馆。《藏春坞琴谱》是明万历三十年（1602 年）刊本，共收入琴曲 66 首，所表达的琴学理念堪称虞山派琴学理论的滥觞。《梧冈琴谱》是明代存见的第一部明确为"徐门正传"的琴谱，收录琴谱 42 首，是浙派重要古琴谱。《德音堂琴谱》是清康熙六十年（1721 年）夏，西陵汪天荣汇辑名家琴谱刊刻而成，主要以虞山、中州两派传谱为主，风格以苍老恬静为美，是清代流传较广泛的琴谱之一，收入琴曲 36 首。

3. 古琴名著

古往今来，围绕古琴著书立说者甚多，现存世影响较大者有最早的琴论专书《太音大全集》，内容包括古琴制造工艺、演奏技法、记谱体系及音乐美学理论等，原刊于明永乐十一年（1413 年）。明代蒋克谦经祖孙四代所辑琴论专书《琴书大全》，为现存收录古代琴学文献最多的一部琴书。明末虞山派代表琴家徐上瀛的《溪山琴况》是一部集我国古琴美学思想之大成的专著，在琴史上具有十分重要的地位，也是研究古代音乐美学的重要文献。

三、名家名曲

（一）与古琴有关的名人传说

古琴作为华夏文化的承载者，有很多涉及从"三皇五帝"开始的传说。古琴文化，从人文始祖伏羲而始。传说"伏羲见凤集于桐，乃象其形"，削桐"制以为琴"；黄帝亦善琴，曾作琴曲《华胥引》，以明其志，治理华胥国；"尧使无勾作琴，五弦"，并曾自作琴曲《神人畅》，意写尧帝祈天减免水患的情景；尧舜时代的贤人许由善能于琴，品德高尚，才智过人，隐于箕山时，作琴曲《遁世操》，以明淡泊之志。《礼记·乐记》记载，"昔者，舜作五弦之琴以歌《南风》；夔始制乐，以赏诸侯"，这是关于古琴的明确记录。在琴曲方面，虞舜有作品《南风歌》与《思亲操》。虞舜帝之乐官夔具有非凡的音乐才能，故为舜帝所重，所作《韶》乐曾被孔子赞叹为尽善尽美。周文王亦为琴家，上古之琴本为五弦，至周时，文王、武王复加二弦，以合君臣之德。周文王还作有琴曲作品《古风操》《思舜操》《拘幽操》《文王操》。周文王第四子周公旦创礼乐制度，曾作琴曲《越裳操》。另外，成连入海、钟仪楚奏、高山流水、师旷论学等有关古琴的典故也成为美谈。

（二）古琴名曲

古琴曲仅仅从曲名上就能让人感到一股超然物外的精神特质，充满诗情画意。所谓孤云归鹤、山高水长、江上烟霞、闲花自芳、兰生空谷、幽人独往，天风荡荡、云隐龙翔，令人心旷神怡。古琴名曲按内涵归类，大致可分为以下八类：

1. 超然神境类

这类乐曲多是对神仙境界的描述与体验，或是对心灵达于自由无碍境界的吟唱，或是对生命本真意味的捕捉。这类音乐充满宁静与愉悦，无一丝尘滓，如《天风环佩》《神游六合》《列子御风》等。

2. 渔樵隐逸类

这是中国传统文人的生命情结，即使身不能至，亦心向往之。这些乐曲寄意山水，托情渔樵，有对自由境界的向往、泛舟湖海之上的逸兴，也有超然尘外的洒脱。曲风多为苍古沉静，神味悠然，有烟霞之况，如《遁世操》《山居吟》《渔樵问答》等。

3. 静坐参禅类

一炷清香，丝烟袅袅，数声叠起，尘虑顿消。此类琴曲多味淡声稀、朴实无华，静谧中有一丝淡淡的喜悦，又有一点朦胧的惆怅。曲中时有悟道的喜悦，如太虚月明遍照心空，如《庄周梦蝶》《极乐吟》《华胥引》等。

4. 花鸟精神类

此类琴曲借物以言志或写松之凌云、兰之幽香，或写鹤之悠然、梅之傲霜，无不充满着对生命崇高品格的礼赞与嘉赏，也正是传统文士们心灵洒落的自我写照。这些琴曲常体物入神，深得个中三昧，如《平沙落雁》《梅花三弄》《幽兰》等。

5. 山水遗音类

在这类琴曲之中，古贤眼中的山水非山水也，乃是对理想境界的一种表达。其间有心灵与宇宙的交融，有对天地造化的敬畏，有对人世生命历程的感慨。观水而知人生之无常与有常，观山则有对大道之无限景仰，如《高山流水》《潇湘水云》《欸乃》等。

6. 古风圣德类

对古代圣贤至德节操的描述与上古纯朴民风的写真是这类风格琴曲的主题，其韵平和、其声雅正，是儒家道德理念的最佳体现。操弄这类琴曲既久，会油然生出一股雍容肃穆之气，也会感受到人类的初始心境——纯朴而天真，听者亦然，如《文王操》《南风歌》《屈原问渡》等。

7. 春秋感怀类

先人感节令时序之变迁，叹人生命运之多舛，喜春情之昂然，悲秋风之凋残，惜春宵之无眠，醉秋夜之婵娟。借之以琴，发为妙音，常启后人惜时，莫嬉游以负光阴，如《洞庭秋思》《春晓吟》《秋江夜泊》等。

8. 生命悲情类

古贤对人生来源的追问，对世道沉沦的悲歌，对宇宙历史的慨叹，对生命历程的伤感都融会在这类琴曲之中。其间有觉者的慈悲，有儒者的行吟，有文人的不平，有英雄的挽歌，也有寂寞者的低吟，曲风多样，各有佳致，如《墨子悲丝》《宋玉悲秋》《慨古吟》等。

四、最具中国风的古典乐器

乐器是器乐之本，是器乐的载体。古人在演奏乐器时特别讲究氛围，必定先焚香沐浴，净心调神，体现了中国乐器的深邃性和不可亵渎性。最具代表性的除古琴外，还有音色清脆典雅的古筝；形态柔美娴静而品性刚烈的琵琶；幽深渺远的洞箫；号称"民乐之王"的笛子；沧桑、忧郁、缠绵的二胡；低沉幽深、悲凄哀婉的陶埙等，其演绎的佳作无数，广为流传。

第二节　棋

下棋者，艺也。"弈"指围棋，"博"指象棋，"博行于世而弈独绝"。博弈是中国文化生活的重要组成部分，它不同于一般的消遣游戏，同时影响和陶冶着人们的道德观念、行为准则、审美趣味和思维方式。

一、围棋

古代称围棋为弈，现在下棋还叫对弈，意思是"你投一子我投一子"。围棋的含义是"一种以包围和反包围战术决出胜负的棋戏"。人们还根据围棋的形态给它起了个方圆的别名。围棋的别名还有很多，比如根据棋子的颜色称其为黑白、鹭乌。鹭鸶是白颜色的鸟，乌鸦是黑颜色的鸟，以"鹭乌"为名很文雅。下围棋也叫手谈，通过手来沟通，而非用语言交流。围棋还叫坐隐，这是特别有中国文化底蕴的名字。总之，围棋的别名，充分体现了中国悠久的棋文化。

围棋的起源与发展

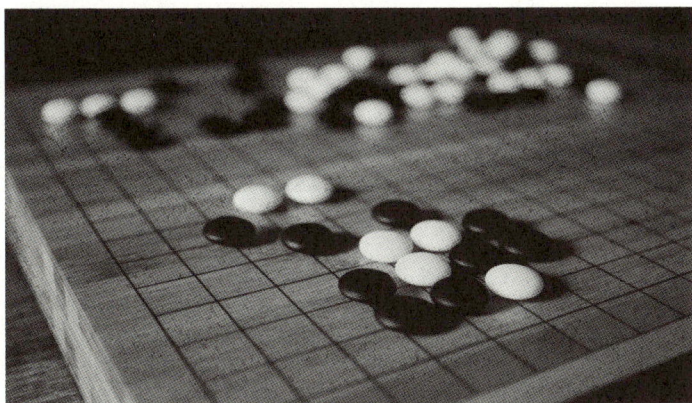

围棋

（一）围棋规则

1. 基本规则

围棋使用方形格状棋盘及黑白二色圆形棋子进行对弈，棋盘上有纵横各 19 条直线将棋盘分成 361 个交叉点，棋子走在交叉点上，双方交替行棋，子落后不能移动，以围地多者为胜。中国古代围棋是黑白双方在对角星位处各摆放两子（对角是布局），是为座子制，由白棋先行。现代围棋取消了座子制，黑先白后，使围棋的战术变化更加复杂多变。

2. 基本下法

（1）对局双方各执一色棋子，黑先白后，交替下子，每次只能下一子。

（2）棋子下在棋盘上的交叉点上。

（3）棋子落后，不得向其他位置移动。

（4）轮流下子是双方的权利，但允许任何一方放弃下子权而使用虚着。

3. 胜负判定

围棋现有三种规则：中国大陆采用数子规则，中国台湾地区采用应氏计点规则，日韩采用数目规则。黑方因为先行存在一定的优势，所以所有规则中都采用了贴目制度。其中中国大陆规则如下：

（1）贴 $3\frac{3}{4}$ 子的规则：第一步，把死子提掉。第二步，只数一方围得点数并记录下来（一般围得点以整十点为单位）。第三步，如果数的是黑棋，再减去 $3\frac{3}{4}$ 子，如果数的是白棋，再加上 $3\frac{3}{4}$ 子。第四步，将棋子数和 $180\frac{1}{2}$ （棋盘 361 个点的一半）比较，超过就算胜，否则判负。黑棋超过 $184\frac{1}{4}$ 子为胜，而白棋只需超过 $176\frac{3}{4}$ 子即胜。通俗来说，白棋 177 子为胜，黑棋 $184\frac{1}{2}$ 子为胜。

（2）让先与让子：让先不贴目，让子要贴还让子数的一半。

（二）围棋术语

围棋术语是围棋中的专用词语，是根据子与子之间的相互位置关系取的名字。围棋术语非常多，只有多打谱方能掌握。最基本的术语有：

气：在棋盘上与棋子紧紧相邻的空交叉点，单独一个棋子的气数不超过四气，但两个或两个以上相连的棋子则可以有四气以上。在对方棋子的活路上落子紧迫，称为"紧气"。

提：无气的棋子要被提子，拿离棋盘。提吃对方的棋子，称为"提子"。

目：棋盘上，被一方棋子所围的空白交点，称为"目"。

地：活棋所包围的目数和活棋本身之总和，称为"地"。

空：用棋子围成的地域。

劫：双方可以轮流提取对方棋子的情况。围棋规则规定，打劫时，被提取的一方不能直接提回，必须在其他地方找劫材，使对方应一手之后方可提回。

二、象棋

中国象棋源远流长，据推断象棋在周代建朝前后产生于中国南部的氏族地区。战国时期，已经有了关于象棋的正式记载。象棋趣味浓厚，基本规则简明易懂，千百年来长盛不衰。中国象棋模拟古代战争、直线战争、陆地战争、平面战争，由于用具简单、趣味性强，古今中外男女老少皆宜，大街小巷常常可见在对弈的象棋爱好者。

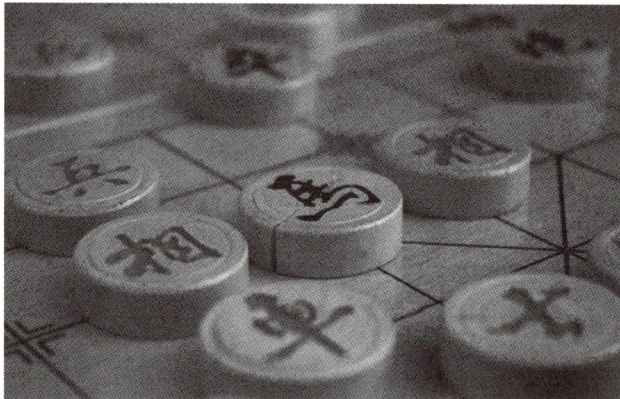

象棋

（一）象棋规则

1. 基本规则

中国象棋是由两人轮流走子，在战法上遵循古代孙子兵法中的"不战而屈人之兵，善之善者也"的作战思想，以"将死"或"困毙"对方将（帅）为胜的一种二人对抗性游戏。对局时，由执红棋的一方先走，双方轮流各走一招，分出胜、负、和，对局即终了。

2. 行棋规定

（1）对局开始前，双方棋子在棋盘上的位置固定。

（2）对局时，由执红棋的一方先走，双方轮流走一步。

（3）轮到走棋的一方，将某个棋子从一个交叉点走到另一个交叉点，或者吃掉对方的棋子而占领其交叉点，都算走了一着。

（4）双方各走一着，称为一个回合。

（5）走一着棋时，如果己方棋子能够走到的位置有对方棋子存在，就可以把对方棋子吃掉而占领那个位置。

（6）一方的棋子攻击对方的帅（将），并在下一着要把它吃掉，称为"照将"，或简称"将"。"照将"不必声明。被"照将"的一方必须立即"应将"，即用自己的着法去化解被"将"的状态。如果被"照将"而无法"应将"，就算被"将死"。

3. 口语歌

马走日字，象飞田，车走直路，炮翻山。士走斜路护将边，小卒一去不复返。车走直路马踏斜，象飞田字炮打隔，卒子过河了不得。

（二）象棋术语

中国象棋术语也称弈语，是在实战对局中或阅读棋谱时使用的一种专用语。象棋术语非常多，分局面术语、棋盘术语、行动术语、棋子术语、兵专用术语、车专用术语、马专用术语、炮专用术语、士专用术语、相专用术语、帅专用术语、联合子术语、三方寻路专用语、象棋杀招专用语等，形象生动，充满趣味。

三、围棋和象棋的文化意蕴

围棋和象棋犹如并蒂莲花盛开于民族文化之林，虽有着不同的文化渊源和文化意象，表现的却是阴阳互动、刚柔相济的中国文化的基本精神。

围棋乃先人仰观天象的智慧结晶，棋盘犹如天空，棋子似日月星辰。围棋的黑白两色、玄妙变幻与《易》相通。围棋是古人"天人合一"哲学思想的高度凝练。

象棋代表着一种冲锋陷阵的征战场面。象棋暗合秦末楚汉战争，刘邦、项羽各持旌旗争夺天下，楚河汉界，煞是分明。在有着森严的等级伦理和社会秩序的时代，具有象征意义的棋子也有着极为固定的棋路和严格的动作规则：马走日，象走田，车走直路炮翻山，斜士挺卒将帅守营盘。

围棋和象棋有着不同的文化意蕴，一个彰显着道家文化，一个践行着儒家思想。围棋内涵更多地体现着道家风骨，"善战者不战""无为而无所不为"的处世精神，是古往今来贤达儒士放荡不羁、超脱飘逸的写照。其中蕴藏着大柔至刚的智慧，柔而不弱，韧而有力。而象棋棋理则折射着儒家精神，贯穿着儒家君臣义礼的伦理思想，通过动静、进退、攻守的捭阖，彰显了"天行健，君子以自强不息"的进取精神。

对弈表现出的就是竞争精神。象棋重视战术运用，善捕战机，出敌不意；围棋重视战略实施，布局谋阵，占据要塞，更兼复杂的对峙冷战。象棋尚刚，棋子运作刚强豪健，飞炮攻城，马踏八方，有一种大将横刀立马、驰骋疆场的气魄，给人以自强不息、积极进取的启示。围棋尚柔，以柔克刚，战争在无硝烟的平静阵地上展开，有一种谋略家审时度势、布局谋篇的智慧和统领全局、运筹帷幄的气度。

围棋和象棋代表着两种不同的智慧和人生。象棋的厚重如泰山之态，稳健刚毅，气贯长虹；围棋的空灵如蝉翼蝶翅，玲珑剔透，飘忽无常；象棋的变幻若长江之水，奔腾而下一泻千里，围棋的幻化如蜿蜒蛇阵，柔顺缠绕。象棋纵马驰骋，有着刚毅外向的亮丽；围棋黑白交织，刚寓于柔，有着恬淡内向的柔韧。象棋启迪人抓住契机，冲锋陷阵，勇往直前，强调真拼实干的奋斗精神；围棋磨炼人承受生命重负的勇气和耐心，讲求效率，知轻重，重取舍，要求人生要高瞻远瞩。

第三节 书

这里的书专指书法，而且特指以毛笔书写汉字为基础，通过布局、结构、用笔、用墨及点画运动来表达意蕴的艺术。换言之，书法是指按照汉字特点及含义，以其书体笔法、结构和章法书写，使其成为富有美感的艺术作品。它具有意美、音美、形美的特点。

一、书法的种类

书法大体可分为篆书（大篆、小篆）、隶书、楷书、行书、草书（章草、今草）五种。

（一）篆书

篆书分大篆和小篆。大篆是秦代以前通用的一种字体，而小篆是秦始皇统一六国之后秦代通用的标准字体。篆书的主要特点：一是因形立意，右拙多变；二是笔画有转无折，一切转弯的笔画都成圆转；三是圆笔中锋，笔画的起笔和收笔都呈圆形。

篆书

（二）隶书

隶书也称隶文、隶字，是我国自有文字以来的第二书体。隶书是由秦代程邈所创，其典型笔法是有波势、用挑法，即平常所说的"蚕头燕尾"。

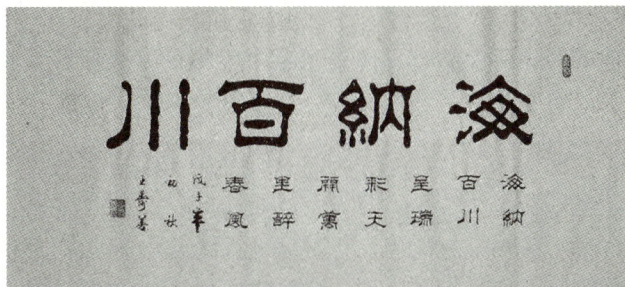

隶书

（三）楷书

楷书也称正书、真书，从汉末和魏晋起沿用至今，是我国的第三大书体。楷书有三大特征：一是笔画平正，结构整齐；二是笔画有规律；三是起止三折笔，运笔在中锋。

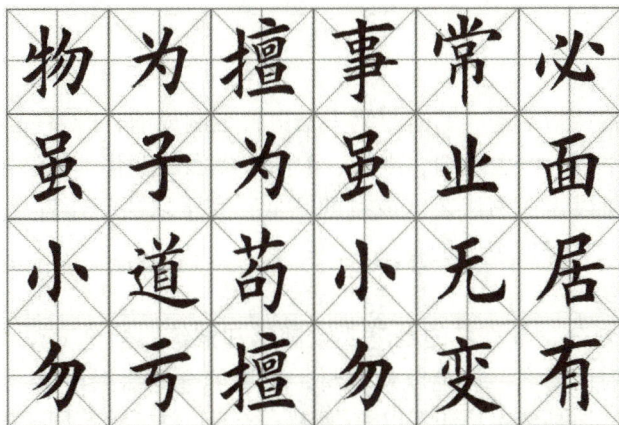

楷书

（四）行书

行书是从楷书演变而来的。行书的特征是非楷非草，介于楷、草之间。篆、隶、楷、草各有一定的书写规则，唯独行书没有书写规则。行书是实用性和艺术性结合得最好的书法种类。

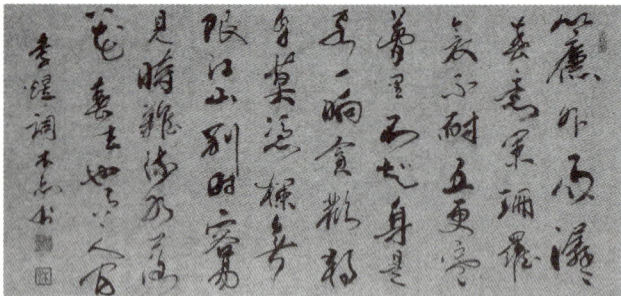

行书

（五）草书

章草和今草是草书的两大品类，代表了草书发展的两大阶段。章草由隶书演变而来，而今草由章草演变而来。今草又可分为小草、大草、行草。

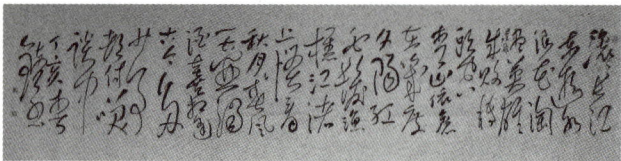

草书

二、书法工具

笔、墨、纸、砚是我国传统的书法工具。历史上把湖笔（浙江湖州）、徽墨（安徽徽州）、宣纸（安徽宣州）、端砚（广东肇庆，古称端州）合称为"文房四宝"。

（一）笔

笔在我国古代特指毛笔。毛笔的笔头是由兽毛制成的，既蓄墨又有弹性，书写时可根据作者的掌握，产生粗细、刚柔、浓淡、燥润的变化，创造出各种富有生命力的书法形象。可以说，书法艺术成就的高低，完全取决于作者驾驭毛笔的能力。因此毛笔被排在"文房四宝"的首位。

1. 毛笔的分类

（1）按产地划分，最著名的毛笔要数湖笔和湘笔。湖笔发源于浙江吴兴善链镇，因旧属湖州府而得名。湖笔就地取材，所用羊毫为嘉兴山羊毛，是当地特产，得天独厚。湘笔产地是湖南长沙，以兼毫笔（将不同兽毛以不同比例掺和而成）著称。初学书法者选用兼毫笔较为适宜。

（2）按笔的性能划分，有硬毫、软毫和兼毫三种。硬毫和软毫只用一种动物毛制作，兼毫是用两种动物毛制作的。硬毫毛，性刚，弹性较强，最常见的是用黄鼠狼毛制作的狼毫笔。软毫笔，性柔，弹性较差，最常见的是用山羊毛制作的。兼毫笔，刚柔与弹性都介于硬、软毫之间，最常见的是用山兔毛与山羊毛合制成的紫羊毫笔。

（3）按锋颖长短划分，有长锋、中锋和短锋三类。锋颖是笔头前约1/3部分。长锋笔，锋颖长，锋胶柔，贮墨多；短锋笔，锋颖短，锋胶刚，贮墨少；中锋笔介于两者之间。

2. 选笔的讲究和养护

（1）学习书法，选择毛笔也有讲究。一般来说，除了笔杆直圆外，更主要的是毛笔头必须具备"四德"，即尖、圆、齐、健。尖是指笔锋尖锐，书写时藏锋方便，能够形成优美、微妙的点画效果，表现出险劲的姿态。齐是指捏扁笔尖后，顶端的毛整整齐齐，这说明笔毛纯净，质地精良，不易掉毛脱丝，经久耐用。圆是指笔头周围饱满，圆润，呈圆锥形，不扁不瘦，运笔中不会出现散锋，便于藏锋。健是指笔锋弹性好，笔毛铺开后易于收拢，按弯后容易复直。

（2）笔的养护。新笔笔头有胶，每次写字前，应用温清水将笔头浸开，将胶洗净。大笔可浸一半，避免初用散弱无力，再用破布或软纸将笔头所含水分挤去，然后蘸墨写字，这样才能使笔毫吸墨均匀，笔头圆满，以达到"万毫齐力"之效。但笔头不宜久泡于水中，否则，笔毛会渐软，失去弹性，有碍笔力挺健。用后及时用清水轻轻将毛洗净，挤干水分，将笔头捋直、晾干、挂起或装入笔筒，置于空气流通的地方，以防霉坏和虫蚀。

（二）墨

墨是我国特有的发明，也是独特的民族工艺品。根据制墨原料不同，分为松烟墨和油烟墨。松烟墨燃松取烟，经漂、筛，除去杂质，配以上等皮胶和麝香、冰片等香料制成，墨色黑无光泽，胶轻质松，渗化力强。油烟墨采用桐油、菜油、猪油等油脂所燃之烟，加入胶料、麝香、冰片等制成，有五石漆烟、超贡烟、贡烟、顶烟四个品种，以五石漆烟为最佳。

1. 墨的选用

墨的优劣主要看墨色，以黝黑而发紫光、香味浓郁者为上品。优质墨具有质细、胶轻、色黑、声清的特点。

2. 墨的研磨

磨墨要用清水，忌用茶水和热水。磨墨要重按轻磨，墨身垂直，顺着一个方向磨，古语云："磨墨如病夫，握管如壮士。"磨墨要根据需要掌握浓淡，用硬毫笔，墨可浓些；用软毫笔，墨可淡些；写楷书，墨宜浓；写行草书，墨淡些无妨；在吸水性强的纸上写字，墨不宜淡；在吸水性弱的纸上写字，墨可淡些。每次磨墨前要将砚池洗净，避免败墨。墨锭磨后要擦干，用纸包好存放，不可泡在墨盘里，以免墨锭变酥软。

（三）纸

书法使用的是宣纸，产地在安徽泾县宣城、宁固一带，因旧时这些地方为宣州所辖而得名。宣纸质地绵韧、拉力大、抗老化、不变色、少虫蛀，纹理美观，洁白细密，书迹清晰，润墨性强，可长期保存。

根据加工制作情况，宣纸分为生宣、熟宣和半熟宣三种。生宣纸质细而松软，吸水性强，易化水，适宜写行草书。熟宣是生宣纸经过砑光、拖浆、填粉、加蜡、拖胶矾等方法制成，其质地比生宣硬，不易吸水，不易渗化，书写各体皆宜，但艺术效果不如生宣。半熟宣介于生宣与熟宣之间，适宜书法。

（四）砚

砚常称砚台，也称砚池、砚田、墨池。古之名砚有端砚、歙砚、洮砚和澄泥砚。优质的砚，石质坚韧，温润莹洁，纹理缜密，发墨如油，滑而涩，腻而利，不吸水，不伤毫；砚身不随气温变而异，不因夏而热，不因冬而寒；砚材质优、色美，造型奇特，雕刻精细，典雅高洁。

三、学书四法

（一）笔法

笔法主要是指姿势、执笔和运笔三个方面。

1. 姿势

主要有坐书和立书两种。正确的坐书姿势，可以概括为八个字：头正、身直、臂开、足安。头正，即头部端正，略向前俯，眼睛与纸面距离大致保持在30～40厘米。身直，即坐得正直，两肩齐平，胸离桌沿的距离在10厘米左右。臂开，即两臂自然撑开，大小臂夹角至90°以外，使指、腕、肘、肩四关节能轻松和谐地配合。足安，即两脚自然平放，屈腿平落，两脚平行或略有前后。立书姿势要求两脚稍微分开，与肩同宽，上身略向前俯，腰微躬，距离不宜过远。

2. 执笔

书法的执笔方法很多，比较常用的是五指法，据说系唐代书法家陆希声所创，他以按、押、钩、格、抵五个字分别说明五个手指在执笔时所起的作用。按，大拇指指肚紧贴在笔杆左侧。押，食指指肚紧贴在笔杆右侧，与拇指相对夹住笔杆。钩，中指靠在食指下方，第一关节弯曲为钩，钩住笔管外部。格，无名指紧贴笔杆，把中指钩向内的笔杆挡住，防止笔杆歪斜。抵，小指垫托在无名指的下面，以增加无名指格的力量。

3. 运笔

运笔方式是书法的根基，有指运法、腕运法、肘运法三种。指运法是将左手垫在右手的下面，通称枕腕式；也可以在右手腕的下面放一重厚物代替，这样腕部就固定了，只剩下手掌手指部分可以动，因此只能书写细短的笔画，适合写小字，初学者应当多练习。腕运法是固定肘部，将腕部提起，通称提腕式，即将腕部提起，活动的范围比枕腕式大，可以书写中字。肘运法是指连肘部一起悬空，以肘部来运笔，通称悬腕式。这种方式是以肩膀为中心，腕肘都不放在桌案上，所以悬腕式最为灵活，活动范围也最大，人们可以挥洒自如。悬腕式易于表现笔力，适于写大楷、行草等书体。

（二）墨法

墨法是指用墨的技巧和方法，有浓墨、淡墨、润墨、渴墨。

1. 浓墨

浓墨是书法创作中最主要的一种墨法，墨色浓黑，书写时行笔实而沉，墨不浮，能入纸，具有凝重沉稳、神采外耀的效果。浓墨不但要黑而且要黑中透亮。用浓墨创作给人以笔沉墨酣，富于力度之感。篆、隶、正、行诸书创作皆宜使用。

2. 淡墨

淡墨与浓墨相对，并非中国画创作中淡墨的概念。淡墨作书能给人淡雅古逸之韵，空灵清远之感，其特有的清远淡雅的灰色调，别有一种不染凡尘之味。但又不宜太淡，不然如掌握不好易伤神采，一般宜用于草、行书创作，不宜作篆、隶正书。

3. 润墨

润墨也称湿墨，是指润泽的墨色从点画中微微漫润渗化开来。此法适宜于表现外柔内刚、劲秀峻爽的意境，尤宜于此类风格的行、草书创作。由于墨之滋润，故润墨行笔需快捷灵动，不可凝滞，于墨色渗润中点画丰腴圆满的韵致。但此法难以把握，故要慎用。

4. 渴墨

渴墨是指点画中的墨浓重，但水分极少，像干皴之笔，一般在书法作品中不大量使用。渴墨是一种特殊的方法，用得好，有时有画龙点睛之妙，如有浓淡变化，则效果更好。

（三）字法

字法是指汉字字形的安排、结构、笔画组织。学习书法，必须掌握汉字的点、画、撇、捺、钩、挑等写法，汉字的形态美主要取决于字的间架结构，要学好书法，就要处理好笔画的长短、粗细、俯仰、伸缩、宽窄、大小、高低、疏密、斜正、挪让、主次、向背、映带等问题，使整个字成为完整和谐的统一体。这里以楷书为例介绍几种汉字结构的写法。

1. 独体字

横平竖直；繁则密，简则疏；小型字，要控制字的大小；突出主笔，该长则长，该重则重，收放分明，错落有致。

2. 上下结构

上下相等的字，两部分所占的空间大体相等，安排匀称，结构搭配和谐；上大下小的字，上部大、下部小，上部笔画轻、松，下部笔画周正、厚重；上小下大的字，一般是上部小，结构应占全字高度的1/3，并符合上收下放的原则；上宽下窄的字，一般是上部舒展，下部支撑，位置一定居中、紧缩；上窄下宽的字，下部要托住上部，宽松适中、和谐统一。

3. 上中下结构

上中下相等的字三部分各占1/3；上矮中下高的字，矮的部分要稍宽，以能遮掩下两部分为宜；中矮上下高的字，中矮部分要稍宽，高度应占全字高度的1/5左右，衔接上下两部分，调节全字的宽度；中高上下矮的字，中间部分应占整个字的1/2，上下两部分各占全字高度的1/4；下高上中矮的字，一般下部分的高度应为全字高度的1/2，其余共占1/2；下矮中上高的字，下矮部分应占全字高度的1/5，其余约占4/5。

4. 左右结构

左右对等的字，对等两部分要写在中心线两侧，其笔画尽量摆放匀称；左窄右宽的字，一般左部占全字宽度的1/3，右部占2/3，兼顾笔画的疏密、呼应等；左宽右窄的字，宽度要因字而异，注意错落变化，按笔画的疏密来安排；左短右长的字，小偏旁应安排在高于右部横中心线偏上一点；左高右低的字，结构搭配要高低变化、参差错落、涉险破险、富巧于拙、寓险于平稳，与欣赏者在视觉上产生共鸣；左低右高的字，尽量保持字的平衡，增强字的错落起伏和动感。

5. 内外结构

左上包右下的字，要协调字中各点画，用位置来控制字的平衡；左下包右上的字，要把握字的重心，笔画之间的搭配因字而异；左包的字，内含部分必须摆放稳定，重心不可偏移，外部上、下两横，上短下长，右侧一竖微向左倾，如匣、臣；右上包左下的字，重心往右倾，左侧所包含的部分不可与右侧过于靠近，以免拥挤，又不可挂得太低；上包围（左、上、右）的字，内含部分应尽量上提，重心不要太低，其笔画在组成上，包围部分应以横中线为标准，尽可能上移，不能与上面横画贴得太近，避免拥挤；下包围（左、下、右）的字，将内含部分尽量下压，使重心沉稳；全包围的字，保持其大小自然状态，写"口"不要畏其小，写"国"不要畏其大，若把"口"与"国"写得一般大，就显得"口"比"国"字大了许多。

（四）章法

章法是指对一幅书法作品进行全盘的安排，也称作篇章结构，是书法艺术的重要组成部分。一件完整的书法作品，通常由布白、落款、钤印三部分组成。

1. 布白

布白是决定作品优劣与审美层次的主体部分，主要有横格式、纵行式、随意式三种形式。横格式，横有列、纵有行，通篇整齐一律，清楚美观，多用于端庄的篆、隶、楷三种书体，书写时应字正行直，疏密有致，适合初学者。纵行式，纵有行、横无列（或横有行、纵无列），通篇整齐又有变化，神态活泼，气势贯通，多用于行书、草书，既实用又有很强的艺术性。随意式，纵无行、横无列，字体大小参差、错落有致、变化多姿、浑然一体，只适用于狂草，初学者不易掌握。

2. 落款

落款也称款识、题款，是书法作品艺术内容不可分割的一部分，在整幅章法中起着补充、协调、映衬的作用。落款虽然不是作品的主要部分，但款识安排合宜与否，直接影响作品整体的艺术效果。古人谓之"妙款一字抵千金"。落款往往能反映作者的艺术修养和创作水平，所以在书法创作中，不仅要讲究作品的正文布局，也要在落款方面下功夫。落款可分为单款、双款、穷款三种。单款是指署上书写者的姓名，或再加上正文的出处，书写的时间、地点以及原因等。双款包括上下款，上款通常写赠送对象的名字和称呼，常常带上谦词，谦词根据作者与赠送对象关系的不同而有所区别：上级以及平级可以用"雅正、法正、教正、正之、正腕、惠存"等，下级则可以用"勉、雅属、存念"等；下款则落上自己的姓名、书写时间和地点等。如只落姓名，则称穷款，如果作品所剩空间有限，甚至不落款，盖印即可，也称穷款。一幅作品究竟是用单款、双款还是穷款，应视具体情况灵活运用，没有固定格式。

3. 钤印

钤印是书法创作的最后一道环节，对作品的章法分布起着调整节奏、稳定重心、破除呆板、加强均衡等作用。钤印恰到好处，有如锦上添花，画龙点睛。一般书法作品上的用印，大致有三种：起首印、压角印和名号印。起首印（也称引首印）的内容不外乎斋馆名、籍贯地名，或字数不多的格言警句之类；形式以长形为宜，如长方形、葫芦形、联珠形、半月形等。压角印内容比较广泛，一般是作者喜欢的语句或成语，也就是通常所说的闲章。其实闲章的内容并不闲，从中可以看出作者的兴趣爱好及修养抱负。名号印的形制大都是正方形，其内容自然是作者的姓名字号，一方二方均可。一方刻作者姓名；二方则上方刻作者姓，下方刻作者名字，也有上方刻作者名字，下方刻作者字号。二方印最常见的是正方形，其次是正圆形，一般上方刻朱文，下方刻白文。通常起首印盖在右上正文的起首处，压角印盖在右下角略高处，名号印盖在题款的末尾或左侧的空隙处。

第四节　画

中国传统绘画形式是用毛笔蘸水、墨、彩作画于绢或纸上，这种画被称为中国画，简称国画。中国绘画艺术源远流长，从远古的洞窟壁画到现代绘画，历经了数千年的漫长历史，形成了鲜明的艺术风格和独特的民族特色。

一、史前绘画

石器时代是中国绘画的萌芽时期，后人对史前绘画的了解都是从出土的彩陶及遍布全国的岩画遗存中得来的。

（一）彩陶

彩陶以赤铁矿粉和氧化锰为颜料，使用类似毛笔的工具，在陶坯表面绘制各种图案，然后入窑烧制而成。但由于窑不够密封，因此在橙红的底色上只呈现出黑、红颜色。彩陶工艺是中国新石器时代原始工艺艺术的主体之一，以西安半坡遗址出土的人面鱼纹盆最具特色，堪称新石器时代绘画艺术的杰作。

（二）岩画

岩画是岩穴、石崖壁面和独立岩石上的彩画、线刻、浮雕的总称。岩石是世界上最早的绘画材料，古人在岩石上磨刻和涂画来描绘生活以及他们的想象和愿望，形成岩画。内蒙古阴山岩画就是最早的岩画之一。

内蒙古阴山岩画

二、秦汉绘画

秦汉时代的绘画艺术，大致包括壁画、帛画、画像石和画像砖等门类。

（一）壁画

壁画分为宫殿寺观壁画和墓室壁画两类。20 世纪 70 年代发现的秦都咸阳宫壁画遗迹——秦宫遗址 3 号殿的长廊残存部分，有一支由七辆马车组成的行进队列，每辆马车由四匹奔马牵引，而另一处残存壁画上则有一位宫女。这些形象都是直接彩绘在墙上的，没有事先勾画轮廓，被认为是中国传统绘画中没骨法的最早范例。

（二）帛画

帛画属于中国古代画的一种，因画在帛上而得名。帛是一种质地细薄的丝织品，在其上用笔墨和色彩描绘人物、走兽、飞鸟及神灵、异兽等形象。帛画约兴起于战国时期，至西汉发展到高峰。1949 年出土于长沙陈家大山战国楚墓的《人物龙凤帛画》和《人物御龙帛画》是我国现存最早的帛画，都是用墨笔描绘的，画法以流畅的单线条勾勒为主，以平涂和渲染的色彩为辅，全画中偶用金白粉色点缀。

帛画

（三）画像石

画像石是在汉代地下墓室、墓地祠堂、墓阙和庙阙等建筑上雕刻画像的建筑构石，在中国美术史上占有承前启后的重要地位。代表作《荆轲刺秦王》就是根据真实的历史故事，运用艺术夸张手法刻画而成的。

画像石

（四）画像砖

画像砖是秦汉时期的一种建筑装饰构件，多用于装饰宫殿衙舍的阶基。西汉中期以后，画像砖主要用于装饰墓室壁面。东汉是画像砖艺术的鼎盛时期，代表作有四川凤凰山出土的《弋射收获图》。

画像砖

三、魏晋南北朝绘画

魏晋南北朝绘画艺术成就主要体现在人物画、山水画及画论方面。

（一）人物画的新时期

这一时期发展最为突出的是人物画（包括佛教人物画）。画家顾恺之工诗赋、书法，尤精绘画，有"才绝、画绝、痴绝"之称，与陆探微、张僧繇并称"元朝三杰"。他的绘画传世摹本有《女史箴图》《洛神赋图》《列女仁智图》，其中《洛神赋图》数量最多。《洛神赋图》是取材于曹植名篇《洛神赋》而绘制的一卷故事画，描写曹植与洛神之间的一段情缘，画面随着情节发展而展开，并描绘有车船、山水等景物及女娲、雷神等仙人，人物衣纹用线紧劲连绵，似春蚕吐丝，被后世称为"游丝描"。

（二）山水画的兴起与画论

魏晋以来玄学的兴起为绘画理论的形成创造了良好的氛围。顾恺之的《论画》和谢赫的《古画品录》是最早出现的绘画理论名著，在绘画史上有重要意义。

四、隋唐绘画

隋代国祚仅 38 年，但绘画成就显著，成为中国绘画史上的高峰期之一。由于国家统一，南北地区的名家巨匠云集洛阳，相互借鉴和交流；佛教的复兴，使宗教美术又重新活跃，山水画开始脱离稚拙而逐渐进入成熟阶段。唐代绘画是中国封建社会绘画的巅峰，其艺术成就大大超过往代。

（一）人物画

魏晋兴起的佛教画至隋唐达到极盛，它既继承了汉魏传统，又融合了西域等外来绘画成就，艺术上发展得更为成熟，代表人物有阎立本、吴道子等。吴道子一生画寺观壁画 300 余幅，奇踪异状，无有同者，突破了魏晋初唐的缜丽风格而开辟一代画风，被尊称为"画圣"。影响深远的还有唐代著名画家阎立本所绘的《步辇图》，直接描绘了唐蕃盟好、文成公主入藏的重大历史事件，是现藏于故宫博物院的中国十大传世名画之一，具有珍贵的历史价值和艺术价值。

阎立本《步辇图》（局部）

（二）山水画

隋代和唐代早期的山水画多以青绿赋色，纤丽而富有装饰性。隋代展子虔"无擅台阁、人马，山川咫尺千里"，传为他所画的《游春图》以纤美的笔致和青绿的设色，成功地画出了春山春水的深远广阔和贵族士人骑马泛舟游乐的场景，予唐代山水画以深远影响。李思训、李昭道父子继展子虔之后，将青绿山水画提高到新的阶段。诗人王维也以山水画著名，他在画中更多地抒发了以隐居山林为乐的志趣。中晚唐时期著名的山水画家有项容、杨炎、顾况、刘商等，他们都不是按常法作画，因而被视为逸格。

（三）花鸟走兽画

花鸟走兽画在隋唐时期已成为独立画种并有了明显的进步。由于贵族美术的发展，花鸟题材多流行于宫廷及上流社会，用以装饰环境及满足精神欣赏的需要。

（四）壁画

壁画艺术在隋唐时期达到极盛，题材由图绘人物及佛道故事扩大到表现山水、花竹、禽兽等方面，内容及技巧上均大大超过前代。由于国力强盛，丝绸之路畅通无阻，中原文化与西域文化相互融合，敦煌莫高窟壁画至唐代达到繁盛的顶点，其壁画规模之宏伟，内容之丰富，造型之准确，色彩之灿烂，非其他时代所能比拟，是唐代繁荣富庶的社会经济的反映。

五、五代两宋元绘画

（一）五代时期绘画

五代十国的书画在唐代和宋代之间形成了一个承前启后的时期。在山水画上，董源开创了江南山水画派，花鸟画也因宫廷贵族的喜好而逐渐发展起来，著名的画家有曹仲玄、周文矩、顾闳中、董源。地处内陆的西蜀还设立了画院。此外，宗教壁画的创作也极为兴盛。

（二）两宋绘画

北宋建国之初就设立了翰林书画院，这是中国历史上宫廷绘画最为兴盛的时期。北宋画坛突出的成就是山水画的创作，李成和范宽是其代表人物。花鸟画在北宋时期的宫廷绘画中占据主要地位。人物画的主要成就表现在宗教绘画和人物肖像画及人物故事画、风俗画的创作上，武宗元、张择端都是人物画家中的卓越人物。其中，张择端的《清明上河图》是宋代绘画中的杰出代表。

南宋山水画的代表人物是号称"南宋四家"的李唐、刘松年、马远和夏圭，他们在继承前代的基础上各自有所创造，使文人画在实践中获得令人瞩目的成就。时至今日仍被画家看重的梅、兰、竹、菊在南宋已基本成为文人画的固定题材。

南宋人物画的创作，多选择历史故事及现实题材，擅长减笔人物画的梁楷为中国人物画的创作开辟了一条新的道路。

（三）元代绘画

元代取消了五代、宋代的画院制度，在继承唐、五代、宋绘画传统的基础之上进一步发展，其标志就是文人画的盛行。绘画的文学性和对笔墨的强调超过了以往所有的朝代，体现了中国画的又一次创造性发展。山水、竹石、梅兰等成为绘画的主要题材，其中著名的画家有赵孟頫、黄公望、吴镇、王蒙等。

六、明清绘画

明清两朝，民间版画、年画空前兴盛，唐卡得到进一步发展。

（一）版画、年画

明清的民间风俗画内容庞杂，题材丰富，涉及生产、生活、宗教、历史、文学、戏曲等方面。这些民间风俗画有两大特点：一是既工丽具体，又生动活泼，富有装饰情趣；二是贴近生活，通俗耐看，含有劝恶从善、吉祥喜庆的内容，如《莲生贵子》《鱼跃龙门》《年年有余》等。

（二）唐卡

明清时期西藏、青海、甘肃、四川一带藏区雪域的绘画，除寺院壁画外，以唐卡最为流行。唐卡也称汤喀，是指一种用布或绢制成的画轴，内容大部分为佛像、菩萨像、护法神像。这类作品宗教特征较强，规范而严谨，尤其是曼陀罗唐卡（即坛城唐卡），画佛或诸神的宫殿，圆中有方，方中画圆，层层排列，紧密有序。这种宗教绘画以其特有的美感，一直受到藏族同胞的喜爱，至今不衰。

七、近现代绘画

（一）岭南画派

岭南画派是指由广东籍画家组成的一个地域画派，创始人是高剑父、高奇峰、陈树人，人称"岭南三杰"。他们在中国画的基础上融合东洋、西洋画法，自创一格，多画中国南方风物和风光，章法、笔墨不落陈套，色彩鲜艳，与京津派、海上画派三足鼎立，有"新国画派"之称。

（二）海上画派

19世纪中叶，上海成为近代中国经济、文化中心，各地画家云集，逐渐形成海上画派（也称海派、沪派），代表画家有赵之谦、任熊、任薰、任颐、任预、虚谷、吴昌硕等。

（三）京津画派

京津画派是指民国时期以金城、周肇祥领导的中国画学研究会为核心的京津画家群（以北京为中心，影响波及天津）。京津画派是文化理念而非地域概念，弟子遍布海内外并受国际美术界瞩目，是主要的中华国画群体之一。

（四）近现代三大家

齐白石（1864—1957年），湖南湘潭人。擅画花鸟、虫鱼、山水、人物，笔墨雄浑滋润，色彩浓艳明快，造型简练生动，意境淳厚朴实，尤工水墨虾、蟹、鱼、蛙，所作着墨不多，概括生动，设色墨彩相融，活泼多趣。

黄宾虹（1865—1955年），浙江金华人。擅长用浓淡不同的墨彩，反复勾画点染，呈现出层次丰富、意境深邃的景象。早年以干笔淡墨、疏淡清逸为特色，为"白宾虹"，80岁后以黑密厚重、黑里透亮为特色，为"黑宾虹"。

潘天寿（1897—1971年），浙江宁海人。擅诗书画印，山水、花鸟、人物兼长，线条坚定粗犷有力，构图出人意料，体现刚强不屈的豪迈民族性格，变文人画柔雅为沉雄、坚毅，有撼人的力量和强烈的现代意识。晚年擅指画，巨幅鸿篇，册页小品，皆风姿独具。

（五）留洋派

徐悲鸿（1895—1953年），江苏宜兴人。早年赴日本和法国游学，1927年归国。擅长人物、动物、花卉等，尤以奔马享名于世。所画人物、动物，笔墨放纵，形神兼备，往往还寓以热爱祖国、疾恶如仇的情感。

林风眠（1900—1991年），广东梅州人。少年时以《芥子园画谱》习画，后留学法国，研习西画。归国后，1928年被蔡元培派往杭州，创立国立艺术院（今中国美术学院），任首任校长。艺通中西，长于人物、花鸟、山水，设色浑化自如，光影色彩自然柔和，具有诗一般的美感和盎然的生命力。晚年定居香港，弟子遍及海内外。

张大千（1899—1983年），四川内江人。早年游学日本，后归隐四川青城山，潜心于研究石涛、董源、王蒙等的古典风格，又赴敦煌临摹壁画，技艺大进。于山水、人物、花鸟、鞍马无所不精，工意兼具，对历代宫廷画、文人画、民间画以及西洋画皆有汲取。

（六）长安画派

长安画派的创始人赵望云、石鲁大胆走向生活，大量写生创作，给当时较为死沉的中国画注入了新感觉，形成具有陕北风味的特殊画风。

（七）新金陵画派

新金陵画派是中国画坛最具影响力的绘画流派之一，代表人物有傅抱石、钱松昙、张文俊、亚明、宋文治、魏紫熙等。该派提倡写生，多以江南山水为表现内容，作品大多雄伟秀丽，极具江南山水特色。

【阅读经典】

1. 蜀僧抱绿绮，西下峨眉峰。为我一挥手，如听万壑松。客心洗流水，余响入霜钟。不觉碧山暮，秋云暗几重。

——李白《听蜀僧濬弹琴》

2. 昵昵儿女语，恩怨相尔汝。划然变轩昂，勇士赴敌场。浮云柳絮无根蒂，天地阔远随飞扬。喧啾百鸟群，忽见孤凤凰。跻攀分寸不可上，失势一落千丈强。嗟余有两耳，未省听丝篁。自闻颖师弹，起坐在一旁。推手遽止之，湿衣泪滂滂。颖乎尔诚能，无以冰炭置我肠！

——韩愈《听颖师弹琴》

3. 江上调玉琴，一弦清一心。泠泠七弦遍，万木澄幽阴。能使江月白，又令江水深。始知梧桐枝，可以徽黄金。

——常建《江上琴兴》

4. 棋之道在乎恬默，而取舍为急。仁则能全，义则能守，礼则能变，智则能兼，信则能克。君子知斯五者，庶几可以言棋矣。

——《宋史·潘慎修传》

5. 观棋不语真君子，把酒多言是小人。

——《醒世恒言》

6. 徘徊俯仰，容与风流，刚则铁画，媚若银钩。

——欧阳询《用笔论》

7. 屈平辞赋悬日月，楚王台榭空山丘。兴酣落笔摇五岳，诗成笑傲凌沧洲。功名富贵若长在，汉水亦应西北流。

——李白《江上吟》

8. 胸中磊落藏五兵，欲试无路空峥嵘。酒为旗鼓笔刀槊，势从天落银河倾。端溪石池浓作墨，烛光相射飞纵横。须臾收卷复把酒，如见万里烟尘清。

——陆游《题醉中所作草书卷后》

9. 远看山有色，近听水无声。春去花还在，人来鸟不惊。

——王维《画》

10. 我家洗砚池头树，朵朵花开淡墨痕。不要人夸好颜色，只留清气满乾坤。

——王冕《墨梅》

【资源推荐】

1. 《中国音乐鉴赏》，郭树荟主编，上海人民美术出版社出版。

2. 《谛观有情——中国音乐里的人文世界》，林谷芳编著，线装书局出版。

3. 纪录片《围棋》，导演刘执戈，中央电视台出品。

4. 纪录片《中国绘画艺术》，共6集。

5. 中国书画网，设有艺术理论、艺术市场、传世书画、艺术家、当代书画、艺术商城、东方文房等。

〖课堂检测〗

一、单选题

1. 中国"琴棋书画"四艺中，琴指（　　）。
    A. 钢琴　　　　　B. 古筝　　　　　C. 古琴　　　　　D. 扬琴

2. （　　）不是古琴曲。
    A.《平沙落雁》　B.《阳关三叠》　C.《梅花三弄》　D.《十面埋伏》

3. 古琴面板上一般镶嵌有（　　）个琴徽。
    A. 10　　　　　　B. 11　　　　　　C. 12　　　　　　D. 13

4. 下棋时不小心下错一步棋应（　　）。
    A. 赶快悔棋　　　　　　　　　B. 移到想下的地方
    C. 想办法补救　　　　　　　　D. 错就错了，任其自然吧

5. 象棋对弈中，双方将帅能否照面？（　　）
    A. 能　　　　　　B. 不能　　　　　C. 两者兼可

6. 所谓书法，特指用（　　）将汉字艺术化的书写方法。
    A. 毛笔　　　　　B. 钢笔　　　　　C. 粉笔　　　　　D. 碳素笔

7. 《清明上河图》是宋代绘画中最杰出的作品之一，作者是（　　）。
    A. 展子虔　　　　B. 顾恺之　　　　C. 阎立本　　　　D. 张择端

8. 古人用墨，必择精品。墨的优劣主要看墨色，以（　　）、香味浓郁者为上品。
    A. 墨色黝黑　　　B. 墨色发紫光　　C. 黝黑而发紫光　D. 墨色发青光

9. （　　）是秦始皇统一六国之后秦代通用的标准字体。
    A. 大篆　　　　　B. 隶书　　　　　C. 小篆　　　　　D. 楷书

10. 唐代著名画家（　　）所绘的《步辇图》直接描绘了唐蕃盟好、文成公主入藏的重大历史事件，是现藏于故宫博物院的中国十大传世名画之一。
    A. 展子虔　　　　B. 顾恺之　　　　C. 阎立本　　　　D. 王维

二、多选题

1. 古代四大名琴有号钟、焦尾、（　　）。
    A. 绕梁　　　　　B. 仲尼　　　　　C. 流水　　　　　D. 绿绮

2. 琴曲《高山流水》与春秋战国时期的（　　）有关。
    A. 俞伯牙　　　　B. 师旷　　　　　C. 钟子期　　　　D. 孔子

3. 传说中琴曲（　　）是孔子所作。

A. 《龟山操》　　　B. 《高山流水》　　C. 《猗兰操》　　　D. 《梅花三弄》

4. 象棋中局需具备的能力是（　　　）。

 A. 良好的大局感　　　　　　　　B. 熟练的运子技巧

 C. 精确的计算力　　　　　　　　D. 良好的心理素质

5. 象棋开局的基本原则有（　　　）。

 A. 尽快出去子力　　　　　　　　B. 争占要道，保持子路通畅

 C. 注意子力协调　　　　　　　　D. 注意将帅安全

6. 我国传统的书法工具有（　　　）。

 A. 砚　　　　　B. 笔　　　　　C. 纸　　　　　D. 墨

7. 由于宣纸有（　　　）的特性，故素有"莹润如玉""冰翼凝霜""滑如春冰密如茧"之誉，久有"纸中之王""千年寿纸"之称。

 A. 抗老化　　　B. 不变色　　　C. 少虫蛀　　　D. 经久不变

8. 古之名砚有（　　　）。

 A. 端砚　　　　B. 歙砚　　　　C. 洮砚　　　　D. 澄泥砚

9. 一件完整的书法作品，通常由（　　　）组成。

 A. 留白　　　　B. 布白　　　　C. 落款　　　　D. 钤印

10. 被称为"四君子"，时至今日仍被画家看重的（　　　）在南宋时已基本成为文人画的固定题材。

 A. 梅　　　　　B. 兰　　　　　C. 竹　　　　　D. 菊

三、判断题

1. 古琴传统的记谱方式是五线谱。（　　　）

2. 古琴是中国流传下来最早的弦乐。（　　　）

3. 古琴在流传过程中，会因为地域因素、师承关系、曲谱关系形成不同流派。（　　　）

4. 自古以来，我国就把琴、棋、书、画列为四大艺术，这里的"棋"只包括围棋，不包括象棋。（　　　）

5. 中局处于开局与残局之间，是一盘棋相当长而又相当重要的阶段。它是象棋全盘战斗中最激烈、最复杂、构思最精彩的阶段。"一着不慎，满盘皆输"，一般也是指这一阶段。（　　　）

6. 行书是实用性和艺术性结合得最好的字体。（　　　）

7. 书法使用的是宣纸。（　　　）

8. 绘画可以突破时间、空间的限制，从而达到"画里传神，画外有画"的美妙境界。（　　　）

9. 敦煌莫高窟壁画至唐代达到繁盛的顶点，其壁画规模之宏伟，内容之丰富，造型之准确，色彩之灿烂，非其他时代所能比拟。（　　　）

10. 明清时期西藏、青海、甘肃、四川一带藏区雪域的绘画，除寺院壁画外，以唐卡这种富有民族特色的绘画最为流行。（　　　）

【思考练习】

1. 古琴琴弦从外至内七根弦的弦名和音名分别是什么？
2. 围棋术语中的"打劫"是什么意思？
3. 学习书法应掌握哪些基本方法？
4. 简述中国绘画中特有的透视方法。

【实践体验】

实践项目一　古琴、古筝曲（浙江派、山东派、河南派）《高山流水》鉴赏
实践项目二　名家书画赏析

专题十四 ▌ 中华礼仪：东方大国的社会规范

【导学】

在世界民族之林，每提及中国，人们常会把"文明古国""礼仪之邦"的美誉与之相联；每提及中国人，人们常会把"彬彬有礼""和睦谦进"等印象与之相加。这是因为中华 5000 年的文明史在很大程度上就是一部"礼"的历史。在中国古代，"礼"的内容几乎无所不容，大到国家政治体制、朝廷法典，小到婚丧嫁娶、待人接物，涉及人们的各种行为和活动，渗透到社会生活的方方面面，范围十分广泛。

【知识储备】

第一节　礼仪概述

一、礼仪的含义

礼仪，从广义上讲是指一个时代的典章制度；从狭义上讲是指人们在社会交往中，由于受历史传统、风俗习惯、宗教信仰、时代潮流等因素的影响而形成的，既为人们所认同，又为人们所遵守，以建立和谐关系为目的的各种符合礼的精神、要求的行为准则或规范的总和。

上述含义主要表达了三层意思：礼仪是一种行为准则或规范；礼仪准则或规范是人们约定俗成、共同认可的；讲究礼仪是为了实现社会交往各方的互相尊重，从而达到人与人之间关系的和谐。

二、礼仪的起源

人类历史研究成果表明，礼仪起源于人类最原始的两大信仰：一是天地信仰；二是祖先信仰。从"禮"字的造字结构可以看出，礼的本意是敬奉神明。在原始社会，生产力低下，人类对千变万化的自然现象无法解释，于是把自然的力量神秘化、人格化，按照人的形象想象出各种神灵作为崇拜对象。对于原始人来说，生存繁衍是他们最强烈的企盼，而粮食丰收则是他们赖以生存的物质基础，所以礼仪是他们为祭祀天地神明、保佑风调雨顺、祈祷祖先显灵、拜求降福免灾而举行的一项敬神拜祖的仪式。

正所谓"礼贵从宜，事难泥古"，说明礼一定要适度。当然，随着社会的不断进步，礼的含义也在不断延伸和拓展。

礼仪的形成与发展

三、礼仪与和谐社会构建

传统礼仪是中国古代文化的精髓，内容博大精深。作为伦理制度和伦理秩序，旧时的"礼制"和"礼教"很大一部分已经不适于今，但"礼"的精神是永不过时的。孔子说"内仁外礼"，礼与仁互为表里，仁心爱人、恭敬辞让，是礼的内在精神。重礼是"礼仪之邦"的重要传统美德，具体体现为人的语言美、行为美、举止美，自觉遵守社会公德，待人处事要符合一定的社会文明规范。其理论内核主要是围绕如何严于修身律己、尊重他人、承担社会责任而形成的关于伦理道德的一整套理论体系。从国家和民族的角度说，礼仪是一个国家、一个民族社会风貌、道德水准、文明程度、文化特色、公民素质的重要标志。从公民个体的角度说，礼仪是一个人思想觉悟、道德修养、精神面貌和文化教养的综合反映。因此，科学开展礼仪教育是构建和谐社会最基础的内容。

第二节 日常生活礼仪

钱穆说："中国的核心思想就是礼，它是整个中国人世界里一切习俗行为的准则，标志着中国的特殊性。"礼仪，作为在人类历史发展中逐渐形成并积淀下来的一种文化，始终以某种精神的约束力支配着每个人的行为。在日常生活中注重礼仪，能够表现出一个人的修养。

一、汉族日常生活礼仪

日常生活礼仪主要包括仪容仪表礼仪、行为举止礼仪、言辞礼仪、入座礼仪、饮食礼仪、奉茶礼仪等。

（一）仪容仪表礼仪

仪容仪表简言之即人的容貌及装扮。仪容通常是指人的外观、外貌，仪表即人的面部表情与着装打扮。中国传统道德所推崇的君子的容貌表情总是端庄安详、清明柔和的。荀子曾经对此作过细致的描述，"俨然，壮然，祺然，蕼然，恢恢然，广广然，昭昭然，荡荡然，是父兄之容也；俭然，恀然，辅然，端然，訾然，洞然，缀缀然，瞀瞀然，是弟子之容也"。荀子还指出了君子所不应有的丑容："狄狄然，莫莫然，瞡瞡然，瞿瞿然，尽尽然，盱盱然。"荀子有关神态的分析，即使是在今天，对我们也不乏启发之意。就衣着打扮而言，古人讲究冠正仪整，容颜庄肃。东汉王充曾就人的道德修养水平与人服饰仪容的关系提出"德弥盛者文弥缛，德弥彰者人弥明"，认为人的道德水平越高，其文采仪表、服饰装扮就越是焕然严整。基于对衣着仪表的重视，古人对衣冠仪容是否适合得体作了许多详细规定，穿衣要使衣服挺直，结系束捆处都应紧正无偏，上自发髻，下及鞋履，都应加以修整，使之与容仪相称。当然，注重仪容仪表等外在形象不等于过分地修饰与装扮。"心怀深厚，面露平和，裙衫洁净，何必绸绫。"可见，容貌、服饰必须是以美德为根基的。总之，一个人的仪容仪表等外在形象作为一种无声的语言，既反映出一个人的社会地位及文化教养，向人们传递着一个人对自尊、尊人以及对整个生活的内心态度，又反映着一个民族的文化素养、精神文明和物质文明发展的程度。中国传统道德对仪容仪表的重视仍是今天我们树立文明社会、文明公民的新形象所应继承和发扬的。

（二）行为举止礼仪

中国传统伦理道德向来重视人们的行为举止之礼，主张一举一动都要有式有度。《礼记·曲礼上》规定："毋侧听，毋噭应，毋淫视，毋怠荒。游毋倨，立毋跛，坐毋箕，寝毋伏。敛发毋髢，冠毋免，劳毋袒，暑毋褰裳。"即不要侧着身子听别人讲话，应答不要高声呼喊，眼睛不要流转斜视，不要怠懈迷乱；走路不要趾高气扬，站着不能一脚高一脚低，坐着不要叉开双腿，睡觉不能脸朝下；不要装衬假发，不要随意摘下帽子，干活不能光着身子，夏天不能提起下裳。这主要是从反面规定人们"不应做什么"，就正面规定而言，古人主张"站如松，坐如钟，行如风"，即站有站相，坐有坐相，走有走相。

1. 站有站相

《礼记·曲礼上》曰，"立必正方，不倾听"。站为静态的动作，应当身体直立，颈项向上抬起，收腹挺胸，两臂自然下垂。这样才能给人一种挺拔笔直、舒展俊美、玉树临风的美感。与之相应，现代的标准站姿要求"站如松"，站姿的基本要求是挺直舒展、线条优美、精神焕发。

2. 坐有坐相

《幼仪杂箴》曰，"维坐容，背欲直。貌端庄，手拱臆。仰为骄，俯为戚。毋箕以踞、欹以侧，坚静若山乃恒德"。古人的坐姿与现代人不同，人们常席地而坐，即双膝着地，跪坐在脚上，脊背挺直，面容端庄。现代生活中优雅的坐姿传递着自信、友好、热情的信息，同时也显示出高雅庄重的良好风范。女士应在站立的姿态上，后腿能够碰到椅子，轻轻坐下来，两个膝盖一定要并起来，腿可以放中间或两边，两腿合并。男士坐的时候膝部可以分开点，但不要超过肩宽，也不能两腿叉开和半躺在椅子里。

3. 走有走相

《千字文》曰，"矩步引领，俯仰廊庙，束带矜庄，徘徊瞻眺"。这就是说，走路要抬头挺胸，目视前方，穿戴整齐，如同在朝廷中参拜一样庄重。古人不仅对走姿有讲究，对行走的速度也做了规定：两足进曰行，徐行曰步，疾行曰趋，疾趋曰走，不同场合，采取不同的走相才不会有失礼之处。《尔雅·释宫》曰："室中谓之时，堂上谓之行，堂下谓之步，门外谓之趋，中庭谓之走，大路谓之奔。"古代还常行"趋礼"，即地位低的人在地位高的人面前走过时，一定要低头弯腰，以小步快走的方式对尊者表示礼敬。还有"行不中道，立不中门"的原则，即走路不可走在路中间，应靠边行走；站立不可站在门中间。这样既表示对尊者的礼敬，又可避让行人。

（三）言辞礼仪

言辞之礼是中华礼仪文化的重要组成部分，古人常说，"言为心声，语为人镜"，语言同人的仪表仪态一样，是内心德行及是否知礼的体现。

1. 谨慎合理

一个真正知礼、有智慧的人，应说的时候直说，不应说的时候沉默，做到言辞恰如其分。古人曾把"口"比作关卡，把"舌"比作兵器，"口者关也，舌者机也，出言不当，驷马不能追也。口者关也，舌者兵也，出言不当，反自伤也"。言犹射箭，一言既出，箭既离弦，因此说话要慎重，不能轻言妄语。

2. 文明有礼

俗话说，"良言一句三冬暖，恶语伤人六月寒"，语言美对调节人际关系是非常重要的。如文学作品中，"笑问客从何处来"与"兀得那厮作甚"，不同的用语反映出不同的文明层次。对于言辞之美，《礼记》中写道，"言语之美，穆穆皇皇"，即语言之美在于谦恭、和气、文雅。中国的语言中有许许多多的敬辞，人们在交往过程中常用一些表示客气的用语，如"久仰""久违""指教""包涵""劳驾""多谢""恭喜""失敬""雅正""请安""再见"等；在表示对人的谦敬时则常用"请问""赐敬""光顾""斧正""高见""奉送""拜会""恭候""光临"等，使用这些用语，不仅可以和谐人际关系，增进人与人之间的友好感情，而且体现出一个人的教养。

3. 善于称人所长、避人所讳

善称人所长，并非阿谀奉承，而是与人为善的一种表现。与人交往时，言谈妥帖并发自内心地称赞对方，尽量不说刻薄、挖苦、挑剔等有可能刺激或伤害对方的话，这也是一种"分寸"，一种修养与文明。在交际中，通常要做到"四有四避"，即有分寸、有礼节、有教养、有学识，要避隐私、避浅薄、避粗鄙、避忌讳。

（四）入坐礼仪

社会礼仪秩序井然，坐席亦有主次尊卑之分，尊者上坐，卑者末坐。何种身份坐何位置都有一定之规，不可盲目坐错席位。如果自己不能把握坐何种席次，最好的办法是听从主人的安排。室内座次以东向为尊，即贵客坐西席上，主人一般在东席上作陪。年长者可安排在南向的位置，即北席。晚辈一般在北向的位置，即南席。入坐的规矩是，饮食时人体尽量靠近食案，非饮食时，身体尽量靠后，所谓"虚坐尽后"。有贵客光临，应该立刻起身致意。

（五）饮食礼仪

饮食礼仪在中国占有极重要的位置，先秦人"以飨燕之礼，亲四方之宾客"，后代聚餐会饮也常常以礼仪至上。迎宾的宴席称为"接风""洗尘"，送客的宴席称为"饯行"。在进食过程中，同样先由主人执筷劝食，客人方可动筷，所谓"与人共食，慎莫先尝"。宴席上饮酒有许多礼节，客人需待主人举杯劝饮之后，方可饮用。所谓"与人同饮，莫先举觞"。客人如果要表达对主人盛情款待的谢意，也可在宴饮的中间举杯向主人敬酒。主客相互敬重，营造和谐进食、文明进食的良好氛围。

（六）奉茶礼仪

我国历来就有"客来敬茶"之礼。古代的齐世祖、陆纳等人曾提倡以茶代酒。唐朝刘贞亮赞美"茶有十德"，认为饮茶除了可健身外，还能"以茶表敬意""以茶可雅心""以茶可行道"。唐宋时期，众多的文人雅士不仅酷爱饮茶，而且还在自己的佳作中颂茶。最基本的奉茶之道，就是客人来访马上奉茶。奉茶前应先请教客人的喜好。俗话说，酒满茶半。奉茶时应注意：茶不要太满，以八分满为宜，水温也不宜太烫，以免客人不小心被烫伤。同时有两位以上的访客时，端出的茶色要均匀，并要配合茶盘端出，左手捧着茶盘底部，右手扶着茶盘边缘。

二、少数民族日常生活礼仪

中国有55个少数民族，不同自然环境、社会状况、文化特点形成了各民族独具特色的生活礼仪。

1. 满族

满族最隆重的礼节是抱见礼，即抱腰见面礼。一般亲友相见，不分男女都行抱见礼，以表示亲昵。行礼时，行礼人右腿迈前步，两手张开，左膝着地，双手抱住受礼者腰部，头轻顶受礼者胸下，受礼者略弯腰，双手轻抚施礼人头部。

满族家庭中的礼法最重，晚辈见长辈，必须行请安礼；在长辈面前不许大声说话，不许吸烟喝酒。父子出门做客，父子不能同席。满族人家里都有万字炕（一房中西、南、北三面都是土炕），西炕最尊贵，用来供奉祖宗，不能随意去坐。

挂旗也是满族盛行的一种风俗。满族分红、黄、蓝、白四旗人。春节时，红旗人在门上贴红挂旗，黄旗人在门上贴黄挂旗，蓝旗人在门上贴蓝挂旗，白旗人在门

满族好客礼仪

上贴白挂旗。这些挂旗图案优美，色彩鲜艳，象征着一年的吉祥开端。满族接待客人，给客人上菜必须成双成对。满族禁杀狗，禁吃狗肉，禁穿戴有狗皮的衣帽。

2. 朝鲜族

朝鲜族日常生活中非常讲究礼节，素有"东方礼仪民族"之称。朝鲜族非常讲究长幼身份，是一个非常敬老的民族。老人在家庭和社会上处处受到尊敬，儿孙晚辈都以照顾体贴祖辈为荣。晚辈不能在长辈面前喝酒、吸烟；吸烟时，年轻人不得向老人借火，更不能接火，否则会被认为是一种不敬的行为；与长者同路时，年轻者必须走在长者后面，若有急事非超前不可，须向长者恭敬地说明理由；途中遇有长者迎面走来，年轻人应恭敬地站立路旁问安并让路；晚辈对长辈说话必须用敬语，平辈之间初次相见也用敬语。

朝鲜族全家人同在一张桌子进餐，要先给老人盛饭盛汤。在长辈动勺动筷之前，晚辈不得抢先用餐。无论是平时还是年节，美食都要让年长者先品尝。

传统朝鲜族房屋的特点之一是炕大。进屋时必须把鞋脱在门外或外屋地上。男人到别人家做客时，要盘腿而坐；女人到别人家做客时，坐在炕上之后要把双腿蜷向身子的一侧，其姿势"似跪而坐，似坐而跪"。不论男女，在炕上不能对着人伸腿，更不能分开双腿。

朝鲜族的语言分为尊阶、对等阶、卑阶（也称下等阶）三种，即同样一句话因说话对象的不同而有三种不同说法。对年长者和上司以及初次见面的人都要使用尊阶语（敬语），如果使用对等阶或卑阶语，则意味着粗俗、不懂礼貌，将被人耻笑。

3. 蒙古族

蒙古族传统礼节主要有献哈达、递鼻烟壶、装烟和请安等，现在还有鞠躬礼和握手礼。

蒙古族最高的礼节是献哈达。哈达是蒙古族人民用来表示敬意的一种生丝织巾礼品，颜色很多，一般多用白色、蓝色和黄色。长度通常为1.5米，最长的有4米，宽度不等。两端有约6厘米的穗。哈达上绣有佛像或云纹、八宝、寿字等吉祥图案。蒙古族人每逢贵客来临、敬神祭祖、拜见尊长、婚嫁节庆、祝贺生日、远行送别、盛大庆典等重要场合，都要献哈达来表达自己的诚心和美好的祝愿。献的哈达越长越宽，表示的礼节越隆重。对尊者、长辈献哈达时要双手举过头，身体略向前倾，把哈达捧到座前；对平辈，只需将哈达送到对方手里或手腕上就行；对晚辈或下属，系在他们的脖子上即可。不鞠躬或用单手送都是不礼貌的。接受哈达的人最好做和献哈达的人一样的姿势并表示谢意。

递鼻烟壶

蒙古族好客礼仪

4. 维吾尔族

维吾尔族人待客和做客都很讲究。来客时，主人要请客人坐在上席，摆上馕和各种糕点，夏天还要摆上瓜果，先给客人倒茶水或奶茶。假如用抓饭待客，主人在饭前要提壶水请客人洗手。洗手后只能用手帕或布擦干，忌讳随手甩水，甩水是不礼貌的。吃饭时，长者坐在上席，全家共席而坐。客人不可随意拨弄盘中食物，不可随意到锅灶前去，不能把食物剩在碗中，同时留意不让饭屑落地。如不慎有饭屑落地，要拾起来放在自己跟前的饭单（维吾尔族人吃饭时铺在地毯上的单子）上。

共盘吃抓饭时，不可将已抓起的饭食再放进盘中。

5. 哈萨克族

哈萨克族是热情好客的民族，如果在太阳落山的时候放走客人，是奇耻大辱。前来拜访或投宿的客人，不管是否相识，哈萨克族人都会拿出最好的食物热情招待。客人也必须尊重主人的风俗习惯。当主人将羊头送到客人手中时，客人应先割一块羊脸送给席中长者，割一只羊耳朵送给席中幼者，再将羊头送给主人，然后才开始吃盘中羊肉。哈萨克族人性耿直、重友情，对老人特别尊敬，不论吃饭喝茶、说话走路，都要礼让老人。

6. 回族

回族人尊敬长者，尊重别人，不给人取外号。回族人忌用左手递送物品。凡供人饮用的水井、泉眼，一律不许牲畜饮水，也不许任何人在附近洗脸或洗衣服。取水前一定要洗手，盛水容器中的剩水不能倒回井里。回族的日常饮食很注意卫生，凡有条件的地方，饭前饭后都要用流动的水洗手。

7. 藏族

敬献哈达是藏族人对客人最普遍、最隆重的礼节。藏族献哈达的礼节和蒙古族一样。

藏族人在见面打招呼时，点头吐舌表示亲切问候，受礼者应微笑点头回礼。有客人来拜访时，藏族人等候在帐外目迎贵客光临。藏族人见到长者或尊敬的客人要脱帽躬身45°，帽子拿在手上接近地面；见到平辈，头稍低就行，帽子拿在胸前，以示礼貌。藏族人男女分坐，并习惯男坐左女坐右。

藏族人对客人有敬献奶茶、酥油茶和青稞酒的礼俗。客人到藏族人家里做客，主人要敬客人三杯青稞酒，不管客人会不会喝酒，都要用无名指蘸酒弹一下。如果客人不喝、不弹，主人会立即端起酒边唱边跳，前来劝酒。如果客人酒量小，可以喝一口，就让添酒。连喝两口酒后，由主人添满杯，客人一饮而尽。这样，客人喝得不多，主人也很满意。按照藏族习俗，主人敬献酥油茶，客人不能拒绝，至少要喝三碗，喝得越多越受欢迎。

8. 傣族

傣族是一个讲究礼仪的民族。外地人到了傣家，主人会主动打招呼，端茶倒水，款待饭菜。无论男女老少，对客人总是面带微笑，说话轻声细语。妇女从客人面前走过，要拢裙躬腰轻走；客人在楼下，不从客人所在位置的楼上走过。每户人家都备有几套干净被褥，供待客之用。有的傣族村寨，还在大路旁建有专用于接待客人的萨拉房。到傣家做客，还会受到主人"泼水"和"拴线"的礼遇。客人到来之时，门口有傣家少女用银钵端着浸有花瓣的水，用树枝叶轻轻泼洒到客人身上。客人走上竹楼入座后，傣家老大娘会给客人手腕上拴线，以祝客人吉祥如意、平安幸福。进入傣家竹楼，要将鞋子脱于门外，在屋内走路要轻，不能坐在火塘上方，不能跨过火塘。

9. 壮族

尊老爱幼是壮族人民的传统美德，路遇老人要主动打招呼、让路，在老人面前不跷二郎腿。壮族人家宴请宾客极为注重礼节。入席时，要请年老的客人与主家同辈老人坐正位，主人坐靠近中门一侧，客人在另一侧，年轻人要站在客人身旁，先给客人斟酒，然后入座。给客人添饭，饭勺不能碰锅沿发出响声，怕客人以为锅中饭少，不敢吃饱。端饭要从客人后侧双手递上，但中间斟酒可以从席上探过身子，不算违礼。席上夹菜，无论荤菜素菜，每次夹菜，都由一席之主先夹最好的送到客人碟里。

10. 彝族

彝族是一个文武并重、讲究文明礼貌的民族，长幼之间，谁长谁幼，谁大谁小，不仅论年龄，还依据父家家谱或母家家谱的长幼来定，不许喊错。在特殊的公共场合里，就座排位要以辈数大小排列，长辈在场时发言不准抢先。彝族有"客人长主三百岁"之俗话，凡有客人来，必须让位于最上方，至少也要烟茶相待。彝族民间素有杀羊杀牛迎宾待客之习。凡有客至，必先杀牲待客，并根据来客的身份、亲疏程度分别以牛、羊、猪、鸡等相待。在杀牲之前，要把活牲牵到客前，请客人过目后宰杀，以表示对客人的敬重。酒是敬客的见面礼，在四川凉山，只要客人进屋，主人必先以酒敬客，然后再制作各种菜肴。待客肉食以膘肥、肉厚为体面。吃饭前，主人必先在火塘中烧羊肝、牛肝给客人吃，表示敬重。鸡头要送给最尊贵或最年长的人吃。吃饭时，主妇要时时关注客人碗里的饭，不等客人吃光就要随时加添，以表示待客至诚。彝族人认为，当客人碗里的饭吃光后才给客人添饭是不礼貌的。

11. 畲族

畲族自称"山哈"，意为住在山里的客人。粉丝是畲家招待客人制作点心和菜肴的重要原料。

畲族人有自己独特的文化，喜爱山歌，节日或喜庆婚丧，均以山歌表达欢乐和哀挽。男女交谊，以歌言情说爱。畲族婚礼别具情趣，新郎由岳家亲迎，岳家款以饭。就餐时，餐桌上不陈一物，必俟新郎——指名歌之，如要筷子则唱《筷歌》，要酒则唱《酒歌》，司厨也要以歌相和，其物应声而出。席毕，新郎还需把餐桌上的东西一件件唱回去。

有客人到门，要先敬茶，一般要喝两道。还有说法："一碗苦，两碗补，三碗洗洗嘴。"客人只要接过主人的茶，就必须喝第二碗。如果客人口很渴，可以事先说明，直至喝满意为止。若来者是女客，主人还要摆上瓜子、花生、炒豆等零食。

畲族编织工艺

12. 黎族

黎族是一个尚礼的民族，礼仪在黎族社会中占有重要地位。黎族礼仪包含丰富的内容，涉及生产、生活等多个方面。黎族妇女的纺织绣早已闻名于世，对木棉的纺织更是独具匠心。黎族人的医药知识也很丰富，不少民间医生懂得百种以上的草药性能，能够根据不同的病情使用热敷、煽汗、火炙等治疗方法。

黎族人招待客人有一套完整的宴席礼仪。用餐时，对男客先酒后饭，对女客先饭后酒，宾主分开对坐。请酒时，主人先双手举起酒碗向客人表示请酒，然后自己一饮而尽。接着，将米酒逐个捧给客人，客人喝完后，主人还向每位客人嘴里送一口肉菜，以示尊敬。通常，主人只陪客人喝酒，不陪客人吃饭，怕客人不好意思把饭吃饱。

第三节 人生重大礼仪

人生礼仪是指人在一生中几个重要阶段所经历的不同的仪式和礼节，主要包括诞生礼仪、成年礼仪、结婚礼仪和丧葬礼仪。此外，标志进入重要年龄阶段的祝寿仪式和一年一度的生日庆贺举动，也可视为人生礼仪的内容。这些礼仪伴随着众多的仪式和不成文的规矩，形成了一个连续性体系，显现出丰富的文化内涵。本部分以汉族的人生礼仪为例，对诞生礼仪、成年礼仪、结婚礼仪和丧葬礼仪进行介绍。

一、诞生礼仪

诞生礼仪非常隆重，从婴儿降世到周岁要持续整整一年，经过洗礼、满月、百日、抓周四项活动才算圆满。

1. 洗礼

洗礼是指在婴儿出生后第三天举行洗浴庆贺仪式，也称洗三、三朝。

2. 满月

满月是诞生礼的一项重要仪式，是在婴儿满月时进行的。在这一个月内，产妇要坐月子，不能出门。在婴儿满月这一天，可以为其举行有亲朋好友参加的庆贺仪式。

3. 百日

旧时，民间多为婴儿举行百日庆贺，所谓"三日看相，百日看长"，在人们的观念中，百日是个关，过了百日婴儿就可以平安成长了。百日也称百岁、百禄，即祝福小孩能够健康长寿。民间有给婴儿吃百家饭、穿百家衣、挂长命锁的风俗。百家衣是用彩色碎布头缝制而成，因碎布来自许多人家而得名。长命锁与百家衣一样，都是祝福孩子健康长寿的。

4. 抓周

抓周是预卜小孩前程的仪式。小孩周岁生日，可看作是小孩诞生礼的最后一个高潮。在桌子上摆放文房四宝、糕点果品、玩具等物，将小孩放在桌子中央，任他伸手去抓，人们相信，小孩抓到的第一件东西就预示着他日后的志趣。不管他抓到什么，在场的亲朋好友都会说祝福的话语。

二、成年礼仪

成年礼仪是为承认年轻人具有进入社会的能力和资格而举行的礼仪，它在人的一生中具有重要意义。历史上，汉族有男子20岁行冠礼，女子15岁行笄礼的习俗。

它意味着冠者从此有了成人的权利、服兵役的义务和参加祭祀活动的资格，而女子从此结束了少女时代，可以嫁人了。现代社会的学校教育在很大程度上代替了传统的成年礼仪。学校通过正规教育使青少年定型化，在形式上有脱离父母的入学仪式、平时的学习过程和考试以及毕业后进入社会等阶段。

三、结婚礼仪

结婚礼仪在人的一生中具有划时代的意义，主要包括三书六礼。

（一）三书

三书指聘书、礼书、迎亲书。聘书即订亲之书，男女双方签订；礼书即过礼之书，是礼物清单，详尽列明礼物种类及数量；迎亲书即迎娶新娘之书，结婚当日接新娘过门时用。

（二）六礼

六礼包括纳采、问名、纳吉、纳征、请期、亲迎。六礼对我国历代婚礼的演变始终起着主导作用。

1. 纳采

纳采就是男方请媒人至女方家提亲，即俗话所说的说媒。纳采是议婚的第一阶段。男方请媒人提亲后，如果女方家同意议婚，男方再派人携礼前往女方家行聘，礼物用雁。用雁最初的含义是雁顺乎阴阳的往来，象征顺乎阴阳之意。民间用雁，又产生了新意，说雁丧失配偶，终生不再成双，以取其忠贞。后来纳采与问名逐渐合并举行。

2. 问名

问名是男方托请媒人询问女方姓名、出生年月日，准备合婚的仪式。问清楚之后，男方即进行占卜，实行合婚，以决定成婚与否，吉凶如何。男女八字相合，才可定亲。古代的问名，含有问清女方生母的姓氏，以便分辨嫡庶，因为当时讲究门当户对。随着历史的进步和社会的发展，除迷信成分之外，扩大了议婚的项目和条件，由问名的生辰八字扩展到议门第、职位、财产、相貌、健康等，超出了问名最早的范围，时代的、社会的因素明显增大。

3. 纳吉

纳吉是指把占卜认为男女可以合婚的吉兆派人通知女方的仪式，其性质尤如今天的订婚。男方卜吉后，再备礼到女家约定婚约。古俗用雁作为婚事已定的信物。送定礼后，表明婚约已成。

4. 纳征

男女两家缔结婚约后，男方将聘礼送往女家称为纳征（也称纳币、大聘、过大礼），是进入成婚阶段的重要仪式，礼仪十分烦琐。

5. 请期

请期（也称提日子、送日子、告期）是指男方家送聘礼后，择定结婚的具体日期，然后备礼去女方家，征得女方同意。

6. 亲迎

亲迎是六礼中最后一道礼节，是最隆重、最繁缛琐细的一环，也是婚礼的主要环节。人们把祝福的愿望与信仰的习俗糅合在一起，形成了五花八门的礼节，世世代代不断积累并创造出各种形式。

婚礼之后，还要进行姻亲关系的认可。结婚三日后，还有庙见的习俗，即主人引新妇见于祠堂。庙见的第三天，新郎还要同妻子去拜见岳父母，即"三朝回门"，并会见女方家诸亲。

六礼的完整模式形成于西周初年，多流行于贵族，民间则从简。主要对男女婚事起规范性作用，在《唐律》和《明律》中皆有类似的规定。六礼程序在各朝各代均有变迁。宋朝初年沿用六礼，南宋时，朱熹制定《家礼》，仅存纳采、纳征、亲迎三礼。

四、丧葬礼仪

丧葬礼仪是人最后的脱离仪式，主要包括初终、设床、沐浴更衣、报丧、大殓、下葬等。

1. 初终

初终是指人弥留之际，此时需确定死者是否已死。如死者确已停止呼吸，围坐在四周的亲属通常会号啕大哭。

2. 设床

设床即设床停尸，通常不能让死者躺在自己的床上。

3. 沐浴更衣

沐浴更衣是指对死者的遗体进行清洗装扮。通常先把死者全身擦洗干净，再穿上特别定制的衣服。

4. 报丧

报丧就是将死讯及时通知亲朋、邻居和相关部门。

5. 大殓

大殓就是把死者的遗体抬入棺材，择时出殡入葬。

6. 下葬

择日出殡，亲朋运送棺木至墓地埋葬。

少数民族人生礼仪

【阅读经典】

1. 非礼勿视，非礼勿听，非礼勿言，非礼勿动。

——《论语·颜渊》

2. 克己复礼为仁。一日克己复礼，天下归仁焉。为仁由己，而由人乎哉？

——《论语·颜渊》

3. 礼者，人道之极也。

——《荀子·礼论》

4. 礼，经国家，定社稷，序民人，利后嗣。

——《左传·隐公·隐公十一年》

5. 人无礼则不生，事无礼则不成，国家无礼则不宁。

——《荀子·修身》

6. 夫礼，天之经也，地之义也，民之行也。

——《左传·昭公·昭公二十五年》

7. 安上治民，莫善于礼。

——《孝经·广要道》

8. 礼义廉耻，国之四维；四维不张，国乃灭亡。

——《管子·牧民》

9. 人有礼则安，无礼则危。

——《礼记·曲礼上》

10. 能以礼让为国乎？何有？不能以礼让为国，如礼何？

——《论语·里仁篇》

【资源推荐】

1. 动漫《孔子尽礼》，内蒙古东联动漫公司制作。
2. 《中华传统礼仪》，黄诗结、黄冰编著，气象出版社出版。
3. 《昏礼·婚礼》，王辉主编，知识产权出版社出版。
4. 纪录片《中华文明》第三集《礼乐颂歌》，中央电视台制作。
5. 中国礼仪网。

【课堂检测】

一、单选题

1. 人生四大礼仪包括（　　　）。

　　A. 生、冠、婚、丧　　　　　　　　B. 宾、冠、婚、丧

　　C. 生、宾、婚、丧　　　　　　　　D. 生、冠、宾、丧

2. 婚礼在中国原为（　　　），属于传统文化精粹之一。

　　A. 婚姻　　　　　B. 昏礼　　　　　C. 嫁娶　　　　　D. 迎亲

3. 满族最隆重的礼节是（　　　）。

　　A. 握手　　　　　B. 抱见礼　　　　C. 问候　　　　　D. 微笑

4. 朝鲜族房屋最大的特点之一是（　　　）。

　　A. 干净　　　　　B. 炕大　　　　　C. 温馨　　　　　D. 豪华

5. 蒙古族、维吾尔族分别以（　　　）款待客人。

　　A. 手抓羊肉、烤全羊　　　　　　　B. 清水煮全羊、烤羊肉串

    C. 清炖羊肉、抓饭　　　　　　　　D. 清水煮全羊、清炖全羊

6. 最好饮青稞酒的是（　　　）。

    A. 蒙古族　　　　B. 藏族　　　　　C. 维吾尔族　　　D. 白族

7. 在婚俗六礼中第一道程序是（　　　）。

    A. 问名　　　　　B. 纳采　　　　　C. 纳吉　　　　　D. 纳征

8. 婚礼中，有入赘婚俗的民族是（　　　）。

    A. 藏族　　　　　B. 回族　　　　　C. 鄂温克族　　　D. 蒙古族

9. 古代婚姻礼仪中的正式提亲是（　　　）。

    A. 纳采　　　　　B. 问名　　　　　C. 纳吉　　　　　D. 纳征

10. 流行野葬习俗的是（　　　）。

    A. 赫哲族　　　　B. 藏族　　　　　C. 蒙古族　　　　D. 苗族

二、多选题

1. 成年之后，人们对逢十的生日看得很重，特别是（　　　）这几个寿诞。

    A. 50　　　　　　B. 60　　　　　　C. 70　　　　　　D. 80

2. "三书六礼"中的"六礼"是结婚过程的六大程序，分别指（　　　）。

    A. 纳彩　　　　　B. 问名　　　　　C. 纳征　　　　　D. 请期

    E. 聘礼　　　　　F. 纳吉　　　　　G. 亲迎

3. 蒙古族传统礼节主要有（　　　）。

    A. 献哈达　　　　B. 递鼻烟壶　　　C. 装烟　　　　　D. 请安

    E. 鞠躬礼　　　　F. 握手礼

4. 傣族自古以来就形成了（　　　）、多行善事不作恶的良好社会公德和风尚。

    A. 尊老爱幼　　　B. 和睦相处　　　C. 不偷不骗　　　D. 坑蒙拐骗

5. 中国各民族的成年礼包括（　　　）。

    A. 冠礼　　　　　B. 笄礼　　　　　C. 对岁酒　　　　D. 三加礼

6. 中国的丧葬礼仪包括（　　　）。

    A. 入殓　　　　　B. 出殡　　　　　C. 下葬　　　　　D. 报丧

7. 中国各民族现行的丧葬习俗包括（　　　）。

    A. 天葬　　　　　B. 火葬　　　　　C. 土葬　　　　　D. 悬棺葬

8. 中国媒人的称呼包括（　　　）。

    A. 媒妁　　　　　B. 冰人　　　　　C. 月老　　　　　D. 大葵扇

9. 五礼即（　　　），是周朝礼仪制度的重要方面。

    A. 吉礼　　　　　B. 凶礼　　　　　C. 宾礼　　　　　D. 军礼

    E. 嘉礼　　　　　F. 冠礼

10. 中国古代最早、最重要的礼仪著作合称"三礼"，分别是（　　　）。

    A.《仪礼》　　　B.《周礼》　　　C.《礼记》　　　D.《朱子家礼》

三、判断题

1. 藏族人不忌讳别人用手抚摸佛像、经书、佛珠和护身符等圣物。　　　（　　　）

2. 满族最隆重的礼节是抱见礼，也就是抱腰接面礼。 （　　）

3. 成年礼是为承认年轻人具有进入社会的能力和资格而举行的仪式。 （　　）

4. 传统的成年礼仪是男子 28 岁及冠，女子 15 岁及笄。 （　　）

5. 在中国香港和澳门地区，凡婚礼、添丁、祝寿之类的喜庆，都要送贺礼。（　　）

6. 古人主张"站如松，坐如钟，行如风，卧如弓"，即站有站相、坐有坐相、走有走相、睡有睡相。 （　　）

7. 古人常说，"言为心声，语为人镜"，语言同人的仪表仪态一样，但并非是内心德行及是否知礼的体现。 （　　）

8. 迎宾的宴席称为接风、洗尘、饯行。 （　　）

9. 尊老爱幼是壮族人的传统美德，路遇老人要主动打招呼、让路，不说污言秽语，不在老人面前跨来跨去，但在老人面前可以跷二郎腿。 （　　）

10. 在香港地区宴请，客人要等主人起筷才进食，上鱼时鱼头朝客人，吃鱼时不要翻鱼身。 （　　）

四、思考练习

1. 礼仪的形成与发展经历了哪几个阶段？
2. 汉族日常生活礼仪主要有哪些？
3. 简述中国传统婚姻礼仪的内容。
4. 谈谈你对成年礼仪的认识。

【实践体验】

实践项目一　"弘扬传统礼仪，争做文明学生"主题演讲

实践项目二　传统成年礼展示

专题十五 ┃ 中华民俗：中国人生活中的审美追求

【导学】

　　民俗即民间风俗，指广大民众在日常生活中创造、享用和传承的文化。它起源于人类社会群体生活的需要和审美追求，在特定的民族、时代和地域中不断形成、扩大和演变，是人类传承文化中最贴近身心和生活的一种文化。作为中国传统文化的一个组成部分，中国传统民俗是在中华民族特有的自然环境、经济方式、社会结构、政治制度等因素的制约下孕育、产生并传承的。中国是一个多民族国家，民俗文化丰富多彩。学习民俗文化，深切感受中华文化的博大精深，感受世俗生活的人情美、人性美，从而受到潜移默化的教育，对我们培养健康的审美情趣，塑造健全的精神人格起到至关重要的作用。

【知识储备】

第一节　中国传统服饰

　　中国传统服饰表现着中国人对生活、对美的种种追求和向往，是中华民族乃至人类社会的宝贵财富。

一、服饰文化认知

　　服饰是有关人体外部装饰的总称，是人类特有的文化现象。作为物质文化，它是人类物质生产的产物；作为精神文化，它是人们的政治、宗教、哲学、伦理、审美等观念的结晶。服饰是一个地区生活风尚的表征，服饰结合的民俗，既指衣饰，也指穿戴者的行为和习惯。

服饰民俗具有丰富的文化内涵。例如寓意崇宗敬祖，强调礼仪伦常，如古时中国人在人生最重要的诞生礼、成年礼、婚礼和丧礼中的四次换装，每次换装都有不同的方式、不同的内容，就体现了中国的礼仪伦常和崇宗敬祖的观念。又如代表求吉心理，如彝族妇女认为戴鸡冠帽可以避邪，缀饰帽上的大小银泡是月亮星星的象征，以示光明永在，幸福长存。再如表现民族的自我意识，穿着同一种民族服饰的人时时都传递着同一个信息：我们是同一民族。

二、汉族服饰民俗

汉族服饰文化源远流长。考古学家发现骨针、骨椎及一些人工制作的装饰品，如白色钻孔的小石珠，黄绿色的钻孔砾石，穿孔的兽牙、鱼骨等。这些发现表明，早在上万年前，我们的祖先就已经能用兽皮缝制衣服，创造了与采猎经济相适应的服饰文化。

进入农耕经济时代后，纺织业随之兴起，汉族的服饰大为改观。考古学家发现的葛布残片及苎麻布与以家蚕丝为原料的丝线、丝带和绢片向我们证实，我们的祖先进入了耕而食、织而衣的时代。

1. 商代

中国进入阶级社会后，服饰可分为三种：①免冠，着窄袖圆领衣，手上戴枷，其身份大概是奴隶或俘虏。②头戴尖顶帽或裹巾子，上穿右衽交领衣，下着裙裳，这与文献记载的古代上衣下裳的服制相符。③平顶帽、翻领绣衣，腹前有兽头纹围裙作装饰。据今人研究，商代后期的织造水平已有所提高，但能够穿得起丝织绣衣的绝非普通平民，其社会地位不低。商代男女均束发。

2. 西周

贵族服饰承袭了商代的上衣下裳，只是腰间的束带渐宽，衣身也出现了宽博的式样。西周人的普遍发式为牛角式的双笄。

3. 春秋战国、汉代

春秋战国时期各诸侯国的服饰风格不同。就整体而言，这一时期服饰最重要的变化是深衣与胡服的出现。深衣是将原来不相连属的衣与裳连在一起，长至脚踝处，为当时诸侯、大夫、士人平日闲居所穿的常服。当时妇女的服装也多以深衣或曲裙绕缠深衣为时尚。

胡服主要是指我国北方游牧民族的服饰，他们常年在马背上生活，为便于骑马，多穿紧身窄袖的短衣、裤和皮靴。春秋战国之际，北方游牧民族常南下中原骚扰，中原人民深受胡骑骚扰之苦。中原官兵身穿长袍，甲胄笨重，装束结扎烦琐，不便于骑马，在一定程度上限制了中原骑兵的发展。出于军事目的，赵武灵王率先引进胡服，提倡"胡服以习骑射"。

西汉时，上下连体的长衣统称袍，成为贵族服装的主流，短衣与合裆裤多为劳动者所穿。汉代服饰的另一变化是冠式，古制"士冠庶人巾"，没有冠巾同戴的。巾在西汉末发展成帽箍式的帻（古代的一种头巾），平顶的帻叫平上帻，隆起来像屋状顶的叫介帻。汉代妇女的发式多为椎髻，就是将头发往后梳，在脑后挽一个发髻。

4. 魏晋南北朝

北方少数民族进入中原，胡服大规模向中国传统服饰渗透，促进了两种服饰文化的融合，中国服饰发生重大转变。由于当时中原地区的社会经济发展水平高于北方少数民族，北魏孝文帝为了本民族的强大，强令鲜卑人改姓汉姓，改说汉话，改穿汉服。民族文化的渗透融合往往是相互的，且不以个人的意志为转移。当孝文帝反对本民族人穿胡服时，胡服反而被中原服饰文化吸收、接纳。北朝的服饰主要有长帽、短靴、合袴、袄子、袍、衫、冠冕等。

5. 唐代

唐代服饰吸收了胡服的某些特点，男子在日常生活中穿圆领袍，裹幞头，穿长靴；妇女以半袖衫为时尚，衣袖口窄，裙裾拖地，披帛是未出嫁女子的饰物，用轻薄的纱罗制成。妇女的发式名目繁多，发髻上多插花钗或小梳子。

6. 宋代

宋代服饰改唐袍的圆领为圆领内加衬，改小袖为大袖，衣身也较宽大，幞头改成了脱戴方便的展脚乌纱帽。宋代女装在唐代短衫长裙外多加旋袄，头饰多用花冠。总的来说，宋代服饰较唐代保守。

7. 元代

蒙古族男女均穿宽大长袍，用带子束腰。女装左衽，男装右衽。男子头戴笠子帽，贵族妇女戴 T 形姑姑冠。

8. 明代

明代时，朱元璋下令恢复唐代的衣冠服饰制度。出现了瓜皮帽，由六片罗帛制成，寓意"六合一统"。明代女子上穿竖领、大袖、对襟袄，下着长裙，以披云肩和比甲为时尚，流行假髻。

9. 清代

清朝建立后，强令汉族改穿满清装束，男子穿长衫马褂，蓄长辫。女子穿旗袍，外罩马甲，足蹬花盆鞋；发式有如意头、大拉翘等。

三、部分少数民族服饰民俗

1. 满族

满族袍服中最具特色的是旗袍。满族妇女的旗袍最初是长马甲形，后演变成宽腰直筒式，长至脚背，领、襟、袖的边缘镶上宽边作为装饰。坎肩是满族服饰的重要组成部分，其制作精致，不仅镶有各色花边，而且绣有花卉图案。满族人把深绛色看作福色，倍加宠爱；崇尚白色，常用作镶边的饰物。满族妇女擅长刺绣，服饰的衣襟、鞋顶、荷包及枕头上到处都可看到龙凤、鹤鹿、花草等吉祥图案。

2. 朝鲜族

朝鲜族男子通常穿短款上衣，斜襟、左衽、宽型袖筒，下身穿宽腿、肥腰、大裆的长裤；外出时喜欢穿斜襟长袍，无纽扣，以长布带打结。女服则为短衣长裙，喜欢选用黄、白、粉红色衣料。朝鲜族的鞋从木屐、草履到草鞋、麻鞋。

3. 蒙古族

蒙古族男女老少都喜欢穿长袍，春秋穿夹袍，夏季着单袍，冬季着棉袍或皮袍。男袍一般比较宽大，尽显奔放豪迈；女袍比较紧身，以展示出身材的苗条和健美。男装多为蓝、棕色，女装喜用红、粉、绿、天蓝色。蒙古族服饰包括首饰、长袍、腰带和靴子。腰带是蒙古族服饰的重要组成部分，用长 3 ~ 4 米的绸缎或棉布制成。靴子分皮靴和布靴两种，做工精细，靴帮等处有精美的图案。佩挂首饰、戴帽是蒙古族的习惯，玛瑙、翡翠、珊瑚、珍珠、白银等原料使蒙古族的首饰富丽华贵。

4. 维吾尔族

维吾尔族男子穿绣花衬衣，外套斜领、无纽扣的裕袢，裕袢没膝，外系腰带。在北疆，因天气较寒冷，外套常常有纽扣。维吾尔族女子喜欢穿色彩艳丽的连衣裙，外面套穿绣花背心。男女皆喜欢头戴绣花小帽，脚穿长筒皮靴。维吾尔族在服装用料上喜欢选用纯毛、纯棉、真丝、真皮，女子喜欢佩戴耳环、戒指、手镯、项链等饰物。手工刺绣是维吾尔族的传统工艺，衬衣、背心及小圆帽上均绣有花纹。

5. 哈萨克族

哈萨克族是以草原游牧文化为特征的民族，服装便于骑乘。男子服装主要有皮大衣、皮裤、衬衣、长裤，衬衣、长裤多选用白布为原料制作而成，青年男子喜欢衣领处绣有花纹的套头式衬衣。女子多穿以绸缎、花布、毛纺织品缝制的连衣裙，喜欢选用红、绿、淡蓝等颜色。

6. 回族

回族在服饰上最具有民族特色的就是礼拜帽，帽子通常用白布制成，样式为无檐小圆帽，也有黑色的，最初是作礼拜时戴的。回族妇女喜欢戴披肩盖头，只把脸露在外面。

7. 藏族

藏族服饰在藏族文化中占有重要的地位。农区男子一般穿黑白氆氇（藏族地区出产的一种羊毛织品，可做床毯、衣服等）或哗叽藏袍，衣裤套穿在白衬衣上，外束色布或绸子腰带；女性藏袍的用料同男装，冬袍有袖，夏袍无袖，内衬各色绸衫，腰前围一块毛织的彩色横条帮典，风格独特。牧区男子多穿肥大袖宽的皮袍，大襟、袖口、底边等处都镶有平绒或毛呢，外束腰带；妇女也穿皮袍，皮袍以围裙料和红、蓝、绿色呢镶宽边，美观漂亮。

8. 傣族

男子多穿对襟或大襟无领短衫，肥筒长裤，少数人穿深色筒裙，用白、青、浅蓝、淡黄色的布包头。女子上身穿白色、绯色或淡绿色紧身窄袖短衫，下身着各种花样的长及脚背的筒裙，束银腰带；喜欢留长发，挽髻于顶，插梳子或鲜花，典雅大方。

9. 白族

白族崇尚白色，男子的包头，女子的帽箍，男女上衣、裤子都喜欢用白色或接近白色的浅绿、浅蓝等颜色。白族妇女常将色彩艳丽的图案绣在挂包、裹背、腰带、包头布、鞋等物品上。

10. 纳西族

纳西族最具特色的服饰是妇女的七星披肩，并缀以圆形花片。双肩各有一个大的花片，象征日、月；背上并列七个小的花片，象征星辰，表示披星戴月勤劳不息，恶鬼不敢近前。

11. 彝族

彝族服饰款式繁多，一般男女上衣右开襟、紧身，袖口、领口、襟边都绣有彩色花边。身披羊毛织成的斗篷擦尔瓦，颜色多为黑色或羊毛本色。男女下装有所不同：男子下装有 3 种不同大小的裤脚，最大的有 2 米，最小的仅能包住脚颈；女子下装为拖地的百褶裙，是由几种不同颜色的布料连接起来的，缝合处粘贴花边，绚丽多姿，十分漂亮。

12. 侗族

侗族男子上衣有对襟、左衽和右衽 3 种，下身着长裤，裹绑腿；缠头布为 3 米长的亮布，两端用红绿丝线绣着一排锯齿形图案；盛装时戴银帽，并佩戴其他银质饰物。女子穿裙时，上身以开襟紧身衣相配，胸部围青色刺绣的剪刀口状的兜领；裹绑腿穿裤时，以右衽短衣相配。盛装时，妇女多穿鸡毛裙，也有穿右衽无领上衣，以银珠为扣，环肩镶边，穿长裤，足蹬翘尖绣花鞋。

13. 苗族

苗族妇女较典型的装束是短上衣和百褶裙。苗族衣料过去以麻织土布为主，普遍使用独具特色的蜡染、刺绣工艺。裙子以白色、青色居多，服饰在用料、颜色、款式、刺绣等方面都极具民族风格。

14. 布依族

布依族男子上身穿对襟或大襟短衣，下身着长裤，也有的穿长衫长裤，缠青色或花格头巾，色调以青蓝色或白色为主。女子上身穿大襟短衣，下身着长裤，衣襟、袖口等处镶彩色花边，裤脚处也镶有花边，头缠青色或花格头巾，或将白色印花头帕搭在头上。青年女子的胸前还挂着绣有漂亮花纹的围腰。

15. 壮族

壮族男子多穿对襟上衣，纽扣以布结之；胸前缝一小兜，与腹部的两个大兜相配，下摆往里折成宽边；裤子短而宽大，有的缠绑腿；扎绣有花纹的头巾。女子穿藏青色或深蓝色矮领、右衽上衣，衣领、袖口、襟边都绣有彩色花边；下身着黑色宽肥的裤子，也有穿黑色百褶裙的。

16. 瑶族

瑶族各支系服饰存在较大差异。男子服装以青蓝色为基本色调，以对襟、斜襟、琵琶襟短衣为主，也有的穿交领长衫，配长短不一的裤子，扎头巾、打绑腿，朴实无华。女子有穿大襟上衣，束腰着裤的；有穿圆领短衣，下着百褶裙的；还有穿长衫配裤的。瑶族服饰的挑花构图风格独特，整幅图案均为几何纹。瑶族头饰特点突出，有龙盘形、A字形、飞燕形等。

17. 京族

京族服饰特点鲜明，简便飘逸。男子一般穿及膝长衣，袒胸束腰，衣袖较窄。女子内挂菱形遮胸布，外穿无领、对襟短上衣，衣身较紧，衣袖较窄，下身着宽腿长裤，长裤多为黑色或褐色。

18. 毛南族

花竹帽是毛南族手工艺品中的精品，毛南族妇女视其为精美、珍贵的装饰品。帽顶编几十个蜂窝眼，内衬油纸及花布，使蜂窝眼与周围花纹相互映衬，极其美观。花竹帽防雨防晒，可美丽容颜，兼具实用性与装饰性。

19. 土家族

土家族男子过去穿琵琶襟上衣，缠青丝头帕。女子着左襟大褂，滚两三道花边，衣袖宽大，下身着镶边筒裤或八幅罗裙，喜欢佩戴各种金、银、玉质饰物。

20. 畲族

畲族男子过去一般穿着青色麻布圆领、大襟短衣，长裤，冬天套没有裤腰的棉套裤；老年男子扎黑布头巾，外罩背褡；结婚礼服为青色长衫，祭祖时则穿红色长衫。女子服饰因居住地区不同，款式各异。其中以象征万事如意的凤凰装最具特色，即在服饰和围裙上刺绣各种彩色花纹，镶金丝银线，高高盘起的头髻扎着红头绳，全身佩挂叮叮作响的银器。

21. 黎族

黎族男子一般穿对襟无领上衣和长裤，缠头巾插雉翎。女子服饰有地区差异，如穿黑色圆领贯头衣，领口用白绿两色珠串连成三条套边，袖口和下摆以贝纹、人纹、动植物纹等装饰，前后身用小珠串成彩色图案，下身穿紧身超短筒裙，花色艳丽。

第二节　中国传统饮食

一、饮食民俗概述

饮食民俗是指在加工、制作和食用食物过程中形成的习俗。在我国，不同地区、不同民族有不同的饮食习惯，形成了我国丰富多彩的饮食文化。

追溯历史，人类饮食民俗文化的形成经历了生食、熟食和烹饪三个阶段。在长期的历史传承过程中，形成了较为固定的饮食结构，即一日三餐的主食、菜肴及饮料。在我国，粮食作物是制作主食的重要原料。南方和北方部分地区主要种植水稻，以大米为主食；北方大部分地区及南方部分山地主要种植小麦，以面食为主食；还有部分地区种植青稞、玉米、高粱等作物，以杂粮为主食。总之，不同地区的饮食结构取决于当地的生产方式。菜肴是指饮食结构中的素菜和荤菜。饮料常常作为饮食结构的补充，有酒、茶、奶等，其中又以酒和茶为主。

二、汉族饮食民俗

（一）八大菜系

1. 鲁菜

鲁菜居八大菜系之首，是历史最悠久、技法最丰富、难度最大、最见功力的菜系。主要有齐鲁、胶辽、孔府三种风味，特别讲究清汤和奶汤的调剂。代表菜品有九转大肠、崂山菇炖鸡、八仙过海、闹罗汉、一品豆腐等。

2. 川菜

川菜以小煎、小炒、干烧、干煸见长，又以味多、味广、味厚著称。有"一菜一格，百菜百味"之誉，讲究色香味形，尤擅长调味，有"七滋八味"之说。代表菜品有鱼香肉丝、夫妻肺片、火锅肉、麻婆豆腐等。

3. 浙菜

浙菜以杭州、宁波、绍兴三个地方的风味菜为代表。杭州菜以爆、炒、烩、炸为主，工艺精细，清鲜爽脆；宁波菜以鲜咸合一，蒸、烤、炖制海鲜见长，讲究嫩、软、滑；绍兴菜擅长烹饪河鲜家禽，入口香酥绵软，汤味浓重，富有乡村风味。代表菜品有西湖醋鱼、东坡肉、赛蟹羹、荷叶粉蒸肉、龙井虾仁等。

4. 苏菜

苏菜擅长炖、焖、蒸、烧、炒，重视调汤，保持原汁，风味清鲜，浓而不腻、淡而不薄，酥松脱骨而不失其味。代表菜品有烤方、水晶肴蹄、清炖蟹粉狮子头、金陵丸子、叫花鸡、盐水鸭、凤尾虾等。

5. 徽菜

徽菜以皖南、沿江、沿淮三个地方的风味菜为代表，特点是重油、重酱色、重人工。多用砂锅、木炭煨炖，故有"吃徽菜，要能等"之说。代表菜品有火腿炖甲鱼、臭鳜鱼、问政山笋等。

6. 粤菜

粤菜以广州、潮州、东江三个地方的风味菜为代表。广州菜善变，配料多，讲究鲜、嫩、爽、滑，擅长爆炒。粤菜以烹制海鲜见长，更以汤菜最具特色。刀工精细，口味清纯。代表菜品有烧乳猪、盐焗鸡、咕噜肉等。

7. 湘菜

湘菜以湘江、洞庭湖区、湘西山区三个地方的风味菜为代表。手法以熏、蒸、干炒为主，重辣、酸。辣味菜和烟熏腊肉是湘菜独有的风味。代表菜品有冰糖湘莲、剁椒鱼头等。

8. 闽菜

闽菜以福州、漳州、厦门、泉州等地的风味菜为代表。烹调方法以清汤、干炸、爆炒为主，调味常用红糟，口味偏重甜酸。代表菜品有佛跳墙、七星丸、太极明虾、梅开二度、干炸三肝花卷等。

（二）茶文化

我国是茶叶的故乡，是世界上饮茶和制茶最早的国家。在漫长的历史演变中，中国形成了特有的茶文化。

重德是中国茶文化人生价值观中最基本的内容，也是茶文化的核心内涵；尚和是中国茶文化哲学思想的核心；崇俭是中国茶道精神的精义，也是茶文化关于人的人生价值的重要思想内容；贵真是中国茶道的核心内容，是传统茶文化的魅力所在，也是茶人对人生价值的最终追求。

（三）酒文化

酒在中国是寄托情感的媒介，是粮食酿造的精华，更是酒文化的载体。经过数千年的发展，中华民族已形成较为系统的风俗习惯，诸如农事节庆、婚丧嫁娶、生期满日、庆功祭奠、奉迎宾客等民俗活动，酒都成为不可缺少的元素。总之，无酒不成俗，离开了酒，民俗活动便无所依托。

三、部分少数民族饮食民俗

少数民族饮食民俗是中国饮食民俗中举足轻重的一部分。正因为少数民族风格迥异的饮食文化的存在，中国饮食才体现出别具一格的魅力。

1. 满族

喜吃小米、黄米和豆包。过节喜吃饺子，除夕必吃手扒肉。风味食品有白煮猪肉、炙猪肉、萨其玛等。

2. 朝鲜族

以大米、小米为主食，喜食干饭、年糕、冷面。嗜酸辣，每日不离大酱和清酱。

3. 鄂伦春族

古时以兽肉为主食，如狍、鹿及野猪肉等。今有以粮为食或肉食、粮食掺半的。古时，在一个家庭公社内有传食的习惯，即在野外围绕一个火堆，把烤好的兽肉分一个人吃一点，再传给另一个人。今在饮酒时仍有此习。

4. 蒙古族

以牛、羊肉和奶制品为主食。喜吃烤肉、烧肉、手抓肉和酸奶疙瘩等。

5. 回族

以米面为主食，喜吃牛、羊肉和鸡、鸭、鹅、鱼、虾等。在宰杀牲畜前，要请阿訇念经。喜喝茶，不嗜烟、酒，有的地区喜吃油茶。

6. 哈萨克族

以牛、羊、马肉为主食，其次是馕、面条、抓饭等。喜欢的食物有金特，即用奶油混合幼畜肉装进马肠里，蒸熟后食用；那仁，即用碎肉、洋葱加香料，搅拌蒸熟。马奶酒和茶在哈萨克族的饮食中占有特殊地位。

7. 维吾尔族

以面食、大米为主食，肉食以羊肉为主。常见的面食为馕，喜庆节日或待客时吃抓饭，喜喝奶茶、茶水，喜吃奶油。

8. 壮族

以大米、玉米、木薯、红薯为主食。木薯一般煮熟吃或加工成粉烘粑粑吃。年节爱吃粽子、糍粑和米粉。

9. 布依族

以大米、玉米为主食，辅以小麦、荞麦、薯类等。喜食酸辣，饮水酒，吸叶子烟。节日常以糯米粑粑为主食。有的地方喜用顶罐煮饭，其味极香。

10. 瑶族

以大米、玉米为主食，此外尚有木薯、芋头、马蹄、芭蕉心、飞花菜等，既作粮，又作菜。

11. 白族

多以大米、小麦为主食，山区则以玉米、荞子为主食。吃饭时，长辈坐在上席，晚辈依次围坐两旁。喜吃酸冷、辣味的食物。

12. 傣族

以大米为主食。肉类以猪肉为主，牛肉次之。喜以油煎炸而食，不喜炒食；好食酸冷食物，善饮酒，甜米酒是男女老少喜爱的饮料。

13. 纳西族

以小麦、大米、玉米为主食，山区常掺青稞、荞麦和土豆，喜食酸辣。有的地区早午两餐吃粑粑、杂粮，晚上多吃米饭；有的地区受藏族影响，爱喝酥油茶，以青稞、大麦和荞子为主食。

14. 羌族

以大米、青稞、土豆和荞子为主食，辅以小麦和玉米。青稞和小麦主要是做成炒面，供旅途或放牧时食用。玉米或磨成细颗粒，蒸成玉米饭，称为面蒸蒸。多食酸菜或腌菜，喜欢咂酒，吸兰花烟，吃熏干的猪膘等。

15. 苗族

苗族的日常饮食多为素食。除家种蔬菜外，常食用野菜。喜爱烧酒、甜米酒，还喜欢用酸菜制作肉食，几乎家家都备有酸菜。

16. 藏族

以青稞、小麦为主食，其次还有玉米和豌豆。日常主食是糌粑，吃糌粑时可加点酥油和奶渣。牧民以牛、羊肉和奶制品为主食。奶制品有酥油、酸奶、奶渣、奶酪，爱吃酥油茶。每日三四餐不等。

17. 彝族

以荞子、玉米、土豆为主食，也有以大米为主食的。喜饮酒，吸早烟，喝烤茶。酒用荞子、玉米制成。食具通用木碗、木盘、木盆、竹篓及木勺。

18. 土家族

以大米为主食，山区主食为玉米。喜食酸辣，有"辣椒当盐"之说。玉米的吃法一般是磨成粉，蒸熟，做成玉米粉子饭，拌合而食。

19. 黎族

以大米为主食，辅以木薯、红薯、白薯。肉食以火去毛，或火烤或拌以米粉、野菜腌渍成酸味菜而食。

20. 畲族

以大米、红薯、面粉、豆类为主食。把大米和红薯丝放在沸水中煮一会儿，去生，捞出放入甑中蒸熟，做成红薯丝饭。一甑可煮三种饭：白米饭捞一角，以招待客人；半米半红薯丝，给老人孩子吃；绝大部分红薯丝给年轻力壮的人吃。喜饮茶。

第三节　中国传统节日

一、节日文化认知

中国传统节日是指中国各民族从古至今都在过的各类节日，其中也包括重大的宗教祭会（祭祀仪式与集会）。不同的季节有不同的节日，不同的节日又有不同的民俗事象。

我国古代劳动人民根据天文、历法知识划定一年中的时序节令，将生产活动和日常生活纳入自然规律之中，逐步形成不同的风俗，直接导致节日民俗的形成。不同的地方、不同的民族有不同的节日，即使相同的节日在不同的地方、不同的民族，其内容也不尽相同。

在漫长的历史发展中，中国的传统节日渗透出深厚的文化底蕴，体现出鲜明的农业文化特色、浓厚的伦理观念与人情味、节俗的内容与功能由单一性向复合性发展等突出特色，成为民俗文化中内容最丰富、最具浪漫气息的文化现象。

二、汉族传统节日及民俗

1. 春节

春节是汉族最隆重的传统节日。从农历正月初一开始，至正月十五结束。春节的历史悠久，起源于殷商时期年头岁尾的祭神祭祖活动。春节期间，各地民间过年有守岁、吃年饭、贴福字、贴对联、贴年画、拜年、放鞭炮、放焰火、走亲戚、点蜡烛、包饺子、点旺火、剪纸、耍社火、游春等习俗。人们以此来驱邪消灾，祈望五谷丰登、六畜兴旺。

春节放鞭炮

贴年画

2. 元宵节

正月十五也称元宵节、上元节，起源于汉朝，是一年中第一个月圆之夜，也是一元复始，大地回春的夜晚，人们对此加以庆祝，庆贺新春的延续。元宵节时，人们会吃元宵、打太平鼓、观花灯、耍社火、猜灯谜、踩高跷、舞狮子、扭秧歌、唱大戏等，祈求新的一年圆满顺遂。

元宵节彩灯

3. 清明节

清明节是我国二十四节气之一，即每年的 4 月 5 日前后。这一天，人们有禁火寒食、上坟扫墓、踏青游春的习俗。南方一些地区，清明前人们还把井沟清理得干干净净，并在井边插上杨柳枝。此外，各地在节日中还有斗鸡、荡秋千、蹴鞠、作假花、放风筝、拔河等活动。

清明节

4. 端午节

农历五月初五也称端午节，它约始于春秋战国时期，其来源有四种说法，其中在民间流行最广、最有影响的说法是纪念屈原。这一天，人们会举行各种活动，如赛龙舟、迎火船，也有吃粽子、挂菖蒲、带香包、挂葫芦、驱五毒、饮雄黄酒等习俗。

赛龙舟

5. 七夕节

农历七月初七，也称七夕节、乞巧节、女儿节，是最具浪漫色彩的中国传统节日，也是女孩们最为重视的节日。传说牛郎、织女每年只能在这一天见上一面。在这个充满浪漫气息的夜晚，女孩们对着天空的朗朗明月，摆上时令瓜果，朝天祭拜，乞求上天能赋予她们聪慧的心灵和灵巧的双手，更乞求爱情婚姻的姻缘巧配。七夕坐看牵牛织女星是民间最普遍的习俗，除此之外，全国各地还有陈列瓜果乞巧、吃巧巧饭乞巧、穿针乞巧、喜蛛应巧、投针验巧、蒸巧饽饽、烙巧果子、为牛庆生、晒书晒衣、拜织女、妇女洗发、做巧芽汤等活动。有的地方还有少女在夜晚偷偷躲在生长得茂盛的南瓜棚下的习俗。传说在夜深人静时如能听到牛郎织女相会时的悄悄话，日后待嫁的少女便能得到千年不渝的爱情。

牛郎织女鹊桥相会

6. 中秋节

农历八月十五也称中秋节，始于唐朝初年，盛行于宋朝，至明清时已成为与春节齐名的中国传统节日。中秋节自古便有祭月、赏月、拜月、吃月饼、赏桂花、饮桂花酒等习俗，流传至今，经久不息。中秋节以月之圆兆人之团圆，人们借助各种活动，表达一个共同的心愿：祈愿家人团圆、生活美满。

吃月饼

7. 重阳节

农历九月九日也称重阳节，民间有出游赏景、登高远眺、观赏菊花、遍插茱萸、吃重阳糕、饮菊花酒等习俗。

因"九"与"久"同音，九又是最大的数字，有长久长寿的含义，且秋季是一年中收获的季节，人们对重阳节历来有着特殊的感情。1989 年，我国把每年的 9 月 9 日定为老人节，传统与现代巧妙结合，成为尊老、敬老、爱老、助老的典范。

少数民族节日及民俗

重阳节

【阅读经典】

1. 香墨弯弯画，燕脂淡淡匀。揉蓝衫子杏黄裙，独倚玉阑无语点檀唇。

——秦观《南歌子·香墨弯弯画》

2. 青丝为笼系，桂枝为笼钩。头上倭堕髻，耳中明月珠。缃绮为下裙，紫绮为上襦。

——《陌上桑》

3. 鲜鲫银丝脍，香芹碧涧羹。

——杜甫《陪郑广文游何将军山林十首·其二》

4. 长江绕郭知鱼美，好竹连山觉笋香。

——苏轼《初到黄州》

5. 莫笑农家腊酒浑，丰年留客足鸡豚。

——陆游《游山西村》

6. 爆竹声中一岁除，春风送暖入屠苏。千门万户曈曈日，总把新桃换旧符。

——王安石《元日》

7. 清明时节雨纷纷，路上行人欲断魂。借问酒家何处有？牧童遥指杏花村。

——杜牧《清明》

8. 玉漏银壶且莫催，铁关金锁彻明开。谁家见月能闲坐？何处闻灯不看来？

——崔液《上元夜六首·其一》

9. 独在异乡为异客，每逢佳节倍思亲。遥知兄弟登高处，遍插茱萸少一人。

——王维《九月九日忆山东兄弟》

10. 东风夜放花千树，更吹落，星如雨。宝马雕车香满路。凤箫声动，玉壶光转，一夜鱼龙舞。蛾儿雪柳黄金缕，笑语盈盈暗香去。众里寻他千百度，蓦然回首，那人却在，灯火阑珊处。

——辛弃疾《青玉案·元夕》

【资源推荐】

1. 纪录片《服装里的中国》，上海影达文化传媒股份有限公司制作。
2. 纪录片《舌尖上的中国》，中央电视台制作。
3. 纪录片《佳节》，五洲传播中心等机构出品。
4. 纪录片《茶，一片树叶的故事》，中央电视台制作。
5. 纪录片《中国少数民族风情》，中央新影集团与云南全画面文化传播有限公司联合拍摄。

【课堂检测】

一、单选题

1. 随着家族制度、社会制度的变化和社会等级的变化，身份的尊卑、地位的高低，都在服饰上有所显示。其中，（　　）衣服是明清皇家的标志。

　A. 黄色　　　　　B. 紫色　　　　　C. 灰色　　　　　D. 蓝色

2. 男子的主要服饰有长袍、马褂和马甲的朝代是（　　）。

　A. 汉朝　　　　　B. 元朝　　　　　C. 明朝　　　　　D. 清朝

3. 鸿门宴与杯酒释兵权的故事，说明酒文化中酒与（　　）的关系。

　A. 礼　　　　　　B. 德　　　　　　C. 政治　　　　　D. 诗

4. 桓温宴客只用七盘茶和果来招待，体现了茶文化中的（　　）。

　A. 重德　　　　　B. 尚和　　　　　C. 崇俭　　　　　D. 贵真

5. 公元前307年，颁胡服令，推行胡服骑射的是（　　）。

　A. 赵武灵王　　　B. 楚庄王　　　　C. 齐王　　　　　D. 秦王

6. （　　）男子戴白色的圆帽，女子常戴盖头。盖头也有讲究，老年妇女戴白色的，显得洁白大方；中年妇女戴黑色的，显得庄重高雅；未婚女子戴绿色的，显得清新秀丽。

　A. 裕固族　　　　B. 哈萨克族　　　C. 回族　　　　　D. 瑶族

7. 一向喜欢穿素白衣服，故有"白衣民族"之称的是（　　）。

　A. 蒙古族　　　　B. 裕固族　　　　C. 朝鲜族　　　　D. 藏族

8. 贵妇人的礼服多以袒胸、低领、大袖为主，同时又有襦裙、半臂肩披帛巾的朝代是（　　）。

　A. 汉朝　　　　　B. 唐朝　　　　　C. 隋朝　　　　　D. 明朝

9. 傣族人民在傣历新年，即清明节后第7天过（　　），历时3~4天。

　A. 寒食节　　　　B. 泼水节　　　　C. 春节　　　　　D. 开斋节

10. 无论在中国的南方还是北方，人们都会在中秋节（　　）。

　A. 赏菊花　　　　B. 吃月饼　　　　C. 饮桂花酒　　　D. 赏桂花

二、多选题

1. 影响服饰民俗的主要因素有（　　）。

　A. 性别、年龄　　B. 职业、地位　　C. 用途、民族　　D. 季节、样式

2. 在人类社会早期，服饰的变化主要来自构成要素的变化，下列要素属于服饰构成要素的有（　　）。

　A. 形　　　　　　B. 色　　　　　　C. 饰　　　　　　D. 质

3. 关于服饰的起源，学术界有多种说法，如避邪说、装饰说、巫术说、（　　）。

　A. 身体保护说　　B. 遮羞说　　　　C. 图腾说　　　　D. 吸引异性说

4. "八大菜系"指的是鲁菜、川菜、苏菜、粤菜、徽菜、（　　）。

　A. 沪菜　　　　　B. 浙菜　　　　　C. 闽菜　　　　　D. 湘菜

5. 博大精深的茶文化中，体现出的文化内涵主要有（　　）。

　A. 重德　　　　　B. 尚和　　　　　C. 崇俭　　　　　D. 贵真

6. 中国酒文化所提倡的饮酒之德有（　　）。

　A. 制止滥饮　　　B. 提倡节饮　　　C. 文明饮酒　　　D. 科学饮酒

7. 藏族以（　　）为主食，其次还有玉米和豌豆。

  A. 青稞   B. 小麦   C. 糌粑   D. 鸡肉

 8. 香港人的饮食习俗主要有（ ）。

  A. 早餐   B. 中餐   C. 晚餐   D. 下午茶、宵夜

 9. 端午节时，人们会举行各种活动，如赛龙舟、迎火船，也有（ ）、挂葫芦、驱五毒等习俗。

  A. 吃粽子   B. 饮雄黄酒 C. 挂菖蒲   D. 带香包

 10. 春节期间，各地民间过年有守岁、吃年饭、贴福字、贴对联、贴年画、拜年、放焰火、点蜡烛、包饺子、点旺火、剪纸、游春、（ ）等习俗。

  A. 耍社火   B. 放鞭炮   C. 猜灯谜   D. 走亲戚

三、判断题

 1. 服饰民俗是综合的，不能从某一项单一要素去考察它的特点。 （ ）

 2. 考古学家发现的迄今最早的苎麻布与以家蚕丝为原料的丝线、丝带和绢片，向我们证实了我们的祖先进入了耕而食、织而衣的时代。 （ ）

 3. 在北京周口店山顶洞人遗址中，发现有 1 枚骨针和 141 件钻孔的石、骨、贝、牙等装饰品，证明当时的人已能利用兽皮一类的自然材料缝制简单的衣服。

                           （ ）

 4. 西汉时，上下连体的长衣统称袍，成为贵族的主流，短衣与合裆裤多为劳动者所穿。 （ ）

 5. 男装为长衫马褂并蓄长辫；妇女穿旗袍，外罩马甲，足蹬花盆鞋，发式有如意头、大拉翅等的民族是蒙古族。 （ ）

 6. 妇女服饰以象征万事如意的凤凰装最具特色，即在服饰和围裙上刺绣着各种彩色花纹，镶金丝银线，高高盘起的头髻扎着红头绳，全身佩挂叮叮作响的银器的民族是黎族。 （ ）

 7. 人类饮食民俗文化的形成经历了生食、熟食和烹饪三个阶段。 （ ）

 8. 陆羽著《茶经》，是唐代茶文化形成的标志。 （ ）

 9. 汉族人过春节时，家家户户都要包饺子。 （ ）

 10. 我国很多民族有自己独特的传统节日。 （ ）

四、思考练习

 1. 什么是服饰民俗？服饰民俗的发展经历了哪几个阶段？

 2. 简述汉族八大菜系。

 3. 谈谈你对茶文化、酒文化的认识。

 4. 中国有句俗话叫"入国问禁，入乡随俗"，对此你有何认识？

【实践体验】

  实践项目一 "王者荣耀"精彩民俗文化大比拼

  实践项目二 "醉美家乡"民俗文化介绍

参考文献

[1] 白寿彝. 中国通史纲要[M]. 上海:上海人民出版社,1980.

[2] 北京大学哲学系中国哲学教研室. 中国哲学史[M]. 2 版. 北京:北京大学出版社,2003.

[3] 曹道衡,沈玉成. 南北朝文学史[M]. 北京:人民文学出版社,1991.

[4] 陈鸿,等. 中国传统舞蹈的艺术特征与现代教学[M]. 长沙:湖南师范大学出版社,2014.

[5] 陈小香. 探究常香玉的艺术人生及声腔艺术[M]. 郑州:河南人民出版社,2011.

[6] 陈永辉,潘春娥. 武术[M]. 长沙:中南大学出版社,2006.

[7] 陈幼韩. 戏曲表演美学探索[M]. 北京:中国戏剧出版社,1985.

[8] 陈玉刚. 中国古代散文史[M]. 北京:人民日报出版社,1998.

[9] 程俊英,蒋见元. 诗经注析[M]. 北京:中华书局,1991.

[10] 程千帆,吴新雷. 两宋文学史[M]. 上海:上海古籍出版社,1991.

[11] 邓阿美. 对武术精神内涵的探析[D]. 北京:首都体育学院,2011.

[12] 邓大学. 中医中药[M]. 合肥:安徽教育出版社,2002.

[13] 董季群. 中国传统民间工艺[M]. 天津:天津古籍出版社,2004.

[14] 凡逊. 围棋入门[M]. 北京:北京体育大学出版社,2011.

[15] 方斌,向亚云. 中华优秀传统文化职业普及读本[M]. 北京:人民日报出版社,2018.

[16] 过常宝. 中医文化[M]. 北京:中国经济出版社,2011.

[17] 海天. 中国工艺美术简史[M]. 上海:上海人民美术出版社,2005.

[18] 韩霞. 中国古代舞蹈[M]. 北京:中国商业出版社,2015.

[19] 洪琼. 中国传统民间艺术[M]. 武汉:华中科技大学出版社,2016.

[20] 胡淳艳. 中国戏曲十五讲[M]. 北京:北京师范大学出版社,2012.

[21] 胡大浚,蓝开祥,石天杰. 中国古代哲学寓言故事选[M]. 兰州:甘肃人民出版社,1984.

［22］黄伯荣，廖序东．现代汉语：上、下册［M］．6 版．北京：高等教育出版社，2017.

［23］黄仁贤．中国教育史［M］．福州：福建人民出版社，2003.

［24］黄任元，刘小春．中国民俗文化概论［M］．北京：中国物资出版社，2012.

［25］姜春华．历代中医学家评析［M］．上海：上海科学技术出版社，2010.

［26］柯玲．中国民俗文化［M］．北京：北京大学出版社，2011.

［27］李民雄．传统民族器乐曲欣赏［M］．北京：人民音乐出版社，1983.

［28］李明望，金开诚．中国古代陵墓雕塑［M］．长春：吉林文史出版社，2010.

［29］李任先．中医饮食调补学［M］．广州：广东科技出版社，2002.

［30］廖果，梁峻，李经纬．东西方医学的反思与前瞻［M］．北京：中医古籍出版社，2002.

［31］廖永红．围棋春秋［M］．北京：中国社会出版社，2009.

［32］林谷芳．宛然如真——中国乐器的生命性［M］．北京：北京大学出版社，2016.

［33］林建华．普通高等学校武术教程［M］．厦门：厦门大学出版社，1998.

［34］刘波．中国民间艺术大辞典［M］．北京：文化艺术出版社，2006.

［35］刘承华．古琴艺术论［M］．南京：江苏文艺出版社，2002.

［36］刘太刚，鲁克成．大学生文化修养讲座［M］．北京：高等教育出版社，2003.

［37］刘珣．对外汉语教育学引论［M］．北京：北京语言大学出版社，2000.

［38］刘祯．戏曲鉴赏［M］．上海：上海音乐出版社，2013.

［39］陆德明．经典释文［M］．北京：中华书局，1983.

［40］骆正．中国昆曲二十讲［M］．北京：化学工业出版社，2017.

［41］苗建华．古琴美学思想研究［M］．上海：上海音乐学院出版社，2006.

［42］钱仲联，章培恒，陈祥耀，等．元明清诗鉴赏辞典［M］．上海：上海辞书出版社，1994.

［43］秦梦娜，李争平．中国书法文化［M］．北京：时事出版社，2008.

［44］裘锡圭．文字学概要［M］．北京：商务印书馆，1988.

［45］全国体育院校教材委员会．中国武术教程：上册［M］．北京：人民体育出版社，2004.

［46］苏宝敦．北京文物旅游景点大观［M］．2 版．北京：中国人事出版社，1995.

［47］孙建君．中国民间美术教程［M］．天津：天津人民出版社，2005.

［48］孙培青．中国教育史［M］．修订版．上海：华东师范大学出版社，2000.

［49］孙振华．中国古代雕塑史［M］．北京：中国青年出版社，2011.

［50］谭家健．中国文化史概要［M］．北京：高等教育出版社，1988.

［51］唐兰．中国文字学［M］．上海：上海古籍出版社，2005.

［52］唐云．走进中医——对生命和疾病的全新探索［M］．南宁：广西师范大学出版社，2004.

［53］王伯敏．中国绘画史［M］．上海：上海人民美术出版社，1982.

［54］王国栋，方士庆，李燕贵．象棋入门［M］．北京：金盾出版社，1994.

［55］王克芬．中国舞蹈发展史［M］．武汉：武汉大学出版社，2012．

［56］王力，等．中国古代文化史讲座［M］．北京：中央广播电视大学出版社，1984．

［57］王新陆．中医文化论丛［M］．济南：齐鲁书社，2005．

［58］王新伟，傅爱国．艺术鉴赏·绘画书法［M］．上海：华东师范大学出版社，1997．

［59］王衍军．中国民俗文化［M］．广州：暨南大学出版社，2008．

［60］王宗敏．京剧名家名段唱腔赏析［M］．北京：人民音乐出版社，2007．

［61］习云太．中国武术史［M］．北京：人民体育出版社，1985．

［62］向世陵．中国哲学智慧［M］．北京：中国人民大学出版社，2000．

［63］《线装经典》编委会．中国历史文化常识通典［M］．昆明：云南教育出版社，2010．

［64］熊绍庚．书法教程［M］．3 版．上海：华东师范大学出版社，2000．

［65］徐公持．魏晋文学史［M］．北京：人民文学出版社，1999．

［66］徐岳南，石永欣，杨玲．中国民间工艺美术解读与欣赏［M］．重庆：西南师范大学出版社，2014．

［67］颜之推．白话颜氏家训［M］．西安：三秦出版社，1991．

［68］杨润陆．现代汉字学［M］．北京：北京师范大学出版社，2008．

［69］叶明媚．古琴音乐艺术［M］．重庆：重庆出版社，2019．

［70］易存国．中国古琴艺术［M］．北京：人民音乐出版社，2003．

［71］易涤尘．大学生人文素质修养［M］．北京：首都经济贸易大学出版社，2010．

［72］袁禾．中国古代舞蹈审美历程［M］．北京：高等教育出版社，2006．

［73］袁行霈．中国文学史［M］．北京：高等教育出版社，1999．

［74］张岱年．中华的智慧——中国古代哲学思想精华［M］．上海：上海人民出版社，1989．

［75］张建．中国传统文化［M］．北京：高等教育出版社，2007．

［76］张洁，王世红．人文素养［M］．天津：天津大学出版社，2012．

［77］张凯，张跃，唐宋元，等．戏曲鉴赏［M］．重庆：西南师范大学出版社，2008．

［78］张昕，刘茂平，左奇志．中国工艺美术史［M］．武汉：湖北美术出版社，2007．

［79］张以慰．中国古代音乐舞蹈史话［M］．北京：大象出版社，2009．

［80］章培恒，骆玉明．中国文学史：上中下［M］．上海：复旦大学出版社，1996．

［81］赵后起．声情并茂的中国音乐［M］．沈阳：辽宁古籍出版社，1995．

［82］郑尚宪．兼具众美的中国戏曲［M］．沈阳：辽宁古籍出版社，1995．

［83］周汝昌，等．唐宋词鉴赏辞典［M］．上海：上海辞书出版社，1988．

［84］周伟良．中国武术史［M］．北京：高等教育出版社，2005．

［85］朱东润．中国历代文学作品选［M］．上海：上海古籍出版社，1980．

［86］朱江勇，景晓莉，庄清华．戏曲中国［M］．北京：旅游教育出版社，2014．

［87］邹立，施胜胜．中国传统节日饮食文化与地方名点教程［M］．杭州：浙江工商大学出版社，2014．